OLDENBOURG GRUNDRISS DER GESCHICHTE

OLDENBOURG
GRUNDRISS DER
GESCHICHTE

HERAUSGEGEBEN
VON
LOTHAR GALL
KARL-JOACHIM HÖLKESKAMP
HERMANN JAKOBS

BAND 25

GESCHICHTE ALTVORDERASIENS

VON
HANS J. NISSEN

2., vollständig überarbeitete und erweiterte Auflage

OLDENBOURG VERLAG
MÜNCHEN 2012

Bibliografische Information der Deutschen Nationalbibliothek

Die Deutsche Nationalbibliothek verzeichnet diese Publikation in der Deutschen Nationalbibliografie; detaillierte bibliografische Daten sind im Internet über <http://dnb.d-nb.de> abrufbar.

© 2012 Oldenbourg Wissenschaftsverlag GmbH, München
Rosenheimer Straße 145, D-81671 München
Internet: oldenbourg-verlag.de

Das Werk einschließlich aller Abbildungen ist urheberrechtlich geschützt. Jede Verwertung außerhalb der Grenzen des Urheberrechtsgesetzes ist ohne Zustimmung des Verlages unzulässig und strafbar. Dies gilt insbesondere für Vervielfältigungen, Übersetzungen, Mikroverfilmungen und die Einspeicherung und Bearbeitung in elektronischen Systemen.

Umschlaggestaltung: hauserlacour
Gedruckt auf säurefreiem, alterungsbeständigem Papier (chlorfrei gebleicht).

Satz: le-tex publishing services GmbH, Leipzig
Druck und Bindung: Grafik+Druck, München

ISBN 978-3-486-59223-8

VORWORT DER HERAUSGEBER

Die Reihe verfolgt mehrere Ziele, unter ihnen auch solche, die von vergleichbaren Unternehmungen in Deutschland bislang nicht angestrebt wurden. Einmal will sie – und dies teilt sie mit anderen Reihen – eine gut lesbare Darstellung des historischen Geschehens liefern, die, von qualifizierten Fachgelehrten geschrieben, gleichzeitig eine Summe des heutigen Forschungsstandes bietet. Die Reihe umfasst die alte, mittlere und neuere Geschichte und behandelt durchgängig nicht nur die deutsche Geschichte, obwohl sie sinngemäß in manchem Band im Vordergrund steht, schließt vielmehr den europäischen und, in den späteren Bänden, den weltpolitischen Vergleich immer ein. In einer Reihe von Zusatzbänden wird die Geschichte einiger außereuropäischer Länder behandelt. Weitere Zusatzbände erweitern die Geschichte Europas und des Nahen Ostens um Byzanz und die Islamische Welt und die ältere Geschichte, die in der Grundreihe nur die griechisch-römische Zeit umfasst, um den Alten Orient und die Europäische Bronzezeit. Unsere Reihe hebt sich von anderen jedoch vor allem dadurch ab, dass sie in gesonderten Abschnitten, die in der Regel ein Drittel des Gesamtumfangs ausmachen, den Forschungsstand ausführlich bespricht. Die Herausgeber gingen davon aus, dass dem nacharbeitenden Historiker, insbesondere dem Studenten und Lehrer, ein Hilfsmittel fehlt, das ihn unmittelbar an die Forschungsprobleme heranführt. Diesem Mangel kann in einem zusammenfassenden Werk, das sich an einen breiten Leserkreis wendet, weder durch erläuternde Anmerkungen noch durch eine kommentierende Bibliographie abgeholfen werden, sondern nur durch eine Darstellung und Erörterung der Forschungslage. Es versteht sich, dass dabei – schon um der wünschenswerten Vertiefung willen – jeweils nur die wichtigsten Probleme vorgestellt werden können, weniger bedeutsame Fragen hintangestellt werden müssen. Schließlich erschien es den Herausgebern sinnvoll und erforderlich, dem Leser ein nicht zu knapp bemessenes Literaturverzeichnis an die Hand zu geben, durch das er, von dem Forschungsteil geleitet, tiefer in die Materie eindringen kann.

Mit ihrem Ziel, sowohl Wissen zu vermitteln als auch zu selbständigen Studien und zu eigenen Arbeiten anzuleiten, wendet sich die Reihe in erster Linie an Studenten und Lehrer der Geschichte. Die Autoren der Bände haben sich darüber hinaus bemüht, ihre Darstellung so zu gestalten, dass auch der Nichtfachmann, etwa der Germanist, Jurist oder Wirtschaftswissenschaftler, sie mit Gewinn benutzen kann.

Die Herausgeber beabsichtigen, die Reihe stets auf dem laufenden Forschungsstand zu halten und so die Brauchbarkeit als Arbeitsinstrument über eine längere Zeit zu sichern. Deshalb sollen die einzelnen Bände von ihrem Autor oder einem anderen Fachgelehrten in gewissen Abständen überarbeitet werden. Der Zeitpunkt der Überarbeitung hängt davon ab, in welchem Ausmaß sich die allgemeine Situation der Forschung gewandelt hat.

Lothar Gall   Karl-Joachim Hölkeskamp   Hermann Jakobs

INHALT

Vorwort zur zweiten, neu bearbeiteten und stark erweiterten Auflage . . XI

Einleitung XIII

I. Darstellung 1
  1. Einführung 1
  2. Vorbemerkungen 6
    2.1 Landschaft und Klima 6
    2.2 Die Akteure: Schriften, Sprachen, Völker. 12
    2.3 Chronologie und Terminologie 16
  3. Frühformen sesshaften Lebens (ca. 15 000 bis ca. 4800 v. Chr.) . 23
    3.1 Das a-keramische Neolithikum (ca. 9000 bis 6500 v. Chr.) 25
    3.2 Das keramische Neolithikum (ca. 6500 bis ca. 6000 v. Chr.) 29
    3.3 Das frühe Chalkolithikum (Hassuna, Samarra, Halaf und Gleichzeitiges) (ca. 6500 bis ca. 5000 v. Chr.) 33
    3.4 Zusammenfassung 35
  4. Beginnende Komplexität 37
    4.1 Der ʿObed-Horizont (ca. 5000 bis ca. 4000 v. Chr.) . . 37
    4.2 Zusammenfassung 41
  5. Frühe Stadtkulturen und Gleichzeitiges (ca. 4000 bis 2350 v. Chr.) 42
    5.1 Die frühe Uruk-Zeit (ca. 4000 bis ca. 3600 v. Chr.; Eanna Archaische Schichten XIII–IX) 44
    5.2 Die späte Uruk-Zeit (ca. 3600 bis ca. 3300 v. Chr.; Eanna Archaische Schichten VIII–IV) 47
    5.3 Die Ǧemdet-Nasr-Zeit und zeitgleiche Entwicklungen (ca. 3300 bis ca. 2900 v. Chr.) 60
    5.4 Die Frühdynastische Zeit (ca. 2900 bis ca. 2350 v. Chr.) . 62
    5.5 Die Nachbarn Babyloniens während der Frühdynastischen Zeit 74
    5.6 Zusammenfassung 77
  6. Erste Regionalstaaten (2350 bis 1595 v. Chr.) 79
    6.1 Der Staat der Dynastie von Akkad und die Gutäer (2350 bis 2120 v. Chr.) 79
    6.2 Gudea von Lagaš (2141 bis 2122 v. Chr.) 85
    6.3 Die Zeit der III. Dynastie von Ur (2112 bis 2004 v. Chr.) . 86
    6.4 Die altbabylonische Zeit (2017 bis 1595 v. Chr.) 92

6.5	Elam	96
6.6	Assyrien	98
6.7	Syrien	99
6.8	Das vorhethitische Anatolien	101
6.9	Zusammenfassung	102

7. Die Staatenwelt der zweiten Hälfte des 2. Jahrtausends 103
   7.1 Die Kassiten 103
   7.2 Die Hethiter 107
   7.3 Die Hurri-Mittani 110
   7.4 Ugarit 112
   7.5 Die Assyrer 113
   7.6 Elam 116
   7.7 Zusammenfassung 117

8. Die Weltreiche der Assyrer und Babylonier 119
   8.1 Die Aramäer 119
   8.2 Babylon bis 770 v. Chr. 121
   8.3 Das assyrische Weltreich 122
   8.4 Urartu 131
   8.5 Elam im 1. Jahrtausend 132
   8.6 Die Chaldäer in Babylon 134
   8.7 Das chaldäische Weltreich 137
   8.8 Zusammenfassung 140

9. Die Achämeniden und Alexander 142
   9.1 Frühe Staatenbildung in Nordwestiran . 142
   9.2 Das Weltreich der Achämeniden 143
   9.3 Das Auftreten Alexanders 148

II. Grundprobleme und Tendenzen der Forschung 149

1. Einführung 149
2. Die archäologischen Grundlagen 156
   2.1 Grabungen 157
   2.2 Die archäologische Oberflächenerkundung 160
3. Die philologischen Grundlagen 166
4. Schwerpunkte der Forschung 169
   4.1 Das Neolithikum in Vorderasien 169
   4.2 Das Uruk-Phänomen 175
   4.3 Die frühe Schrift 180
   4.4 Das Konzept der Tempelwirtschaft 190
   4.5 Sumerer und Semiten 193
   4.6 Nicht-Sesshafte 195

4.7	Ebla	196
4.8	Wirtschafts- und Sozialgeschichte der Ur III-Zeit	199
4.9	Syrien	201
4.10	Hethitische Geschichte	201
4.11	Die Hurriter	203
4.12	Elam	205
4.13	Das neuassyrische Reich	206
4.14	Das achämenidische Reich	207
4.15	Frauen- und Genderforschung in der Altorientalistik und Vorderasiatischen Archäologie	208

5. Ausblick 212

III. Quellen und Literatur 215

1. Quellen und Hilfsmittel 215
   1.1 Anthologien und Übersetzungen 215
   1.2 Hilfsmittel 216

2. Literatur 224
   2.1 Physische Umwelt 224
   2.2 Übergreifende historische Darstellungen 226
   2.3 Übergreifende Themen 233
   2.4 Vorderasien allgemein 244
   2.5 Mesopotamien allgemein 252
   2.6 Babylonien allgemein 252
   2.7 Assyrien allgemein 263
   2.8 Syrien allgemein 267
   2.9 Kleinasien allgemein 270
   2.10 Iran allgemein 272

Anhang 277

Abkürzungsverzeichnis 277

Transskription der Eigennamen 279

Chronologische Tabellen 280

Karten 291

Register 295

1. Sachregister 295
2. Register der geographischen Namen 297
3. Register der Personen- und Götternamen 301
4. Register der im Text erwähnten Autoren 304

VORWORT ZUR ZWEITEN, NEU BEARBEITETEN UND STARK ERWEITERTEN AUFLAGE

Wenn das vorliegende Buch zwölf Jahre nach der ersten Auflage erscheint, benötigt das auf der einen Seite keine Rechtfertigung, denn der Absatz und die anhaltende Nachfrage zeigen, dass offenbar ein gewisser Bedarf gesehen wird. Auf der anderen Seite braucht es eine gewisse Erklärung, dass das für die Reihe sonst übliche Zeitmaß zwischen aufeinander folgenden Auflagen so sehr überschritten wurde. Hauptgrund war, dass ich mir mit fortschreitenden Alter nicht mehr zutraute, die lawinenartig im letzten Jahrzehnt angewachsene Literatur zu verarbeiten, und gleichzeitig den eigenen Anspruch verwirklichen zu können, die Nachbargebiete Mesopotamiens sehr viel stärker zu beachten, als dies in der ersten Auflage möglich gewesen war.

Nachdem ich beim ersten Mal vergeblich um mehr Platz gebeten hatte, bin ich dem Verlag sehr dankbar, dass mir für den zweiten Anlauf erheblich größerer Raum zugestanden wurde. Die Folge musste sein, dass es nicht nur um ein Ausflicken des alten Textes gehen konnte, bzw. darum, begonnene Argumentationslinien auf einen neuen Stand zu bringen, sondern der alte Text wurde zum Teil erheblich verändert und erweitert, und neue Abschnitte traten hinzu. Allerdings konnte ich auch diesmal nicht dem Anspruch gerecht werden, alle Regionen des alten Vorderasien in gleicher Weise zu berücksichtigen, da dies sämtliche Platzvorstellungen gesprengt hätte – oder es wäre nur auf Kosten der Darstellung der mesopotamischen Geschichte möglich gewesen. Obgleich ich selbst immer wieder dafür eintrete, die Mesopotamien umgebenden Regionen weder als Randbereiche zu bezeichnen noch sie so zu behandeln, und obwohl ich häufig betone, wie sehr die altvorderasiatische Hochkultur nur durch das Zusammenwirken aller Kräfte und Regionen entstand und sich weiter entwickelte, so muss aber auf der anderen Seite doch klar herausgearbeitet werden, dass für lange Zeit Babylonien, dann Babylonien und Assyrien die dominierenden Kräfte waren in einer Kontinuität, wie sie keine der anderen Regionen vorweisen kann. Mesopotamien muss daher immer ein besonderes Gewicht erhalten. Dennoch ist der zusätzlich zugestandene Platz vor allem der Erweiterung der Darstellung der Entwicklungen in den außer-mesopotamischen Gebieten zu gute gekommen. Das war schon deswegen nötig, weil dort die meisten neuen Nachrichten (Stichworte z. B. Göbekli, Qatna oder Jiroft) dazu kamen.

Der Forschungsteil wurde zwar gegenüber der ersten Auflage erweitert, aber die Themen und die Ausrichtung sind im Wesentlichen ähnlich geblieben – mit einer Ausnahme: die "Gender Studies" haben im letzten Jahrzehnt einen ungeahnten Umfang angenommen; ihnen ist im Forschungsteil ein eigener Abschnitt gewidmet. Ich bin Frau Helga Vogel (Berlin) sehr dankbar, dass sie den Abschnitt über das mir schwer zugängliche Thema der Gender-Studies beigesteuert hat, wie auch den entsprechenden Beitrag zur Bibliographie (2.3.13). Zwar ist hier noch keine Forschungstendenz erkennbar, weil in diesem neuen

Forschungsfeld zunächst einmal alles vor dem Hintergrund der Anerkennung, dass es zu allen Zeiten feste Denkmuster über die Beteiligung der Geschlechter gegeben hat und diese in die Darstellung der Geschichte eingeflossen sind, auf den Prüfstand gestellt wird. Den Zugang zu diesem einstweilen noch unkonturierten Forschungsfeld soll die ausführliche Bibliographie ermöglichen.

Abgesehen davon, dass die neuen elektronischen Möglichkeiten der Informationsbeschaffung sowieso die Literaturrecherche auch fern von gut ausgestatteten Fachbibliotheken in früher ungeahnter Weise erleichtern, war es mir besonders wichtig, dass ich auf die Hilfe von zwei jüngeren Kollegen zurückgreifen konnte, die nicht nur wertvolle Hinweise auf Lücken im Text gaben, sondern vor allem konkrete Vorschläge für eine Überholung und Modernisierung der Bibliographie machten: Stefan Maul (Heidelberg) für den philologischen Bereich; Reinhard Dittmann (Münster) für den archäologischen, insbesondere für den anatolischen Bereich. Andreas Schachner danke ich vielmals für die vorzeitige Überlassung seines Manuskriptes seines Werkes über die Forschungen in Hattuša. Alle Unzulänglichkeiten gehen natürlich auf meine Kappe.

Obwohl ich mich bemühte, dem nachdrücklichen Rat des Verlages folgend die Zahl der in der Bibliographie genannten Titel zu reduzieren, wuchs die Zahl noch einmal über die der ersten Auflage, da es mir nicht möglich war, die Zahl der altgenannten Titel so zu verringern, dass damit auch nur annähend die Zahl der neu zu nennenden Titel kompensiert werden konnte. Wie schon in der ersten Auflage bemerkt und hier in der Einleitung wiederholt wird, soll die Ausführlichkeit der Literaturangaben wenigstens einen kleinen Ausgleich dafür bieten, dass bei dem insgesamt zu bewältigenden zeitlichen und räumlichen Rahmen manche Aspekte zu wenig oder sogar überhaupt nicht in befriedigender Weise zur Sprache kommen konnten. So ist zum Beispiel das interessante Thema der Musik nur über die an der entsprechenden Stelle der Bibliographie (2.3.12) genannten Titel zu erschließen.

Von der nötigen Ausgewogenheit der Darstellung war bereits in der Einleitung der alten Auflage die Rede. Selbstverständlich war dies zu erreichen auch weiterhin meine Absicht. Ich will aber nicht verhehlen, dass ich bisweilen meinem Ziel folgend, die großen Linien zu verfolgen, einige Aspekte mehr betont habe als andere. Bei der großen Zahl der in den letzten Jahren entstandenen geschichtlichen Darstellungen, die sich in der Bibliographie unter 2.2.2 zusammengestellt finden, wird es aber jedem Leser möglich sein, dort die unter anderen Gesichtspunkten versammelten Informationen zu erhalten.

Hainfeld bei Landau, Frühjahr 2011

EINLEITUNG

Das vorliegende Buch unternimmt den Versuch, die Entwicklung einer der ältesten Hochkulturen der Menschheit von den ersten Vorläufern bis zu dem Moment zu beschreiben, in dem durch einen massiven Einbruch von außen, durch den Zug Alexanders des Großen, der Horizont in jeder Weise erweitert wird und das Erbe des alten Orients in dem aufgeht, was man später die „westliche Zivilisation" nennen wird: ein Zeitraum von ungefähr 10 000 Jahren ist zu bewältigen. Meist wird diese Hochkultur mit dem geographischen Begriff Mesopotamien verbunden, dem „[Land] zwischen den Flüssen [Euphrat und Tigris]", und solch berühmten alten Städten wie Ur, Uruk, Babylon oder Assur und Ninive. Gegenüber der ursprünglichen Bedeutung, die vor allem auch einen Teil des heutigen Syrien einbezog, hat man heute oft nur das Staatsgebiet des heutigen Irak im Blick, wenn von der frühen Hochkultur die Rede ist. Zwar erstreckt sich die Forschung auch auf die anderen Regionen des Vorderen Orients, wie die Territorien der heutigen Länder Türkei, Syrien oder Iran, doch werden diese oft als „Randgebiete" behandelt, in denen sich zwar eigenständige Entwicklungen vollzogen, die aber letztendlich doch immer wieder vom „Kernbereich" Mesopotamien beeinflusst wurden.

Diese Sicht ist ein Erbe einer Zeit, die so eindeutig Europa als das Zentrum der kulturellen Entwicklung ansah, dass ernsthafte Versuche, die Beeinflussungen durch den Nahen und Fernen Osten in das allgemeine Bewusstsein zu bringen, nur in „Chinoiserien" und Opernsujets endeten. Von dieser Grundeinstellung aus mit dem Beispiel des alten Ägypten vor Augen, in dem offenbar geographisch isoliert eine Hochkultur auf begrenztem Territorium gewachsen war, schien es selbstverständlich zu sein, dass sich auch die mesopotamische Hochkultur weitgehend für sich betrachten ließ. Selbst als durch die weltweiten Veränderungen nach dem 2. Weltkrieg die eurozentristische Sicht ins Wanken geriet und man langsam auch im Bereich der Geschichtsforschung begann, das überkommene Zentrum-Peripheriedenken infrage zu stellen, wurde das Bild der „mesopotamischen" Hochkultur beibehalten. Gemäß der Auffassung, dass Geschichte mit der Existenz schriftlicher Quellen verbunden sei, setzte zudem die Diskussion meist erst mit dem Beginn der Schrift am Ende des 4. vorchristlichen Jts. ein. Bestes Beispiel dafür ist, dass der ursprüngliche Auftrag für dieses Buch hieß, eine Geschichte Mesopotamiens von ca. 3000 v. Chr. an zu schreiben.

Die archäologische Forschung war längst über diese enge Sicht hinausgegangen und hatte auch für die Nachbarregionen so viel an Erkenntnissen bereitgestellt, dass eigene Zusammenfassungen vorgestellt werden konnten, die sich mit diesen Regionen getrennt befassten [so z. B. POTTS, Elam 2.2.2; AKKERMANS/SCHWARTZ 2.8]. Doch so sehr das half, die Vielfalt der eigenständigen Entwicklungen auf dem Gebiet des alten Vorderasien zu verdeutlichen, konnte das dem Wesen der altvorderasiatischen Entwicklungen auch nicht gerecht werden. Denn die Forschung hatte nicht nur den Gesamtbereich in zeitlicher und räumlicher Hinsicht stark erweitert, sondern es fanden sich immer wieder und vermehrt Anzeichen, dass die einzelnen Entwicklungen bisweilen gerade erst durch das Zusammenspiel der verschiedenen Regionen Gestalt angenommen hatten, und die sichtbaren Ergebnisse eines mal engen, mal weiteren Zusammenwirkens einer wechselnden Zahl von Teilregionen des alten Vorderen Orients waren. In der folgenden Darstellung soll versucht werden, dieses Zusammenspiel der Kräfte als einen roten Faden zu verfolgen. Allerdings sind damit Schwierigkeiten verbunden, denn nach wie vor bietet Mesopotamien, besonders Babylonien die geschlossenste schriftliche Überlieferung aus der gesamten Zeit von der Erfindung der Schrift bis zum Ende der speziellen altvorderasiatischen Geschichte, und muss deshalb immer wieder in den Mittelpunkt der Diskussion rücken. Zwar haben wir inzwischen gelernt, die Höhe einer Kultur nicht nur an der Existenz schriftlicher Quellen zu messen, und eine Geschichte Mesopotamiens, also eines nur relativ kleinen Teils Vorderasiens zu schreiben, würde uns weit hinter unsere heutigen Erkenntnisse zurückwerfen. Aber die Kontinuität der schriftlichen Überlieferung ist lediglich Teil eines umfassenderen Komplexes, der bewirkt, dass immer wieder Babylonien unsere besondere Aufmerksamkeit beanspruchen muss. Es ist – um einen Ausdruck der deutschen Mittelalterforschung zu benutzen – ein „Vorsprungsgebiet", eine Innovationsregion [GRASSHOFF/SCHWINGES 2.2.2], deren Besonderheit günstige Voraussetzungen für die Ausbildung von Verdichtungen auf den Gebieten von Verkehr, Vernetzung, Kommunikation und Bildung darstellt. Im weiteren Verlauf wird sich zeigen, wie und warum diese Voraussetzungen in Babylonien in besonderer Weise gegeben waren.

Dass die babylonische Hochkultur nicht isoliert von den Nachbargebieten existierte, war natürlich in Ansätzen schon lange anerkannt, doch hat insbesondere die archäologische Forschung, zum Teil mit der Bereitstellung neuen schriftlichen Materials, in den letzten fünfzig Jahren so stark an Umfang zugenommen und dabei wenig bekannte Regionen in helles Licht gerückt, dass jetzt viele der vorher nur erahnten Zusammenhänge deutlicher geworden sind und neue aufgedeckt wurden. Wenn auch die großen wissenschaftlichen Paukenschläge, wie z. B. die Aufdeckung der Palastarchive von Ebla im Jahre 1976, eher die Ausnahme sind, verändert sich doch fast täglich unser Bild aufgrund neuer Funde und Erkenntnisse. Seit der ersten Auflage haben besonders die Erforschung der iranischen Region von Jiroft [MAJIDZADEH 2.10], oder der in Westsyrien gelegenen Stadt Qatna [AL-MAQDISSI ET AL. 2.8] neue unerwartete Akzente gesetzt. Im engeren Bereich Babyloniens wachsen unsere Kenntnisse – manchmal an entscheidender Stelle – durch die Veröffentlichung neu bekannt gewordener Texte. Hier sind die Bekanntgabe einer älteren Version der „Sumerischen Königsliste" zu nennen, die die Beurteilung dieser wichtigen historischen Quelle auf eine neue Basis stellt [STEINKELLER, King List 2.6.6] (s. dazu Abschnitt I.5.5), wie auch die Archive von Garšana [OWEN/MAYR 2.6.6], die einen kleinteiligen Eindruck von einem Wirtschaftsbetrieb der Ur III-Zeit um 2000 v. Chr. gewähren.

Wie bereits in der Einleitung zur 1. Auflage gesagt, ist auch die jetzt vorgelegte Übersicht nur eine Momentaufnahme einer sich weiterhin rasch verändernden Forschungslandschaft. Es gibt wenig, was man als feststehendes Traditionswissen ansehen könnte und es ist wahrscheinlich, dass dieses Wenige, was zum Kanon zu gehören scheint, morgen oder übermorgen auch in Frage gestellt werden wird. Beispiele dafür gibt es zuhauf, sowohl für Zeiten, die wir einigermaßen gut zu kennen glauben, wie zum Beispiel die Änderungen durch die gerade erwähnten Textfunde aus Ebla (dazu ausführlich die Abschnitte I.5.6 und II.4.7), als auch für die weit älteren Zeiten des vorderasiatischen Neolithikums, für die jede neue Forschung für Überraschungen gut ist. Dabei ist eine unerwartete Tendenz feststellbar, dass sich viele Grunderkenntnisse über die älteste Geschichte, mit denen wir uns komfortabel eingerichtet haben, auflösen und wir lernen müssen, sehr viel mehr mit unterschiedlichen Parallelentwicklungen und Schwankungen umzugehen. Dies gilt zum Beispiel für die Grundannahmen, dass Dauersesshaftigkeit mit der Eigenproduktion der Nahrung und darauf beruhender Vorratshaltung verbunden sei, oder dass nach der Domestikation von Tieren und Pflanzen die Entwicklung folgerichtig und rasch auf eine völlige Abhängigkeit von der Nahrungsproduktion verlaufen sei.

Für das erste Beispiel mehren sich die Anzeichen, dass es bereits lange Zeit vor dem Neolithikum, mit dem wir normalerweise die Phase der Sesshaftigkeit beginnen lassen, Fälle von sesshaftem Leben mit festen Siedlungen gab – zuletzt ließ der Bericht von einem 400.000 Jahre alten Siedlungsplatz in Libyen aufhorchen [Ziegert 2.4] – nur dass solche Experimente nie den Grad der Nachhaltigkeit erreichten, der aus ihnen eine Weiterentwicklung hätte entstehen lassen. Ein weiteres Beispiel, wie sich unsere älteren Vorstellungen auflösen, betrifft die Anschauung, dass man Vorräte nur bei der Eigenerzeugung von Nahrung anlegen konnte. Dies ist in dieser Allgemeingültigkeit nicht mehr aufrecht zu erhalten, nachdem es immer mehr Beispiele für Vorratsgruben und regelrechte Getreidesilos aus Siedlungen gibt, die noch keine Landwirtschaft betrieben [Bartl 2.4.1; Kuijt/Finlayson 2.4.1].

Für den zweiten Fall können wir zwar einstweilen nur auf ein Beispiel verweisen, wo in einer neolithischen Siedlung auf eine Schicht mit einem hohen Anteil an Resten von domestizierten Pflanzen eine Schicht folgt, in der der Anteil der gesammelten Pflanzen die der erzeugten überwiegt [Hole et al. 2.10], doch ist es sicher nur eine Frage der Zeit, dass dies kein Einzelfall bleibt.

In diesen Auflösungserscheinungen von generationenalten Grundannahmen stecken wir mittendrin. Dieser Band muss sich daher von anderen in der Reihe unterscheiden, in denen zwischen einem Darstellungsteil, der das Traditionswissen enthält, und einem Teil unterschieden werden kann, der die neuen Tendenzen der Forschung behandelt. Wollte man die Einbeziehung der laufenden Forschung aus dem Darstellungsteil verbannen, bliebe eine ungute Mischung zurück von Teilen, an denen sich ältere Meinungen als nicht mehr haltbar erwiesen haben, ohne dass eine neue Auffassung schon die Zustimmung aller, am Forschungsprozess Beteiligter hätte finden können, und anderen Teilen, die mehr aus Zufall noch nicht mit neuen Daten und Überlegungen konfrontiert wurden und daher noch gültig erscheinen.

Um deutlich zu machen, dass versucht werden soll, die Geschichte der Regionen des Vorderen Orients in ihren Verzahnungen sichtbar zu machen, wurde im Titel der Begriff „Altvorderasien" gewählt, der zwar mehr als Mesopotamien meint, aber doch schwer in seinen Grenzen zu bestimmen ist außer zu Ägypten, das als der Schauplatz der Entwicklung der anderen „Frühen Hochkultur" im akademischen wie im musealen Bereich von einem anderen Fach betreut wird und auch in der vorliegenden Reihe in einem anderen Band behandelt werden soll. Auf die anderen geographischen Richtungen gesehen lässt sich Vorderasien dagegen nicht als ein fest umrissenes Gebiet definieren, in dem sich die darzustellenden historischen Entwicklungen vollzogen. Es ist vielmehr ein Interaktionsgebiet, das jeweils aus den Regionen besteht, die zu einer Zeit direkt oder indirekt an dem teilhatten oder es weiterentwickelten, was schließlich insgesamt den Charakter der altvorderasiatischen Kultur ausmachte. Dabei konnten sich die Außengrenzen je nach Zeitstellung erheblich verschieben. Ein Beispiel bietet das Gebiet des heutigen Iran, dessen südwestlicher Teil (die „Susiana" nach der alten Regionalhauptstadt Susa) meist zum Kerngebiet gehörte, während die östlichen Bereiche in manchen Zeiten direkt zum Interaktionsgebiet gehörten, zu anderen Zeiten aber so selbständig und stark waren, dass sie den genannten Südwestteil in ein eigenes Interaktionsgebiet einbanden und damit aus dem Kerngebiet abzogen. Zu wieder anderen Zeiten waren die östlichen Bereiche Teil eines gänzlich anderen Interaktionsgebietes, dessen Zentrum sich weiter im Osten oder Nordosten befand.

Trotz der räumlichen Ausweitung ist das Konzept der folgenden Darstellung stark von den Entwicklungen in Mesopotamien her bestimmt. Auch wenn eine intensive Feldforschung in den Nachbargebieten in den vergangenen Jahren die jeweils eigene Entwicklung erkennen und aus vorgeblich unterentwickelten Randgebieten kulturelle Schwergewichte werden ließ, ragen nach wie vor zunächst Babylonien, dann Babylonien und Assyrien (zu den Begriffen siehe Abschnitt I.2.1) als die Bereiche heraus, die jeweils im kulturellen, organisatorischen und politischen Bereich die Rolle des Vorreiters behielten, mit einer außerordentlichen Kontinuität der Überlieferung, die für die anderen Regionen nicht in gleicher Weise vorliegt oder zumindest nicht sichtbar ist.

Aber auch eine zeitliche Ausweitung ist geboten gegenüber dem herkömmlichen Begriff der ‚mesopotamischen Hochkultur', deren Beginn häufig mit dem frühesten Auftauchen einer Schrift am Ende des vierten vorchristlichen Jts. gleichgesetzt wird. Gerade in diesem Punkt wird die folgende Darstellung nicht nur deutlich machen, dass die Entwicklung der Schrift zwar eine geistige Leistung ist, deren Auswirkungen auf den weiteren Verlauf der Entwicklung nicht hoch genug eingeschätzt werden kann. Aber es wird doch zugleich auch deutlich werden, dass die Leistungen, die wir insgesamt unter dem Begriff der „Frühen Hochkultur" zusammenfassen, bereits in älterer Zeit formuliert worden sind: die Schrift kommt nur zustande, weil bereits sehr komplexe Strukturen vorhanden waren. Die Geschichte des Alten Orients erst mit dem Auftauchen der Schrift beginnen zu lassen, käme einer Darstellung der Neuzeit gleich, die erst mit dem Auftreten des Computers einsetzte.

Die zeitliche Ausdehnung kann jedoch nicht bei den direkten Vorläufern und älteren Phasen der Frühen Hochkultur Babyloniens haltmachen, sondern auch ältere Zeiten müssen einbezogen werden, in denen sich die später bekannten Organisationsformen auf allen Gebieten bereits als Antworten auf Probleme aller Art, nicht zuletzt auf Herausforderungen der Umwelt herauskristallisiert hatten. Eine feste zeitliche Grenze ist genauso schwierig wie in räumlicher Hinsicht zu ziehen, da mit Recht natürlich immer wieder ältere Vorstufen behandelt werden müssten. Einigermaßen plausibel ziehen wir eine Grenze dort und lassen die vorliegende Darstellung beginnen, wo der Vordere Orient erkennbar einen anderen Weg einschlug als andere Gebiete der Erde, und zwar den Weg, der letztlich auf die früheste städtische Kultur im Vorderen Orient hinführt. Hier ist nicht so sehr entscheidend, dass bereits in frühester Zeit im Vorderen Orient Schritte wie die Domestikation von Tier und Pflanze vollzogen wurden oder Formen der frühen Dauersesshaftigkeit gefunden wurden, sondern dass wir diese und die nachfolgende Entwicklung fast lückenlos und aufgrund reichen Materials nachzeichnen können. Auch hier ist die außergewöhnliche Kontinuität ein wesentlicher Aspekt.

Wie die räumliche zieht auch die zeitliche Erweiterung erhebliche Probleme nach sich. Denn auch wenn man, wie hier geboten, die Darstellung mit der Zeit der Eroberungen der Länder des Vorderen Orients durch Alexander den Großen enden lässt, sind immer noch rund 10000 Jahre Geschichte zusammenzufassen.

Schwierig ist vor allem das Problem zu meistern, in eine ausgewogene Darstellung Bereiche und Perioden einzubeziehen, aus denen uns keinerlei schriftliche Äußerungen bekannt sind, sei es, dass sie vor der Zeit liegen, in der die Schrift auftaucht, oder aber außerhalb der Regionen, in denen die Schrift verwendet wurde. Die Legitimation, ja geradezu Verpflichtung, Geschichte auch von archäologischen Quellen aus zu schreiben, ergibt sich aber aus verschiedenen Beobachtungen, von denen eine bereits angedeutet wurde: die Schrift erscheint erst am Ende der Konsolidierung der frühen städtischen Kultur. Nur archäologische Quellen erlauben uns etwas über die Entstehung wie über den anfänglichen Kontext der Frühen Hochkultur auszusagen – wobei sich im Übrigen ergibt, dass Wirtschaft und Gesellschaft Babyloniens in den Jahrhunderten vor dem Erscheinen der Schrift kaum weniger komplex waren als danach.

Mit dieser Erweiterung ist allerdings auch eine Zumutung an die Leser verbunden. Diejenigen, die an historische Darstellungen gewohnt sind, die ihre Informationen aus schriftlichen Quellen beziehen, werden sich vermutlich zunächst schwer tun, sich auf die archäologisch-historische Denkweise einzulassen. Da die Aussagen archäologischen Materials weniger eindeutig sind, die Interpretationen häufig eine umfangreiche Klärung der Voraussetzungen benötigen, erscheinen archäologische Argumentationen oft langatmig und zu detailliert. Doch ist dies unvermeidlich, wenn nicht nur Behauptungen aneinandergereiht werden sollen, sondern dem genauer Interessierten eine gewisse Möglichkeit der Nachprüfung oder zumindest des Nachvollziehens des gesamten Gedankengangs gegeben werden soll. Manch einem mag andererseits die Argumentation nicht ausführlich genug sein; dann ist auf die Bibliographie zu verweisen, die bewusst nicht nur Titel enthält, auf die im Text verwiesen wird, sondern durch die sachliche Anordnung ermöglicht, selbst weiter in die Materie einzudringen.

In gleicher Weise muss für die Illustration der archäologischen Argumente auf andere Veröffentlichungen verwiesen werden. Zwar hätte die Möglichkeit der sehr begrenzten Beigabe von Abbildungen bestanden, doch wäre die Auswahl in jedem Fall ungenügend gewesen. Stattdessen wird in vielen Fällen auf die reichhaltige Zusammenstellung von Fotos und Zeichnungen in [ORTHMANN 2.2.6] hingewiesen; für Grundrisse, Pläne und Karten seien allgemein [ROAF 2.2.2] und besonders für die frühen Perioden [MÜLLER-KARPE 1.2.2; FRANGIPANE 2.2.2; NISSEN 2.2.2] genannt. Für allgemeine und detaillierte Karten wie auch Stadtpläne steht das Gesamtwerk des „Tübinger Atlas des Vorderen Orients" mit ausführlichen Indices [KOPP/RÖLLIG 1.2.4] zur Verfügung.

Immer wieder werden wir darauf stoßen, dass aus Gründen, die wir nur zum Teil angeben können, die Schrift nur zur Aufzeichnung eines kleinen Teils der damaligen Zusammenhänge verwandt wurde und daher die schriftlichen Quellen des alten Vorderasien in der Regel nur für die Wiedergewinnung eines kleinen Teils der damaligen Zusammenhänge und Entwicklungen zu gebrauchen sind. In besonderer Weise gilt dies für die ersten 800 Jahre der Schriftlichkeit, aus denen wir nur wenig mehr als stichwortartige Aufzeichnungen aus dem Bereich der Wirtschaftsverwaltung besitzen. Ab 2500 setzen zwar die Texte literarischen, historischen oder rechtlichen Inhalts ein, doch auch dann bleiben die Bereiche dessen, was des Aufschreibens für wert gehalten wurde, recht eingeschränkt – auch weiterhin überwiegen die schriftlichen Aufzeichnungen wirtschaftlicher Inhalte, und mit einigen Ausnahmen bleibt der private Bereich weitgehend ausgespart.

In einer Weise, die nicht jedem geläufig ist, werden also hier archäologische Funde und Befunde als historische Quellen verwertet. Natürlich können sie in der Feinheit der Aussage nie schriftlichen Quellen gleichkommen, auch wenn hier ebenfalls wie bei der Interpretation schriftlicher Quellen feste Regeln zugrunde gelegt sind. Die Beschränkung wird wohl am deutlichsten, wenn man sieht, dass archäologisches Material oft nur eine Festlegung auf eine Zeitspanne erlaubt – in den älteren Perioden kann dies eine Spanne von mehreren hundert Jahren bedeuten – und nur in den seltensten Fällen etwas so genau datiert werden kann, dass wir es mit unserem aus schriftlichem Material gewonnenen absolut-chronologischen Gerüst verknüpfen können. Allerdings haben wir auch bei schriftlichen Nachrichten unsere Not mit der genauen Festlegung. Der Gewinn dieses kombinierten Vorgehens übersteigt aber bei weitem den Nachteil einer zeitweisen Unschärfe.

Eine völlige Ausgewogenheit der Darstellung mit Berücksichtigung aller Entwicklungen und Ansätze ist nicht zu erreichen und bliebe sowieso subjektiv.

Manchem mag es erscheinen als sei auf die Erörterung der frühen Perioden zuviel Raum verwendet worden und dafür den besser bekannten Zeiten des ersten vorchristlichen Jts. zu wenig Platz gewidmet worden. Aber abgesehen davon, dass die Vorgaben für diese Reihe eine Platzbeschränkung vorsahen, ist bei der Aufteilung des Umfanges auf die einzelnen Perioden durchaus der Tatsache Rechnung getragen worden, dass der Umfang der Nachrichten wächst, je jünger die Zusammenhänge sind.

Auch nachdem mir für die zweite Auflage erheblich mehr Platz zugestanden wurde, bleibt die Frage, ob eine nach wie vor bestehende Gedrängtheit in der Darstellung überhaupt für ein Gebiet zu verantworten ist, bei dem alles noch so im Fluss ist. Auf jeden Fall liegt im hier dargestellten Forschungsgebiet die Wahrscheinlichkeit, dass bereits in nächster Zeit ein neuer Fund, eine neue Textedition die in dieser Zusammenfassung notwendige Prioritätenfestsetzung auf den Kopf stellt, sehr viel höher als etwa in den Bereichen der klassischen Altertumsforschung.

Andererseits bietet gerade der Zwang zur Kürze die Möglichkeit, gewisse Abläufe prägnanter darzustellen. Die endlosen Reihen von Herrschernamen und die auf den ersten Blick unübersichtlichen Abläufe der Geschichte des alten Vorderasien sind nicht der geringste Grund, warum dieses Gebiet weitgehend den Spezialisten überlassen ist, und nur selten ins allgemeine Bewusstsein dringt, wie viel die westliche Kultur gerade dem alten Vorderasien zu verdanken hat. Nicht das geringste Ziel wäre erreicht, wenn der Blick dafür etwas geschärft würde und gleichzeitig hier und da ein Gefühl für die „Eigenbegrifflichkeit" [LANDSBERGER 2.6] des alten Vorderen Orients entstünde. Vielleicht kann die erzwungene Beschränkung auf die Hauptentwicklungslinien den Einstieg erleichtern. Dabei soll die Entwicklung der (politischen) Organisationsformen im Vordergrund stehen als dem markantesten Bereich des altorientalischen Erbes.

I. Darstellung

1. EINFÜHRUNG

Bei dem angestrebten Ziel, eine Übersicht über 10 000 Jahre altorientalischer Geschichte zu geben, wird es nicht verwundern, dass die Uneinheitlichkeit der Quellenlage ein ernstes Problem darstellt. Damit sind verschiedene Aspekte angesprochen. Nur für den kleineren Teil haben wir es mit Zeiten zu tun, für die schriftliche Nachrichten vorliegen, so dass für weite Bereiche nicht-schriftliche Informationen in großem Umfang herangezogen werden müssen. Dazu kommt, dass die Perioden sich auf technologischem wie organisatorischem Gebiet auf völlig verschiedenem Niveau befinden, was auch Unterschiede in unserem Zugang nach sich zieht. Vor allem aber wechseln bei archäologischen wie schriftlichen Quellen in vielen Fällen von Gebiet zu Gebiet, von Periode zu Periode Art und Häufigkeit der Quellen als Folge der Zufälligkeiten von Erhaltungspotential und Grabungstätigkeit. Nur selten kann einmal eine Entwicklungslinie anhand gleichartigen Materials über längere Zeitabschnitte hinweg und für das gleiche Gebiet gezogen werden, wie das folgende Beispiel verdeutlicht. Übersieht man die kunstgeschichtlich ausgerichtete Literatur für Mesopotamien mag man sich wundern, warum der Gattung der Rollsiegel, kleiner mit Negativrelief versehener Steinzylinder, sehr viel mehr Aufmerksamkeit gewidmet wird als zum Beispiel der statuarischen Kunst oder anderen Kunstgattungen. Grund ist, dass Rollsiegel nicht nur in großer Zahl sondern auch zu allen Zeiten der mesopotamischen Geschichte vorkommen und erhalten sind, während Statuen, Reliefs oder andere Kunstgattungen aus einer Zeit in großer Zahl, aus der nächsten kaum oder überhaupt nicht bekannt sein können. Dabei dürften letztere im öffentlichen Leben der damaligen Gesellschaft eine vermutlich wesentlich größere Rolle gespielt haben. Ihre Kenntnis und Interpretation würde erheblich mehr zu einer Erhellung der altorientalischen Vorstellungswelt und der geistesgeschichtlichen Entwicklung beitragen können.

Zudem sind systematische Gründe zum Beispiel darin zu suchen, dass sich im aggressiven Klima Vorderasiens nur äußerst selten organische Stoffe erhalten haben und deshalb der umfassende Bereich von Gegenständen aus Holz, Leder oder Textilien als Informationsträger ausfällt. Die Vermutung, dass das Alluvialland Babylonien die wegen seiner Rohstoffarmut immer von außen benötigten Rohstoffe mit Leder- und Textilarbeiten aber auch mit Nahrungsmitteln „bezahlte", ist somit an keiner Stelle nachprüfbar [CRAWFORD 2.6]; gleichzeitig wissen wir aber, dass die Textilindustrie in Babylonien immer eine große Rolle gespielt hat [WAETZOLDT 2.6.6]. Gleichfalls können wir vermuten, dass die ursprünglich sicher zahlreichen verzierten textilen Wand- und Bodenbeläge uns einen wesentlichen Einblick in die religiösen und künstlerischen Möglichkeiten einer Zeit gestatten würden. Ersatz bieten die leider nur selten erhaltenen Wandmalereien, die uns vermutlich sogar ein falsches Bild vermitteln, da sie Wandbehänge nachahmten, diese also als hochwertiger angesehen wurden [NUNN 2.2.6; DALLEY 2.2.6].

Ob und wie uns archäologische Informationen bei der Rekonstruktion des geschichtlichen Ablaufes helfen können, hängt auch von der Empfindlichkeit dieser Funde und Befunde gegenüber dem von der Gesamtsituation gesteuerten Gestaltungswillen des Menschen ab. So kann dieser Wille bei der Fertigung einer bildlichen Darstellung auf einem Siegel oder bei einer Gefäßmalerei sehr viel direkter umgesetzt werden als bei der Herstellung eines Werkzeugs aus geschlagenem Flint, bei dem die begrenzten Möglichkeiten der Spaltbarkeit des Materials enge Grenzen der individuellen Ausgestaltung setzen. Auch vermag Ton sehr viel eher dem möglicherweise lokal gebundenen Bedürfnis nach differenzierten Gefäßformen zu entsprechen als Stein. Während Formen von Steingefäßen auch bei starken lokalen Unterschieden in den Grundauffassungen wegen begrenzter technischer Möglichkeiten über weite Regionen gleichartig sein mögen, ist Keramik dazu geeignet, solche lokalen Verschiedenheiten auch im Formen- oder Verzierungsrepertoire sichtbar werden zu lassen. Da in der archäologischen Interpretation die Feststellung von Gleichheiten oder Ähnlichkeiten in Form und Ausgestaltung eine entscheidende Rolle für die Erkennung von Zusammengehörigkeiten oder Unterschieden spielt, müsste eine Interpretation in die Irre gehen, die sich auf Stein- und Keramikgefäße unterschiedslos stützt. Die Kritik archäologischer Quellen hat deswegen immer in besonderer Weise nach möglichen material- bzw. systemimmanenten Beschränkungen zu fragen – bei schriftlichen Quellen im Übrigen auch.

Denn auch für schriftliche Quellen gilt, dass ihre Aussage systematischen Beschränkungen unterliegt. In den älteren Zeitabschnitten ist nie alles aufgeschrieben worden, was unserer Meinung nach des Aufschreibens würdig gewesen wäre, sondern mit gewissen Ausnahmen kann man davon ausgehen, dass nur festgehalten wurde, was als unbedingt notwendig galt. Das leitet sich aus dem Ursprung der Schrift als Kontrollinstrument der Wirtschaft her, wobei die Aufzeichnungen lediglich dazu dienten, so viel an Einzelinformationen beizusteuern, dass zusammen mit dem allgemeinen Wissen ein Vorgang so weit rekonstruiert werden konnte, dass man beispielsweise bei einer späteren Anfechtung nicht allein auf das Gedächtnis angewiesen war. Die Einschätzung, was als unbedingt nötig angesehen wurde, konnte von Periode zu Periode und von einer Region zur anderen wechseln. Von nur vergleichsweise wenigen inhaltlichen Kategorien von Texten sind daher Zeugnisse aus allen Perioden vorhanden.

In diesen systematischen Bereich gehört auch die Abhängigkeit des Umfanges der schriftlichen Überlieferung von der politischen Konstellation. Der babylonische Zentralstaat der so genannten III. Dynastie von Ur (kurz vor 2000) hatte offenbar große wirtschaftliche Schwierigkeiten, verfügte aber über die erforderlichen Machtmittel, um sich einen Kontroll- und Überwachungsapparat leisten zu können, der mit Hilfe ausgedehnter schriftlicher Aufzeichnungen die wirtschaftlichen Vorgänge minutiös im Griff hielt. In der kassitischen Zeit dagegen, in der zweiten Hälfte des 2. vorchristlichen Jt.s, ist offenbar bei einer geringeren Bevölkerungsdichte in Babylonien eher wirtschaftliche Dezentralisierung die Regel. Die Auswirkungen auf unsere Materialauswahl sind nicht zu übersehen: während uns für die wenig mehr als 100 Jahre umfassende Zeit der III. Dynastie von Ur Tausende von Texten zur Verfügung stehen, sind für die über 400 Jahre der Herrschaft der Kassiten vergleichsweise weniger Texte bekannt. Herrscherinschriften liegen sogar in so geringer Zahl vor, dass wir bisweilen Schwierigkeiten haben, die Regierungszeit einzelner Herrscher und ihre Dauer zu bestimmen.

Im literarischen Bereich hat sich das Meiste wohl in der mündlichen Tradition abgespielt und nur relativ Weniges hat aus uns im einzelnen nicht nachvollziehbaren Gründen eine schriftliche Form gefunden. Es sieht so aus, als hätten epische Texte, die sich um legendäre, frühe Herrscher als Helden ranken, bessere Chancen gehabt zu überleben als die sicher sehr viel zahlreicheren und vermutlich auch lokaler geprägten Göttermythen; man vergleiche nur den großen Schatz von mythischen Darstellungen auf Siegeln der akkadischen Zeit mit der relativen inhaltlichen Beschränktheit an uns bekannten mythischen Erzählungen. Erhalten blieben aber auch Kompositionen, die entweder ganz gezielten Zwecken dienten (Königshymnen, Klagelieder um zerstörte Städte, „historische" Werke wie der „Fluch über Akkad") oder Werke, die in der Schule benutzt wurden.

Einer systematischen Einschränkung unterliegt ferner, ob die Schrift überhaupt und wie sie verwendet wurde. Wie wir noch sehen werden, ist Schrift ein hoch spezialisiertes, schwierig zu gebrauchendes System der Informationsspeicherung, daran erkennbar, dass nach einer langen Kette früherer, einfacherer Systeme die Schrift erst dann auftaucht, wenn dies die Komplexität der Daten erfordert. Oder anders gesagt: unterhalb einer hohen Schwelle der Komplexität behilft man sich mit einfacheren Systemen. Eine Arbeitsökonomie wird auch darin sichtbar, dass zunächst nur diejenigen Informationen schriftlich aufgezeichnet werden, die sich anderen Möglichkeiten einer Speicherung entziehen. Konkret bedeutet das, dass z. B. aus der Flut der Informationen, die bei der Anfechtung eines Wirtschafts- oder Rechtsgeschäftes für eine Rekonstruktion einer Situation benötigt wurden, nur diejenigen „extern" gespeichert wurden, die von der „intern" (im Gedächtnis) gespeicherten allgemeinen Kenntnis abwichen. Da auf der anderen Seite bei wirtschaftlichen Vorgängen Zahlen und Güter von einem Vorgang zum anderen wechseln, die Art des Vorganges aber gleich blieb, wurden nur Angaben über Mengen und Güter aufgeschrieben, die Art des Vorganges kannte man.

Diese Erkenntnis eröffnet uns den Weg, Situationen zu verstehen, in denen in der einen oder anderen Region in einer Zeit, als die Schrift bereits bekannt war, die Schrift kaum verwendet, oder sogar aufgegeben wurde. Dies ist keinesfalls ein Rückfall in einen nicht-komplexen Kontext, sondern zeigt lediglich an, dass der Grad der Komplexität unter einen nicht definierbaren Schwellenwert gesunken war. Daraus lässt sich allerdings nicht ohne weiteres ableiten, dass die Existenz von Schrift in jedem Fall eine hohe Komplexität anzeigt, denn unter bestimmten Umständen mag Schrift auch als integraler Bestandteil von Urbanität übernommen worden sein, auch wenn der Grad der eigenen Komplexität ein solches Speichermedium gar nicht benötigt hätte. In diesem Sinne könnte das kurzlebige Auftauchen einer Schrift im Indus-Bereich zu bewerten sein.

Eine weitere Ungleichmäßigkeit, die bis vor kurzem auf archäologischem Gebiet unsere Sicht erheblich beeinträchtigt hatte, beginnt sich auszugleichen. War bis in die 60er Jahre des vergangenen Jahrhunderts der südliche Teil Mesopotamiens von der Funddichte her eindeutig das Zentrum, so hat sich dies inzwischen durch eine gezielte Forschungspolitik in einigen anderen Ländern des Nahen Ostens, allen voran Syrien, erheblich relativiert. Rettungsgrabungen anlässlich ausgedehnter Staudammprojekte an den Oberläufen von Euphrat und Tigris brachten einen erheblichen Zuwachs an archäologischen Daten, dem sich einige Funde von Textgruppen an die Seite gestellt haben, so dass auch in diesem Bereich unser Bild verändert wurde. Die verstärkte Feldforschung außerhalb Mesopotamiens hat uns mehr als zuvor erkennen lassen, wie sehr die Entwicklungen in den einzelnen Regionen des Vorderen Orients miteinander verzahnt sind.

Einen neuen Erkenntnisbereich hat die unter dem Begriff der „Surveys" bekannte Art von Feldforschung erschlossen, bei der die archäologischen Reste ausgewertet werden, die sich auf der Oberfläche über jeder verlassenen Siedlung finden. Im Bereich des Vorderen Orients waren die Mauern der Gebäude meist aus ungebrannten Ziegeln aus dem normalen Boden errichtet worden, die nach Aufgabe des Gebäudes schnell in die ursprünglichen Bestandteile zerfielen. Ihr Zerfallsschutt bildete eine Bodenschicht, die zum Teil durch den Wind davongetragen wurde. Dinge, die in der alten Siedlung benutzt worden waren und normalerweise schwerer als der gewöhnliche Boden waren, und sich der Deflation widersetzten, blieben an der jeweils gebildeten Oberfläche liegen, zum Schluss an der heutigen Oberfläche. Meist handelt es sich um Scherben von Keramikgefäßen, die aufgrund unserer Kenntnis der Keramikentwicklung einer bestimmten Zeit zugewiesen werden können. Damit lässt sich das Alter der Siedlung bestimmen, während der Umfang der Fundstreuung zudem Rückschlüsse auf die Größe der ehemaligen Siedlung zulässt. Da die Datierung jedoch nie genauer als das Datierungsraster für die Funde, speziell für Keramik, sein kann und verschiedene andere Probleme die Genauigkeit einschränken, kann diese Art der Forschung natürlich nie eine Grabung ersetzen. Durch die Erforschung der Oberfläche eines größeren Gebietes können jedoch auf diese Weise innerhalb eines relativ groben Rasters Aussagen über Art, Zeit und Umfang der Besiedlung einer ganzen Region gemacht werden, was mit Hilfe von Grabungen schon aus finanziellen Gründen nie möglich wäre. Den aus Grabungen gewonnenen Erkenntnissen über Dauer und Größe einer Siedlung können somit entsprechende Aussagen über die umgebende Region zur Seite gestellt werden. Dieser Art der Feldforschung ist ein Abschnitt im zweiten Teil (II.2.2) gewidmet.

Über den normalen Zuwachs an Erkenntnissen hinaus hat die erhebliche geographische und zeitliche Ausdehnung des Forschungsgebietes „alter Vorderer Orient" und die damit erzwungene Ausdehnung des Gegenstandes dieser Darstellung auf der einen Seite und die erwünschte Kürze auf der anderen dazu geführt, dass die Linien bisweilen anders gezogen, die Schwerpunkte anders gesetzt sind als in anderen historischen Darstellungen. Doch wie schon zu Beginn gesagt, zum jetzigen Zeitpunkt der schnellen Veränderungen kann sowieso keine Darstellung der historischen Abläufe im alten Vorderasien nur eine Wiedergabe lange gesicherter Forschungsergebnisse sein, sondern sie ist selbst gleichzeitig Teil der Forschung.

2. VORBEMERKUNGEN

Mehr als andere Bände dieser Reihe, die sich mit allgemeiner bekannten Zeiten und Ländern auseinandersetzen, bedarf die folgende Darstellung der Einführung in gewisse Grundlagen. Während normalerweise bei historisch interessierten Lesern eine Vertrautheit mit den Schauplätzen der europäischen Geschichte vom Altertum an vorhanden ist, kann dies für den Bereich des Vorderen Orients kaum vorausgesetzt werden. Unterschiedlichkeit wie auch Kleinteiligkeit der geographischen Verhältnisse, verbunden mit der entsprechend großen Anzahl von Bezeichnungen, Vielzahl der Orte, die im Laufe der Zeit eine politische Rolle gespielt haben, die große Anzahl der politischen Akteure wie auch die chronologischen Einteilungen und Bezeichnungen könnten verwirrend sein, wenn sie ohne Vorbereitung im Text erscheinen. Die Herausstellung dieser Grundzüge zu Beginn soll zudem den Texte entlasten, da die Namen und Begriffe im Folgenden als bekannt vorausgesetzt werden und nicht jedesmal einer Erläuterung bedürfen.

2.1 Landschaft und Klima

Bereich der Darstellung
Der unter „Vorderasien" zusammengefasste Bereich wird von den Eckpunkten der heutigen Staaten Türkei, Iran, den Golfstaaten und Jemen bestimmt und umfasst als die Territorien, die in der folgenden Darstellung mehr als andere herausgestellt werden, die Gebiete der heutigen Staaten Türkei [Hütteroth]; Syrien [Wirth]; Irak [Wirth]; und Iran [Ehlers] (alle 2.1.1); siehe auch [Nützel 2.1.1 mit Schachner 2.1.1; Potts, Gulf; Elam 2.2.2; Wilkinson 2.4]

Ökologische Vielfalt
Auf relativ begrenztem Raum finden wir hier bei sämtlichen Zwischenstufen große Extreme in den Bereichen von Landschaftsformen, Klima und Zugänglichkeit von Wasser vereint: Von 5000 m hohen Bergen im Elburs und im Zagros im Nord- und West-/Südwestiran bis zur Depression im unteren Jordangraben von 300 m unter dem Meeresspiegel, von engen Tälern und kleinen Ebenen in den Gebirgen bis zu den großen Ebenen des Drainagebeckens von Euphrat und Tigris oder der arabischen Wüste, von Gebieten, die wie die Ebenen des zentralen Zagros mit über 600 mm pro Jahr überreichlich Regen erhalten bis zu solchen wie dem Gebiet des heutigen Südirak oder den großen Wüstengebieten des Zentraliran oder Arabiens, in denen mit 50 mm und weniger pro Jahr keine Möglichkeit eines geregelten Pflanzenanbaus besteht, von den heißesten und trockensten Gebieten der Erde im Südirak bis zum subtropischen Klima am kaspischen Meer oder den mit ewigem Schnee bedeckten Gipfeln einiger Berge im Zagros und Elburs.

Domestizierbare Tiere und Pflanzen
Möglicherweise hatten sich hier gerade wegen dieser ökologischen Kleinteiligkeit und Vielfalt entsprechend adaptationsfreudige Tier- und Pflanzenformen angesiedelt. Späterhin, als der Mensch die Notwendigkeit verspürte, neben der

Ausbeutung der Natur sich seine Nahrungsgrundlage selbst zu schaffen, erwiesen diese Tiere und Pflanzen sich als diejenigen, die sich vom Menschen am ehesten seinen Bedürfnissen adaptieren, d.h. „domestizieren" ließen: Schaf, Ziege, Rind; Gerste, Emmer (Weizen) [siehe Bibliographie 2.1.2; besonders FLANNERY; HARRIS/HILLMAN; HELBAEK; UCKO/DIMBLEBY; ZOHARY/HOPF].

Auch in anderer Hinsicht erwies sich die Umwelt als entgegenkommend. In dem Moment, als der Mensch sein Siedlungsgebiet über die regenreichen, und zugleich tier- und pflanzenreichen Bergregionen hinaus ausbreitete und in die größeren fruchtbaren aber regenärmeren Ebenen vorstieß, geriet er in Gebiete, in denen die Regenarmut durch reichlich Oberflächenwasser kompensiert wurde, das zunächst ohne große Mühe auf das daneben liegende Land geleitet werden konnte. Künstliche Bewässerung in Verbindung mit fortschreitender Expertise und Verwaltung ermöglicht zudem bei entsprechender Investition eine Intensivierung der landwirtschaftlichen Produktion, die für reine Regenbaugebiete nicht erreichbar ist.

Wann immer der Mensch sich in ein neues Stadium seiner kulturell-organisatorischen Entwicklung begab, war in Vorderasien die entsprechende naturräumliche Konstellation vorhanden, die nicht nur eine Weiterentwicklung ermöglichte, sondern sie bisweilen sogar anstieß.

Die Plausibilität aller dieser Vorstellungen hängt entscheidend davon ab, inwieweit wir zeigen können, dass die heutigen Umweltbedingungen, von denen wir normalerweise ausgehen, den Bedingungen im Altertum entsprochen haben. Dies im einzelnen zu beweisen, ist zwar unmöglich, doch haben sich im Laufe der Zeit eine Reihe von Beobachtungen angesammelt, die wahrscheinlich machen, dass abgesehen von lokal und zeitlich begrenzten Ausschlägen in der einen oder der anderen Richtung die Situation im wesentlichen der heutigen entsprochen haben dürfte [BRENTJES; BUTZER, Change; NÜTZEL, Klimaschwankungen (alle 2.1.3)]. Zumindest einer der Ausschläge dürfte jedoch weit reichende Folgen gehabt haben.

Sedimentologisch-klimatologische Forschungen deuten an, dass wir in Vorderasien im 4. vorchristlichen Jt. mit einer Veränderung zu einem geringfügig kühleren, trockeneren Klima zu rechnen haben, die vermutlich bis zum Ende des 3. Jt.s andauerte. Dies ergibt sich aus der Beobachtung, dass zu dieser Zeit als Folge geringeren Wasseraufkommens und geringerer Fließgeschwindigkeit die Flüsse Euphrat und Tigris weniger Sedimente in den Golf mitführten und dort ablagerten. Geringeres Wasseraufkommen in den Flüssen bedeutet aber, dass die von zahlreichen Wasseradern durchzogenen und vor allem von den großen Überschwemmungen periodisch überfluteten und daher für eine menschliche Dauerbesiedlung ungeeigneten Schwemmgebiete des unteren Euphrat-Tigris Gebietes seltener überschwemmt, dann trockenes Land und damit besiedelbar wurden [NÜTZEL, Klimaschwan kungen 2.1.3; SANLAVILLE 2.1.3; DALONGEVILLE/SANLAVILLE in: AURENCHE ET AL. 2.3.5]. Wir werden noch sehen, wie das zu den archäologisch-historischen Nachrichten passt.

Klimaveränderung

In diesem Zusammenhang zwei grundsätzliche Bemerkungen: Der Begriff

Mesopotamien („[Land] zwischen den Flüssen") oder Zweistromland im Zusammenhang mit der seit alters als für Babylonien als charakteristisch benannten Bewässerungskultur suggeriert, dass beide Flüsse Euphrat und Tigris in gleicher Weise ausgedehnte Kanalsysteme bedienten. Beide Flüsse haben jedoch ein völlig unterschiedliches Regime. Der Euphrat tritt nach dem Verlassen der bergigen Quellandschaft in Südostanatolien einen weiten Lauf durch die ebenen Bereiche Syriens und des Südirak an und bewegt sich mit relativ geringem Gefälle auf den Golf zu. Er wird zudem auf seinem Lauf nur unwesentlich durch Nebenflüsse angereichert, hat daher keine Kraft, sich in das durchflossene Gebiet tief einzugraben und fließt relativ langsam, sowie er die Alluvialebene erreicht; in früheren, durch den Menschen weniger kontrollierten Zeiten neigte er daher insbesondere im südlichen Teil zum Mäandrieren bzw. dazu, seinen Lauf zu verändern [ADAMS, Heartland 2.3.6; AL-HADITHI 2.3.7].

<small>Euphrat als Quelle für Bewässerungswasser</small>

Der sowieso schon wasserreichere Tigris fließt auf geradem Wege in den Golf, hat ein erheblich stärkeres Gefälle und erhält durch starke Nebenflüsse aus dem Zagros ein Volumen, das erheblich über dem des Euphrat liegt. Durch die hohe Fließgeschwindigkeit hat sich der Tigris auf weite Strecken hin stark in das Gelände eingefressen, so dass sein Wasserspiegel oft mehrere Meter unter den Ufern liegt.

<small>Tigris als Quelle für Bewässerungswasser</small>

Für die Nutzung sind diese Unterschiede deshalb bedeutsam, weil die flache Lage des Euphrat die fast mühelose Ableitung in Seitenkanäle zulässt, die Tieflage des Tigris dies dagegen meist nicht gestattet [BURINGH 2.1.3; siehe aber HEIMPEL, Tigris I und II 2.1.3]. In diesem Zusammenhang ist es interessant zu sehen, dass man in spätsasanidischer Zeit (Mitte des 6. Jh. n.Chr.; weiter ausgebaut durch die frühen Abbasidenherrscher) an einer günstigen Stelle nördlich vom heutigen Samarra einen großen Kanal abzweigte, der mit geringerem Gefälle östlich parallel zum Tigris verlief und mit dem Wasser des Diyala-Flusses gemeinsam das Land östlich und südöstlich des heutigen Bagdad großflächig bewässerte [ADAMS, Baghdad 2.3.6]. Dem eigentlichen Tigris ist Wasser im wesentlichen vor allem durch Hebevorrichtungen zu entnehmen, wie sie für die Bewässerung flussnaher Gärten ausreichen, nicht jedoch für die langen Kanalsysteme, wie sie vom Euphrat abhängen und dort Wasser auf vom Hauptlauf weit entfernte Fluren bringen. Ein Blick auf die Lage der babylonischen Städte zeigt denn auch, dass sie mit wenigen Ausnahmen in Gebieten liegen, die vom Euphrat bewässert wurden.

<small>Unterschiede in den Nutzungsmöglichkeiten von Euphrat und Tigris</small>

Eine zweite Bemerkung gilt beiden Flusssystemen. Wir sind so sehr mit dem Bild des Fruchtbarkeit spendenden Nil vertraut (Herodot: „Ägypten ist ein Geschenk des Nils"), dass wir geneigt sind, dieses Bild auf Mesopotamien zu übertragen. Die Unterschiede könnten aber größer nicht sein, denn die Hochflut des Nil kommt im August/September rechtzeitig vor der Aussaat [BUTZER, Egypt 2.1.3], die Fluten von Euphrat (und Tigris) erreichen das Bewässerungsgebiet Babyloniens dagegen im März/April, in der Zeit der Ernte [WIRTH, Irak 2.3.6; ADAMS, Heartland 2.3.6]; Grund ist der unterschiedliche Zeitpunkt der Schneeschmelze in den Quellgebieten der Flusssysteme von Nil und Euphrat/Tigris. In

Babylonien stellen die Hochwasser daher zuerst einmal eine große Gefahr dar, gegen die man sich schützen muss, wenn man andererseits auch auf das Wasser angewiesen ist. Die in diesem Zusammenhang angewandten Bewässerungstechniken in Ägypten und Babylonien sind entsprechend grundverschieden.

Obgleich die Bewässerungswirtschaft mit Hilfe von langen Kanälen als ein bestimmendes Merkmal der altorientalischen Kultur gilt, wird doch in weiten Bereichen des Vorderen Orients vom Regen abhängiger Ackerbau betrieben. Die Möglichkeit dazu besteht in Gebieten, die einen Jahresniederschlag von mindestens 200 Millimeter erhalten. Wenn man sich Karten mit Angabe der heutigen Regenverteilung ansieht [ROAF 2.2.2: 22; KOPP/RÖLLIG, 1.2.4: Karten A IV 4–6], gilt dies für weite Bereiche der Ebenen im Vorland der das Euphrat-Tigrisbecken einschließenden Gebirgsketten des Taurus und des Zagros. Wir wissen natürlich nicht, ob ein Ort, der heute einen jährlichen Niederschlag von 200 mm erhält, auch in alter Zeit diese Menge Regen bekam, gehen aber davon aus, dass die relativen Unterschiede von Region zu Region die gleichen oder ähnlich wie heute waren. Regenfeldbau

Der Wert von 200 mm Niederschlag spielt in unseren Überlegungen vor allem dann eine Rolle, wenn wir abschätzen wollen, in welchen Gebieten in der Frühzeit ein dauersesshaftes Leben möglich war, das vom Regenfeldbau abhing. Dabei interessiert allerdings nicht die normalerweise angegebene Linie, die einem Durchschnittswert über einen längeren Zeitraum folgt, sondern wir müssen unsere Suche eingrenzen auf die Gebiete, die jedes Jahr garantiert 200 m Regen erhalten [zur Problematik WIRTH, Irak 2.1.1]. Die bei E. Wirth Abbildung 10 gegebene Linie entspricht damit sicher generell der Situation im Altertum. Insgesamt rechnen wir damit, dass der größte Teil der nordsyrisch-nordmesopotamischen Gebiete [KÜHNE 2.1.3] sowie weite Teile östlich des Tigris bis in die Gegend des Nebenflusses Diyala im Bereich des Regenfeldbaus lagen, wie auch große Teile der Ebene der Susiana.

Ein Bereich, der im Folgenden eine große Rolle spielen wird, bedarf auch an dieser Stelle einer besonderen Erwähnung: das bereits erwähnte Schwemmland der Unterläufe von Euphrat und Tigris, das mit Sicherheit auch im Altertum außerhalb des Gebietes lag, in dem man sich auf Regenfeldbau verlassen konnte. Es handelt sich um den durch Flusssedimente aufgefüllten Teil eines Grabens, der sich zwischen der arabischen Tafel und der weiter östlich gelegenen Landmasse als Folge der Ostverschiebung der genannten Tafel gebildet hat, als deren weitere Folge die Aufwölbung der Bergketten des Zagros zu sehen ist. Da man sich bei einer Aufschüttung eines Grabens aus einer Richtung vorstellt, dass der Rand der Schüttung immer weiter vor verlagert wird, hat man vermutet, dass in älterer Zeit der Rand des Golfes und damit der südliche Rand der Schwemmebene nördlich der heutigen Situation gelegen habe. Neuere Messungen haben jedoch ergeben, dass der genannte Vorschub der arabischen Tafel andauert und damit der Graben sich weiter vertieft. Vermutlich ist vor längerer Zeit ein Zustand eingetreten, der das Absinken der Grabensohle und die Aufschüttung so Schwemmland Babylonien in der Waage hält, dass der Zustand der Uferlinie mehr oder weniger konstant bleibt [LEES/FALCON; LARSEN; WAETZOLDT (alle 2.1.3)].

In diesem Zusammenhang erscheint eine weitere Beobachtung als bedeutsam. Die äußere Gestalt der Schwemmebene südlich der Engführung von Euphrat und Tigris südlich von Bagdad gleicht einer Flasche mit relativ engem oberem und ausladendem unterem Teil. Diese Zweiteilung des Landes hat sich bezogen auf das vom Euphrat bewässerte Gebiet immer darin ausgedrückt, dass der Norden im wesentlichen nur von einem einzigen Hauptlauf des Euphrat durchflossen wird, während der Fluss sich im südlich erweiterten Bereich in zwei, zum Teil weit auseinander liegende Arme teilt, die sich erst ganz im Süden wieder vereinigen. Dies wird sich als wichtig für die Beurteilung der Entwicklung der Stadtstaaten Babyloniens im 3. Jt. erweisen, denn die Beziehungen zwischen solchen Zentren werden andere sein, wenn sie wie Perlen an nur einem Flusslauf aufgereiht sind und damit Kontakte bzw. Konflikte nur mit höchstens zwei Nachbarn haben können, oder wenn – da an parallelen Strängen liegend – Stadtstaaten Berührungs- und damit potentielle Konfliktzonen zu mehreren anderen Zentren haben.

<small>Gestalt der babylonischen Ebene</small>

Im Osten von Babylonien finden wir mit der Ebene der Susiana einen Bereich, der in ähnlicher Weise wie die babylonische Schwemmebene entstanden aber wesentlich kleiner ist. Eine heute kaum noch wahrnehmbare Vorkette des Zagrosgebirges trennte einst den breiten Euphrat-Tigrisgraben von einem, in den die Flüsse Kerḫa und Karun ihre Sedimente schütteten; auch heute noch bewirkt eine niedrige Welle, dass diese beiden Flüsse sich nicht mit dem Tigris vereinigen sondern erst im Süden in den Schatt el Arab münden können. Diese Ebene ist nicht nur erheblich kleiner sondern sie liegt in ihren nord-nordöstlichen Teilen im Gebiet des potentiellen Regenfeldbaus, und hat damit eine völlig andere Besiedlungsgeschichte als Babylonien durchlaufen.

<small>Wassersituation in der Susiana</small>

Durch weite Ebenen ist auch die westliche Nachbarregion, das heutige Syrien gekennzeichnet. Sie werden im südlichen Teil nur von wenigen Wasserläufen durchflossen, an denen sich weitgehend die Besiedlung ausrichtet; im Vorland des Taurus dagegen erlaubt ausreichender Niederschlag auch eine flächigere Besiedlung. Anders geartet ist das Gebiet des Oberlaufes des Ḫabur, einem der wenigen Nebenflüsse des Euphrat, der beim syrischen Der ez-Zor in den Euphrat mündet. Das so genannte Ḫabur-Dreieck ist eine breite Ebene, die neben kleineren Wasserläufen von den drei Flüssen Ḫabur, Ǧaghǧagh und Ǧarrah durchzogen ist, die sich durch den Querriegel von Ǧebel Abd el-Aziz und Ǧebel Singar gezwungen zum Ḫabur vereinigen, der dann durch die Enge zwischen den beiden Höhenzügen nach Süden den Euphrat erreicht. Diese Ebene kann sowohl ausreichenden Regen für den Ackerbau nutzen als auch die Möglichkeiten der Bewässerung. Zudem trifft auf dieses Gebiet das für Südbabylonien Gesagte zu, dass sich durch die Siedlungen an parallelen Wasserläufen die Möglichkeit zu multilateralen Beziehungen ergab, was offenbar schon in früher Zeit zur Ausbildung von Siedlungssystemen führte. Die auffallende Blüte und Besiedlungsdichte mit mehreren gewichtigen städtischen Zentren im 4. und 3. Jt.

<small>Wassersituation in Syrien</small>

ist vermutlich wie zuvor für Babylonien angemerkt der günstigen Verkehrs- und Kommmunikationssituation geschuldet.

Einige Worte zur Terminologie. Da in vielen Fällen die Grenzen der alten politischen Einheiten unbekannt oder nicht genau benennbar und sowieso nur in wenigen Fällen über längere Zeit konstant geblieben sind, hat man sich das anachronistische Vorgehen angewöhnt, zur Kennzeichnung bestimmter Gebiete die heutigen politischen Bezeichnungen zu verwenden. So soll auch hier verfahren werden; wenn nötig, wird genauer qualifiziert.

Geografisch-politische Terminologie

Genauso anachronistisch ist unsere Verwendung der Bezeichnungen „Mesopotamien", „Babylonien" und „Assyrien", denn Mesopotamien meinte in der klassischen Überlieferung das Gebiet zwischen den Oberläufen von Euphrat und Tigris [zur Geschichte des Begriffes „Mesopotamien" s. FINKELSTEIN 2.5], d.h vor allem Nordsyrien und Nordirak, die „Ǧezireh" (die „Insel") in der arabischen Benennung, während man heute im wesentlichen das Staatsgebiet des heutigen Irak meint, wenn man von dem Gebiet der mesopotamischen Hochkultur spricht. Auch wenn hier der Nordteil des Irak als Assyrien, der Teil südlich von Bagdad generell als Babylonien angesprochen wird, hat das eigentlich nur für die relativ späten Zeiten Berechtigung, in denen Babylon bzw. Assur die politischen Zentren waren; doch haben sich auch diese Namen als geographische Bezeichnungen eingebürgert. Auch in diesen Fällen werden zusätzliche Erläuterungen angefügt, wenn es vom Inhalt gefordert wird. Statt „Südirak" = „Südmesopotamien" = „Babylonien" findet sich in der Literatur auch die Bezeichnung „Sumer und Akkad", wobei Sumer den südlichen, Akkad den nördlichen Teil benennt. Für eine kurze Periode wäre dies sicher die zutreffende Bezeichnung, für weite Teile der hier zu behandelnden Zeit aber genauso anachronistisch wie das hier für die gesamte Zeit benutzte Babylonien, das immerhin in Anspruch nehmen kann, für eine längere Dauer die angemessene Bezeichnung zu sein, soweit man in der damaligen Zeit überhaupt in solchen Kategorien dachte und nicht einfach nur den Namen der wichtigsten Stadt als *pars pro toto* nannte.

Probleme der Benennung haben wir auch für das östliche Nachbargebiet. Der von der zeitweiligen politischen Hauptstadt Susa abgeleitete Begriff Susiana ist zwar erst eine Bezeichnung aus hellenistischer Zeit, fasst aber in bequemer Weise das Gebiet der Schwemmebene der Unterläufe von Karun und Kerḥa mit den direkt anschließenden östlichen Randbergen zusammen. Die Verwendung des älteren Namens Elam ist auch nicht unproblematisch, da der Begriff Elam offenbar zu verschiedenen Zeiten unterschiedlich benutzt wurde [POTTS, Elam 2.2.2]. Die meiste Zeit bildete die Stadt Susa und das Umland, die Susiana, (das Tiefland) zusammen mit Anšan und der heutigen Provinz Fars (das Hochland) das elamische Kernland. Je nach politischer Kraft konnte Elam jedoch bis an das kaspische Meer und bis nach Seistan an der Grenze zum heutigen Afghanistan reichen. Wenn nicht anders angegeben wird Elam für den Kernbereich verwendet und Susiana für Tiefland und Randberge um Susa, das bisweilen gesondert angesprochen werden muss.

2.2 Die Akteure: Schriften, Sprachen, Völker

Heutige Sprachen Neben Arabisch mit seinen verschiedenen Dialekten sind heute Türkisch und Persisch die Hauptsprachen des hier behandelten Bereichs. Dazu werden eine Anzahl weiterer Sprachen jeweils von einer kleineren Bevölkerungsgruppe gesprochen. Das einigende Band ist die Religion des Islam, die gleich anderen Weltreligionen wie die jüdische und die christliche von hier ihren Ausgang genommen hatte.

In keinem Fall entsprechen die heutigen politischen Grenzen politischen oder Politische Grenzen kulturellen Trennlinien des Altertums. Zu häufig waren die Zuwanderungen, die Eroberungen, die Verpflanzungen ganzer Bevölkerungsteile, als dass irgend eine heutige Gruppe behaupten könnte, die direkten und unvermischten Nachfahren eines der Völker zu sein, die im Altertum die Geschichte Vorderasiens bestimmten. Von den heutigen Bevölkerungsverhältnissen generell auf die im Altertum schließen zu wollen, wäre völlig verfehlt. Am Nebeneinander von verschiedenen ethnischen Gruppen, von Angehörigen völlig verschiedener Sprachgruppen und Religionen, teils in engster Lebensgemeinschaft, hat sich allerdings vermutlich wenig geändert, wie wir im Laufe der Darstellung sehen werden. Dass dieses Nebeneinander häufig von Spannungen gekennzeichnet war, die oft genug in offene Feindseligkeiten ausarten konnten aber nicht mussten, ist ebenfalls nichts Ethnische Neues. Im Altertum identifizierbar als Gruppen sind nur solche, die wir auf-Identifizierbarkeit grund schriftlicher Aufzeichnungen über ihre Sprache fassen können. Da auf vorderasiatischem Gebiet die früheste Schrift in Gebrauch genommen wurde, sollten wir also in der Lage sein, die Akteure der Geschichte zu einem früheren Zeitpunkt zu benennen als in anderen Teilen der Erde. Dies gelingt jedoch nur unzureichend, denn die Schrift ist zunächst für einige Jahrhunderte wenig mehr als ein System der Informationsspeicherung und -verarbeitung, dem einstweilen noch kein eindeutiger sprachlicher Hintergrund zugeordnet werden kann. Zudem ist die Verwendung der Schrift zunächst auf einen kleinen Bereich Vorderasiens, auf Babylonien beschränkt – für kurze Zeit tritt Elam hinzu. Für die Bemühungen, Gruppen zu benennen, entfällt nicht nur der große zeitliche Bereich vor dem Auftauchen der ersten Schrift, sondern für längere Zeit auch alles, was außerhalb des engen Verbreitungsgebietes der frühen Keilschrift liegt. Nach einer anscheinend Episode gebliebenen Übernahme der Keilschrift im 3. Jt. im syrischen Raum, um die eigene Sprache zu schreiben, findet dort die Keilschrift erst nach 2000 eine so weite Verbreitung – zunächst allerdings meist bei gleichzeitiger Übernahme der babylonischen Sprache als Schriftsprache –, dass wir erst dann Genaueres über die Träger dieser Kulturen erfahren.

Die Verbreitung der Schrift wächst, als seit dem späten 2. Jt. in der Levante Alphabet-Schriften unter Patenschaft der ägyptischen Schrift ein anderes Schriftsystem in Gebrauch kommt, in dem sich die dortigen Sprachen artikulieren und das sich allmählich zu dem System entwickelt, das zusammen mit der aramäischen Sprache im 1. Jt. auch Mesopotamien massiv beeinflusste und schließlich die Keilschrift verdrängte: das Alphabet, die Urmutter fast aller Alphabet-Schriften der Welt [RÖLLIG 2.6.1.5].

Für eine Aufzählung der auf die eine oder andere Weise benennbaren Gruppen, bei denen dann noch zu unterscheiden wäre, ob diese Namen der eigenen Benennung entsprechen oder ob dies die Namen sind, unter denen sie in der zeitgenössischen, meist babylonischen oder in der späteren, oft griechischen Überlieferung bekannt waren, ist hier kein Raum. Stattdessen soll hier nur von den Sprachen die Rede sein, wobei impliziert wird, dass diejenigen, die dieselbe Sprache sprechen, auch andere Gemeinsamkeiten haben. Freilich muss hier betont werden, dass wenn im Folgenden von Sumerern oder Akkadern etc. gesprochen wird, dies nicht mit Ethnien gleichzusetzen ist. Es gibt nicht nur allgemein genügend Beispiele, dass Sprache und Ethnie nicht dasselbe sind, sondern es ist sehr wahrscheinlich, dass über eine Sprache in unseren Texten identifizierte Gruppen zum Zeitpunkt ihrer Nennung bereits eine lange Geschichte hinter sich haben und schon aus Teilen verschiedener Herkunft bestehen [Bibliographie 2.6.3]. Während wir von den am besten bezeugten Sprachen des alten Vorderen Orients die meisten der großen Familie der semitischen Sprachen zuordnen können, und das Hethitische der großen Familie der indo-europäischen Sprachen, lassen sich andere wie die elamischen oder alt-kleinasiatischen Sprachen keiner der großen Gruppen zuweisen, bilden aber für sich selbständige Einheiten, während wieder andere Sprachen wie das Sumerische oder das Hurritische völlig für sich stehen. Andere Sprachgruppen mögen nicht weniger verbreitet gewesen sein, haben aber kaum schriftlichen Niederschlag gefunden, wie die noch zu nennenden Substratsprachen, sowie das Kassitische, das Mittanische oder die autochthonen Sprachen im syrisch-anatolischen Raum.

<small>Sprachen des alten Vorderen Orients</small>

Unter diesen Sprachen nimmt das Sumerische eine besondere Stellung ein, weil es allem Anschein nach die Hauptsprache der Zeit war, in der die Schrift erfunden wurde. Ein Beweis steht allerdings noch aus, da die Schrift lange Zeit weitgehend eine Wortschrift ist, deren Zeichen in jeder Sprache gelesen werden könnten. Erst wenn eine Schrift die in jeder Sprache verschiedenen grammatikalischen Besonderheiten und Elemente ausdrückt, ist die Identifikation einer bestimmten Sprache möglich. Die Fähigkeit, alle Elemente der gebundenen Sprache zu schreiben, wird von der Keilschrift erst ungefähr 800 Jahre nach ihrer Erfindung voll ausgebaut, so dass erst dann eine zweifelsfreie Identifizierung der Sprache möglich wird. Zu diesem späteren Zeitpunkt erkennen wir aber auch, dass die Sprache, die wir als Sumerisch bezeichnen, voller Elemente aus anderen Sprachen steckt, wie aus dem semitischen Akkadisch [FALKENSTEIN 2.6.3], aber auch aus anderen Sprachen, in denen wir Substratsprachen vermuten [LANDSBERGER 2.6.3: „Protoeuphratisch"; „Prototigridisch"; vgl. auch SALONEN 2.6.3; WILHELM 2.8.2], also Sprachen der Ureinwohner, die in Babylonien vor der vermutlich späteren Einwanderung von Sumerern und Akkadern lebten. Von der Gesamtstruktur und vom Anteil an der von der Mitte des 3. Jt. an fassbaren Sprache her lässt sich zur Zeit plausibel nur behaupten, dass Sumerisch das Hauptelement der Sprache der Zeit war, in der die Schrift erfunden wurde.

<small>Sumerisch</small>

Semitische Sprachen   Die ältesten sicheren Zeugnisse für semitische Sprachen sind annähernd zeitgleich mit den ersten voll lesbaren sumerischen Texten der Mitte des 3. vorchristlichen Jts. und stammen auf der einen Seite aus Babylonien, dort zunächst als Eigennamen sowie gelegentliche Einschübe in sumerischen Texten [BIGGS 2.6.3], und auf der anderen Seite aus Ebla in Westsyrien, wo mit Hilfe der aus Babylonien entlehnten Keilschrift der eigene semitische Dialekt geschrieben wurde [VON SODEN 2.8.1]. Vermutungen, dass sich bereits in den Texten des beginnenden 3. Jts. aus Babylonien akkadische Worte finden [z. B. EDZARD 2.6.3], haben sich zwar einstweilen nicht bestätigt, doch ist nicht ausgeschlossen, dass „Proto-Akkader" bereits schon lange im Land waren, bevor uns ihre Sprache schriftlich überliefert ist. Während der Zeit der im späteren 3. Jt. in Babylonien regierenden Dynastie von Akkad werden schließlich die meisten Texte im semitischen Akkadisch verfasst.

Nachdem unter der III. Dynastie von Ur wieder für kurze Zeit die sumerische Sprache bevorzugt worden war, setzten sich die semitischen Sprachen endgültig nach 2000 durch, als sich im Gefolge einer massiven Einwanderung neuer semitischer Gruppen, den Amurritern, nach Babylonien und unter dem Einfluss ihrer jünger-semitischen Sprache das ältere Akkadisch in das Babylonische umformt, das von dieser Zeit an bis weit in das 1. Jt. hinein die bestimmende Sprache der babylonischen Kultur bleibt. Unter anderem Einfluss bildete sich im Norden des heutigen Irak aus dem älteren Akkadisch das Assyrische heraus, das für diesen von der Mitte des 2. Jt. an politisch bedeutsamen Landesteil bis ans Ende des assyrischen Reiches bestimmend bleibt [VON SODEN/MAYER 1.2.6.3].

Unter den weiteren semitischen Sprachen sei hier besonders das Aramäische, Teil einer nochmals jüngeren Sprachstufe der semitischen Sprachen [BEYER 1.2.6.8], hervorgehoben, das seit Beginn des 1. Jt. v. Chr. so große Bedeutung erhält, dass wir nicht nur Lehnworte in großer Zahl im Babylonischen wie im Assyrischen finden, sondern dass sich sogar die Syntax des Assyrischen der des Aramäischen angleicht [VON SODEN/MAYER 1.2.6.3]. So wie im 2. Jt. das Babylonische in seinem Medium der Keilschrift die Verkehrssprache ganz Vorderasiens einschließlich Ägyptens war (Stichwort: Amarna-Korrespondenz, s. Abschnitt I.7.1), wird das Aramäische zur *lingua franca* des 1. Jt. v. Chr.

Hethitisch   Das indoeuropäische Hethitisch des zentralen Anatolien bedient sich der in den südlich benachbarten syrischen Städten vorgefundenen Keilschrift, die ihrerseits aus Babylonien übernommen worden war [KAMMENHUBER in: FRIEDRICH ET AL. 1.2.6.4]. Es setzt sich neben das ältere Hurritisch, das einer weiteren, sonst nicht bekannten Sprachfamilie angehört, und das nun mit Hilfe des hethitischen Schriftsystems geschrieben wird [WILHELM 2.8.2].

Elamisch   Gleichfalls nicht anzuschließen sind die Sprachen des elamischen Bereichs. Für die so genannten „proto-elamischen" Tontafeln des ausgehenden 4. Jts. gilt ebenso wie für die Schriftzeugnisse des frühen Babylonien, dass ihr sprachlicher Hintergrund im Dunkeln bleibt. Das Elamitische, einer Vermutung zufolge mit den Dravida-Sprachen Indiens verwandt [MCALPIN 2.10], tritt uns erstmals gegen Ende des 3. Jt.s in Texten entgegen, dann in babylonischer Keilschrift verfasst. Die Entwicklung dieser Sprache können wir bis ins 1. Jt. anhand eigener Texte verfolgen [REINER 1.2.6.5].

Naturgemäß ist die Benennung von Sprachen und Gruppen für außer-schriftliche Bereiche nicht möglich. Dies gilt leider auch für die direkten Nachbarn Babyloniens in der Frühzeit, da babylonische Quellen kaum je Nachbargruppen erwähnen.

Wie sich an dieser kurzen Übersicht gezeigt hat, gibt es praktisch keine Sprache im alten Vorderasien, die „rein" zu fassen wäre. So kann eigentlich nicht einmal von den Sprachen her eine eindeutige, ethnische Identifizierung der Beteiligten vorgenommen werden. Bestes Beispiel ist die Situation in Babylonien in der zweiten Hälfte des 2. Jt., wo wir aus den schriftlichen Quellen lediglich den Schluss ziehen würden, dass es neben der Gruppe der Babylonier eine kleinere, wahrscheinlich eher unbedeutende Gruppe gegeben haben muss, die sich durch wenig mehr als durch vereinzelte Eigennamen bemerkbar macht, wenn wir nicht aus den historischen Nachrichten wüssten, dass es sich bei dieser Gruppe um die politisch dominierende und gar nicht so kleine Gruppe der Kassiten handelt, die jedoch ihre eigene Sprache nicht schrieben [BALKAN 2.6.8].

Sobald wir also von den Sumerern, den Akkadern, Babyloniern, Assyrern usw. sprechen, sind damit zuerst einmal die diese Sprache Sprechenden gemeint und nur in Ausnahmefällen mag sich dies einmal mit einer ethnischen Einheit decken. Nur selten lassen sich daher Konflikte auf ethnische Unterschiede zurückführen, was aber keineswegs heißen kann, dass dies keine Rolle gespielt hätte. Da in unseren Quellen so angelegt, bleibt uns jedoch nichts Anderes übrig, als mit den großen, meist etwas konturlosen Einheiten zu arbeiten.

Wenn das für die Bereiche gilt, aus denen oder über die wir schriftliche Nachrichten haben, so gilt dies natürlich in besonderem Maße für die anderen räumlichen und zeitlichen Bereiche, aus denen uns lediglich archäologische Informationen zur Verfügung stehen. Dennoch können wir auch hier von abgrenzbaren Einheiten sprechen. So wie wir davon ausgehen, dass der Gebrauch der selben Sprache für eine weiterreichende Gemeinsamkeit steht, können wir auch an andere Äußerungen denken, die Gemeinsamkeiten signalisieren. In diesem Sinne ist es seit langem als Arbeitsgrundlage in der Archäologie anerkannt, dass dem Aussehen von Keramik die Funktion zukommen kann, Einheiten zu definieren. Die leichte Formbarkeit des Tones und die unbegrenzten Möglichkeiten der Verzierung erlauben bei Keramik, jeden gewünschten Gestaltungswillen umzusetzen. Da der Gestaltungswille Teil der Gesamtsituation einer Gesellschaft ist, ist aus Gemeinsamkeiten der Gestaltung auf Gemeinsamkeiten der Gesamtsituation zu schließen. Innerhalb des Verbreitungsgebietes einer nach Technik, Form und Verzierung definierten Keramik ist daher die Gemeinsamkeit der gesellschaftlichen Situation größer als nach außen. Die Art der Gemeinsamkeit ist allerdings nicht zu benennen, wobei ethnische, politische, wirtschaftlich-soziale oder kulturell-religiöse Aspekte oder alle Kombinationen bestimmend sein können. Wenn somit auch Definitionen von Einheiten aufgrund schriftlicher Informationen weitaus feinteiligere Ergebnisse erbringen können, liegt die

Identifizierbarkeit von Gruppen außerhalb der Schriftbereiche

Verwendung archäologischer Informationen keineswegs auf einer ganz anderen begrifflichen Ebene, nur dass die inhaltliche Bestimmung noch unschärfer ist.

2.3 Chronologie und Terminologie

Absolute und relative Daten

Bei der Fülle der schriftlichen Nachrichten aus dem alten Vorderasien, besonders aus Babylonien, sollte man erwarten, dass die Aufstellung eines absoluten Datierungssystems, das heißt eines Systems, das die Angabe des genauen zeitlichen Abstandes zwischen einem historischen Ereignis und unserer heutigen Zeit erlaubt, keine Schwierigkeiten bereitet. Doch wenn wir auch für das erste und das späte zweite Jt. v. Chr. nur geringe Probleme mit einer genauen Festlegung haben, werden die Schwierigkeiten erheblich, wenn wir uns in ältere Zeiten zurückbegeben, denn die alleinige Existenz von Schriftzeugnissen garantiert noch keineswegs, dass man Ereignisse absolut datieren kann. Wenn wir dennoch auch für ältere Zeiten von absoluten Daten sprechen, um damit die Anschaulichkeit zu erhöhen, dann im Bewusstsein gewisser Unsicherheiten, die desto größer werden, je mehr wir in der Zeit zurückgehen, insbesondere wenn wir Zeiten und Räume ohne oder mit nur geringen schriftlichen Quellen betrachten. In diesen Fällen kann die zeitliche Ordnung nur mit Hilfe von relativen Systemen erfolgen, die lediglich festlegen, welches Ereignis früher als ein anderes stattgefunden hat, ohne dass wir den zeitlichen Abstand zwischen diesen Ereignissen oder zu unserer Zeit angeben könnten. Absolute Festpunkte sind dann nur über naturwissenschaftliche Datierungen, wie z. B. über die C14-Methode beizubringen [Eggers 1.2.1; Hrouda 1.2.7].

Zuverlässigkeit absoluter Daten

Bei der absoluten Chronologie treten die Unterschiede zwischen den verschiedenen Regionen des Vorderen Orients besonders deutlich hervor, denn auch wenn andere Regionen wenigstens zeitweise ihre eigene schriftliche Überlieferung hatten, so ist doch Mesopotamien der einzige Bereich, in dem die Kontinuität der schriftlichen Nachrichten eine einigermaßen verlässliche Chronologie aufzustellen ermöglicht (zum Folgenden siehe [Eder/Renger 2.3.5: Teil A]). Trotz gewisser Unsicherheiten und um ein in sich geschlossenes Bezugssystem zu verwenden, werden hier die dort genannten Daten übernommen; etwaige Abweichungen von den in der ersten Auflage genannten Daten sind die augenfälligsten Zeichen, wie sehr die Erforschung des Alten Orients noch keineswegs abgeschlossen ist. Während bis in das späte zweite Jt. für Mesopotamien die Ungenauigkeiten kaum merklich sind oder doch nur wenige Jahre betragen [Brinkman 2.3.5], können sie für die Nachbargebiete wie auch für die älteren Zeiten in Mesopotamien, mehrere Jahre oder sogar Jahrzehnte ausmachen; für Zeiten, aus denen wir lediglich archäologische Nachrichten haben, kann sich die Unsicherheit von hundert bis zu mehreren hundert Jahren steigern. „Absolut" kann dann also nur bedeuten, dass Ereignisse immer noch in einem zeitlichen Rahmen zu fixieren sind, der in eine gewisse Kohärenz zu unserer eigenen Zeit zu bringen ist.

Über Systeme zu sprechen, mit denen im Altertum Datierungen ausgedrückt wurden, ist selbstredend nur möglich, wenn schriftliche Aufzeichnungen vorliegen. Bis zu den Seleukiden im 3. vorchristlichen Jh. wurden in Vorderasien keine zusammenhängenden chronologischen Systeme oder Ären verwendet [cf. aber HALLO 2.3.5], in denen, wie bei den heute gebräuchlichen Systemen, die Ereignisse eines längeren Zeitraumes und innerhalb eines großen geographischen Bereiches auf ein bestimmtes Ereignis bezogen wurden. Vielmehr verwendete man davor eine Reihe anderer Datierungssysteme. Da es mitunter zur Identität eines politischen Gebildes gehörte, nach einem eigenen System zu datieren, konnten je nach Zeit und Ort verschiedene, z. T. lokal begrenzte Systeme in Gebrauch sein [EDZARD 2.6.7]. Zusätzlich zur Schwierigkeit, für einen gegebenen Ort die historische Abfolge zu rekonstruieren, sehen wir uns also vor dem Problem, diese lokalen Abfolgen miteinander zu vernetzen, wobei uns verschiedene Datierungssysteme vor verschiedenartige Probleme stellen. Alte Datierungssysteme

Am einfachsten ist das System aufzulösen, das die Regierungsjahre vom Antritt eines Herrschers an zählt, der seinerseits als ein Glied einer Abfolge („Dynastie") von Herrschern bekannt ist. Diese Abfolgen wurden z. T. mit Angabe der Regierungsdauer in uns erhaltenen „Königs"- oder Dynastienlisten zusammengefasst [eine Übersicht mit Literatur bieten CRYER 2.3.5; RENGER 2.3.5]. Eine der wichtigsten derartigen Listen ist die sogenannten „Sumerische Königsliste", wie wir sie in einer Fassung aus dem beginnenden 2. vorchr. Jt. kennen. Sie gibt eine Übersicht über die in den einzelnen Städten herrschenden Dynastien von „der Zeit vor der Flut" bis in die Zeit der Abfassung. Ihre historische Auswertung ist zwar mit einigen Problemen behaftet, wie weiter unten (Abschnitt I.5.5.) dargestellt wird, doch bleibt sie auch nach einer Neubewertung durch einen neuen Text eine wichtige Quelle. Insbesondere benutzen wir sie nach wie vor als Grundlage unserer Terminologie, denn wir benennen die einzelnen frühen Dynastien nach der Zeit ihres Auftretens in der Liste. So bezeichnet „Ur I" oder „1. Dynastie von Ur" die früheste der von der Liste in der Stadt Ur lokalisierten Dynastien; gleiches gilt für das häufig vorkommende „Ur III". Eine entsprechende Liste aus dem 1. Jt., die bis in die erste Hälfte des 2. Jts. zurückreicht, verfolgt ein ähnliches Prinzip, und unsere Benenung der Hammurapi-Dynastie als „1. Dynastie von Babylon" bezieht sich darauf, dass sie dort als erste Dynastie mit der Stadt Babylon verbunden ist. Datierung nach Herrscherjahren

Größere Probleme haben wir mit solchen Systemen, in denen die Jahre nach Eponymen (Jahresbeamten) benannt wurden oder nach dem herausragenden Ereignis des vorauf gegangenen Jahres, etwa dem Bau eines Tempels oder einem (geglückten) Kriegszug. Auch dafür gab es Listen von Eponymen oder Jahresnamen, deren oft nur fragmentarisch erhaltener Text sich jedoch wegen des Fehlens einer inneren Logik nicht ergänzen lässt. Listen von Jahresnamen und Eponymen

Schließlich sind uns noch Listen mit Abfolgen von Herrschern einer Dynastie, ja sogar von Dynastien bekannt, oder es lassen sich Abfolgen durch Filiationen aufstellen, bei denen entweder keine Regierungszeiten bekannt sind oder unrealistische Zahlen von 100 oder weit darüber für die einzelnen Herrscher. In Dynastielisten solchen Fällen behilft man sich mit der Annahme einer mittleren Generationsdauer von 20 Jahren pro Herrscher.

Synchronismen Um horizontale Verbindungen zwischen solchen lokalen Systemen herzustellen, sind wir auf Nachrichten angewiesen, die von einer Gleichzeitigkeit bestimmter Punkte solcher Systeme berichten, so genannte Synchronismen, durch die im günstigsten Falle jeweils ganze Komplexe parallelisiert werden können. Sie beruhen in der Regel darauf, dass ein Herrscher in einer seiner Inschriften über friedliche, öfters allerdings kriegerische Kontakte zu einem anderen Herrscher berichtet.

Mit Hilfe solcher lokaler Abfolgen und Synchronismen ist es zumindest für Mesopotamien, aber auch für weite Teile des übrigen Vorderasien gelungen, ein chronologisches Netz zu entwerfen, das bis ins 12. vorchristliche Jh. zurück im wesentlichen auch absolut-chronologischen Ansprüchen genügt. Für Babylonien wäre es sogar möglich, mit einer einigermaßen genauen Chronologie bis in die Mitte des 3. Jt. zurückzukommen, wenn sich nicht in der Mitte des 2. Jt., der Zeit der kassitischen Herrschaft, eine Lücke unbekannter Dauer auftun würde, die weder von den verschiedenen Listen noch von sonstigen Texten her geschlossen werden kann. Damit kann der davor liegende Block von ungefähr 500 Jahren, der in sich stimmig ist, nicht an die spätere Abfolge angeschlossen werden [dazu und zum Folgenden RENGER 2.3.5].

Venus-Daten In eine Omensammlung des 7. Jhs. v. Chr. war der Text einer Tafel mit Beobachtungen des Planeten Venus eingegliedert worden, die ihrerseits in das 8. Jahr des Ammisaduqa, des zweitletzten Herrschers der 1. Dynastie von Babylon datiert war. Die damit auf das 8. Regierungsjahr des Herrschers datierte Konstellation der Venus wurde modern berechnet, und führte zu einer Reihe von Daten, die jeweils um die 64 Jahre der Umlaufzeit der Venus auseinander lagen. Historische Erwägungen ließen drei Daten als die plausibelsten erscheinen, die zu einer Datierung des Regierungsantritts dieses Herrschers in das Jahr 1710, 1646 oder 1582 führten. Da Ammisaduqa fest in einen mehrere hundert Jahre umfassenden Block eingebaut ist, bedeutet diese Festlegung gleichzeitig auch eine Festlegung dieses gesamten Blocks. Die von den genannten Daten abgeleiteten Systeme wur-

Lange, mittlere und den als die „lange", die „mittlere" und die „kurze" Chronologie bezeichnet. In
kurze Chronologie neuerer Zeit ist jedoch die Authentizität des Textes mit guten Gründen angezweifelt worden [HUBER 2.3.5], ohne dass eine andere Lösung in Sicht wäre. Während sich P. HUBER in [ÅSTRÖM 2.3.5] für eine noch längere Chronologie, d.h. mit älteren Daten stark macht, setzen sich Andere [G. WILHELM und J. BOESE in ÅSTRÖM 2.3.5; GASCHE ET AL. 2.3.5] für eine möglichst kurze Chronologie ein. Im Laufe der Jahre hat sich jedoch gezeigt, dass die Ansätze der mittleren Chronologie die geringsten Schwierigkeiten bei Vergleichen zum Beispiel mit der ägyptischen Chronologie hervorrufen [RENGER 2.3.5 S. 9], die gerade für diesen Zeitraum allerdings auch wenig gefestigt ist [KÜHNE 2.8; KRAUSS 2.3; SIEVERTSEN 2.3; WARBURTON ET AL. 2.3], so dass auch nach Wegfall der eigentlichen Grundlage die Daten der mittleren Chronologie allgemein akzeptiert werden.

Die hier beigefügte chronologische Tabelle verwendet diese Daten. Hammurapi von Babylon hätte danach von 1792 bis 1750 v. Chr. regiert.

Für große zeitliche wie auch räumliche Bereiche liegen jedoch keine schriftlichen Quellen und damit keine Möglichkeiten vor, Herrscher, Dynastien oder Ereignisse zu benennen, geschweige denn zu datieren, außer wenn für die zeitlichen Bereiche, in denen in anderen Regionen die Schrift bekannt ist, auf Herrscher oder Ereignisse in den nicht-schriftanwendenden Gebieten („para-schriftlich") verwiesen wird. Ohne solche Nachrichten sind wir dann ausschließlich auf die Auswertung archäologischer Nachrichten beschränkt, die die Anwendung anderer Methoden zur Herstellung chronologischer Systeme erfordert.

Die zeitlichen Beziehungen archäologischer Funde und Befunde untereinander festzulegen, erlaubt vor allem die stratigraphische Methode, die auf der Tatsache beruht, dass in Grabungen Dinge, die tieferen Schichten gefunden werden, in aller Regel älter sind als Dinge aus den darüber liegenden Schichten. Eine Erweiterung bildet die Typologie, zu der auch die kunstgeschichtliche Methode der Stilkritik gehört. Dabei werden Funde mit dem Ziel verglichen, Unterschiede mit einer zeitlichen Verschiedenheit zu erklären, wobei zunächst auf solche Vorbilder zurückgegriffen wird, deren relative Datierung zueinander wegen ihrer Auffindung in einem stratigraphischen Kontext gesichert ist. Im Anschlussverfahren können dann auch gleichartige, aber nicht im Kontext gefundene Dinge in eine zeitliche Abfolge gebracht werden. Stratigraphie und Typologie sind Methoden, die zwar zu einer relativ-chronologischen Ordnung führen aber weder erlauben, den zeitlichen Abstand zu uns anzugeben, noch die Dauer der auf solche Weise festgestellten Einheiten [immer noch unübertroffen klar MONTELIUS 2.3.5; s. auch: EGGERS 1.2.1].

<small>Methoden der relativen Datierung</small>

Für die Bereiche, für die uns keine absoluten Daten von schriftlichen Quellen angeboten werden, stehen uns für die absolute Festlegung von Punkten solcher relativer Abfolgen lediglich die recht ungenauen naturwissenschaftlichen Datierungsmethoden zur Verfügung [HROUDA 1.2.7; BOWMAN 2.3.5]. Die bekannteste ist die so genannte C14-Methode. Die Art der Messungen ermöglicht dabei nicht die Angabe eines genauen Datums, sondern nur die einer kürzeren oder längeren Zeitstrecke, deren Punkte alle gleichberechtigt das gesuchte Datum sein können, ausgedrückt als: x +/– y Jahre, wobei x lediglich den Mittelpunkt der Strecke bezeichnet. Im Klartext: bei einer Angabe von 2800 +/– 50 kann jeder Punkt auf der Zeitstrecke zwischen 2750 und 2850 mit genau der gleichen Wahrscheinlichkeit das gesuchte Datum sein. Für den para-schriftlichen Bereich sind solche Daten wenig hilfreich, da inschriftlich fundierte Querdatierungen oft genauer sind; für den vor-schriftlichen Bereich bilden sie jedoch in den meisten Fällen unseren einzigen Anhaltspunkt, so dass auch Unsicherheiten von mehreren hundert Jahren in Kauf genommen werden.

<small>C14-Datierung</small>

Die Baumringmethode ist zwar auf das Jahr genau, ihre Anwendung ist jedoch an die aus klimatischen Gründen im Vorderen Orient äußerst seltene Möglichkeit gebunden, eine ausreichend umfängliche Baumscheibe zur Verfügung zu haben [HROUDA 1.2.7; AURENCHE ET AL. 2.3.5].

<small>Baumring-Datierung</small>

Chronologische Beziehungen zwischen Babylonien und Ägypten im 4. Jt.

Nur für das ausgehende 4. vorchristliche Jt. können wir aufgrund einer Reihe von Parallelfunden die so genannte Späturuk-Zeit in Babylonien recht eng mit der besser – allerdings auch nicht eindeutig – datierten frühen Abfolge in Ägypten verknüpfen; dort der Stufe Negade IIc. Dies wird durch C14-Messungen unterstützt [B 3e: BOEHMER/DREYER], wobei allerdings für das Ende der Uruk-Zeit mit 3500 und 3390 v. Chr. eine Spanne angegeben wird, die 200 bis 300 Jahre früher liegt als der herkömmliche Ansatz [NISSEN in: AURENCHE ET AL. 2.3.5]. Da auch andere C14-Daten [gesammelt in EHRICH 2.3.5; WRIGHT/RUPLEY in ROTHMAN 2.3.5] sich eher auf das ältere Datum einpendeln, werden wir das Ende der Uruk-Zeit künftig mit ungefähr 3300 v. Chr. ansetzen müssen.

Damit gewinnen wir eine Klammer für die Zeit zwischen dem Ende der Uruk-Zeit und dem frühesten Datum, das wir mit einigen Unsicherheiten von dem späteren, absolut datierten System aus erreichen, der Regierungszeit des Urnanše von Lagaš um 2500 v. Chr., bzw. dem Beginn der Frühdynastisch III-Zeit. Wie die dazwischen liegenden archäologischen Perioden von Ğemdet Nasr sowie Frühdynastisch I und II in diesem Zwischenraum unterzubringen sind und welche relative Dauer man diesen Abschnitten zubilligt, ist offen. Entsprechend sicher bzw. unsicher müssen selbstverständlich auch alle Datierungen in den Nachbargebieten von Babylonien sein, die durch Querverbindungen mit einer dieser Perioden in Babylonien chronologisch fixiert sind [Für das gesamte so entstehende chronologische Geflecht siehe EHRICH 2.3.5].

Für den vor- und para-schriftlichen Bereich erfolgt die Definition der meisten chronologischen Einheiten über die überall und in großen Mengen vorhandenen Keramikscherben. Gegenüber möglicherweise aussagekräftigeren aber seltener vorkommenden Fundgattungen ist auf diese Weise sichergestellt, dass überall die gleichen Kriterien zugrunde gelegt werden. Gleichheiten oder Ungleichheiten in Technik, Form und Verzierung ermöglichen die Definition von Keramikgruppen, die räumlich oder zeitlich von einander abgrenzbar sind. Für die Benennung einer solchen Keramikgruppe wird meist der Name des Ortes gewählt, an dem derartige Keramik zum ersten Mal gefunden wurde („ʿObed"), oder sie wird benannt nach der Schicht in einer bestimmten archäologischen Grabung, in der sie zum ersten Mal auftauchte („Jericho IX"). Indem man annimmt, dass Gleichheiten in der Keramik Gleichheiten auch in anderen Aspekten widerspiegeln, werden solche Keramikgruppen auch als definierend für gesellschaftliche Komplexe verwandt.

Aufbau der chronologischen Tabellen

Der Aufbau der beigefügten chronologischen Tabelle spiegelt die angesprochenen Schwierigkeiten wider. So ist für die prä- und para-schriftlichen Perioden und Abschnitte eine Datierung nur an der Position des Namens im absolut-chronologischen Raster ablesbar, das am linken Rand der Tabelle erscheint. Daten im para-schriftlichen Bereich, die auf einen Synchronismus mit einem im schriftlichen Bereich fixierten Datum zurückgehen oder einigermaßen gesichert geschätzt sind, erhalten die Bezeichnung „um (Datum)". Daten ohne Zusätze sind in der Regel als absolut-chronologisch feststehend aufzufassen, nur dass auch dann noch Schwankungen um ein bis zwei Jahre möglich sind.

Das Vorhaben, der Tabelle einen einheitlichen Maßstab zugrunde zu legen, so dass die Tabellenlänge für die absoluten Zeitabschnitte gleich gewesen wäre und damit auch optisch erfassbar gewesen wäre, wie unstetig die Entwicklung vor sich gegangen ist, war nicht durchzuführen. In einigen Zeitabschnitten drängen sich sowohl in der gleichen politischen Einheit und/oder in den Nachbareinheiten die Namen der Herrscher, mit jeweils kurzen Regierungszeiten, andere Zeiten sind durch wenige Namen mit langen Regierungszeiten gekennzeichnet und für die vor-schriftlichen Perioden wären die Eintragungen noch spärlicher gewesen. Da sich der Maßstab nach den engsten Stellen hätte richten müssen, wäre an vielen Stellen Platz verschwendet worden. Allerdings wäre schon aus der Betrachtung einer solchen maßstabsgerechten Tabelle ein wichtiger Gesamteindruck entstanden, demzufolge Perioden mit großer Aktivität abgelöst werden von Perioden der Retardierung. Die große Farbigkeit, aber auch die bisweilen ungezügelte Vehemenz der Gesamtentwicklung im alten Orient rührt nicht nur aus dem Zusammenspielen so vieler, unterschiedlicher Regionen sondern auch aus dem gerade genannten ungleichmäßigen Verlauf. Gleichfalls wäre damit auch das Phänomen mit einem Blick erfassbar gewesen, dass auch nachdem mit Dauersesshaftigkeit, Domestikation von Tieren und Pflanzen und dem Aufbau erster politischer Strukturen die wesentlichen Elemente der weiteren Entwicklung entstanden waren, es noch sehr langer und langsamer Veränderungen bedurfte, bis sich dann vom 4. Jt. an die Entwicklungsgeschwindigkeit erhöhte.

Zum Schluss eine Bemerkung zu den Periodenbezeichnungen. Für die frühen Perioden bleibt uns gar nichts anderes übrig, als jeweils längere Zeitabschnitte zu benennen, weil wir nur sehr selten in der Lage sind, genauer zu werden. Wie grob die Unterscheidungen sein können, zeigt das Beispiel des Neolithikums, wo die Unterscheidung sich danach richtet, ob Keramik als Werkstoff bekannt ist oder nicht: auf ein „Pre-Pottery Neolithic" (= PPN) folgt ein „Pottery Neolithic" (= PN). Das PPN lässt sich aufgrund verschiedener Merkmale in einen älteren Abschnitt „PPNA" und ein jüngeres „PPNB" teilen. Statt pre-pottery oder vorkeramisch spricht man inzwischen von „a-keramisch", das lediglich die Abwesenheit von Keramik, keinen Entwicklungszustand anzeigt (ausführlich in I.3). Späterhin werden die Perioden meist nach einer bestimmten Weise, Keramikgefäße herzustellen und zu verzieren („Halaf", „ʿObed") definiert, bzw. nach dem Ort, wo diese bestimmte Ware zum ersten Mal gefunden worden war. Spätere Zeitabschnitte wurden nach Orten benannt, die in besonderer Weise Informationen für diese Zeit beigesteuert haben („Uruk", „Ǧemdet Nasr"), erhielten mehr oder minder zutreffende, allgemeine Bezeichnungen („Frühdynastisch") oder wurden nach einer zentral regierenden Dynastie benannt („Akkad", „Ur III"). Aber auch für spätere Zeiten, für die Daten eigentlich so genau bekannt sind, dass man jeweils exakte Jahresangaben machen könnte, erweist es sich als notwendig, größere Zeitabschnitte zu benennen („altbabylonisch"), was wiederum wechselt mit der Benennenung „Zeit der kassitischen Dynastie" für die folgende Zeit.

Periodenbezeichnungen

Es hat keinen Sinn, sich über eine innere Logik der Periodenbezeichnungen Gedanken zu machen: es gibt keine. Es hat sich eingebürgert eine Terminologie zu verwenden, deren Bestandteile aus verschiedenen Bereichen stammen: der Archäologie (Keramikgruppen; archäologische Schichtpakete), der Geschichte (Dynastien) und der Philologie. So ist zum Beispiel die Bezeichnung „altbabylonisch" zunächst einmal eine Kategorie aus der Philologie gewesen und hat dort die älteste Sprachstufe des eindeutig babylonischen Dialektes des Akkadischen benannt; das „Altbabylonische" grenzt sich ab vom „Mittelbabylonischen" des späteren 2. Jts. und von der „neubabylonischen" Sprachform des 7. bis 5. Jhs. [VON SODEN/MAYER 1.2.6.3]. „Altbabylonisch" ist in die allgemeine Terminologie übernommen worden, weil sich damit kürzer der Zeitabschnitt benennen lässt, der umständlicher als der der Dynastien von Isin, Larsa und der 1. Dynastie von Babylon zu bezeichnen wäre. Herausgekommen ist ein allgemein akzeptiertes System von Benennungen, das der leichteren Ansprache der einzelnen Zeitabschnitte dient.

3. FRÜHFORMEN SESSHAFTEN LEBENS
(CA. 15 000 BIS CA. 4800 V. CHR.)

Nach einer langen Zeit der altsteinzeitlichen Entwicklung, die sich im Vorderen Orient nicht von der anderer Regionen unterschied [SOLECKI 2.4; OLSZEWSKI/DIBBLE 2.4], beginnen im Vorderen Orient um 15 000 v. Chr. archäologische Nachrichten zu erscheinen, die auf Veränderungen im Wohnverhalten und in der Nahrungswahl und -verarbeitung deuten [MELLAART; YOUNG ET AL.; SAHLINS (alle 2.4)], und den Beginn einer nachhaltigen Entwicklung zur Dauersesshaftigkeit markieren. So sind in Ein Gev (Ostseite des Sees Genezareth) zwar Reibsteine gefunden worden, die der Zerkleinerung von Körnern, also der Nahrungszubereitung dienten, doch sind damit noch keine Anzeichen für Tier- und Pflanzendomestikation oder Dauersesshaftigkeit verbunden [MELLAART 2.4: 22]. Diese Gerätschaften stehen im folgenden Natufian (ca. 10 000–8000 v. Chr.) häufiger in Verbindung mit dicht nebeneinander liegenden runden, wahrscheinlich nur saisonal genutzten Behausungen. Wenn wir in der Folgezeit sehen, dass an verschiedenen Stellen, zum Beispiel in Jericho, dieser Zustand sich fortentwickelt zum sogenannten Proto-Neolithikum, das erstmals Anzeichen für die Domestikation von Tier und Pflanze und für einen ganzjährigen Aufenthalt an einer Stelle zeigt [KENYON 2.4.1], zeichnet sich darin ein Trend ab, der schließlich um 8000 v. Chr. zu Formen führte, die wir nun mit Recht als den Beginn des sesshaften Lebens ansprechen können [MELLAART 2.4].

<small>Ende des Paläolithikum</small>

Die Frage, warum diese Entwicklung in Vorderasien in Gang gekommen ist, lässt sich mit einiger Wahrscheinlichkeit beantworten. Die bergigen Bereiche von Palästina über den Taurus bis zum Zagros sind die natürliche Heimat von Tieren und Pflanzen, die später in domestizierter Form die Grundlagen des sesshaften Lebens bilden [REDMAN 2.2.2]. Die Kleinteiligkeit der Landschaftsformen mit großen Unterschieden in Höhe und Klima, die auch für die Entwicklung der menschlichen Lebensweisen bedeutsam wurden, hatte vermutlich gerade solche Tier- und Pflanzenarten angezogen, die als Wildformen eine hohe Anpassungsfähigkeit besitzen; dies ist aber zugleich die Voraussetzung für eine Domestizierung, die ja nichts anderes als die gezielte Anpassung von Tieren und Pflanzen an die Bedürfnisse des Menschen bedeutet. Diese Tiere und Pflanzen reagierten zum Teil ausgesprochen positiv mit erhöhten Erträgen auf durch den Menschen herbeigeführte Veränderungen. Nicht nur dass Getreide sowieso im Vergleich zur Menge des Saatgutes höhere Erträge liefert, sondern gezielte Selektion lässt zum Beispiel die seltene 6-zeilige Mutante der normalerweise 2-zeiligen Gerste zur Hauptart werden, was eine über doppelte Ertragssteigerung bedeutet – die Körner der 2-zeiligen Gerste sind größer als die der 6-zeiligen [HELBAEK 2.1.2; DERS. in: HOLE ET AL. 2.10].

<small>Warum in Vorderasien?</small>

Als weitere Vorstufe zeichnet sich ab, dass bereits geraume Zeit, bevor wir den Anfang der Pflanzendomestikation feststellen können, dichte Stände von Wildgetreide, wie sie auch heute noch vereinzelt existieren [HARLAN 2.1.2], so abgeerntet wurden, dass daraus Vorräte angelegt werden konnten. Anzeichen für Vorrratsgruben finden sich bereits im Epipaläolithikum (ca. 11.000 v. Chr.) im syrisch-palästinensischen Raum (Abu Hureyra, Hayonim [BARTL 2.4.1]) bevor wir dann vom sogenannten PPNA („Prepottery Neolithic A", ca. 10./9. Jt. v. Chr.) an regelrechte Speicherbauten finden [BARTL 2.4.1; zuletzt KUIJT/FINLAYSON 2.4.1].

Definition des Neolithikum

Als Neolithikum – eigentlich jüngster Abschnitt der Steinzeit, dessen Name sich darauf bezieht, dass als Rohstoff für die meisten Werkzeuge und Gerätschaften (Feuer-) Stein verwendet wurde –, definieren wir die Zeit, in der neben neuen Formen der Steinverarbeitung eine Wirtschaftsform aufkommt, in der die Nahrung durch Ackerbau und Viehzucht selbst erzeugt wird, statt wie vorher die Ressourcen der Natur durch Sammeln, Jagen und Fischen abzuschöpfen [UERPMANN 2.4.1]. Auf dem Hintergrund der Konsolidierung der sesshaften Lebensweise kann sich diese Wirtschaftsform der Nahrungserzeugung in einem langen, keineswegs geradlinigen Prozess durchsetzen [BYRD 2.4.1]. Diese Veränderung vollzog sich offenbar im Bereich des Vorderen Orients früher als in anderen Gebieten in weitem Umkreis. Wir ziehen daraus den Schluss, dass hier die selbständige Entwicklung des Vorderen Orients beginnt und lassen unsere Darstellung der altvorderasiatischen Geschichte hier einsetzen.

Schaffung von Vorräten

Frühformen sesshaften Lebens sind mit der Schaffung von Vorräten verbunden, um über die nahrungsarmen Jahreszeiten hinwegzukommen [BARTL 2.4.1]. Der eingeschlagene Weg führt über die Domestikation von Tieren und Pflanzen, um von der Unberechenbarkeit des natürlichen Nahrungsangebots unabhängiger zu werden, in steigendem Maße zur Produktion des zur Anlage von Vorräten nötigen Überschusses. Schon allein wegen der mit Ackerbau und Viehzucht verbundenen Risiken (Dürren; Seuchen) spielt allerdings in wechselndem Maße die Nahrungsgewinnung aus Jagen, Fischen und Sammeln lange Zeit weiterhin eine bedeutende Rolle. Die Wahl von Siedlungsplätzen bestimmt sich daher für lange Zeit nicht nur vom Zugang zu bebaubaren Böden und Wasser sondern auch vom Zugang zu ausbeutbaren Wildbeständen von Tieren und Pflanzen, um Ausfälle in der Nahrungserzeugung ausgleichen zu können. Da der bei der Nahrungsaneignung nötige Artenreichtum besonders groß in bergigen, ökologisch kleinteiligen Gebieten ist, finden sich frühe Dauersiedlungen bevorzugt in solchen Bereichen, denen wir in reichem Maße in den bergigen und hügeligen Gebieten Vorderasiens begegnen [NISSEN 2.3.1].

Übergang von der Nahrungsaneignung zur Nahrungsproduktion

Untersuchungen der Tier- und Pflanzenreste aus frühen Dauersiedlungen zeigten, dass zwar ein Teil der Nahrung von domestizierten Tieren und Pflanzen stammt, doch ist bei diesen Orten weiterhin der Anteil der durch Jagen und Sammeln beigebrachten Nahrung erheblich. Während das Spektrum der erzeugten Nahrung mit Gerste, Emmer, Schaf, Ziege, Schwein und Rind in ganz Vorderasien annähernd gleich war, spiegelt das Spektrum der gejagten und gesammelten Nahrung die Möglichkeiten der jeweiligen Umgebung wider. So findet sich mit Eiche und Pistazie, Weizen und Hülsenfrüchten sowie Schwein,

Schaf, Ziege und Aurochse in Çayönü die für eine kleine Ebene typische Flora und Fauna [REDMAN 2.2.2], während der große Anteil von Gazellenknochen in Basta darauf hinweist, dass dieser Ort am Rande der großen, sich in die arabische Tafel hin öffnenden Steppe lag [C. BECKER in: NISSEN ET AL., Basta I 2.4.1].

Die Beibehaltung von Jagen und Sammeln hat vermutlich nicht nur der Absicherung in schlechten Jahren gedient, sondern war sicher auch der Versuch, die Kost abwechslungsreich zu halten. Paläo-pathologische Untersuchungen der menschlichen Skelette aus Nevali Çori und Basta aus der Frühzeit der Nahrungserzeugung zeigten bei einem Großteil der Individuen Anzeichen für Mangelkrankheiten, wie sie bei ungenügender Zufuhr bestimmter Stoffe auftreten [vorläufig M. SCHULTZ in: NISSEN ET AL., Basta 1988 2.4.1]. Möglicherweise waren dies Folgen einer nicht voll kompensierten Verengung im Nahrungsspektrum durch die zunehmende Nahrungserzeugung. Ernährungsmängel

3.1 Das a-keramische Neolithikum (ca. 9000 bis 6500 v. Chr.)

Entgegen einer älteren Anschauung, dass zu sesshaftem Leben die Existenz von Keramikgefäßen gehört, wurden zum ersten Mal in Jericho und inzwischen an zahlreichen anderen Stellen archäologische Schichten gefunden, die alle Anzeichen für eine Dauersiedlung aber keine Keramik aufwiesen. Zum Teil lassen sie uns erkennen, dass vor dem Auftauchen von Keramik bereits eine längere Zeit der Dauersesshaftigkeit lag. Für weitergehende Aussagen reicht allerdings unser Material nicht aus. A-keramische Dauersiedlungen

Die außerordentliche Intensivierung der Forschung gerade für den a-keramischen Teil des Neolithikum vor allem im Bereich Ostanatolien – Syrien – südliche Levante lässt ein immer differenzierteres Bild entstehen, das die ursprüngliche Teilung in zwei große zeitliche Bereiche („PPNA" und „PPNB") weit hinter sich lässt. Das gilt weniger für den ersten Abschnitt, für den das noch geringe Material aus Südostanatolien (Çayönü [ÇAMBEL/BRAIDWOOD], Göbekli [SCHMIDT], Nevali Çori [HAUPTMANN]), aus Syrien (Mureibit [CAUVIN, Jerf el-Ahmar [STORDEUR]) und aus der südlichen Levante (Jericho [KENYON], Shkarat Msaied [HERMANSEN ET AL. (alle 2.4.1)]) lediglich ausreicht, um zu vermuten, dass diese Zeitpanne nicht nur einen langen Zeitraum von ca. 1500 Jahren umfasst (ca. 10.200–8800 v. Chr.), sondern dass es wahrscheinlich auch möglich sein wird, ihn intern zu gliedern.

Diese Notwendigkeit ist bereits für den zweiten, „PPNB" genannten Teil eingetreten, der nicht nur in drei Abschnitte; „Früh-", „Mittel-" und „Spät-PPNB" eingeteilt wird, sondern dieser Abfolge wird sogar als letzte Phase des a-keramischen Neolithikum ein „PPNC" angefügt [ROLLEFSON/KÖHLER-ROLLEFSON 2.4.1].

Wenn auch in der südlichen Levante Orte z. T. so dicht beieinander liegen, dass man annehmen muss, dass sie direkte Beziehungen miteinander hatten, gibt es doch keine Anzeichen für die Existenz von Siedlungssystemen, bei denen jeweils eine Siedlung erheblich größer als die anderen ist, was als Anzeichen für die Existenz einer Leitungsfunktion und entsprechender Einrichtungen und Personen gelten könnte [GEBEL in: BIENERT/GEBEL/NEEF 2.4.1].

Göbekli — Allerdings ist mit den Befunden des südostanatolischen Göbekli [SCHMIDT 2.4.1] möglicherweise eine andere Art von Zentralität angesprochen. Den äußerst aufwendigen, mit vorzüglichem Reliefschmuck ausgestatteten Bauten, die sicher kultischen Zwecken gedient haben, scheint keine Wohnbebauung zu entsprechen. Am Modell der altgriechischen Amphiktyonie orientiert wird vorgeschlagen, die Anlagen des Göbekli als Zentren einer überörtlichen, überregionalen Kultgemeinschaft zu deuten. Zweifel an dieser Interpretation entzünden sich daran, dass sich im unweit entfernten, gleichzeitigen Nevali Çori eine ähnlich ausgestattete Kultanlage – zum Teil mit Bildern aus der gleichen Vorstellungswelt – am Rande einer Wohnsiedlung findet [HAUPTMANN 2.4.1]. Einstweilen muss daher die Deutung der monumentalen Anlagen von Göbekli offen bleiben.

Die Frage nach einer regionalen Differenzierung zwischen den einzelnen Bereichen des Vorderen Orients lässt sich nicht leicht beantworten. Flintwerkzeuge als Hauptfundmaterial sind sich in Formen und Herstellungstechnik so ähnlich, dass es einstweilen kaum möglich ist, von regionalen Unterschieden zu sprechen [BAR-YOSEF, Interaction 2.4.1; KOZLOWSKI in GEBEL/KOZLOWSKI 2.4.1]. Lediglich Bauformen erlauben eine Differenzierung, wobei uns leider für den Bereich des Zagros keine vollständigen Hausgrundrisse zur Verfügung stehen. Für den Bereich Anatolien bis südliche Levante lassen sich dagegen zwei Bereiche abgrenzen.

Architektur in Südostanatolien — Charakteristisch für anatolische Fundorte wie Çayönü oder Nevali Çori sind gleichgroße, einzeln nebeneinander stehende rechteckige Bauten ansehnlicher Größe. Nur die Fundamente sind in wenigen Steinlagen erhalten, während die Aufbauten aus ungebrannten Lehmziegeln oder anderem vergänglichem Material verschwunden sind, so dass sich über die Funktion des Baues nichts aussagen lässt. Mindestens ein größeres, ganz aus Stein aufgeführtes Gebäude mit anderem Grundriss diente vermutlich kultischen Zwecken [Nevali Çori: HAUPTMANN 2.4.1; Çayönü: SCHIRMER 2.4.1].

Architektur in der südlichen Levante — Anders die Situation in der südlichen Levante. Zwar kennen wir keinen zeitgleichen Ort in der südlichen Levante, aber wenn dann das Material einsetzt, zum Beispiel mit Shkarat Msaied [HERMANSEN ET AL. 2.4.1] des mittleren PPNB treffen wir auf eine völlig andere Bautradition: ganz aus Stein aufgeführte, mit senkrechten Holzbalken ausgesteifte Mauern von Rundhäusern, in die man über eine innen angelegte Teppe hinunterstieg. Die wiederum etwas späteren Bauten der nur wenige Kilometer voneinander entfernten Orte Beidha, Baja und Basta im südlichen Jordanien sind ganz aus Stein aufgeführt, zeigen andere Grundrisse und sind vor allem aneinander gebaut, unterscheiden sich aber auch untereinander. Beidha zeigt entweder mit Holzständern ausgesteifte Rundbauten aus Stein, oder kleine, mehrkammrige, verzahnt aneinander gebaute Einheiten, neben denen sich ein etwas größerer Rechteckbau in einer ausgedehnten Umfriedung findet. Die Mauern sind aus dem flachlagigen sonst aber naturbelassenen Kalkstein ohne Mörtel aufgeführt [Kirkbride, Beidha 2.4.1]. In Basta sind um einen größeren Innenhof symmetrisch kleine Raumreihen angeordnet. Die einzelnen, aneinander gebauten Einheiten variieren stark in der Größe unter Beibehaltung der Grundcharakteristika, zu denen zusätzlich eine Feuerstelle und Wandpfeiler im Innenhof gehören. Die Steine sind zum Teil quadratisch oder rechteckig zugehauen und dann mit Hilfe von Mörtel unterschiedlicher Art vermauert [Gebel/Nissen/Zaid, Basta II 2.4.1]. Sogar auf dieser kurzen Distanz unterscheiden sich Bautechnik und Grundrisse an den zum Teil zeitgleichen Orten Basta und Beidha bei deutlichen Gemeinsamkeiten gegenüber den einzeln stehenden, gleichgroßen Einheiten des Nordens.

Trotz dieser Unterschiede finden sich Gemeinsamkeiten wie die Verwendung rot gefärbter Fußböden, wobei eine Putzschicht rot bemalt und dann mit Steinen bis zum Glänzen geglättet wurde. In Çayönü fand sich sogar ein rotes, dem modernen Terrazzo gleichendes Gussmaterial, das anschließend plan geschliffen wurde. In Basta wurden Reste von mehrlagigem Wandputz gefunden, der in schwarz und rot auf einen weißen Hintergrund gemalte pflanzliche Motive zeigte, bzw. der aus einem roten, flächigen Überzug geometrische Muster wie Rhomben, Drei- oder Rechtecke aussparte, so dass der weiße Untergrund hervortrat. Vermutlich ist diese Art der Wanddekoration weitaus häufiger gewesen als wir das in unserem Fundmaterial sehen, da wir es in der Regel mit Bauten zu tun haben, die lange Zeit der Witterung ausgesetzt waren, bevor sie von späteren schützenden Schichten überdeckt wurden. *Bemalter Wand- und Bodenputz*

Große Aufmerksamkeit erlangte die Aufdeckung eines Turmes in den a-keramischen Schichten von Jericho, der als Teil einer die damalige Siedlung umschließenden Mauer ausgegeben wurde. In einer etwas verkürzten Denkweise Umfassungsmauer = Stadtmauer = Stadt wurde dem a-keramisch neolithischen Jericho die Definition einer Stadt zuteil [Kenyon 2.4.1], was jedoch sämtlichen gängigen Definitionen von Stadt widerspricht. Zudem ist neuerdings dargelegt worden, dass der Turm kein Teil einer Umfassungsmauer war; er habe vielmehr allein stehend einer nicht weiter definierbaren öffentlichen Funktion gedient [Bar-Yosef, Jericho 2.4.1]. Der Turm erweist sich somit ebenso als lokale Besonderheit wie, dass die südjordanischen Fundorte zum größten Teil auf steilen Hängen angelegt worden sind; wir sehen darin ein weiteres Anzeichen, dass offenbar bei gleicher Grundlage verschiedene Formen der Organisation, des Umganges miteinander und der Reaktion auf örtliche Gegebenheiten möglich waren. Auf keinen Fall ist es angebracht, Jericho als Stadt zu bezeichnen und dahinter eine Gesellschaftsform zu vermuten, die fortgeschrittener war als die des übrigen Vorderen Orients [so Mellaart 2.4: 50]. *Turm und Mauer im a-keramischen Jericho*

Hier wie dort zeugt ein breit gefächertes Repertoire an Steinwerkzeugen für eine Arbeitsorganisation, die für eine Vielzahl von Tätigkeiten spezielle Werkzeuge kannte, ohne dass wir diese Tätigkeiten im einzelnen benennen könnten [Gebel/Kozlowski 2.4.1]. Bei Gefäßen finden wir besonders im Bereich der Levante eine unerwartete Vielfalt im verwendeten Material. Wir kennen allerdings *Arten von Behältern* fast nur Steingefäße, da die einst sicher zahlreicheren Behälter aus vergänglichem Material, wie Körbe und Holzgefäße, nur in wenigen Beispiele unter günstigen Umständen [Höhle von Nahal Hemar (Israel): BAR-YOSEF 2.4.1] erhalten sind. Zusätzlich ist alles zur Herstellung von Behältern ausprobiert worden, was lokal vorhanden war, was zum Beispiel an verschiedenen Stellen zur Verwendung von Ton geführt hat, wie in Basta, oder von einem Gemisch von Kalk mit Asche, was in zahlreichen Orten Syriens zu Gefäßen verwendet wurde, die als „White Ware" bekannt sind [MELLAART 2.4; KAFAFI 2.4.1]. In Basta ist für den gleichen Zweck ein mergelartiges Zerfallsprodukt des anstehenden weichen Kalksteins benutzt worden [H. G. GEBEL in: NISSEN ET AL., Basta I 2.4.1; NEUBERGER 2.4.1]. Die Nutzung aller erreichbaren Rohstoffe deutet auf einen erhöhten Bedarf von Behältern, wie er mit einer Weiterentwicklung wirtschaftlicher Verhaltensweisen einhergeht. Es musste aber wohl ein unbekannter Anstoß kommen, um das schon seit dem Paläolithikum bekannte Verfahren, wie man mit Ton umgeht und ihn durch Brennen verfestigt, für die Herstellung von Gefäßen zu nutzen und als die beste Lösung des Problems durchzusetzen.

Weitreichende Kommunikationsnetze

Für überregionale Kontakte zeugen Rohstoffe, die jeweils am Ort nicht vorhanden waren: Perlmutt aus dem Roten Meer an Inland gelegenen Orten [z. B. Basta: B. D. HERMANSEN in: NISSEN ET AL., Basta 1988 2.4.1] oder aus Anatolien stammender Obsidian in zahlreichen Orten der Levante oder Südwestirans [Ǧarmo, Guran oder Ali Koš; dazu REDMAN 2.2.2; GRATUZE 2.3.3] stehen neben einer Reihe weiterer Materialien wie farbigen Steinen, aus denen im wesentlichen Schmuck gefertigt wurde.

Spezialisierung

Steigende Sicherheit in der Nahrungserzeugung ermöglicht die Schaffung zusätzlicher Überschüsse, die es gestatten, Menschen zu ernähren, die nicht in der primären Produktion tätig sind, sondern sich auf bestimmte Tätigkeiten spezialisieren. Dies gilt insbesondere für handwerkliche Tätigkeiten, die vermutlich zunächst von Spezialisten innerhalb des Familienverbandes ausgeführt wurden, aber auch für Personen, die sich vermehrt um religiöse und politische Führungsaufgaben kümmern.

Zunehmende soziale Differenzierung

Hinweise auf solche Spezialisierungen, die gleichzeitig Anzeichen für eine soziale Differenzierungen wären, sind selten im archäologischen Material zu finden. Wenn aber die oben für den anatolischen Bereich beschriebenen gleichgroßen, isoliert voneinander stehenden Häuser als Zeichen für eine sozial wenig differenzierte Gesellschaft angesehen werden, so sollte man in den nach den jeweils gleichen Prinzipen ausgestatteten aber verschieden großen Bauten von Basta und Baja Anzeichen für eine soziale Differenzierung der Haushalte sehen.

Die Existenz komplexerer Strukturen wird sowieso schon von der Größe der Siedlungen nahe gelegt. Orte wie Basta [NISSEN ET AL., Basta I 2.4.1] oder ʿAin Ghazal [ROLLEFSON, Neolithic 2.4.1] mit jeweils über 10 ha besiedelter Fläche hatten mit Sicherheit eine Einwohnerzahl [zur Problematik der Berechnung s. NAROLL 2.3.4 und Bibliographie 2.3.4], die die Existenz von Regeln der Konfliktvermeidung und -lösung nötig machte und vermutlich auch von Instanzen, die die Einhaltung solcher Regeln zumindest anmahnten oder sogar durchsetzten [JOHNSON, Stress 2.3.1].

Bei der immer noch sehr geringen Forschungsdichte lässt sich kaum etwas über religiöse Vorstellungen aussagen.Größere, im Grundriss von den Wohnbauten abweichende Bauten, bisweilen mit besonderer Ausstattung, die eindeutig nicht Wohnzwecken dienten, wurden an verschiedenen Orten gefunden und als Kultgebäude bezeichnet [Çayönü: ÇAMBEL; Nevali Çori: HAUPTMANN; Beidha: KIRKBRIDE; ʿAin Ghazal: ROLLEFSON, und insbesondere Göbekli: SCHMIDT (alle 2.4.1)]. Im weiteren Sinne mögen Tierfigürchen aus Stein verschiedener Herkunft oder Tier- und Menschengestalten auf einem Relief aus Nevali Çori in diesen Bereich gehören, wobei eine menschliche Figur als schwangere Frau gedeutet und daher das Ganze in den Kontext eines Fruchtbarkeitskultes eingeordnet wird [HAUPTMANN 2.4.1]. Verschiedene, in den letzten Jahren gefundene, reliefierte Pfeiler mit einer unglaublichen Breite an figürlichen Darstellungen [SCHMIDT 2.4.1] und eine lebensgroße Statue zeigen an, dass wir erst am Anfang unserer Erkenntnisse stehen.

Religion

Deutlicher sind die Anzeichen für einen über den ganzen westlichen Bereich des Vorderen Orients verbreiteten Ahnenkult [BIENERT 2.4.1]. Dies bezeugen nicht nur die mit Gips übermodellierten Schädel, denen zusätzlich mit aus Muscheln eingelegten Augen der Eindruck der Lebendigkeit gegeben wird (Jericho, Tell Ramad, Nahal Hemar), sondern auch die getrennte Aufbewahrung von Schädeln in den Ecken bestimmter Räume [z. B. in Basta: NISSEN ET AL., Basta 1988 2.4.1] oder in dafür bestimmten Gebäuden [„Skull-Building" in Çayönü: ÇAMBEL/BRAIDWOOD 2.4.1]. Vermutlich sind auch die überlebensgroßen, aus Gips um einen Strohkern modellierten menschlichen Figuren, die in ʿAin Ghazal gefunden wurden, in diesem Zusammenhang zu sehen [ROLLEFSON, Neolithic 2.4.1; GEBEL/HERMANSEN/JENSEN, Magic 2.4.1]. Ob hierhin auch die fast lebensgroßen Steinmasken aus Nahal Hemar (ein weiteres Fragment aus Basta) gehören, ist unklar.

Ahnenkult

3.2 Das keramische Neolithikum (ca. 6500 bis ca. 6000 v. Chr.)

Zu den in älterer Zeit üblichen Gefäßen aus Stein, Holz oder Leder treten in einem jüngeren Abschnitt Gefäße aus gebranntem Ton hinzu. Dabei besteht Übereinstimmung, dass die Einführung von Keramikgefäßen als leicht, billig und in großen Zahlen herstellbaren Behältern als Antwort auf veränderte Bedürfnisse im wirtschaftlichen Leben zurückzuführen ist [BROWN 2.4.1]. Im östlichen Teil Vorderasiens scheint dieser Wandel ohne größere Veränderung der Lebensgewohnheiten verlaufen zu sein; zumindest bleiben hier Siedlungen an derselben Stelle bestehen. Anders in den Bereichen von Südostanatolien und Palästina, wo der Wandel mit einer unbekannten, offenbar tief greifenden Veränderung der Gesellschaft und ihrer Lebensweise zusammenfällt, die bewirkte, dass dort die meisten Siedlungen nach dem Ende der a-keramischen Phase verlassen wurden

Unterschied zwischen a-keramischem und keramischem Neolithikum und spätere Siedlungen an anderer Stelle entstanden [siehe die verschiedenen Aufsätze in: Paléorient 19 (1993)]. Deutungen hierfür gehen weit auseinander, sind sich aber doch im Wesentlichen darüber einig, dass das Verlassen von Siedlungen und der Aufbau an anderer Stelle auf eine gemeinsame Wurzel zurückgehen. Im Fall der Siedlungsaufgabe reichen die Erklärungsversuche von Auswirkungen klimatischer Veränderungen bis zu Störungen im ökologischen Gleichgewicht mit Überbeanspruchung der vorher besiedelten Gebiete, die danach keine sesshafte Bevölkerung mehr trugen [ROLLEFSON/KÖHLER-ROLLEFSON 2.4.1]. Warum einige Siedlungen dennoch kontinuierlich bewohnt blieben wie z. B. Bouqras am syrischen Euphrat [AKKERMANS/BOERMA ET AL. 2.4.1] oder Jericho, wissen wir nicht. Dennoch ist vermutlich auch für die Änderung im Siedlungsverhalten eine Veränderung der wirtschaftlichen Grundlagen oder der Wirtschaftsform verantwortlich zu machen.

Keramik als „empfindliches" Material

Obwohl wir also den Kontext des Auftauchens von Keramikgefäßen in der frühen Entwicklung nicht recht einschätzen können, hat die Änderung im Hauptfundmaterial eine enorme Relevanz für die Forschung erhalten. Verantwortlich ist die Grundtechnik der Archäologie, durch Vergleichen Aussagen über Ähnlichkeit oder Unähnlichkeit anzustreben und daraus Aussagen über eine größere oder geringere zeitliche oder räumliche Zusammengehörigkeit abzuleiten. Die Feinheit solcher Aussagen hängt u. a. davon ab, wie differenzierbar die archäologischen Objekte sind, wie weit überhaupt erwartet werden kann, dass spezifische Eigenheiten als für einen begrenzten Zeitraum oder ein begrenztes Gebiet signifikant angesehen werden können. Es ist daher ein Unterschied, ob wir wie für ältere Phasen auf die materialbedingt begrenzten Variationsmöglichkeiten in Herstellungstechnik und Gestaltung von Werkzeugen aus geschlagenem Stein (Werkzeuge aus geschliffenem Stein spielen im Orient so gut wie keine Rolle) als Basis für eine zeitliche oder räumliche Differenzierung zurückgreifen müssen, oder ob wir die unbegrenzte Variationsbreite in Verzierung und Form von Keramik dazu benutzen können, wesentlich feiner räumliche und zeitliche Einheiten zu definieren. Im Gegensatz zu Stein kann bei Keramik der Wille zu einer besonderen Gestaltung voll umgesetzt werden. Da wir Gemeinsamkeiten eines Gestaltungswillens als spezifisch für bestimmte Gruppen ansehen, die unter anderem darin die Möglichkeit sehen, sich von anderen Gruppen zu unterscheiden, können wir Ähnlichkeiten oder Unähnlichkeiten bei Keramik als Ausdruck größerer oder kleinerer, räumlicher oder gesellschaftlicher Ferne von Gruppen ansehen und damit räumliche oder zeitliche Ordnungskriterien in einer Feinheit entwickeln, wie das aufgrund von Steinwerkzeugen nie möglich wäre.

Zwar stellte die Einführung von Keramik mit Sicherheit eine Neuerung dar, die durch Veränderung in den Vorrats- und Zubereitungsmöglichkeiten ihrerseits wieder Veränderungen der Lebensweise bewirkte, doch hat sie vermutlich im damaligen Leben niemals die Bedeutung gehabt wie in unseren Überlegungen. Die Trennung zwischen a-keramischem und keramischem Neolithikum ist künstlich und von der Forschung bedingt.

Unser für die frühe Zeit noch sehr grobes zeitliches Raster lässt es so erschei-

nen, als ob Keramik in den einzelnen Gebieten Vorderasiens zur gleichen Zeit Erstes Auftauchen
aufträte. Zumindest hat sich aufgrund des zuvor genannten Kommunikations- von Keramik
netzes offenbar das Wissen um die Herstellung von Keramikgefäßen von unbekannter Stelle aus – möglicherweise auch von mehreren Stellen aus – sehr rasch über den ganzen Vorderen Orient verbreitet. Nach den vielfältigen früheren Versuchen zu schließen, ist vermutlich das Problembewusstsein so verbreitet gewesen, dass überall die Idee, Gefäße aus dem leichter zugänglichen und leichter zu verarbeitenden Material Ton herzustellen, als die lange gesuchte Antwort rasch akzeptiert wurde.

Mit Jericho und Shaar ha-Golan in Palästina, Byblos an der Mittelmeerküste, Çatal Höyük in Anatolien, Ǧarmo, Hassuna und Ninive im Nordirak, Ali Koš, Čogha Sefid und Čogha Miš in Huzestan oder Qalʿe Rostam im hohen Zagros seien hier nur einige Orte mit frühester Keramik genannt, die für uns auch deswegen von Bedeutung sind, weil sie z. T. längere Zeit auch danach bewohnt blieben und uns daher die weitere Entwicklung verfolgen lassen. Von Anfang an war ein verschieden großer Anteil der Tongefäße verziert, sei es durch Bemalung, Ritzmuster oder beides, ausgerichtet an jeweils lokalen Vorstellungen [MÜLLER-KARPE 1.2.2: II Taf. 57–59; NISSEN 2.2.2: Abb. 4]. Gleichartigkeit in Verzierungsmustern signalisiert daher weit reichendere Gemeinsamkeiten.

Die Gebiete solcher Gemeinsamkeiten können unterschiedlich groß sein, vom relativ großen Yarmuk-Kreis, der den Süden Syriens und den Norden Jordaniens Größe der
umfasst [ROLLEFSON, Yarmoukian 2.4.1] bis zu Unterschieden von einem Tal Keramikkreise
zum anderen im nördlichen [Haǧǧi Firuz Tepe: VOIGT 2.4.1] oder im zentralen Zagros [NISSEN/ZAGARELL 2.4.1; BERNBECK 2.4.1]; insgesamt waren sie relativ klein im Lichte der späteren Entwicklungen. Der daraus resultierende Eindruck, dass dieser Zeit eine stärkere Regionalisierung eigen sei als der vorausgehenden, ist nur scheinbar, denn mit den wenig differenzierbaren Steingeräten verfügen wir für die frühere Zeit nicht über das für solche Aussagen ausreichend feine Instrumentarium. Auch zeigt der fortdauernde Austausch von exotischen Rohstoffen wie zum Beispiel Obsidian über weite Distanzen [CAUVIN 2.3.3], dass keineswegs ein früheres offenes Austauschnetz durch eine Regionalisierung abgelöst worden wäre.

Die Gründe für die Aufgabe von Siedlungen im anatolisch-levantinischen Bereich vor der Einführung von Keramik sind uns ebenso wenig verständlich wie die Gründe für die Neuansiedlung an anderer Stelle: weiterhin sind Werkzeuge und Geräte aus Stein geschlagen und bei der Untersuchung der Nahrungsreste treffen wir mehr oder weniger auf das gleiche Spektrum von Tieren und Pflanzen wie zuvor. Lediglich die Anzeichen für eine soziale Differenzierung werden deutlicher, wie es sich in Çatal Höyük in Zentralanatolien vor allem an den unter- Çatal Höyük
schiedlich reichen Beigaben der im Haus bestatteten Toten festmachen lässt [dazu und zum Folgenden: HODDER 2.4.1].

Wenn wir auch einstweilen für Çatal Höyük keine Parallele benennen können, kann der Ort wegen der großflächigen Aufdeckung und des guten Erhaltungszustandes vieler Häuser und der reichen Ausstattung uns den besten

Eindruck für eine Siedlung dieser Zeit geben. Von der geschätzten Gesamtfläche von 13,6 ha ist ungefähr ein Fünftel mit dicht aneinander, auf ansteigenden Terrassen gebauten Häusern ausgegraben worden, die sich jeweils zu größeren Häuserkomplexen zusammenzufinden scheinen. Auf die Fläche hochgerechnet unter der Annahme von erheblichen Freiflächen zwischen den einzelnen Komplexen rechnen die Ausgräber mit ungefähr 900 Hauseinheiten und einer Einwohnerzahl von ungefähr 2000 Leuten [CESSFORD 2.3.4]. Die wohl ganz überdachten Häuser besitzen mehrere kleine Räume, die sich meist um einen größeren zentralen Raum gruppieren. Da keine Haustüren beobachtet wurden noch irgendwelche Abstände zwischen den Häusern, wird vermutet, dass der Zugang über das Dach erfolgte.

Wandmalereien Fast die Hälfte der Zentralräume war mit zum Teil figürlichen Wandmalereien und halbplastisch an der Wand angebrachten Tier- und Menschenfiguren sowie Stierschädeln reich verziert. An den Wänden entlang fanden sich Lehmplattformen, unter denen die Knochen der Toten beigesetzt wurden, nachdem diese vermutlich im Freien der Verwesung ausgesetzt waren. Diese Räume sind wahrscheinlich die Zentren des von Ahnenverehrung und magisch-kultischen *Kulträume?* Bräuchen bestimmten Lebens der Hausgemeinschaft gewesen. Ob es daneben größere Kult- oder Versammlungsbauten gab, ist nicht zu entscheiden, da die Siedlung nicht vollständig ausgegraben wurde, insbesondere nicht im Zentralbereich.

Unter den reichen Funden an Ton-, Stein- und Holz(!)gefäßen, Tier- und Menschenterrakotten, Perlen und Anhängern, z. T. aus gediegenem Kupfer, sollen zwei Fundgattungen hervorgehoben werden, da sie den Beginn einer Argumentationskette darstellen, die uns durch die nächsten Kapitel begleiten wird. Die flache Seite von kleinen knopfförmigen Objekten aus gebranntem Ton weist eingekerbte geometrische Muster auf. Ihre Verwendung ist nirgends nachgewiesen, doch sind sie vermutlich entweder zum Stempeln von Farbmustern benutzt *Stempelsiegel* worden oder um Abdrücke auf weichem Material wie Ton zu hinterlassen. In jedem Fall dürften sie als älteste Beispiele von Siegeln gelten, die später eindeutig zur Kennzeichnung von Besitz oder Eigentum dienten oder bei der Sicherung des Inhalts eines Behälters die Garantie der handelnden Person bekräftigten [VON WICKEDE 2.4]. Vom Siegelbild konnte also auf den Siegelbesitzer geschlossen werden, oder anders ausgedrückt: mit dem Siegelabdruck wurde die Information über eine Person gespeichert. Die Existenz von solchen Siegeln deutet auf eine Gesellschaftsform, in der es nötig war, zu differenzieren, Verantwortlichkeit erkennbar zu machen.

Zählmarken Kleine geometrische Gegenstände aus Ton lassen an Funde aus späterer Zeit denken, deren Deutung als Zählmarken unbestritten ist. Jeder dieser besonderen Formen wäre dabei ein bestimmter Mengen- oder Zahlwert beigelegt gewesen, so dass durch Zusammenfügung solch verschiedenartiger Marken größere Mengen oder Zahlen festgehalten und durch Aufbewahrung an einem bestimmten Ort konserviert werden konnten [SCHMANDT-BESSERAT, Writing 2.6.1.1]. Zählmarken dienten also dazu, Informationen über Mengen bzw. Zahlen zu speichern. Genaue Wertzuweisungen sind allerdings einstweilen nicht möglich.

Abgesehen davon dass jedes Zeichen und jedes Wandgemälde früherer Zeit bis zurück in die Altsteinzeit eine Botschaft enthielt und damit die Speicherung von Informationen darstellt, ist doch die hier vermutete abstrakte Art der Informationsspeicherung bemerkenswert. Siegel und Zählmarken stellen in besonderer Weise einen Gradmesser für die Organisationsform der Wirtschaft und damit der Gesellschaft dar und werden uns als solche noch ausführlich beschäftigen.

3.3 Das frühe Chalkolithikum (Hassuna, Samarra, Halaf und Gleichzeitiges) (ca. 6500 bis ca. 5000 v. Chr.)

Die Unterscheidung zwischen dem keramischen Neolithikum und den folgenden Phasen ist fließend und willkürlich. Der Name Chalkolithikum („Steinkupferzeit") geht auf die ältere Ansicht zurück, dass neben dem älteren Rohstoff Stein erstmals in dieser Zeit Metall für Werkzeuge und Gerätschaften verwendet wurde [Vértesalji 2.4.2]. Die Einschätzung des Gesamtkontextes kann sich weiterhin aber fast nur auf Keramik stützen, die im Umfang jedoch nicht ausreicht, um uns die Entwicklung für alle Gebiete im Vorderen Orient verfolgen zu lassen. Große Unterschiede der Keramikgruppen von einer Region zur anderen signalisieren jedoch solche auch im gesamtgesellschaftlichen Bereich [Bernbeck, Dörfliche Kulturen 2.4.2].

Die durch Gemeinsamkeiten bei der Keramik verknüpften Bereiche sind nun größer als in der davor liegenden Zeit, was auch damit zusammenhängt, dass nun sehr viel stärker als vorher die großen Ebenen Syriens, Nordmesopotamiens und Ḫuzestans in das Siedelgebiet einbezogen wurden. Diese Ausweitung ist vor allem in der Phase deutlich, die wir nach den Keramikarten als Hassuna, Samarra, Halaf, Čogha Sefid oder Eridu bezeichnen, benannt immer nach dem ersten Fundort. Neben den zentralen Siedelgebieten in den Regenbauzonen Syriens [Akkermans/Verhoeven 2.4.1], Assyriens [älter: Hassuna/Sotto-, jünger: Halaf- und Samarra-Keramik: Gut 2.7] und des südwestlichen Zagrosvorlandes [Čogha Sefid-Keramik: Hole 2.4.2], können wir zum ersten Mal Siedlungen im Schwemmland der Unterläufe von Euphrat und Tigris nachweisen [Ouweli Schicht 0 bzw. Eridu-Keramik: Safar et al. 2.6; Lebeau 2.4.3], dem nachmaligen Schauplatz der Herausbildung der Frühen Hochkultur.

Besiedlung der größeren Ebenen

Die nun sehr markanten Unterschiede zwischen den Keramikgruppen lassen uns annehmen, dass die internen Gemeinsamkeiten jeweils stark ausgeprägt waren und intern zu gleichartigen Organisationsstrukturen geführt hatten. Halaf-Keramik ist vom Nordirak über Syrien bis Anatolien verbreitet [Breniquet, Halaf 2.4.2; Copeland/Hours 2.4.2] und auch die Samarra-Keramik kommt in einem recht großen Bereich vor, von Baghouz am mittleren Euphrat in der Nähe der heutigen syrisch-irakischen Grenze über Samarra am Tigris bis nach Šimšara und Čogha Mami im nördlichen und mittleren Zagrosvorland [Mortensen

Keramikkreise

2.4.2; OATES 2.4.2]. Die Ausdehnung der anderen genannten Gruppen ist noch unklar.

Architekturformen   Nur selten sind Siedlungen so weit erfasst, dass sich ihr Aufbau erkennen und vergleichen ließe. Die wenigen Aufschlüsse für den Hassuna-Sotto Horizont sprechen für eine Aufgliederung in kleine, jeweils nur aus wenigen Räumen bestehende Einheiten (Speicher?) in verstreuter Lage innerhalb der Siedlung [LLOYD/SAFAR 2.4.2]. Die Gesamtanlagen mögen ähnlich denen gewesen sein, die in etwas größerem Umfang für die in einem Teilgebiet nachfolgende Halaf-

– der Halaf-Zeit   Gruppe bekannt sind. Auch dort herrschen kleinräumige Einheiten in ebenfalls unsystematischer Lage vor, zusätzlich jedoch unterbrochen von Rundbauten, deren Eingang manchmal ein langrechteckiger Raum vorgelagert sein kann [HIJARA 2.4.2; MERPERT in: YOFFEE, CLARK 2.5]. Letztere mögen Anzeichen für Statusunterschiede sein. Wir kennen jedoch nichts, was entweder als öffentlicher Bau (Kult- oder Versammlungsbau) oder als Sitz eines Anführers interpretiert werden könnte.

– der Samarra-Zeit   Siedlungen des Samarra-Bereiches weichen in Gestalt und Anordnung der Bauten ab. Zeuge dafür ist insbesondere die fast ganz ausgegrabene Schicht III von Tell es-Sawwan im Gelände der nachmaligen frühislamischen Hauptstadt Samarra am Tigris. Von Graben und Wall umgeben sind 13 mehrräumige, allein stehende Baueinheiten von fast gleicher Größe und ähnlicher Struktur erkennbar [BRENIQUET, Sawwan 2.4.2]. Die Unterteilung der größeren Räume gleicht den zeitgenössischen Anlagen von Čogha Mami bei Mandali [OATES 2.4.2]. Bei einer Grundfläche von 45 bis 75 qm wird der Innenraum durch eingezogene Wände mit jeweils breiten Durchgängen in fast regelmäßige kleine Raumeinheiten aufgeteilt. Versuchsweise werden die Veränderungen von den vorher genannten kleinteiligen des Hassuna-Sotto-Horizontes zu den jetzt größeren Wohneinheiten als Indikator für die Organisation in Großfamilien gesehen und als Auswirkung der Weiterentwicklung der Arbeitsteilung und der Entstehung von Strukturen, die mit der Erwirtschaftung eines Mehrproduktes die Herausbildung eines verselbständigten politischen Überbaus ermöglichen [BERNBECK, Auflösung; Dörfliche Kulturen 2.4.2].

Keramik   Bei der Keramik des Samarra/Halaf-Bereiches sind die jeweiligen Unterschiede
Samarra/Halaf   so stark wie in den Bauformen. Auf der einen Seite steht die Samarra-Keramik mit einer relativen Formenarmut, mit meist offenen Gefäßen und weitgehend geometrischen Mustern in matter Bemalung. Wirbelmotive im Inneren von großen Schalen verleihen der Verzierung eine gewisse Bewegtheit bei sonst ruhigem, ausgewogenem Dekor [BRENIQUET, Sawwan 2.4.2; HERZFELD 2.4.2]. Die Keramik der Halaf-Gruppe unterscheidet sich davon in fast jeder Beziehung. Sie kennt ausgesprochen manierte Formen, die mit ihrer Kantigkeit manchmal an Metallvorbilder gemahnen [SCHMIDT 2.4.2; MALLOWAN/ROSE 2.4.2; HIJARA 2.4.2]. Zudem sind sie bisweilen ziemlich dünnwandig, so dass schon die Fähigkeit, solche Gefäße unbeschädigt durch den Brand zu führen, von einer hohen technischen Erfahrung zeugt. Mehr noch gilt dies für die Herstellung der hochglänzenden mehrfarbigen Bemalung, die mit einem Tonschlicker aus

äußerst feinem tonfarbenem Material arbeitete, das erst im Brand bei sehr feiner Kontrolle der Sauerstoffzufuhr durch Oxidation des natürlichen Eisengehaltes die gewünschte Farbe annahm ("Glanztonmalerei"). Der technische Vorgang ist damit der gleiche wie der der späteren griechischen Vasenmalerei [STREU 2.4.2; NOLL 2.4.1]. Trotz in der Regel ebenfalls ruhiger Rapportmotive verleihen zusätzlich unsymmetrische Motive oder eckige, die nicht der Rundung oder dem Schwung der Gefäßkörper angepasst sind, der Halaf-Keramik einen unruhigeren Ausdruck.

Unabhängig von der Möglichkeit, dass sich für den Samarra-Horizont eine gegenüber vorher neue Wirtschafts- und Gesellschaftsform andeutet, während auf die Architektur bezogen Halaf mit Ausnahme der Rundbauten eher eine Fortsetzung der älteren Tradition ist, sehen wir aufgrund entsprechender Untersuchungen, dass in beiden Fällen die Nahrungsproduktion irreversibel zur Hauptquelle des Unterhalts geworden ist. Vereinzelte Siedlungen außerhalb des Regenfeldbaugebietes wie Bouqras oder Baghouz am mittleren Euphrat oder die wenigen Orte der Eridu- und Haǧǧi Mohammed-Phase in der babylonischen Schwemmebene zeigen [LEBEAU 2.4.3; HUOT, Ubaid; OUWELI 2.4.3], dass man gelernt hatte, mit dem Instrument der künstlichen Wasserzufuhr für Garten- und Feldbau so umzugehen, dass der Unterhalt großer permanenter Siedlungen gesichert war.

Zählmarken und Stempelsiegel, von denen wir schon zuvor hörten, gehören nun zum normalen Inventar, ein Anzeichen, dass sich Wirtschaftsformen konsolidierten, bei denen es auf eine gewisse Kontrolle bestimmter Vorgänge ankam. Abdrücke auf Tonplomben, mit denen die Verschlüsse von Behältern aller Art gesichert worden waren, lassen jetzt keinen Zweifel mehr an der Bestimmung der Siegel [AKKERMANS 2.4.1]. Dass es als nötig empfunden wurde, etwas als Eigentum zu kennzeichnen oder die Information über Mengen irgendwelcher Güter festzuhalten, deutet also an, dass es wirtschaftliche Vorgänge gab, die über der Ebene eines einfachen Kleinhaushaltes lagen. Genauere Einsichten sind uns verwehrt.

Zählmarken und Siegel

3.4 ZUSAMMENFASSUNG

Im Bereich des Vorderen Orients lässt sich nahezu lückenlos die Entwicklung von der Endstufe der Wildbeuterei zur Stufe der beginnenden Dauersesshaftigkeit nachzeichnen. Dass die Nachrichten aus der südlichen Levante überwiegen, spiegelt wohl eher den Forschungsstand wieder, als dass man annehmen sollte, die frühe Entwicklung habe sich hier konzentriert. Insbesondere für das Zagrosgebiet wirkt sich aus, dass diese Region der Forschung nicht im gleichen Umfang zugänglich war und ist.

Für die Zeit des späteren Neolithikums reichen unsere Kenntnisse zum ersten Mal, um für ganz Vorderasien eine relative Einheitlichkeit in der Entwicklung von neuen Wirtschafts- und vermutlich auch Sozialformen zu vermuten, bei allen Unterschieden wie zum Beispiel in den Bauformen. Als Hinweis auf diese Ähnlichkeit der wirtschaftlichen bzw. gesellschaftlichen Entwicklung kann man die rasche Verbreitung der Keramik werten, gemäß der Überlegung, dass solche Neuerungen nur übernommen werden, wenn damit ein eigener Bedarf beantwortet wird. Ein offenbar gleichartiger Bedarf deutet auf vergleichbare Grundstrukturen. Wo, welche der Neuerungen dieser Zeit zum ersten Mal auftraten, ist nicht herauszufinden, weil wir nicht genau genug datieren und damit das Auftreten einzelner Phänomene nicht an einer Stelle als früher erweisen können als an einer anderen.

Mit dem Auftreten des Samarra-Komplexes lässt sich möglicherweise in dem hier behandelten Zeitraum der Übergang fassen von der reinen subsistenzorientierten Wirtschaft zu einer, die mit Hilfe von Mechanismen zur Umverteilung die Verselbständigung von Leitungsfunktionen ermöglicht, ein notwendiges Prärequisit für die Entstehung komplexer gesellschaftlicher Systeme.

Mit Keramik ist uns erstmals ein Hilfsmittel an die Hand gegeben, das uns gestattet, sowohl in räumlicher wie in zeitlicher Hinsicht Einheiten voneinander abzugrenzen, wobei wir davon ausgehen, dass die Unterschiede davon herrühren, dass die Erzeugnisse unter dem Einfluss einer jeweils anderen Vorstellungswelt entstanden sind.

Inwieweit solche gemeinsamen Vorstellungen auch Gemeinsamkeiten in der politischen und gesellschaftlichen Struktur signalisieren, muss natürlich offen bleiben. Es ist jedoch zu vermuten, dass gewisse Grundlinien in den Organisationsformen, die in späterer Zeit sehr viel besser fassbar sind, bereits im 6. Jt. *in nuce* vorhanden waren. Gleiches sollte eigentlich auch bereits für Zeiten vor dem Auftreten von Keramik gelten, nur dass wir für diese Zeit kein Material haben, das empfindlich genug gewesen wäre, entsprechende Hinweise aufzunehmen und – uns – wieder abzugeben.

4. BEGINNENDE KOMPLEXITÄT

4.1 Der ʿObed-Horizont (ca. 5000 bis ca. 4000 v. Chr.)

Diese Periode ist wiederum durch eine Keramikart definiert. Die zunächst im Süden Babyloniens in Eridu, Ur und Tell el-ʿObed gefundene [HALL/WOOLLEY 2.4.3], und seither von vielen weiteren Orten Vorderasiens bekannte Keramik ist leicht zu erkennen, da die Elemente der Verzierung aus dunkelfarbigen, umlaufenden Bändern sowie dazwischen eingefügten Mustern bestehen [VÉRTESALJI 2.4.2], die alle darauf deuten, dass sie auf ein sich drehendes Gefäß gemalt wurden [H. J. NISSEN in: HENRICKSON/THUESEN 2.4.3]. Gegenüber den vorher erwähnten Verzierungsarten ist das Musterrepertoire merklich vereinfacht, wie auch das Formenspektrum einfachere Formen bevorzugt. *Definition der ʿObed-Zeit über Keramik*

Diese über weite Teile Vorderasiens ähnliche Keramik mag zwar lokal in der Brenntechnik, der Zusammensetzung des Tones oder auch in den Gefäßformen differieren, nicht jedoch im Prinzip der Anbringung umlaufender Bänder und Muster. Das gilt nicht nur für den Süden [Haupt- und namengebender Fundort Tell el-ʿObed: HALL/WOOLLEY 2.4.3] und den Norden Mesopotamiens [Hauptfundort Tepe Gawra: TOBLER 2.7] sondern auch für den syrischen und ostanatolischen Raum [Degirmen Tepe: ESIN 2.4.3; AKKERMANS 2.4.3] bis hin zum Fundort Mersin [GARSTANG 2.9] an der kilikischen Mittelmeerküste einerseits, und zur arabischen Küste des Persischen Golfes andererseits [BURKHOLDER 2.4.3; OATES ET AL. 2.3.3]. *Herstellung von Keramik*

Das gleiche Gebiet wird durch einen neu auftretenden Typ von Hausgrundriss zusammengeschlossen, nur dass aufgrund der oft nur kleinen Grabungsareale, die selten Gesamtgrundrisse definieren lassen, die Beispiele weniger zahlreich als bei der Keramik sind. Bei dem so genannten Mittelsaalhaus liegen auf beiden Seiten eines langrechteckigen Saales – bisweilen kreuzförmig erweitert – ungleichmäßige Raumtrakte. Der mittlere Raum dient gleichzeitig als funktionales Zentrum aber auch als Verteiler zu den anderen Räumen. Die Doppelfunktion erforderte, dass die Abläufe in dem Mittelsaal aber auch im übrigen Gebäude einem bestimmten Schema folgten, das festeren Regeln gehorchte als bei einem normalen Mehrräumehaus, bei dem die Räume um einen offenen Hof gruppiert sind. Insbesondere ist es ungewöhnlich, dass der Hauptwohnraum gleichzeitig als Hauptverkehrsfläche dient [SCHMID, Palastbauten 2.2.7]. Es ist wenig wahrscheinlich, dass ein solcher Grundriss an mehreren Stellen unabhängig voneinander entstand. *Mittelsaalhaus*

An starken Gemeinsamkeiten über ein viel größeres Gebiet, als wir es jemals vorher verbunden sahen, ist also nicht zu zweifeln; fraglich ist jedoch der Hintergrund. Nachdem man lange davon ausgegangen war, dass die Gleichartigkeiten bei der Keramik auf die Wanderung von ʿObed-Leuten zurückgehen könnte [MALLOWAN 2.3.1], schlägt eine neuere Erklärung vor, dass eine gleichartige, konvergierende Entwicklung auf sozio-ökonomischem Gebiet zu der Gleichartigkeit der kulturellen Äußerungen geführt haben könnte.

Diese Vermutung leitet sich von der Annahme her, dass die bevorzugte Verwendung von umlaufenden Mustern bei der Keramik auf die Verwendung einer drehbaren Arbeitsplatte – Ahnherrin der späteren Töpferscheibe [RIETH 2.3.9] – beim Herstellungsprozess schließen lässt, oder, falls dieses technische Hilfsmittel doch schon vorher bekannt war, auf eine neue Art der Verwendung im Arbeitsprozess. Die weitgehende Gleichartigkeit bei der Keramik wäre also durch die gemeinsame Verwendung eines neuen Hilfsmittels, bzw. durch eine entsprechende Änderung des Herstellungsprozesses hervorgerufen worden. Da niemand ein neues Werkzeug einsetzt, das keine Vorteile bringt, läge also eine Gemeinsamkeit über das gesamte Verbreitungsgebiet darin, dass man in gleicher Weise einen Vorteil in der Anwendung sah. Dies deutet auf Gemeinsamkeiten in den Vorstellungen zu Herstellung, Verteilung und Nutzung von Keramik als einem wichtigen Faktor wirtschaftlichen Geschehens [NISSEN in: HENRICKSON/THUESEN 2.4.3] und signalisiert weitere Gemeinsamkeiten.

Drehbare Arbeitsplatte

Für andere Aspekte ist die Funddichte leider noch zu gering und vor allem zu ungleichmäßig. Das gilt auch für die wichtige Frage, ob wir für diese Zeit bereits mit einer ausgeprägten Metallurgie zu rechnen haben. Die Verarbeitung von Kupfer (Schmelztiegel, Gussformen) ist für das 5. Jt. im iranischen Hochland bezeugt [MAJIDZADEH, Copper 2.3.3] und es gibt einige Beispiele für Geräte aus Arsenbronze [PERNICKA/HAUPTMANN 2.3.3], doch sind diese wahrscheinlich keine Zeugnisse für Legieren, da Kupfer mit entsprechender „Verunreinigung" durch Arsen natürlich vorkommt [BEGEMANN/SCHMITT-STRECKER 2.3.3].

Metallurgie

Wegen der schlechten Datenlage sind wir einstweilen nicht in der Lage, Entwicklungslinien oder Trends innerhalb dieser Zeit zu benennen, die über die Feststellung normaler Veränderungen im Verzierungsrepertoire der Keramik hinausgingen, obwohl wir mit bedeutsameren Veränderungen im Laufe der bis zu 1000 Jahre rechnen sollten, die wir vermutlich insgesamt dieser Zeit zugestehen müssen. Die Feststellung, dass die Gefäßverzierung im Verlaufe der Periode einfacher wird und im letzten Teil häufig nur noch aus einem oder mehreren umlaufenden Bändern besteht, hilft uns nicht weiter.

Wie erwähnt sind die Aufschlüsse an den meisten Orten zu kleinflächig, um etwa Aussagen über das Gefüge der Siedlung machen zu können. Gerade das wäre aber nötig, wenn wir danach fragen, ob Siedlungen dieser Zeit allgemein eher noch wie die der Hassuna- und Halafgruppen oder wie die der Samarragruppe organisiert waren, d.h. ohne erkennbare öffentliche Bauten, oder aber ob sie innerörtlich gegliederte Strukturen zeigen. Für Babylonien ist diese Frage allerdings eindeutig zu beantworten, da hier genügend Beispiele für die Existenz von Bauten vorhanden sind, die sogar als Tempel benannt werden können, wobei wir uns der allgemeinen Auffassung anschließen, dass eine Nische in einer Schmalwand eines Langraumes und ein als Altar anzusprechendes, davorliegendes Podest als Merkmale für einen Kultbau gelten. Hauptbeispiel ist Eridu mit einer Abfolge von auf immer höheren Terrassen errichteten Tempeln [SAFAR ET AL. 2.6],

Zentralbauten

Tempel auf Terrasse

ferner entsprechende Beispiele aus Uruk und Tell Uqair [FOREST 2.4.3]. Für das spät ʿobed-zeitliche Huzestan wird die Form des Tempels auf einem Podest durch die Terrasse von Susa bezeugt [CANAL 2.10; JOHNSON, Uruk Administration 2.4.4]. Damit ist erstmals die Bauform „Tempel auf Terrasse" belegt, die in Form der so genannten Ziqqurrat so charakteristisch für die Architektur des späteren Mesopotamien wird. Die vorher aufgezeigten Gemeinsamkeiten über ein größeres geographisches Gebiet könnten nahe legen, dass mit der Existenz zentraler öffentlicher Bauten also für das gesamte ʿObed-Verbreitungsgebiet zu rechnen ist; doch muss diese Frage offen bleiben.

Offenbleiben muss ebenfalls, trotz der oben gegebenen Definition von „Tempel", wie sich Religion in dieser Zeit manifestiert hat. Es ist kaum vorstellbar, dass die genannten „Tempel" mit ihren geringen Dimensionen [SCHMID, Architektur I 2.2.7] den gesamten kultischen Bedarf von Siedlungen abdecken konnten, deren Größe wir zwar nicht bestimmen können, deren Einwohnerzahl aber doch bei mindestens 1000 Köpfen gelegen haben dürfte.

Soweit Statusunterschiede der Bewohner sich in der unterschiedlichen Größe von Häusern offenbaren, gibt es ausreichend Beispiele dafür. Von besonderem Interesse ist das vollständig ausgegrabene Tell Abade. Dort fand sich in Schicht II mitten in der Siedlung ein Gebäude, das nicht nur größer und komplexer angelegt war als die übrigen Gebäude, sondern dessen stärkere und mit Pfeilern besetzte Mauern eine größere Höhe andeuten mögen, und das zudem über einen großen, von einer starken Mauer eingefassten Vorhof verfügt [JASIM in: HENRICKSON/THUESEN 2.4.3]. Zusätzlich zur normalen Raumausstattung mit Gebrauchskeramik fanden sich in einem Raum mehrere Gefäße mit tönernen Zählmarken, die wir als frühe Zählhilfen mit der Verwaltung wirtschaftlicher Vorgänge in Zusammenhang bringen [JASIM/OATES 2.6.1.1 – dazu ausführlicher im nächsten Kapitel]. Es spricht also Vieles dafür, dass hier zentrale Funktionen angesiedelt waren, die nicht in den Bereich des Kultes gehören. *Zentrale Verwaltungsbauten*

Welcher Art diese zentralen Funktionen waren, ist unklar, doch haben wir es zumindest für die ʿobed-zeitlichen Orte Südmesopotamiens mit einer Gliederung in private und öffentliche Bereiche zu tun, und folglich mit einer Gesellschaftsform, in der eine Gruppe existiert, die mit öffentlichen Aufgaben in Verbindung zu bringen ist. *Soziale Differenzierung*

Die Frage nach geregelten Beziehungen unter den Siedlungen lässt sich wegen unzureichender Funddichte nur selten aufgreifen. Nur in wenigen Gebieten haben Regionaluntersuchungen stattgefunden, die uns erkennen ließen, ob sich unter benachbarten Siedlungen jeweils eine durch besondere Größe als ein mögliches Zentrum anbietet. Zu denken wäre an Tepe Gawra, das für die späte ʿObed-Zeit eine Anlage eines von drei öffentlichen Bauten („Tempeln") umgebenen Platzes aufweist, die im Vergleich zur Größe der übrigen Siedlung bei weitem überdimensioniert wirkt. Darin könnte sich eine zentrale Einrichtung ausdrücken, die eine Funktion nicht nur für die eigene Siedlung sondern auch für weitere Siedlungen im Umland hatte [NISSEN 2.2.2: Abb. 27]. *Zentraler Kultbereich in Tepe Gawra*

Im Ganzen bleibt aber das Bild für die ʿObed-Zeit unscharf und unvollständig, außer wenn wir mit der Susiana als Beispiel eine Region heranziehen, die in einer zwar parallelen aber doch eigenen Tradition steht [JOHNSON, Uruk Administration 2.4.4]. Dort wie auch in der östlichen anschließenden kleinen Ebene von Behbehan [DITTMANN, Randebene 2.10] können wir von den Größenunterschieden von Siedlungen und der Lage zueinander eindeutige Hinweise auf die Existenz von zentralen Siedlungen sehen, in deren Einflussbereich jeweils mehrere kleinere Siedlungen liegen. Welcher Art die Beziehungen zwischen Zentrum und Umland waren, und ob diese Situation auch auf die anderen Regionen des ʿObed-Horizontes zu übertragen ist, ist nicht zu bestimmen. Soweit sich Anzeichen für Siedlungssysteme ergeben, geht man normalerweise von gemischt wirtschaftlich-politischen Beziehungen zwischen den Siedlungen aus.

Dass wir mit der ʿObed-Zeit einerseits in den älteren Traditionen stehen, andererseits aber Vieles bereits in die folgende Zeit weist, können wir auch an den anderen Funden dieser Zeit bemerken. So befinden wir uns zwar mit kleinen Terrakottafigürchen von Tieren und Menschen, mit Stempelsiegeln und Zählmarken in der älteren Tradition, doch deutet auf die folgenden Entwicklungen hin, dass die mit Siegeln und Zählmarken erkennbaren Kontrollinstrumente des Wirtschaftsgeschehens systematischer eingesetzt werden als vorher. Da die Bandbreite von Siegelmustern auf die Zahl derer schließen lässt, die an solchen Vorgängen beteiligt waren, spricht die große Breite von Mustern, die Fundlage von gesiegelten Tonverschlüssen in bestimmten Bauten ʿobed-zeitlicher Orte (Degirmen Tepe) und die gesammelte Aufbewahrung von Zählmarken (Tell Abade) dafür, dass die Verwendung über den individuellen Rahmen hinausging und wir mit der Existenz größerer Institutionen zu rechnen haben, die mit Hilfe zahlreicher Beschäftigter zentrale Aufgaben zu erledigen hatten. Auf eine höhere Stufe der Organisation deutet, dass offenbar im Baugeschehen eine Standardisierung mit der Festlegung eines Ellenmaßes stattgefunden hat [KUBBA 2.2.7]. Damit scheint die Annahme möglich, dass im Gesamtbereich „Maße und Gewichte" ähnliche Festlegungen auch an anderen Stellen erfolgten, für die uns allerdings die Nachrichten fehlen. Wie in den vorher genannten Fällen wäre auch dies ein Beispiel dafür, wie sehr sich die Anzeichen dafür mehren, dass Vieles was uns erst in der Uruk-Zeit voll entgegen tritt, in der ʿObed-Zeit bereits vor- wenn nicht ausgeformt war.

Bereits im vorigen Abschnitt sahen wir, dass Ḫuzestan, der Zagros und das iranische Hochland sich durchaus parallel zu den westlich gelegenen Regionen aber doch eigenständig entwickelt hatten. Zusätzlich zur weitgehend sesshaften Bevölkerung haben wir wahrscheinlich im Bergland des Zagros mit nichtsesshaften Gruppen zu rechnen, da wir zwar ausgedehnte Friedhöfe dieser Zeit kennen [VANDEN BERGHE 2.4.3] aber in weitem Umkreis keine dazugehörigen Siedlungen. Die Keramik des susianischen Tieflandes erhält dadurch ihr besonderes Aussehen, dass neben den umlaufenden auch begrenzte, insbesondere auch figürliche Muster in den Raum zwischen die Bänder eingefügt werden. Ein weiterer Unterschied ist im Fehlen des Mittelsaalhauses zu sehen, soweit unsere Quellen das festzustellen erlauben [DITTMANN, Betrachtung 2.10].

Zwar wird man dennoch den Bereich von Ḫuzestan bis ins iranische Hochland hinein als Teil des großen, den ganzen Vorderen Orient umspannenden Interaktionsgebietes begreifen, das sich zur Beantwortung ähnlicher Probleme ähnlicher Antworten bediente, und das insofern auch ähnliche Grundstrukturen gehabt haben wird; doch ist deutlich, dass die eigenständigen Züge im iranischen Bereich stärker ausgeprägt sind als in anderen Regionen. Wir werden sehen, dass diese Ambivalenz, einerseits an den Entwicklungen der westlichen Nachbargebiete teilzuhaben, andererseits einen starken regionalen Charakter zu bewahren, sich als roter Faden durch die ganze weitere Geschichte des Südwest-Iran, des späteren Elam, verfolgen lässt.

Für dieses Gebiet liegen archäologische Untersuchungen vor, bei denen systematisch alle Reste alter Siedlungen kartiert wurden. Wie bereits erwähnt, lassen Größe und Lage von Orten dieser Zeit zueinander uns eindeutig von Siedlungssystemen sprechen, bei denen ein Zentrum eine Reihe kleinerer Ort dominiert [JOHNSON, Uruk Administration 2.4.4]. In einem Fall liegt zudem ein zentraler Ort an der strategischen Stelle, von der aus die durch einen Kanal gewährleistete Wasserversorgung der ganzen Ebene kontrolliert werden kann [Behbehan-Ebene: NISSEN 2.2.2: 57]. Zwar liegt diese Ebene im Gebiet des Regenfeldbaus, aber die Lage der Orte spricht für die Existenz eines an dieser Stelle aus dem Fluss abgeleiteten Kanals, der eine zusätzliche Wasserversorgung ermöglichte.

<small>Frühe Kanalbewässerung</small>

4.2 Zusammenfassung

Im ganzen stellt sich die ʿObed-Zeit als eine Phase dar, in der jenseits von allen lokalen Besonderheiten starke Gemeinsamkeiten anzeigen, dass die gesamtgesellschaftlichen Entwicklungen in großen Teilen des Vorderen Orients gleich oder annähernd gleich verliefen, Anzeichen für ein Kommunikationsnetz, das diesen Bereich umspannte. Durch die Schaffung öffentlicher Räume innerhalb der Siedlungen und durch die Ausbildung zentraler Funktionen in einzelnen Orten machen sich gesellschaftliche Schichtungen und Herrschaftsformen bemerkbar, die wesentliche Veränderungen gegenüber der vorhergehenden Zeit signalisieren. Reste der Siedlungen dieser Zeit liegen in aller Regel unter meterdicken Ablagerungen späterer Siedlungen und sind daher nur selten und noch seltener auf größerer Fläche erreichbar. Obwohl also im einzelnen zu wenig Konkretes über diese Zeit in Erfahrung zu bringen ist, sehen wir doch bei aller Einbindung in die älteren Traditionen Elemente auftauchen, die fester Bestandteil der folgenden Entwicklungsstufe werden.

5. FRÜHE STADTKULTUREN UND GLEICHZEITIGES (CA. 4000 BIS 2350 V. CHR.)

Diese Phase ist durch weit reichende Veränderungen hin zu größerer Komplexität in fast allen Regionen des Vorderen Orients gekennzeichnet. Soweit erkennbar, nehmen sie frühere Regionalitäten auf und zeigen bei starken Gemeinsamkeiten entsprechende Unterschiede in Grad und Form der Organisation an. Relativ früh in dieser Zeitspanne werden die Auswirkungen einer Verschiebung zu einem leicht trockeneren und kühleren Klima sichtbar. Bereits begonnene Veränderungen werden dadurch vor allem im südlichen Teil Mesopotamiens erheblich beschleunigt und führen schließlich zu der Komplexität, die unter den Begriffen „Städtische Revolution" [CHILDE 2.2.2; 2.3.1] oder „Sumerische Hochkultur" [MOORTGAT 2.2.2] den Aufbruch in das bilden, was danach die babylonische Hochkultur konstituiert. Wir verwenden hierfür die allgemein akzeptierte Terminologie, die sich von den frühen Grabungen in Babylonien, insbesondere in der Stadt Uruk herleitet, obwohl es aufgrund intensiver Forschungen in den Nachbarregionen gute Gründe für eine neue Terminologie gäbe. Diese Gründe sind auf der einen Seite, dass sich die Abfolge der archäologischen Befunde in Uruk als weniger zuverlässig herausstellt als angenommen [NISSEN, Key Site 2.4.4] und auf der anderen Seite Forschungen insbesondere in Syrien und Südost-Anatolien zeigen, dass ein flexibleres System des zeitlichen Rahmens nötig wäre, das nicht nur auf Uruk bzw. Babylonien bezogen ist. Ein unter diesen Vorgaben vorgeschlagenes neues System der Periodeneinteilung und -benennung [ROTHMAN 2.4.4] hat sich jedoch bis jetzt nicht durchsetzen können.

<small>Herkunft der Periodenbezeichnung „Uruk"</small>   Namensgeber der Uruk-Zeit, des ersten Abschnittes der hier behandelten Zeitspanne, ist die alte Stadt Uruk im südlichen Babylonien, in der Reste dieser Zeit zum ersten Mal in größerem Umfang gefunden wurden. In großflächigen Grabungen, vor allem aber mit Hilfe einer so genannten Tiefgrabung wurden unter den Bauten der Zeit der III. Dynastie von Ur (ca. 2000 v. Chr.) insgesamt 18 „archaische" Schichten beobachtet, die von der Frühdynastischen Zeit bis in die 'Obed-Zeit zurückreichen, und von denen die Schichten XVIII bis XIV noch das Ende der 'Obed-Zeit markieren, während die Schichten XIII bis IV zur Definition der Uruk-Zeit dienten [VON HALLER 2.4.4; SÜRENHAGEN, Habuba; Uruk; Chronologie 2.4.4]. In den von einer Gesamtschau her gesehen spätesten Schichten V und vor allem IV war man auf großer Fläche den Dingen begegnet, die zu den oben genannten Schlagworten führten: monumentaler Architektur und Großkunst, und vor allem der Schrift. Der großzügigen Aufdeckung der Bauten dieser Schicht galt in besonderem Maße das Interesse der Ausgräber, während man die Vorstufen nur in der räumlich eng begrenzten Schachtgrabung, die wenig mehr als Keramikscherben erbrachte, erforschte. Aufgrund dieser sehr ungleichen Nachrichtenlage konnte sich der Eindruck verfestigen, die „Frühe Hochkultur" sei relativ plötzlich entstanden – wenn auch Moortgat bereits auf die Abhängigkeit von älteren Entwicklungen hingewiesen hatte. Wir erkennen

immer mehr, wie diese insbesondere aus den Befunden der archaischen Schicht IV bekannte Situation in den älteren Zuständen bereits in allen Aspekten ausgebildet oder zumindest vorformuliert gewesen sein muss [NISSEN 2.3.1], und wie sehr man bedauern muss, dass die älteren Phasen nicht umfassender mit Hilfe von Grabungen erforscht wurden.

Die Informationen aus Uruk werden inzwischen von anderen Grabungen ergänzt, vor allem sind auch vergleichbare Funde in anderen Regionen des Vorderen Orients gemacht worden, so dass neue Zusammenhänge sichtbar werden, – es wird sogar von einem „Uruk Weltsystem" gesprochen [ALGAZE 2.3.4]. Moderne verfeinerte Grabungs- und Untersuchungsmethoden lassen die 80 Jahre zurückliegenden Forschungen in Uruk zum Teil veraltet erscheinen, doch ist die dringend nötige Revision zur Zeit wegen der politischen Verhältnisse nicht möglich. Dennoch ist die zeitliche Länge der Abfolge in Uruk und der direkte Zusammenhang mit den Befunden der Archaischen Schicht IV immer noch so einzigartig, dass trotz ihrer Mängel die Abfolge in Uruk der Maßstab bleibt.

Die ungleiche Fundlage in Uruk bestimmt die vorliegende Darstellung insofern, als nur für den spätesten Abschnitt der Uruk-Zeit die Breite der Befunde erlaubt, eine Periode nicht nur nach der Keramik zu beurteilen. Von einer auf Keramik basierenden Einteilung in eine frühe (Archaische Schichten XIII–IX) und eine späte Uruk-Zeit (Archaische Schichten VIII–IV) wird daher der letzte, besonders gut bekannte Teil (Schicht IV) noch einmal abgetrennt. *Unterteilung der Uruk-Zeit*

Auch für den darauf folgenden Zeitabschnitt stand ein Fundort Pate: aus einem weitläufigen Gebäude im Grabungsort Ǧemdet Nasr im nördlichen Babylonien, meist als Palast angesprochen, sind 243 Tontafeln mit einer Schrift bekannt [MOOREY 2.6; ENGLUND/GRÉGOIRE 2.6.1.2; ENGLUND, Late Uruk 2.6.1.2], deren Duktus sie als zeitgleich mit den Tafeln der Archaischen Schicht III in Uruk erweist. Zwar stehen alle Äußerungen dieser Phase voll in der älteren Tradition, doch soll sie trotz Versuchen, sie als selbständige Phase zu eliminieren [SÜRENHAGEN, Chronologie 2.4.4] wegen signifikanter Eigenheiten unter dem eigenem Namen Ǧemdet Nasr geführt werden [FINKBEINER/RÖLLIG 2.4.5]. *Definition der Ǧemdet-Nasr-Zeit*

„Frühdynastisch" ist ein von H. Frankfort unter dem Eindruck der Terminologie Ägyptens, wo er zuvor geforscht hatte, 1932 geprägter Begriff [FRANKFORT, 2.6.3], der unter dem Eindruck zustande gekommen war, dass man vor der Zeit der gut bekannten Dynastien von Ur III und Akkad mit den Herrschern der frühen Lagaš-Abfolge und der sogenannten I. Dynastie von Ur eine Zeit gefasst habe, in der es zwar gewisse politische Strukturen (= „Frühe Dynastien") gegeben habe, die aber noch nicht historisch voll zu überblicken sei. Auf der anderen Seite war durch die Grabungen in Uruk und Ǧemdet Nasr ein früher Fixpunkt entstanden. Es bot sich an, die Zeit zwischen Ǧemdet Nasr und der Dynastie von Akkad als „die der frühen Dynastien" zu bezeichnen, was dann zu „Frühdynastisch" verkürzt wurde. *Definition der Frühdynastischen Zeit*

Diese Zeit erfuhr zunächst eine gewisse Struktur durch eine zeitliche Abgrenzung bestimmter Stilgruppen bei Rollsiegeln. Bei der von A. MOORTGAT [Siegel; Kunst 2.2.6, sowie in SCHARF/MOORTGAT 2.2.2] vorgeschlagenen Terminologie

("Mesilim" – "Imdugud-Sukurru" – "Ur I"), wurde jedoch der auf Ǧemdet Nasr folgende, wichtige erste Zeitabschnitt kaum berücksichtigt (nachmals "Frühdynastisch I"), da er lediglich als "Übergangszeit" aufgefasst wurde [MOORTGAT, Siegel, 2.2.6: 8]. Die Klarstellung ergibt sich aus stratigraphischen Aufschlüssen in den Orten Tell Asmar und Ḫafaği im osttigridischen Diyala-Gebiet. Dort konnte über eine lange Abfolge von Bauschichten nicht nur der äußere zeitliche Rahmen für diese Zeit festgelegt werden, sondern aufgrund von Auffälligkeiten in der Architekturabfolge wurde die Frühdynastische Zeit in die Abschnitte I–III unterteilt [FRANKFORT, Art 2.2.6; Sculpture 2.6.4]. Da wir für den größten Teil ("Frühdynastisch I und II") sowieso noch nicht über verlässliche historische Daten verfügen, bildet diese Unterteilung einen willkommenen äußeren Rahmen. Allerdings soll hier schon auf das Problem hingewiesen werden, dass Bezeichnung und Unterteilung als Frühdynastisch I–III fälschlich den Eindruck einer internen Einheit suggerieren. Es gäbe gute Gründe, den ersten Abschnitt eher mit den vorausgehenden Phasen zu verbinden, oder den letzten Teil mit den darauf folgenden; aus Gründen der allgemeinen Akzeptanz soll jedoch die Benennung in Frühdynastisch I – III beibehalten werden.

<small>Definition der proto-elamischen Zeit</small>

"Proto-Elam" schließlich war zunächst die Benennung der Entwicklungen, die parallel zur Frühen Hochkultur Babyloniens in dem später als Elam bezeichneten Südwestiran stattfanden. Heute wird der Begriff eingeengt für das Gebilde gebraucht [POTTS, Elam 2.2.2], das sich mit Ausbildung einer eigenen Schriftkultur zeitlich parallel zu Ǧemdet Nasr bzw. Uruk Schicht Archaisch III bis weit nach Osten ausbreitete. "Proto-" soll andeuten, dass die Träger vermutlich die gleichen wie die der späteren, schriftlich fassbaren Zeit waren, auch wenn die Unlesbarkeit der alten Schrift einen Nachweis noch verhindert [DAMEROW/ENGLUND; ENGLUND; VALLAT (alle 2.6.1.3)].

5.1 Die frühe Uruk-Zeit (ca. 4000 bis ca. 3600 v. Chr.; Eanna Archaische Schichten XIII–IX)

Auch mit dieser Phase befinden wir uns noch in dem langen Zeitabschnitt, für dessen zeitliche Einteilung und Beurteilung wir wenig mehr als Keramik zur Verfügung haben. Zwar scheint auf den ersten Blick die Abgrenzung von der vorhergehenden ʿObed-Zeit relativ einfach, insofern als die jetzt auf der echten Töpferscheibe hergestellte Keramik weitgehend unverziert ist im Gegensatz zur ʿObed-Keramik und ein anderes Formenspektrum aufweist. Aber diese vermeintliche Einfachheit wird dadurch in Frage gestellt, dass sich die Nahtstelle nur an verschwindend wenigen Orten aufspüren lässt. Das Ende der ʿObed-Zeit in Vorderasien ist daher nicht einheitlich zu fassen, sei es wegen der unzureichenden Fundsituation, sei es dass wirklich regionale Unterschiede vorliegen. Damit sind uns nicht nur Einsichten verwehrt, wie diese Veränderung vor sich gegangen ist, sondern wir erhalten nicht den geringsten Hinweis auf mögliche Gründe [NISSEN, Early Uruk 2.4.4].

Für Babylonien ist unsere wichtigste – aber auch leider einzige – Quelle für den Übergang von ʿObed zu Uruk der bereits genannte Tiefschnitt im Eanna-Bereich von Uruk. Die Verwendung der echten Töpferscheibe unterstützt die Tendenz, bestimmte Formen besonders häufig anzufertigen, Vorläufer der „Massenwaren". Die Töpferscheibe ist im Übrigen nicht die einzige technische Innovation dieser Zeit, denn als weiteres Arbeitsinstrument muss es eine Art von einfacher Drehbank gegeben haben, die insbesondere bei der Bearbeitung von Stein eingesetzt wurde, wie sich vor allem aus Arbeitsspuren bei Rollsiegeln ergibt [Nissen, Seals 2.4.4]. Ermöglicht wurden diese beiden neuen Werkzeuge durch eine einfache Neuerung, bei der wahrscheinlich durch die Auskleidung von Achslöchern höhere Drehgeschwindigkeiten von Achsen in festen Lagern erreicht werden konnten [Nissen 2.3.9]. Massenkeramik

Im Falle der Keramikherstellung gilt die Bezeichnung „Massenware" zunächst aber nur für einen offenen, in einer Form gepressten Napf mit schräg abgeschnittenem Rand („Glockentopf" oder „Bevel Rim Bowl") der zu Millionen vorkommt und offenbar für viele Zwecke benutzt wurde. Die Einengung des Fassungsvermögens auf bestimmte Größen zusammen mit der Häufigkeit verbinden sich mit späteren Angaben, wonach Beschäftigte großer Wirtschaftseinheiten als Teil ihres täglichen Lohnes ungefähr 0,8 Liter Gerste erhielten [Gelb, Ration System 2.2.3], was annähernd dem Inhalt eines solchen Napfes entspricht [Nissen, K/L XII 2.4.4]. Die Deutung vor allem als Rationsgefäß wird durch das Zeichen für „Zuteilung" oder ähnlich in der Schrift unterstützt, das zusammengesetzt ist aus einem stilisierten menschlichen Kopf und einem Napf, der den charakteristischen schräg abgeschnittenen Rand des Glockentopfes betont [Nissen et al. 2.6.1.2]. Die späterhin bestimmende Organisationsform, bei der Beschäftigte einer größeren Wirtschaftseinheit in Naturalien entlohnt wurden, mag daher bereits für die frühe Uruk-Zeit gelten [für andere Deutungen dieser Gefäße siehe Potts 2.4.4 mit umfangreicher Literaturliste].

Mit der Massenware „Glockentopf" und dem Übergang zur Verwendung der Töpferscheibe bekommen wir allerdings trotz der unzureichenden Fundsituation Hinweise auf gesellschaftliche Veränderungen, nicht nur wegen der genannten möglichen Verwendung der „Glockentöpfe" sondern weil die Verwendung der Scheibe einmal auf einen erhöhten Bedarf an Gefäßen weist und andererseits eine erhöhte Art von Arbeitsteilung anzeigt.

Beginnend mit der frühen Uruk-Zeit (1. Hälfte des 4. Jt.) bemerken wir in der bis dahin nur spärlich besiedelten Schwemmebene Babyloniens eine ungewöhnlich starke Vermehrung von Siedlungen, zunächst nur im mittleren Teil Babyloniens [Adams, Heartland 2.3.6]. Die Bedeutung dieser Veränderung wird spätestens dann erkennbar, wenn sie in der späten Uruk-Zeit verstärkt auf den Süden des Landes übergreift, und dort in der Umgebung von Uruk ein Ansteigen von 10 auf über hundert Siedlungen bewirkt [Adams/Nissen 2.3.6]. Somit wird bereits in der frühen Uruk-Zeit die Intensivierung der Abläufe in Babylonien sichtbar, die wir dann unter dem Stichwort Urbanisierung zusammenfassen. Vermehrung von Siedlungen

Diese Siedlungen sind allerdings nur durch Oberflächenerkundungen bekannt geworden (vgl. dazu den Abschnitt 2.2 des II. Teils), und in Grabungen sind Reste dieser Zeit nur in Uruk und Eridu gefasst worden, leider jedoch nur in einem Umfang, dass gerade noch die Existenz dieser Orte in der frühen Uruk-Zeit nachgewiesen werden kann.

Im westlichen Teil des Zentrums von Uruk fand sich unter dem so genannten „Weißen Tempel" der späten Uruk-Zeit eine längere Abfolge von Vorgängerbauten, die gleichfalls auf Terassen errichtet worden waren. Zwar können diese Terassen nicht den Unterphasen zugewiesen oder mit den Schichten des Eanna-Tiefschnitts korreliert werden, doch spricht alles dafür, dass sie eine ununterbrochene Abfolge von der ʿObed-Zeit an darstellen, also auch als Zeugnis für die Existenz eines Kultbaus im westlichen Zentrum von Uruk gelten können.

Leider sind damit die Nachrichten über die frühe Uruk-Zeit erschöpft, denn eine Tiefgrabung in Eridu [SAFAR ET AL. 2.6] hat zwar Schichten dieser Zeit („Eridu IV und V") erreicht, doch waren die entsprechenden Bauten einer langen Reihe von Kulthäusern so sehr von den Nachfolgebauten zerstört, dass nur noch mit einiger Wahrscheinlichkeit geschlossen werden kann, dass es sich um die Bauform „Tempel auf Terrasse" gehandelt hatte [SAFAR ET AL. 2.6:. 68]. Soweit es nicht sowieso durch die allgemeine Situation nahe gelegt wird, haben wir hier zumindest den Nachweis für die Kontinuität in der Bautradition von der ʿObed-Zeit bis in die späte Uruk-Zeit und weiter.

Unterschiedliche Entwicklungen in den verschiedenen Regionen

In den anderen Gebieten Vorderasiens geht offensichtlich die Entwicklung lokal geprägt weiter, leider wieder nur an der Keramikentwicklung ablesbar. Sowohl in der Susiana [JOHNSON, Uruk Administration 2.4.4] als auch in Nordmesopotamien [TOBLER 2.7; GUT 2.7; OATES ET AL. 2.4.4] beobachten wir eine lokale Weiterentwicklung der ʿObed-Verzierungsart, die zusätzlich zu den umlaufenden Elementen begrenzte Muster aufnimmt, und im nordsyrisch-anatolischen Raum werden die Verzierungselemente immer schwächer bei Zunahme einer lokalen unverzierten Keramik.

Damit wird eine grobe Zweiteilung des vorher im Großen und Ganzen einheitlichen Gebietes sichtbar, da lediglich in Babylonien bedeutsame Veränderungen stattfinden: auf den Gebieten der Technologie (Töpferscheibe) und der Wirtschaft (Glockentöpfe?) aber vor allem bei der Siedlungs- und Bevölkerungsentwicklung.

Als Folge der bereits erwähnten Klimaveränderung im 4. Jt. hin zu einem etwas kühleren und trockeneren Klima [NÜTZEL, Klimaschwankungen 2.1.3; SANLAVILLE 2.1.3] mit geringeren Niederschlägen in den Sammelgebieten führten Euphrat und Tigris weniger Wasser, was neben einer Verringerung der jährlichen großen Überschwemmungen auch einen Rückgang der Dauersümpfe im unteren Alluvialland brachte. So wird die babylonische Schwemmebene von Norden her auf großer Fläche besiedelbar, wobei zunächst überall noch reichlich Wasser verfügbar war, das ohne Kanalsysteme direkt auf die Felder geleitet werden konnte. Die Fruchtbarkeit des Schwemmlandes und der leichte Zugang zum Wasser lockten Siedler unbekannter Herkunft an.

Vermehrung von Siedlungen in Babylonien

Die Auswirkungen waren beträchtlich. Einerseits bildete die günstige Anbausituation mit der Zunahme von Überschuss die Basis für eine neue Verteilung der gesellschaftlichen Aufgaben. Auf der anderen Seite verringerte die Intensivierung des Anbaus die für die Ernährung einer Siedlung plus Überschuss nötige Fläche, so dass die Siedlungen näher aneinanderrücken konnten. Die Verringerung der Sicherheitsabstände zog neben der Erhöhung der Kommunikationsdichte unvermeidlich auch ein Ansteigen des Konfliktpotentials nach sich [JOHNSON, Stress 2.3.1].

Natürlich muss sich die genannte Klimaveränderung auch auf die Regenfeldbaugebiete des Vorderen Orients ausgewirkt haben, doch hat der dadurch verursachte Rückzug der Regenbaugrenze vermutlich die Gesamtsituation nur minimal verändert, ganz davon abgesehen, dass sie sowieso nicht nachweisbar wäre.

5.2 DIE SPÄTE URUK-ZEIT (CA. 3600 BIS CA. 3300 V. CHR.; EANNA ARCHAISCHE SCHICHTEN VIII–IV)

Eine merkliche Veränderung in Formen und Verzierung von Keramik in der Schichtenabfolge des Tiefschnittes in Uruk hatte dazu geführt, dass zwischen die Schichten IX und VIII eine Zäsur gelegt und die Schicht VIII als der Beginn der späten Uruk-Zeit festgelegt wurde. Gleichfalls aufgrund von Keramik werden die Schichten VIII bis IV zusammengeschlossen. Das erfährt eine Unterstützung durch die Befunde des nordsyrischen Tell Scheich Hassan [BOESE 2.4.4], wo Rollsiegel in Schichten auftauchen, die mit Schicht VIII in Uruk zu parallelisieren sind. Da es kaum denkbar ist, dass eine solch wichtige Neuerung in einem Dorf früher erscheint als in den großen Städten Babyloniens, gehen wir davon aus, dass dieses Datum für das frühe Erscheinen des Rollsiegels auch für Babylonien gilt, wenn auch der begrenzte Tiefschnitt in Uruk kein entsprechendes Material lieferte.

Wenn somit auch alle Zeichen auf Kontinuität stehen, gibt es doch einen entscheidenden Grund, warum nicht entsprechend kontinuierlich über die ganze späte Uruk-Zeit berichtet werden kann; ein quasi trivialer Grund, denn – wie bereits erwähnt – ist zwar die Schicht IV, insbesondere die letzte Phase IVa, in Uruk auf großer Fläche mit zahlreichen Funden und Befunden aufgedeckt worden, doch bereits für die darunter liegende Schicht V liegen kaum Informationen vor, und ab VI beschränken sich die Aufschlüsse auf die sehr begrenzte Fläche der Tiefgrabung. Für eine Zeitspanne, die sich im Wesentlichen trotz aller Veränderungen als Einheit präsentiert, sind wir also für einen langen ersten Teil mit einer extrem kärglichen Materiallage konfrontiert, während wir für einen kurzen Endabschnitt über extrem reichhaltiges Material verfügen. Diese ausschließlich von der Grabungsarbeit hervorgerufene Situation einer inhaltlichen Überbetonung der Endphase erhielt scheinbar dadurch eine Rechtfertigung, dass in der allerletzten Phase die ersten Schriftdokumente auftauchten – was sowieso als Höhepunkt der Entwicklung angesehen wurde. Es bleibt uns daher keine andere Wahl, als der Materiallage entsprechend die Darstellung in zwei Teile zu teilen.

5.2.1 Eanna Archaische Schichten VIII–V (ca. 3600–3400)

Die ältere Späturuk-Zeit

Leider sind ähnlich wie für die frühe Uruk-Zeit die Aufschlüsse für diesen Abschnitt sehr eingeschränkt, da nur an sehr wenigen Stellen Reste dieser Zeit in einem Maße erreicht wurden, dass sie für mehr als die reine Existenz während dieser Zeit zeugen. Dies gilt auch für Uruk, wo außer den Schichten des Tiefschnittes nur eine der Terrassen unter dem „Weißen Tempel" mit großer Wahrscheinlichkeit dieser Zeit zuzuordnen ist.

Dennoch reichen die Informationen aus, um zu sehen, dass von den fünf bedeutenden Themen, die insgesamt mit der späten Uruk-Zeit verbunden sind (dem Aufkommen des Rollsiegels, der Ausweitung der dichten Besiedlung in den Süden Babyloniens, der Ausbreitung des gesamten damit geschaffenen Komplexes in die Nachbarregionen, dem Erscheinen großformatiger Kunst und der ersten Schrift), die ersten Drei bereits dem frühen Abschnitt zuzuweisen sind.

Aufkommen des Rollsiegels

Das Stempelsiegel wird nun durch das Rollsiegel überlagert. In den Mantel einer kleinen Steinwalze (Länge 2–5 cm; Durchmesser 1,5–2,5 cm) eingeschnittene Muster erzeugen beim Abrollen auf feuchtem Ton ein Relief [COLLON 2.2.6]. Auch weiterhin beruht die Funktion des Siegels darauf, dass im Kreise der am Wirtschaftsleben Beteiligten bekannt ist, wer welches Muster verwendete, dass also vom Muster her auf den Siegelinhaber geschlossen werden konnte. Die Nutzung der größeren Siegelfläche für ausführliche figürliche Kompositionen und die Erhöhung der Zahl der deutlich scheidbaren und bestimmten Personen zuweisbaren Muster ist vermutlich die Antwort darauf, dass die Zahl derer gestiegen war, die am Wirtschaftsleben teilnahmen und daher ein unverwechselbares Siegel zu führen hatten [NISSEN, Seals 2.4.4]. Die Möglichkeit, mit Hilfe überlappender Siegelbänder die ganze Oberfläche eines Verschlusses zu versiegeln, zeigt an, dass es als notwendig erachtet wurde, die Verschlüsse, mit denen die Öffnungen aller Arten von Behältern (Gefäße, Säcke, Ballen, ganze Räume) verschlossen wurden [BRANDES 2.4.4; FERIOLI/FIANDRA 2.4.4] zusätzlich zum Schutz durch die persönliche Autorität des Siegelinhabers mit einem mechanischen Schutz zu versehen. Das verweist auf eine Situation, in der die persönliche Garantie nicht ausreichte, sondern in der zunehmend mit unpersönlichen Kontrollmitteln gearbeitet werden musste.

Rollsiegel als Kontrollinstrument der Wirtschaft

Dass diese Veränderungen auf eine zunehmende Komplexität der wirtschaftlichen Strukturen deuten, unterstreichen auch andere Veränderungen auf dem Gebiet der Informationsspeicherung [NISSEN 2.6.1.1]. Bereits zuvor waren wir neben Siegeln als Zeichen für eine Person tönernen Zählmarken, die für Zahlen bzw. Mengen standen, als Möglichkeit der Informationsspeicherung begegnet.

Erweiterung der Möglichkeiten der Informationsspeicherung

Die Methode, tönerne Marken zu verwenden, wird nun inhaltlich erweitert, indem solche Marken die Form von Gegenständen annehmen können oder durch Ritzungen eine Bedeutung im nicht-numerischen Bereich erhalten.

Theoretisch hätte durch gemeinsames Aufbewahren einer Zähl- und einer Zählmarken
inhaltlichen Marke eine vollständige Information aus Zahl und Gezähltem
gebildet werden können, doch sind solche Zusammenstellungen nie gefunden
worden, auch nicht in den gleich zu erwähnenden Tonkugeln. Die weithin
propagierte These, die Schrift sei aus einer Umsetzung des Markensystem in
die zweidimensionale Fläche entstanden, kann sich auf keine Befunde berufen
[Schmandt-Besserat, Writing 2.6.1.1]. Zudem zeigt eine Analyse der ältesten
Schriftzeichen, dass der Prozess der Schriftentstehung sehr viel differenzierter
gesehen werden muss (siehe den Abschnitt „Die frühe Schrift" im II.Teil).

Als Versuche, die Speicherungskapazität zu erhöhen, sind mit Siegelabrollungen bedeckte Tonkugeln zu werten, in die Zählmarken verschiedener Anzahl Gesiegelte Tonkugeln
und Form eingebettet waren [Brandes 2.4.4; Amiet 2.4.4], da bei gleichzeitiger Kenntlichmachung der verantwortlichen Person eine bestimmte Zahl/Menge
konserviert und zusätzlich geschützt werden konnte. Die gleiche Erweiterung ergab sich, wenn man ein flaches Stück Ton mit Eindrücken eines Griffels versah Gesiegelte
– wobei verschiedene Formen von Eindrücken für bestimmte Zahlen/Mengen Zahlentafeln
standen – und über die ganze Fläche ein Siegel abrollte. Weitere derartige Versuche der Erweiterung der Speichermöglichkeiten hat es sicher gegeben, sind
uns aber nicht bekannt. Damit ist der Vorlauf zum Auftauchen der Schrift gezeichnet, die zunächst einmal nicht mehr ist als eine nochmalige Erweiterung
der Kapazität, bzw. eine Antwort auf gestiegene Forderungen nach Erweiterung
der Leistung von Möglichkeiten der Informationsspeicherung [Nissen 2.2.2:
Abb.20].

Vermutlich gingen mit der Erweiterung der Speichermöglichkeiten auch
Überlegungen einher, die Speichermedien in einer Art zu ordnen, dass die
Daten auch verarbeitet werden konnten. Solche Verfahren sind zwar nicht
nachzuweisen, doch ist nur unter dieser Annahme zu erklären, dass bereits mit
dem ersten Auftauchen der Schrift die Konventionen für die Anordnung und
die Hierarchisierung der Daten vorliegen.

In der späten Uruk-Zeit wurde nun auch der Süden der babylonischen
Schwemmebene von Orten aller Größe in einer Dichte wie nie zuvor überzogen: Verdichtung der
gegenüber vorher ist im Umland von Uruk die Zahl der Siedlungen auf das über Bevölkerung
Zehnfache gestiegen [Adams/Nissen 2.3.6]. Größe und Lage der Siedlungen
zueinander lassen geregelte Systeme im Sinne zentralörtlicher Beziehungen
erkennen [Christaller 2.3.1; Schwarz 2.3.1]. Zwar bleibt die Art der Beziehungen innerhalb dieses mehrschichtigen hierarchischen Siedlungssystems mit
Uruk an der Spitze [Johnson in Ucko et al. 2.3.1] undeutlich, doch haben wir
mit politisch/wirtschaftlichen Strukturen zu rechnen, deren Organisationsgrad
erheblich über allem von früher Bekanntem lag [Nissen, Macht 2.3.1]. Dies
wird insbesondere an den engen Beziehungen zwischen Stadt und Umland
deutlich, die sich aus der Abhängigkeit des Zentrums, das sich wegen seiner
Größe nur zum Teil selbst versorgen kann, von der Nahrungsversorgung durch
das Hinterland ergibt.

Der oben genannte indirekte Schluss, dass es Rollsiegel bereits im älteren

Teil der späten Uruk-Zeit gegeben haben muss, ist leider der einzige konkrete Hinweis darauf, dass wir schon für diese Zeit mit einer komplexen Form der Wirtschaft und damit der gesamten Gesellschaft zu rechnen haben. Viele der Dinge, die wir aufgrund der Materiallage erst für den spätesten Abschnitt der späten Uruk-Zeit definieren können, waren sicher in der davor liegenden Zeit bereits vor- wenn nicht ausformuliert. Bei der derzeitigen Fundlage ist es allerdings unmöglich weiter zu differenzieren, etwa wann genau die verschiedenen Vorversuche, die Möglichkeiten der Informationsspeicherung zu erweitern, zu datieren sind. Dass Uruk bereits zu dieser Zeit ein überregionales Machtzentrum war, lässt sich aus der beginnenden „Uruk-Expansion" erschließen, was uns signalisiert, dass die Stadt bereits eine gewisse Größe gehabt haben muss.

Die Entwicklung in den Nachbarregionen Babyloniens ist von großen Unterschieden geprägt. Die an Zahl reduzierten Orte der Susiana zeigen nach der vorher lokal bestimmten Entwicklung plötzlich ausschließlich ein Inventar, das mit Keramik, Rollsiegeln, später auch gesiegelten Tonkugeln und -tafeln bis ins Detail dem zuvor für Babylonien Beschriebenen entspricht [LE BRETON 2.10; LE BRUN 2.10; JOHNSON, Uruk Administration 2.4.4]. Gemäß der Themen der Siegeldarstellungen steht jedoch eine abweichende Vorstellungswelt dahinter [DITTMANN und NISSEN in: FINKBEINER/RÖLLIG 2.4.5], so dass die Veränderung eindeutig nicht auf eine Bevölkerungsexpansion von Babylonien aus zurückgehen kann [anders ALGAZE, Uruk; Mesopotamia 2.4.4; STEINKELLER 2.6].

Susiana

Im nördlichen Mesopotamien ist die Lage wegen unzureichender Funddichte undeutlich. Während einige Orte wie Ninive das babylonische Uruk-Inventar zeigen [GUT 2.7], steht Tepe Gawra für Orte, die zwar eine komplexe Verwaltungsstruktur aufweisen [ROTHMAN 2.4.4], aber eine Keramik bieten, die eher das lokale Spektrum zur gleichen Zeit spiegelt [NISSEN, Arbeit 2.4.4; für eine andere Erklärung s. GUT 2.7].

Nordmesopotamien

Eine wiederum andere Situation ergibt sich für einen Teil Nord- und Nordostsyriens als Folge enorm intensivierter Forschungen in diesem Gebiet. Konnte durch die Entdeckung späturuk-zeitlicher Siedlungen wie Tell Scheich Hassan, Habuba Kabira-Süd [BOESE 2.4.4; STROMMENGER 2.4.4; SÜRENHAGEN, Habuba 2.4.4] und Ğebel Aruda [VAN DRIEL 2.4.4] als Neugründungen ohne ältere Vorläufer der Eindruck entstehen, eine Expansion von Südmesopotamien aus habe ein bestenfalls „unterentwickeltes" Gebiet vorgefunden, so hat sich dieses Bild in der Zwischenzeit grundlegend gewandelt. Neuere Grabungen insbesondere im Ḫabur-Dreieck (Tell Brak: [EMBERLING 2.4.4]; Tell Leilan: [WEISS 2.8], Hamoukar [REICHEL 2.8]) aber auch am oberen Euphrat (Arslan Tepe: [FRANGIPANE, Centralization 2.4.4]) zeigen, dass der Phase mit späturuk-zeitlichem Gepräge Phasen voraus gehen, die mit Siegeln und einer entsprechenden Wirtschaftsverwaltung [FERIOLI/FIANDRA 2.4.4], und einer ansehnlichen Größe um die 50 Hektar Merkmale aufweisen, die durchaus auf eine lokale Entwicklung in Richtung urbaner Einheiten weisen. Untersuchungen der jeweiligen Umgebungen erwiesen zudem diese Orte als zentrale Orte eines Umlandes und un-

Nord-/Nordostsyrien

Frühe Stadtbildung

terstrichen damit den Charakter einer städtischen Entwicklung [OATES ET AL. 2.4.4].

Wie unter diesen neuen Gesichtspunkten die Bewegung zu interpretieren ist, dass sich in der folgenden Zeit der späturuk-zeitliche Horizont über diese bereits komplexe lokale Wirtschafts- und Gesellschaftsform legen konnte, muss einstweilen offenbleiben. Man mag zwar spekulieren, dass dies nicht ohne Spannungen ablief, und sogar einen Zusammenhang damit herstellen, dass diese enge Übereinstimmung mit Südmesopotamien noch vor dem Ende der Späturuk-Zeit fast überall und fast zur gleichen Zeit abbrach, aber es bedarf noch weiterer umfangreichen Aufschlüsse, um diese Vorgänge aufzuklären. Dass auch das Ende eher unfriedlich verlief, könnte aus den Grabungen in Hamoukar hervorgehen, wo der Ausgräber einen Zerstörungshorizont und den massenhaften Fund von Schleuderkugeln mit dem Ende der späturuk-zeitlichen Phase verbindet [REICHEL 2.8].

„Uruk-Expansion"

Die Frage nach dem Anlass für diese „Uruk-Expansion" ist nicht leicht zu beantworten, da sie in unterschiedlichen Formen abläuft. Grundtenor scheint aber zu sein, dass die Städte des rohstoffarmen Babylonien versuchen, den Nachschub an Rohstoffen zu sichern. Das kann aber auf verschiedene Weise geschehen: durch die Anlage von Außenstationen wie am mittleren Euphrat; durch Kontaktaufnahme mit bestehenden Zentren, wo eine Annahme von Uruk-Aspekten normale Handelsbeziehungen signalisiert (Arslan Tepe; Tell Brak; Tell Hamoukar); oder dadurch, dass bestehende Zentren den Uruk-Komplex vollständig übernehmen und sich damit unter fast völliger Aufgabe lokaler Traditionen in den engeren Uruk-Kulturbereich einordnen und insofern selbst zu Zentren der Uruk-Expansion werden (Susiana, Ninive). In allen Fällen außer den neu gegründeten Außenstationen waren alle oder einzelne Aspekte des Uruk-Komplexes offenbar so attraktiv, dass sie zur Beantwortung eigener Probleme übernommen wurden [NISSEN 2.4].

Dieser Vorgang hat sich offenbar über eine längere Zeit hingezogen, wobei nach einer ersten, nur schwach fassbaren Ausdehnung, für die Tell Scheich Hassan am mittleren Euphrat steht [BOESE 2.4.4], eine weit stärkere Welle folgt, die zusätzlich zur Gründung neuer Stationen wie Habuba Kabira oder Ǧebel Aruda [STROMMENGER 2.4.4; VAN DRIEL/VAN DRIEL-MURRAY 2.4.4] die Grenzen der Ebenen in die angrenzenden Bergländer des Taurus und des Zagros überspringt, wie die Uruk-Station von Hassek Höyük [BEHM-BLANCKE 2.4.4] am oberen Euphrat zeigt. Meist hat sich die Expansion allerdings nur in lokalen Erzeugnissen manifestiert, denen aber eindeutig der Uruk-Einfluss anzusehen ist. Bereits genannte Beispiele sind die Zeugnisse für eine komplexe Wirtschaftsverwaltung in Arslan Tepe bei Malatya, daran erkenntlich, dass Teile der gesiegelten Tonverschlüsse aller möglichen Behälter nach ihrem Aufbrechen offensichtlich zu Kontrollzwecken in einem zentralen Gebäude aufbewahrt wurden. Statt des babylonischen Rollsiegels wurde hier aber das traditionelle Stempelsiegel verwendet [FERIOLI/FIANDRA 2.4.4; FRANGIPANE, Record 2.4.4].

Ausdehnung in die Bergzonen

Einen Hinweis auf eine der verschiedenen Spielarten der Beziehungen zwischen lokaler und „fremder" Kultur bietet das ostanatolische Tepecik, wo sich anscheinend die uruk-beeinflussten Dinge in einer Art Vorstadt außerhalb der lokalen Siedlung konzentriert fanden [Esin 2.4.4]. Deutlicher noch ist die Situation in Godin Tepe im nördlichen Zagros, da sich dort der Uruk-Einfluss auf die befestigte Zitadelle konzentrierte, in der sich neben uruk-beeinflusster Keramik, Rollsiegel, Zahlentafeln – eine sogar mit einem Schriftzeichen – vor allem eine Architekturform fand, die in ihrer symmetrischen Gliederung nicht in der lokalen Tradition steht [Weiss/Young 2.10]. Die Unterstadt zeigt dagegen in Keramik und Architektur ein lokales Gepräge.

Es scheint so, dass innerhalb der späten Uruk-Zeit, aber geraume Zeit nach der ersten Ausdehnung des Uruk-Komplexes, direkt von Babylonien aus ein Vorstoß erfolgt ist, den Handel – und das bedeutet vor allem die Zufuhr von Rohstoffen nach Babylonien – in eigene Regie zu übernehmen, verbunden mit der Neugründung von Stationen wie Habuba. Vermutlich gehören in diesen Kontext auch die Funde vereinzelter Rollsiegel aus dem weiteren anatolischen Raum [Bittel 2.4.4].

Ende der Gemeinsamkeiten Fast alle diese Siedlungen, auch die schon vor der letzten Welle bestehenden, sind offenbar relativ bald nach Beginn dieses neuen Vorstoßes verlassen worden. Habuba hat wohl kaum länger als zwei Generationen bestanden. Im Verhältnis zur Abfolge in Babylonien lässt sich dieser Zeitpunkt vermutlich genau bestimmen. Da man bis dahin die Entwicklungen Babyloniens bis hin zu den aufwendigen Kontrollhilfen wie gesiegelte Tonkugeln und Zahlentafeln mitgemacht hatte, müsste bei ungestörter Entwicklung auch die nächste Entwicklungsstufe von Verwaltungshilfen zu finden sein. Von keinem dieser Orte kennen wir jedoch frühe Schriftzeugnisse [Strommenger 2.4.4; Van Driel, Tablets 2.4.4], was meint, dass sie offenbar aufgegeben wurden, bevor die Schrift in Babylonien entwickelt war.

Da die direkte Übereinstimmung mit dem uruk-zeitlichen Babylonien in allen Nachbargebieten annähernd zur gleichen Zeit endete, muss der Grund in Babylonien gelegen haben. Gedanken, dass eine wachsende lokale Gegnerschaft jeweils das Ende brachte, scheinen zwar unrealistisch, da das Absprachen über ein gemeinsames Vorgehen der Nachbargebiete voraussetzen würde, haben allerdings durch die eben erwähnte Fundsituation in Tell Hamoukar, die dieses Ende mit einem Zerstörungshorizont verbindet, an Plausibilität gewonnen [Reichel 2.8]. Allerdings sollte der Ursprung solcher Veränderungen in Babylonien auch da seine Spuren hinterlassen haben, die einstweilen nicht zu erkennen sind. Entsprechende Deutungsversuche [Johnson, Late Uruk 2.4.4; Algaze, Uruk 2.4.4; Nissen 2.4] divergieren jedoch stark (vgl dazu den Abschnitt I.5.2.3).

Kontakte mit Ägypten Schwieriger einzuordnen sind die Funde und Befunde in Ägypten, die unzweifelhaft auf Kontakte mit Babylonien hinweisen. Zwar sind in der Ostwüste Ägyptens eine Vielzahl von Rohstoffen vorhanden, die für Babylonien hätten interessant sein können, doch gibt es weder für diese Zeit noch für spätere Zeiten Anzeichen, dass Rohstoffe von dort bezogen wurde, freilich mit der allerdings erst aus der 2. Hälfte des 2. vorchr. Jt.s bezeugten Ausnahme, dass babylonische

Herrscher wiederholt Gold aus Ägypten erbaten (s. Abschnitt I.7.1). Die Art der Kontakte erschließt sich auch nicht aus der Art der Funde, die mit Rollsiegeln, vereinzelten Bildmotiven und der Nischengliederung der Außenfassade größerer Bauten eine große Bandbreite von Ebenen aufzeigen, auf denen sich solche Kontakte abspielten [HELCK; BOEHMER; SIEVERTSEN; VON DER WAY (alle 2.4.4)]. Am bemerkenswertesten ist vielleicht die Tatsache, dass den „babylonischen" Funden in Ägypten und den anderen Gebieten keinerlei „ausländische" Funde in Babylonien gegenüber stehen: Kontakte ja, aber Art und Umfang offenbar von Babylonien bestimmt. So bilden diese Befunde ein weiteres Argument für die überragende Machtstellung Babyloniens zu dieser Zeit, von der noch zu sprechen sein wird. In diesem Kontext gesehen scheint es auch plausibel, dass die Idee einer Schrift von Babylonien nach Ägypten gewandert ist – eine Annahme, die dadurch unterstützt wird, dass in Babylonien der Schrift eine lange Entwicklung einfacherer Systeme der Informationsspeicherung vorausgegangen ist (dazu ausführlich im Abschnitt 2.4 des II. Teils), während die Schrift in Ägypten „plötzlich" da zu sein scheint.

Keilschrift – Hieroglyphen

5.2.2 Die letzte Phase der späten Uruk-Zeit (ca. 3400 bis ca. 3300 v. Chr.; Eanna Archaisch IVb–a)

Gegenüber den mageren Nachrichten für die vorhergehenden Abschnitte besitzen wir aufgrund der bereits genannten Präferenzen der Ausgräber von Uruk für diese letzte Phase eine Fülle von Informationen über eine Vielzahl verschiedener Aspekte, insbesondere auch durch die zu dieser Zeit aufkommende Schrift. Zwar gibt es aus anderen Orten kaum vergleichbare Informationen, doch ist nicht daran zu zweifeln, dass die in Uruk gewonnenen Erkenntnisse mit vermutlichen lokalen Abweichungen auch für die anderen gleichzeitigen Städte Babyloniens galten.

Uruk konnte um diese Zeit bereits auf eine fast 1000-jährige Geschichte zurückblicken. Die Stadt war vermutlich aus zwei Siedlungen zusammengewachsen, die sich an einer Furt durch den Euphrat gegenüber lagen. Anzeichen ist nicht nur, dass bis in viel spätere Zeit die beiden Ortsnamen Kullaba und Eanna für Uruk gebraucht werden können, und dass im Zentrum der ca. 2,5 qkm großen und vermutlich von einer Mauer umgebenen Stadt zwei Zentralbereiche, die kaum unterschiedlicher sein könnten, direkt aneinander angrenzen. Sondern es ergibt sich auch ein unterschiedlicher Entwicklungsweg daraus, dass das westliche Stadtgebiet am Ende der späten Uruk-Zeit fast 6 Meter tiefer lag als das östliche [so schon die Beobachtung von PERKINS 2.5].

Uruk zusammengewachsen aus zwei Siedlungen

Im westlichen Bereich („Kullaba") befindet sich ein Heiligtum in der alten Form des „Tempels auf Terrasse", der bereits erwähnte „Weiße Tempel" als letzter Bauzustand einer langen, bis in die ʿObed-Zeit zurückreichenden Abfolge. Im östlichen Zentralbereich („Eanna") finden sich dagegen innerhalb einer eigenen Umfassungsmauer, die den Bereich vom übrigen Stadtgebiet trennt, mehrere große Gebäude und andere Anlagen, alle zu ebener Erde, von denen jedoch keine

Zwei Zentralbereiche in Uruk

als baulicher Mittelpunkt auszumachen ist. Von dem vermutlich 8–10 ha großen Bereich wurde etwas weniger als die Hälfte ausgegraben [EICHMANN 2.4.4; NISSEN 2.2.2: Abb. 25]. Unterschiede zwischen den beiden Bereichen sind aber auch darin erkennbar, dass die frühen Schriftdenkmäler fast ausschließlich aus dem östlichen Bereich stammen; kein einziges Beispiel wurde im westlichen Bereich gefunden.

Offenbar repräsentierten die beiden Bereiche völlig verschiedene Organisations- und Traditionsformen, Unterschiede, die einstweilen nicht auflösbar sind, aber doch vielleicht andeuten, dass dem enormen wirtschaftlichen und gesellschaftlichen Druck durch die Bevölkerungsverdichtung Probleme aus anderen Spannungen an die Seite traten. Eine genaue Benennung der Unterschiede, ganz zu schweigen von möglichen Interpretationen, verbietet sich schon dehalb, weil unsere Informationen fast ausschließlich aus Eanna stammen, also kein Korrektiv vorhanden ist.

Sitz der zentralen Wirtschaftsverwaltung

Neben den erwähnten Bauten aller Art, die öffentlichen Funktionen dienten, bezeugen eine Reihe von Befunden, dass Eanna auch wirtschaftliche Funktionen hatte, ja wahrscheinlich hier die zentrale Wirtschaftsverwaltung konzentriert war, von der die frühen Schriftdokumente berichten. Anzeichen dafür ist nicht nur die Existenz von Werkstätten (Metall, Keramik) im Zentralbereich, sondern die wirtschaftliche Funktion des Zentralbereiches geht vor allem aus den dort im Schutt gefundenen Tausenden von Fragmenten von gesiegelten Tonverschlüssen und beschriebenen Tontafeln hervor [NISSEN in: GREEN/NISSEN 2.6.1.2]. Die Verschlüsse waren vermutlich an den Behältern aller Art angebracht, mit denen Waren in zentrale Speicher eingeliefert worden waren. Die beim Aufbrechen entstehenden Fragmente gelangten dann in den Schutt, also den Kontext, in dem sie gefunden wurden.

Schwierigkeiten bei der Interpretation der ältesten Schrifttafeln

Insbesondere die Schrifttafeln, die zu 80% wirtschaftliche Daten enthalten (der Rest sind so genannte Lexikalische Listen, s. u.), erweisen sich als Bestandteil einer umfangreichen Verwaltung der Wirtschaft. Sie zeigen, dass diese Verwaltung damit beschäftigt war, große Mengen von Gütern aller Art, die in das Zentralgebiet gelangten, unter Kontrolle zu halten und wieder zu verteilen [NISSEN ET AL. 2.6.1.2 und Bibliographie 2.6.1.2].

Unsere Hauptschwierigkeit bei der Interpretation dieser Texte ist eine Folge der Entstehungsgeschichte der Schrift. Nach den ganzen bereits genannten älteren Versuchen, die Möglichkeiten der Informationsspeicherung als Kontrollinstrumente der Wirtschaft zu erhöhen, stellt sich die Schrift zunächst einmal nur als eine weitere Verstärkung dar. Wie zuvor wird auch bei der Schrift das Prinzip beibehalten, dass die Hilfsmittel nur Stichpunkte geben, die erst zusammen mit dem Hintergrundswissen der damaligen Zeit zu einer vollständigen Information wurden. Oder anders gesagt: mit der Schrift wurden nur die Dinge aufgezeichnet, die zusammen mit dem allgemeinen Wissen nötig waren, um einen wirtschaftlichen Vorgang zu Kontrollzwecken zu rekonstruieren. Daher fallen weitestgehend alle Angaben zu Ort und Zeit weg, auch über die Art des Vorganges, der wahrscheinlich durch den Ort, an dem der Vorgang stattgefunden hatte, oder an dem die Tafel aufbewahrt war, ersichtlich war. Da die Verwaltungsbeamten lediglich an der Bestandskontrolle der Speicher interessiert waren, finden sich weder Angaben darüber, woher die Dinge stammen – es sei denn der Einlieferer wird mit Namen aber ohne Herkunft benannt – noch, was mit den Dingen geschah, nachdem sie, wieder möglicherweise mit Namensangabe des Empfängers, ausgegeben wurden; wir wüssten natürlich gerne, woher zum Beispiel das Metall stammte, was mit ausgegebenem Metall geschah, und wozu es wo verarbeitet wurde.

Diese jedes überflüssige Zeichen vermeidende Schreibweise war in keiner Weise daran interessiert, Sprache wiederzugeben. Wenn Verben verwendet werden, dann als „gesehen" oder „ausgegeben", was mit dem entsprechenden Wortzeichen ausgedrückt wird. Bei entsprechender Konvention kann ein solches Zeichen in jeder Sprache gelesen werden. Für eine Verknüpfung mit einer bestimmten Sprache – wenn dies überhaupt beabsichtigt war – wären zusätzliche Angaben erforderlich gewesen, die die Lautung der vollen Verbalform in der entsprechenden Sprache angedeutet hätten. Da dies unterblieben ist, fehlen uns die Möglichkeiten, eine bestimmte Sprache als Hintergrund zu rekonstruieren. Die oft wiederholte Aussage, es handle sich um Texte sumerischer Sprache und entsprechend, die Sumerer seien die Träger der frühen städtischen Kultur gewesen, ist zwar eine plausible Folgerung daraus, dass in dem Moment, wenn die Keilschrift von der Mitte des 3. Jt.s an zur Wiedergabe gebundener Sprache benutzt wird, diese Sprache sich als Sumerisch erweist; auch mehren sich sprachwissenschaftliche Einzelargumente für diese Annahme [WILCKE 2.6.3], doch fehlen noch die Beweise.

Die große Zahl von Verwaltungsurkunden könnte nahe legen, dass die Wirtschaftsform der späten Uruk-Zeit zumindest in groben Zügen rekonstruiert werden kann. Doch selbst bei vollständigem Verständnis der Tafeln würden wir dieses Ziel nie erreichen. Zum einen weil von der für das Grundverständnis wichtigen Kette vom Produzenten zum Verbraucher aus systemimmanenten Gründen nur ein kleiner Ausschnitt erfasst wurde. Zum anderen stammen zwar fast alle Tafeln aus dem Zentralbereich, doch darf man daraus nicht schließen, dass Eanna die einzige Wirtschaftsorganisation gewesen sei. Vielmehr wurde an den wenigen Stellen, an denen Schichten dieser Zeit außerhalb von Eanna erreicht wurden, jeweils auch mindestens eine archaische Tafel gefunden. Grabungen außerhalb Eannas würden wahrscheinlich archaische Tafeln in größerer Zahl hervorbringen, die vermutlich über andere Wirtschaftsformen als die zentrale von Eanna – möglicherweise auch private berichten würden [so bereits FALKENSTEIN 2.6.1.2]. Von den vorhandenen Tafeln aus kann dennoch auf eine redistributive Wirtschaftsform geschlossen werden, bei der Güter aller Art, vor allem aber Nahrungsmittel, in zentrale Speicher eingeliefert und von dort aus wieder verteilt wurden. Eine solche Form bedeutet eine starke Machtbasis für die Herrschenden und setzt eine umfassende Verwaltung voraus. Private Wirtschaftseinheiten?

Neben den Verwaltungstexten kennen wir über 600 Tafeln und Fragmente mit Abschriften von 16 so genannten „Lexikalischen Listen". Nach semantischen Gruppen werden getrennt nach Holz, Metall, Nahrung, Namen von bestimm- Lexikalische Listen

ten Tierarten, von Städten oder von Beamten Ausdrücke listenartig ohne weitere Kommentare aufgeführt [ENGLUND/NISSEN 2.6.1.2]. Diese Listen sind jeweils in großer Zahl bis in viel spätere Zeit ohne jegliche Veränderung abgeschrieben worden, was die Interpretation nahe legt, sie als Schultexte zu bezeichnen [DEIMEL 2.6.1.2; NISSEN, Listen 2.6.1.2]. Aus solchen Listen entwickelte sich im Übrigen später die babylonische Wissenschaft. Hier können wir sie nur als Ausdruck zur Sammlung und Systematisierung der Umwelt begreifen, so weit sie sich begrifflich fassen lässt [VON SODEN 2.3.9; KRISPIJN 2.3.9; 2.6.1.2]. Zu der Möglichkeit, dass und wie die Listen am Prozess der Schriftentstehung beteiligt waren, vgl. den Abschnitt „Die frühe Schrift" im II. Teil und [NISSEN 2.3.l].

<small>Liste von Titeln und Beamtennamen</small>
Eine dieser Listen interessiert besonders, da sie den Eindruck der Verwaltungstexte bestätigt, dass die Verwaltung innerhalb einer stark hierarchisch gegliederten Gesellschaft operierte: eine Liste von Titeln und Beamtennamen ist nach Rang gegliedert. Zwar entspricht der erste Eintrag der Liste keiner der Bezeichnungen für Herrscher, wie sie in den frühen historischen Nachrichten aus der Mitte des 3. Jt. üblich sind, aber wir finden ihn in einem Wörterbuch des 12. vorchristlichen Jh. mit dem dann üblichen Wort für „König" („šarru") übersetzt. In der alten Liste folgen danach Einträge, die als „Leiter" gekennzeichnet sind mit Zusätzen wie „Stadt", „Recht (?)", „Pflug", „Gerste"; die folgenden Einträge sind uns größtenteils noch nicht zugänglich. Obwohl fast modernistisch, liest sich diese Liste wie das Organisationsschema einer Verwaltung mit einem obersten Leiter, Abteilungsleitern und weiteren Referenten, bevor dann weitere Titel und Berufsnamen aufgeführt sind [NISSEN ET AL. 2.6.1.2; zur späteren Tradition ARCARI 2.6.1.2]. Eine spätere Diskussion vorwegnehmend (Kapitel „Tempelwirtschaft" II.4.4) soll hier schon erwähnt werden, dass sich in der Führungsgruppe nicht der geringste Hinweis auf kultische Funktionen findet. Die starke Hierarchisierung der Gesellschaft begegnet uns im Übrigen ins Bildliche übersetzt auf der so genannten Kultvase von Uruk [ORTHMANN 2.2.6: Fig.69]; siehe auch weiter unten.

Leider wissen wir nicht, ob diese Liste sich auf die Leitung der gesamten Stadt oder nur auf die Wirtschaftsverwaltung bezieht, neben der dann noch eine religiöse Leitung gestanden haben könnte. Dass die Titel gerade der Leitungsgruppe aus der Wirklichkeit gegriffen sind, zeigt sich an ihrem Vorkommen in Texten, in denen Beamte zum Teil riesige Gerstezuteilungen erhalten, die kaum dem persönlichen Verbrauch gedient haben können, sondern wahrscheinlich der ihnen unterstellten Verwaltungseinheit galten [NISSEN ET AL.2.6.1.2: Kap. „Kuschim"; ENGLUND, Late Uruk 2.6.1.2: 106–109].

<small>Politische Leitung</small>
Auf eine durchsetzungsfähige politische Leitung lassen im Übrigen die Errichtung der zentralen Bauten, wie auch z. B. der vermuteten Stadtmauer, schließen, die wahrscheinlich nur unter Einsatz von Zwangsmaßnahmen durchgeführt werden konnten, wie sie das zeitlich etwas spätere Gilgamesch-Epos andeutet [MAUL 1.1] Sicher war der politische Apparat ebenso effektiv organisiert wie der wirtschaftliche. Aber es gab offenbar auch ein politisches Korrektiv, denn gleichfalls im Gilgamesch-Epos ist wiederholt ist von den „Ältesten" die Rede, die zwar

dem König widersprechen, über deren Rat sich dann aber der König hinwegsetzt. Gilgamesch muss zusätzlich aber noch die Zustimmung Versammlung der Männer einholen [JACOBSEN, Democracy 2.6.4]. Ob dazu der in der genannten Liste aufgeführte Titel KINGAL passt, der versuchsweise als „Leiter der Ratsversammlung" übersetzt werden kann?

Dass die Zeiten keineswegs friedlich gewesen sind, geht aus einer Szene hervor, die immer wieder auf Rollsiegeln dargestellt ist: ein Herrscher ist einem Feld zugewandt, auf dem (vermutlich seine) Soldaten auf am Boden liegende, gefesselte Gefangene mit Stöcken einschlagen [BRANDES 2.4.4]. Ob das die Niederschlagung innerer Unruhen meint, worauf das Fehlen ausgesprochener Kampfwaffen deuten könnte, oder auf Konflikte mit Nachbarstädten, ist unklar. Da nur der Herrscher bekleidet ist, sowohl Soldaten wie Gefangene sind nackt, ist offensichtlich keine Identifizierung einer bestimmten gegnerischen Gruppe angestrebt, was durch die Verwendung bestimmter Attribute wie Kleidung oder Haartracht leicht zu erreichen gewesen wäre.

„Gefangenen-Siegel"

Dass erst jetzt auf die Kunst dieser Zeit eingegangen wird, liegt an der sehr heterogenen Quellensituation, beginnend mit der Schwierigkeit, die Funde genau zu datieren. Da die Tausende von Fragmenten mit Rollsiegelabdrücken alle im Schutt lagen, ist eine zeitliche Zuordnung nur dann möglich, wenn die Schuttschicht von einer stratigraphisch datierbaren Schicht versiegelt wurde. Das ergibt zwar einen terminus ante quem, sagt aber nichts über die Zeit der tatsächlichen Verwendung. Dennoch kennen wir eine größere Zahl solcher Rollsiegelbilder, die grob der späten Uruk-Zeit zugeschrieben werden können. Eine große Gruppe solcher Rollsiegelbilder gibt mit einer fest gefügten Formensprache ohne Unsicherheit in der Ausführung ein weites Spektrum an figürlichen Darstellungen von Kulthandlungen über Jagd- und Tierkampfszenen bis zu den oben genannten Kriegs-/Gefangenenszenen wieder [ORTHMANN 2.2.6: Abb. 124–126]. Daneben steht eine Gruppe mit stark abstrahiertem bis abstraktem Dekor. Einordnung und Erklärung dieses Nebeneinanders sind schwierig [zu einem Versuch vgl. NISSEN 2.4.4], durch die Tatsache verstärkt, dass von der figürlichen Gruppe so gut wie keine Originalsiegel bekannt sind, von der abstrakten Gruppe dagegen kaum Abrollungen.

Kunst der Späturuk-Zeit

Zusätzlich zur Fundsituation in sekundären Kontexten leidet unsere Einschätzung der größerformatigen statuarischen und Reliefkunst darunter, dass wir nur verschwindend wenige Beispiele kennen. Nur in einem Fall können wir die stark fragmentierten Teile eines fast lebensgroßen Kalksteinkopfes aus dem stratigraphisch der späten Uruk-Zeit zugewiesenen so genannten Riemchengebäude [WREDE 2.4.4] mit Sicherheit in die späte Uruk-Zeit datieren („Riemchen" ist das in der Späturuk-Zeit bevorzugte Ziegelformat von 9 × 9× 22 cm). Alle anderen Beispiele für Großkunst können wir eigentlich nur durch eine *terminus-antequem* Festlegung in die Zeit der frühen städtischen Kultur datieren [ORTHMANN 2.2.6: Taf. 10–13]; dennoch haben wir uns im Fach mehr oder weniger darauf verständigt, die vorhandenen Stücke der späten Uruk-Zeit zuzuschlagen.

Kopf aus Riemchengebäude

Eine gemeinsame Charakterisierung aller dieser Beispiele fällt schwer, weil sie innerhalb eines Rahmens, menschliche und tierische Körper wie auch Gegenstände naturnah abzubilden, doch große Unterschiede aufweisen von dem vollplastischen Frauenkopf aus Uruk [ORTHMANN 2.2.6: Taf. 13] und dem Oberteil einer männlichen Figur [ORTHMANN 2.2.6: Taf. 10] bis zu den eher plumpen Herrscherdarstellungen auf der so genannten Löwenjagd-Stele [ORTHMANN 2.2.6: Taf. 68]. Daneben zeigt das Beispiel einer leider ohne Kopf gefundenen weiblichen Statuette [ORTHMANN 2.2.6: Farbtafel I], dass es offenbar auch eine Richtung gab, die die Kunst der Abstraktion vollendet beherrschte.

Herrscherdarstellungen

Zwei Aspekte sind bemerkenswert: auf der einen Seite scheint es so, dass großformatige Kunst am Ende der Späturuk-Zeit zum ersten Mal auftritt, nachdem sich plastische Kunst Jahrtausende lang auf kleinformatige Tier- und Menschenterrakotten beschränkt hatte. Es fällt nicht schwer, diese Neuerung den zahlreichen anderen Neuerungen dieser Zeit hinzuzufügen und sie insgesamt unter den großen Sprung zu subsumieren, den ein gewaltiger gesellschaftlicher Druck auslöste.

Die zweite Beobachtung gilt der Tatsache, dass außer einem fast lebensgroßen Frauenkopf alle Kunstwerke die Herrscherfigur in den Mittelpunkt stellen. Das gilt auch für die so genannte Kultvase aus Uruk [ORTHMANN 2.2.6: Taf. 69], deren herausgebrochene Hauptfigur so ergänzt werden muss, dass sie größer und besser ausgestattet dargestellt war und weitaus mehr Platz einnahm als die anderen Figuren. Mit der Betonung des Herrschers wird der gerade vermutete Kontext bestärkt, denn mit Sicherheit hat sich gerade in einer solchen Zeit das Konzept des Herrschers geändert, wobei die Notwendigkeit entstand, ein neues Konzept besonders sichtbar herauszustellen.

Kult

Eine letzte Bemerkung gilt einem der wichtigsten Bereiche, über den uns aber vergleichsweise am wenigsten bekannt ist: Religion bzw. Kultausübung. Zwar können wir wohl davon ausgehen, dass die in den Archaischen Texten zu beobachtende gleiche Schreibung des Stadtnamens und des Namens einer Gottheit bedeutet, dass bereits das Phänomen der Stadtgottheit existierte und ferner, das der bereits angesprochene „Tempel auf Terrasse" im Zentrum der Siedlung dieser Gottheit geweiht war. Die verschiedenen bildlichen Darstellungen von Prozessionen gabentragender Männer auf den durch sein Inventar dargestellten Tempel der Hauptgottheit zu (so auf der genannten „Kultvase"), oder auf ein Gebäude zu, wie auf zahlreichen Rollsiegeln abgebildet, gehören sicher auch in den Rahmen dieses „offiziellen" Kultes. Doch von den späteren Verhältnissen ausgehend erscheint es undenkbar, dass es nicht daneben eine Vielzahl anderer Gottheiten bis hin zu persönlichen Schutzgottheiten gab, die mit Sicherheit ihre je eigenen Kultvorschriften und Kultabläufe kannten. Leider sind nicht einmal Andeutungen für diesen großen Bereich bekannt.

Uruk als Sitz zentraler Macht

Gegen Ende des 4. vorchristlichen Jt.s stellt Uruk mit einer ausgefeilten Wirtschaftsverwaltung, die riesige Mengen von Nahrungsmitteln, Gebrauchs- und Luxusgütern aller Art zur Verfügung hatte, einer großen kulturellen Ausstrahlung und einem starken politischen Apparat ein ungeheures Machtzentrum dar, wie

es sich übrigens schon aus der geschätzten Minimalbevölkerung der Stadt mit Bevölkerungszahl
20.000 und weiteren 15.000 bis 20.000 in der direkt kontrollierten Umgebung
ergibt (Basis dieser Angaben: 100 Einwohner pro 1 ha (100 × 100m) besiedelter
Fläche. Zur Diskussion, die meist höhere Zahlen annimmt, siehe [ADAMS, Heartland 2.3.6; KRAMER 2.3.4; POSTGATE 2.3.4]). Wenn wir sehen, dass die jeweils
größten Orte der ʿObed-Zeit, Susa und Čogha Miš in der Susiana, mit 17 ha
weniger als den 15. Teil von Uruk einnahmen, erahnen wir die neue Dimension
[NISSEN 2.3.6].

Wie erwähnt, können wir kein ähnliches Bild für den davorliegenden älteren
Teil der Uruk-Zeit zeichnen, doch sind die für die letzte Phase der späten Uruk-Zeit schriftlich aufgezeichneten Vorgänge einerseits so kompliziert, andererseits
so verfestigt, dass wir mit einer längeren Vorlaufphase nur eben ohne schriftliche
Aufzeichnungen rechnen müssen. Überlegungen zum Ablauf der Entstehung der
ersten Schrift, wie sie im 2. Teil näher ausgeführt werden, unterstreichen in besonderer Weise, mit welch hohem Grad an Komplexität wir bereits für die Zeit
vor der ersten Schrift zu rechnen haben. Die genannte Beamtennamenliste reflektiert nicht nur die Verhältnisse der Zeit der Schriftentstehung sondern mit
Sicherheit auch die der davorliegenden Zeit.

Dass sich Rollsiegel aus der Archaischen Schicht IVa ebenso wenig von den
(wenigen) Siegeln der älteren Schichten unterscheiden, wie dies im Falle der
Grundrisse der Großbauten zu beobachten ist, unterstreicht einmal mehr, dass
die obige Momentaufnahme auch für die älteren Zeiten gilt. Gleichzeitig gilt
die Charakterisierung von Uruk als mächtiges Zentrum auch für die Zeit, in der
sich die früher so engen Verflechtungen Babyloniens mit seinen Nachbargebieten auflösten. Der obigen Argumentation zufolge muss zwar der Grund für diese
Auflösung in Babylonien gelegen haben, doch lässt uns das Material einstweilen
keinen Hinweis auf ein Ereignis oder eine Entwicklung in Uruk bzw. in Babylonien erkennen, die den Auslöser für den Zusammenbruch des Uruk-Netzes in
den benachbarten Gebieten hätte abgeben können.

Auch andere, aus späterer Zeit besser bekannte Orte wie Kiš, Nippur, Girsu/ Kulturelle Einheit
Lagaš oder Ur waren mit Sicherheit in gleicher Weise wie Uruk organisiert und Babyloniens
bildeten lokale Machtzentren, doch reicht von dort bekanntes Material zu wenig mehr als zur Feststellung, dass diese Orte zur Uruk-Zeit existierten. Trotz zu
vermutender lokaler Unterschiede sieht es vom archäologischen Fundstoff her so
aus, dass damals ganz Babylonien eine kulturelle Einheit gebildet hat. Wie weit
diese ging und ob dem in welcher Form auch immer eine politische Zusammengehörigkeit entsprach, ist dagegen nicht bekannt.

5.3 Die Ǧemdet-Nasr-Zeit und zeitgleiche Entwicklungen (ca. 3300 bis ca. 2900 v. Chr.)

Kulturelle Einheit Babyloniens

Den Beginn der nachfolgenden Ǧemdet-Nasr-Zeit markiert in Uruk ein völliger Umbau des Zentralgebietes am Anfang der archaischen Schicht III in Eanna. Statt der verschiedenen, zu ebener Erde angelegten Bauten, die keinen baulichen Mittelpunkt erkennen ließen und die nun sorgfältig abgebaut worden waren, erhält Eanna jetzt einen eindeutigen Mittelpunkt in Form einer im Zentrum aufgeschütteten Terrasse, auf der sich vermutlich ein Tempel erhob [EICHMANN 2.4.4]. Umfasst von einer Mauer an der gleichen Stelle wie zuvor befanden sich um die Terrasse weite, mit dem Abbruchmaterial gepflasterte Freiflächen, unterbrochen von Opferanlagen, Badehäusern und anderen kleinteiligen Bauten. Damit erhält Eanna seinen bis ins 1. Jt. gültigen Charakter eines Bezirkes, der durch einen Tempel auf einer Terrasse, später eine Ziqqurrat, dominiert wird [VAN ESS; Zur Bauform: LENZEN; SCHMID, Tempelturm (alle 2.2.7)]. Die Bauform des Tempels auf einer Terrasse ist allerdings nicht neu, sondern war kennzeichnend für das jetzt aufgegebene westliche Zentrum Uruks, die so genannte „Anu-Ziqqurrat" [HEINRICH, Tempel 2.2.7] und ist vor allem aus der bis weit in die ʿObed-Zeit zurückreichenden Abfolge solcher Bauten im weiter südlich gelegenen Eridu bekannt [SAFAR ET AL. 2.6; HEINRICH, Tempel 2.2.7].

Die Umstrukturierung, die unter anderem dazu führte, dass der „Weiße Tempel" im westlichen Zentralbereich von einer riesigen Terrasse um- und überbaut und damit den Blicken entzogen war, hatte mit Sicherheit tief greifende Gründe und Folgen, die uns jedoch unzugänglich sind, wenn man sie nicht in den allgemeinen Zusammenhang mit einer überall zu beobachtenden Straffung und Zentralisierung stellen will. Gerade an der Schrift lässt sich zeigen, wie ein offenbar andauernder organisatorischer Druck die Schrift in einer Weise verändert, dass sie leichter anzuwenden ist. Durch das zeitsparende Eindrücken der Linien statt des Einritzens erhalten nun alle Schriftzeichen ein abstraktes Aussehen, auch diejenigen, denen in der ersten Schriftstufe noch die Herkunft aus Bildern anzusehen war. Ein jetzt dreikantiger Griffel hinterlässt beim schrägen Eindrücken in die Tafeloberfläche Spuren mit einem verbreiterten Kopf, der in eine gerade Linie übergeht; der Eindruck eines Keils: daher Keilschrift. Das abstrakte Schriftsystem der Schriftstufe III ist nun bereits äußerlich unschwer als eine Frühform der Keilschrift erkennbar [NISSEN 2.2.2: Abb. 20]. Unterstützt von einer sinnreichen Anordnung auf den Tafeln kann die Schrift nun umfangreichere Sachverhalte ausdrücken. Allerdings muss nach wie vor das gesamte Hintergrundswissen eingesetzt werden, um aus den geschriebenen Stichworten einen wirtschaftlichen Vorgang rekonstruieren zu können; auch für diese jüngere Schriftstufe ist noch kein sprachlicher Hintergrund herauszufiltern.

Änderung der Schreibtechnik

Sumerisch?

Ein einziger Fall, in dem der erste Bearbeiter A. Falkenstein aus dem möglichen Vorkommen einer Homonymie, die nur im Sumerischen vorkommt (TI „Leben" als Bestandteil des Eigennamens „[der Gott] Enlil [möge] Leben [verleihen]" geschrieben mit dem Zeichen in Gestalt eines Pfeiles, ebenfalls TI in sumerisch), auf Sumerisch als Sprache der Texte geschlossen hatte [FALKENSTEIN 2.6.1.2: 37–38], ist aus paläographischen Gründen umstritten. Die allgemeine Annahme, dass Sumerisch hinter den Archaischen Texten steht, und dass die Sumerer zumindest maßgeblich an den Entwicklungen dieser Zeit, so auch der Schrift, beteiligt waren, wird zwar von allen Forschern für plausibel gehalten, doch fehlt noch etwas mehr als der letzte Mosaikstein für einen Beweis.

Eine Erweiterung der Arbeitsweise an der Töpferscheibe, bei der Gefäße lediglich aus dem oberen Teil eines Drehkegels aus Ton gezogen und dann vom Drehkegel abgeschnitten werden, wird nun gezielt für die Herstellung von Massenwaren eingesetzt. Sinnfälligstes Beispiel sind die von nun an ebenfalls zu Hunderttausenden vorkommenden, auf der Scheibe gefertigten „Blumentöpfe", die die aus der Form gepressten „Glockentöpfe" in der Funktion ablösten. Auch sonst ändert sich das keramische Formenrepertoire unter dem Einfluss der neuen Herstellungstechnik [NISSEN, K/L XII 2.4.4].

Massenkeramik auf der Töpferscheibe

Der zu immer größerer Komplexität drängenden Entwicklung in Babylonien entsprechen andersartige Veränderungen in den Nachbarregionen, am deutlichsten sichtbar in der Susiana. Auch hier war die völlige Einheit mit Babylonien vor dem Zeitpunkt der Schriftentstehung zu ende gekommen: nicht ein einziges Beispiel der frühesten Schrift Babyloniens ist bekannt. Dafür bildet sich zeitgleich mit der Zeit der archaischen Schicht III in Uruk der so genannte proto-elamische Komplex heraus, der zwar das Rollsiegel, das mit dem späturuk-zeitlichen Komplex übernommen worden war, weiter verwendet, sich aber sonst deutlich von Babylonien unterscheidet [ALDEN in: HOLE 2.10; DITTMANN, Proto-Elam 2.4.5], so zum Beispiel in der Thematik der Rollsiegel. In diesem neuen Rahmen wird eine Schrift entwickelt, die zwar die Grundprinzipien der babylonischen Schrift übernimmt aber mit eigenen Zeichenformen und Anordnungsprinzipien arbeitet [DAMEROW/ENGLUND; ENGLUND; VALLAT (alle 2.6.1.3)]. Da hier von vorneherein die Linien der Zeichen mit dem dreikantigen Griffel eingedrückt, nicht eingeritzt waren, wird klar, dass die Anregung nicht von der ältesten Schrift sondern von der bereits abstrakten zweiten Schriftstufe Babyloniens bezogen wurde.

Entstehung des proto-elamischen Komplexes

Der von Babylonien abgekoppelte Charakter wird zusätzlich noch durch die Verbreitung der proto-elamischen Merkmale bis weit in den Osten unterstrichen: Keramik, Rollsiegel und proto-elamische Schrifttafeln fanden sich in Tepe Sialk bei Kaschan [AMIET 2.10]; Tell Malyan (das alte Anšan) in der Nähe des späteren Persepolis [SUMNER 2.4.5]; abgeschwächt, aber dennoch deutlich in Tepe Yahya bei Kerman [LAMBERG-KARLOVSKY/BEALE 2.10; LAMBERG-KARLOVSKY/TOSI 2.4.5; DAMEROW/ENGLUND 2.6.1.3], und je ein Beispiel von Siegel und Schrift fand sich sogar in Šahr i-Soḫte in Iranisch-Seistan [AMIET/TOSI 2.10]. Insbesondere der enge Zusammenhang mit Malyan, dem alten Anšan, lässt keinen Zweifel daran, dass die Susiana nun Teil eines östlichen Netzes ist, dessen Struktur allerdings nicht erkennbar ist [WRIGHT ET AL. 2.10]. Vermutlich ist diese Neuorientierung als Reaktion auf das Verschwinden des Uruk-Netzes zu sehen [NISSEN 2.4]. Wir werden noch im weiteren Verlauf der Geschichte sehen,

Ausdehnung des proto-elamischen Komplexes

dass dieser in die östlichen Bereiche ausgreifende, regionale Zusammenschluss der proto-elamischen Phase als konstituierend gelten kann für die Ausdehnung des politischen Komplexes Elam, der nun außer der Susiana immer auch Anšan als zweiten Schwerpunkt umfasst [CARTER/STOLPER 2.10; VALLAT 2.10].

Umm an-Nar Kultur

Einstweilen nicht in den größeren Kontext einzuordnen ist der Fund von bemalten Gefäßen des Ǧemdet-Nasr-Typs in Gräbern der Umm an-Nar Kultur (Abu Dhabi, Vereinigte Arabische Emirate), die engste Verbindungen zwischen dem unteren Golfgebiet und Babylonien signalisieren [FRIFELT 2.4.5]. Dies überrascht, weil weder für die vorausgehende Uruk-Zeit noch die folgende beginnende frühdynastische Zeit solche Beziehungen nachzuweisen sind [POTTS, Gulf 2.2.2].

Inwieweit Veränderungen in den anderen Regionen als Reaktion mit der Auflösung des Uruk-Netzes zusammenhängen könnten, bleibt unklar, wobei eine Regionalisierung an die Stelle der früheren Gemeinsamkeiten getreten zu sein scheint. Nur ein größerer Ort in Nordostsyrien [Tell Brak: OATES ET AL. 2.4.4] ist bekannt, dessen Verbindung mit Babylonien nicht gegen Ende der Uruk-

Ninive-5-Komplex

Zeit abbricht. Im weiteren Verlauf bekommt eine in bestimmter Weise verzierte Keramik, die zuerst in den Grabungen in Ninive identifiziert wurde (dort in Schicht 5 gefunden, daher „Ninive-5-Keramik"), eine größere Verbreitung über ganz Nordmesopotamien und Nordostsyrien, worin sich eine gewisse beginnende lokale Gemeinsamkeit widerspiegelt [HOLE; ROVA; SCHWARTZ (alle 2.4.5)]; möglicherweise eine Parallelentwicklung zur Ausbildung des proto-elamischen Komplexes. Doch reichen unsere Informationen kaum zu weiteren Aussagen.

5.4 DIE FRÜHDYNASTISCHE ZEIT (CA. 2900 BIS CA. 2350 V. CHR.)

Insbesondere für den älteren Teil dieser Zeit müssen wir uns noch weitgehend auf archäologische Nachrichten stützen. Schriftdokumente sind nur in sehr geringen Zahlen vorhanden und diese wenigen sind noch kaum verständlich („Archaische Texte aus Ur": [BURROWS 2.6.1.2]); das ändert sich erst mit dem späteren Teil der Frühdynastischen Zeit.

Waren für die vorhergehenden Zeitabschnitte die Grabungen in Uruk maßgebend, weil die entsprechenden Schichten in anderen Orten Babyloniens kaum erreicht worden waren, so dreht sich das jetzt fast ins Gegenteil. Informationen aus und zu Uruk stehen zwar für den ersten Zeitabschnitt zur Verfügung, werden dann aber immer spärlicher entsprechend einer abnehmenden Bedeutung der Stadt.

Leider hat kein anderer Ausgrabungsort Babyloniens die Stelle von Uruk eingenommen, in dem Sinne, dass die ganze Bandbreite an Funden und Befunden von Architektur über Kunst und Keramik bis zu schriftlichen Quellen von ein und demselben Ort bereitgestellt worden wäre. Erst aus dem späteren Teil der Frühdynastischen Zeit liegen wieder umfassende Nachrichten aus der Stadt Ur vor.

Um ein annähernd zusammenhängendes Bild zu bekommen, war man deswegen darauf angewiesen, verschiedenartige Nachrichten aus unterschiedlichen Grabungsorten zusammen zu suchen. Damit ging die Möglichkeit verloren, vermutlichen lokalen Unterschieden auf die Spur zu kommen. Bestes Beispiel dafür ist, dass unsere Einteilung der Frühdynastischen Zeit in drei Unterphasen I – III auf den Grabungsergebnissen der Orte Ḫafāği und Tell Asmar im Diyala-Gebiet basiert, und damit eine Region in die Zusammenschau einbezogen wird, bei der schon aufgrund der Lage am nordöstlichen Rand der babylonischen Ebene mit gewissen lokalen Abweichungen gerechnet werden muss. Dennoch lassen sich mit dieser Einschränkung trotz heterogener Quellenlage einige Entwicklungslinien zum Beispiel in der Architektur oder bei den Rollsiegeln nahezu ungebrochen verfolgen. Darüber gleich. Unterteilung der Frühdynastischen Zeit

Zunächst soll jedoch eine andere Art von Quellen betrachtet werden, die uns auch vorher bereits beschäftigt hat: die Ergebnisse von archäologischen Oberflächenuntersuchungen, die wichtige Erkenntnisse zur Entwicklung der Siedlungstätigkeit und der Situation der Wasserversorgung beigesteuert haben. Hauptquelle ist die Untersuchung der Umgebung der Stadt Uruk. Ein Trend, der bereits von der späten Uruk- zur Ǧemdet-Nasr-Zeit bemerkbar war, setzt sich insofern fort als die Zahl der Siedlungen im Hinterland von Uruk abnimmt, die verbleibenden Siedlungen zum Teil aber erheblich an Größe zunehmen. Gleichzeitig wird deutlich, dass das Bild der netzartig das ganze Land überspannenden Wasserläufe sich zu einem ändert, das zunehmend von wenigen geraden Wasserläufen bestimmt wird.

Zwei Konsequenzen bestimmen die Entwicklung während der Frühdynastischen Zeit. Der Trend zu weniger aber größeren Siedlungen führt gegen Ende der Frühdynastischen Zeit dazu, dass der größte Teil der Bevölkerung nun in größeren Siedlungen bzw. Städten lebt, während die dörflichen Siedlungen weitgehend aufgegeben sind. Der dahinter stehende Prozess ist am augenfälligsten an einer Siedlungsgruppe im Nordosten von Uruk sichtbar, die zur späten Uruk-Zeit aus 12 kleinen Dörfern bestand, von denen in der FD I-Zeit noch 4 bewohnt bleiben, von denen aber die ursprünglich in der Mitte gelegene Siedlung die vielfache Größe der vorigen Zeit angenommen hatte [Nissen 2.2.2: Abb. 13]. Veränderung der Besiedlungsstruktur

Aber auch Uruk selbst kann als Beispiel dienen. Nach der Ausdehnung des Siedelgebietes zu schließen, erreichte die Entwicklung der Stadt in der Frühdynastisch I-Zeit einen neuen Höhepunkt. Eine Stadtmauer wird an der Stelle errichtet [epischer Bauherr: Gilgamesch: Maul 1.1], an der sie auch in späterer Zeit immer wieder erneuert wird. Sie schließt jetzt fast 6 Quadratkilometer ein und umgrenzt damit ein Gebiet, das sich gegenüber dem Stadtgebiet der späten Uruk-Zeit (200 bis 250 Jahre davor) mehr als verdoppelt hat. Oberflächenfunde zeigen zudem, dass sogar der Bereich nordöstlich vor der Stadtmauer dicht mit Häusern bestanden war, zum Teil bis zu einer Entfernung von 3 km [Nissen 2.6.1.1; Finkbeiner 2.3.6]. Kontext und Auswirkungen dieser erheblichen Veränderungen einzuschätzen, ist uns jedoch kaum möglich, da wir aus Erweiterung des Stadtgebietes von Uruk
Bau der Stadtmauer durch Gilgamesch den Grabungen in Uruk außer Keramik kaum Funde dieser Zeit, insbesondere kaum nennenswerte schriftliche Zeugnisse kennen. In Parallele zu dem zuvor genannten Vorgang ist zu vermuten, dass die Bevölkerung der im unmittelbaren Hinterland von Uruk aufgegebenen Siedlungen sich direkt diesem Zentrum Uruk zuwandte und damit das zuvor genannte enorme Anwachsen der Stadt auf über das Doppelte bewirkte. Außerhalb des Einflussbereiches von Uruk führten gleiche Vorgänge zur Bildung neuer großer Siedlungen, die den Uruk vergleichbaren alten Städten bald in Größe und damit in Macht und Anspruch gleichkamen. Möglicherweise gehört Umma zu diesen „sekundären" Städten, die sich im Negativraum zwischen den Einflussbereichen der alten Zentren ausbilden konnten. Wir werden noch von dem Konflikt hören, der auf diese Ursache zurückgeführt werden kann. Wenn man im Übrigen die Flächen aller zu einer Zeit besiedelten Orte im Untersuchungsgebiet zusammenrechnet und Veränderungen in dieser Gesamtfläche von einer Phase zu nächsten als Indikator für eine Veränderung der Gesamtbevölkerungszahl auffasst, hat sich während der frühdynastischen Zeit die Gesamtbevölkerung kräftig vergrößert.

Veränderung der Wasserversorgung
Auch der zweite Trend ist an der genannten Siedlungsgruppe ablesbar, indem die verbleibenden Siedlungen an einer, einen Wasserlauf markierenden Linie liegen, die anderen Wasserläufe anscheinend nicht mehr existieren. Wenn wir sehen, dass in der FD III-Zeit die meisten der großen Siedlungen an wenigen, geraden Wasserläufen liegen, können wir den Trend insofern benennen, als offensichtlich eine Veränderung von einer Situation, bei der Wasserläufe netzartig das ganze Land überzogen zu einer, bei der nur noch wenige gerade Wasserläufe übrig sind, statt gefunden haben muss. Dieses Endstadium ist wiederum einfach zu benennen, da wir bereits in der Zeit sind, aus der uns eine reiche schriftliche Überlieferung zur Verfügung steht, derzufolge wir diese geraden Wasserläufe ohne jeden Zweifel als die Hauptläufe der Flüsse bzw. als Kanäle bezeichnen können. Es ist nicht schwer, diese Veränderung als eine Weiterentwicklung des Vorganges zu begreifen, der durch eine klimatisch bedingte Verringerung des Wassers in den großen Flüssen zunächst einmal die Öffnung der babylonischen Ebene für eine großflächige Besiedlung bewirkt hatte, der aber nun allmählich mit Wasserverknappung und letztlich Verringerung der landwirtschaftlichen Nutzfläche bei ständig steigender Bevölkerungszahl zu der alles bestimmenden Herausforderung wird.

Wir sehen hier das entstehen, was späterhin als charakteristisch für Babylonien gilt: große Kanalsysteme, aus denen durch kleine und kleinste Verteilerkanäle und -gräben das Wasser auf die Felder geleitet wird. Diese Entwicklung kann also erst nach Ğemdet Nasr eingesetzt haben und muss vor dem späteren Teil der Frühdynastischen Zeit mehr oder weniger abgeschlossen gewesen sein, da wir dann im Hinterland von Uruk im wesentlichen nur noch wenige, meist sehr große Siedlungen an den Hauptläufen bzw. Kanälen finden [ADAMS/NISSEN 2.3.6; ADAMS 2.3.6].

Damit ist dem alten Argument der Boden entzogen, dass der Zwang zur Anlage von Kanalsystemen wegen der dazu nötigen Konzentration aller Kräfte die starke politische Leitung und Verwaltung, mithin die babylonische Hochkultur hervorgebracht habe [WITTFOGEL 2.2.2], denn jetzt verläuft das Argument umgekehrt: als Gemeinschaftsaufgaben wie z. B. die Anlage großer Kanalsysteme nötig wurden, stand die notwendige Organisationsstruktur zur Verfügung.

Zwei wesentliche Entwicklungen haben also im älteren Teil der frühdynastischen Zeit stattgefunden: die Entwicklung zu einer durch und durch städtischen Gesellschaft, und die Umstellung der Landwirtschaft von einer Situation, bei der man überall im Lande weitgehend mühelos Wasser auf sein Feld abzweigen konnte zu einer Situation, bei der nicht nur insgesamt weniger Wasser zur Bewässerung zur Verfügung stand, sondern mit Hilfe eines ausgeklügelten System die Verteilung durch Kanalsysteme geregelt und überwacht werden musste.

Diese Entwicklungen, deren Auswirkungen auf die damalige Gesellschaft man sich nicht einschneidend genug vorstellen kann, haben sich leider in den frühen Abschnitten der frühdynastischen Zeit vollzogen, bevor die schriftlichen Nachrichten einsetzen, die wir erstmalig auf historische Informationen abklopfen können. Weder Ablauf noch die entsprechenden Veränderungen lassen sich daher im Einzelnen benennen; feststehen dürfte jedoch, dass die gesellschaftlichen Verhältnisse am Ende dieser Entwicklung anders ausgesehen haben als zu Beginn. Es ist uns daher leider völlig verwehrt, die Verhältnisse, die wir aus den ersten, voll lesbaren Texten der FD III-Zeit ablesen können, auf die älteren Zeit, aus denen wir keine schriftlichen Nachrichten haben, zurückzuprojizieren. *Änderung der gesellschaftlichen Verhältnisse*

Die oben genannte Zersplitterung der archäologischen Quellen lässt uns keinen Hinweis darauf erwarten, wie sich diese gesellschaftlichen Veränderungen in der archäologischen Hinterlassenschaft niedergeschlagen haben könnten, da sich meist nur Momentaufnahmen ergeben, die keine längere Entwicklung zu erkennen gestatten. Dennoch soll im Folgenden der Versuch gemacht werden, die vorher genannten Gesamttendenzen mit den vorhandenen archäologischen und schriftlichen Nachrichten zu verbinden.

Im Bereich der Architektur können wir die Tradition an der Bauform „Tempel auf Terrasse" festmachen. Zwar ist die Abfolge von Terrassen in Eanna über der Terrasse der Archaischen Schicht III und unter der Ziqqurrat des Urnamma (s. Abschnitt I.6.3) [LENZEN 2.2.7] schlecht bezeugt, doch ist sie ein Beispiel für die Kontinuität der Form des Haupttempels, was vermutlich auch für andere babylonische Städte gilt, wenn auch dafür Beispiele erst für den späteren Teil der Frühdynastischen Zeit bekannt sind (Ur; Girsu; Kiš). Der Tempel selbst ist allerdings in keinem einzigen Fall erhalten, also auch nicht der Grundriss, der interessant wäre für einen Vergleich mit kleinen Nachbarschaftsschreinen aus Tell Asmar und Ḥafaği [DELOUGAZ/LLOYD 2.2.7]. Da wir sonst keine Hinweise auf die Religion oder die Art der Kultausübung haben, aber zu vermuten ist, dass letztere sich in Haupttempel und Nachbarschaftsschreinen unterschied, wären kleinste konkrete Schlüsse aus der Raumanordnung o.ä. willkommen. Eine Sonderform und deswegen nicht einzuordnen sind Anlagen von Tempeln auf Terrassen innerhalb von ovalen Umfassungsmauern: Ḥafaği: [DELOUGAZ 2.2.7], Tell el-ʿObed: [DELOUGAZ 2.2.7: 140–145] und al-Ḥiba: [HANSEN 2.6.4]. *Kultbauten der Frühdynastischen Zeit*

Rollsiegel der Frühdynastischen Zeit

Eine durchgehende Linie lässt sich auch für die Fundgattung der Rollsiegel ziehen, wenn auch mit der oben genannten Einschränkung, dass lokale Unterschiede durch die Heranziehung von Material verschiedener Herkunft verwischt werden. Das ist hier besonders bedauerlich, weil es Hinweise gibt, dass je nach Region, nach Art der Anwender oder nach Einsatzort unterschiedliche Siegelentwicklungen nebeneinander her liefen. Eine Entwirrung dieser Parallellinien könnte die zu unbefriedigenden Ergebnissen führenden Versuche ablösen, alles in einen chronologischen Ablauf zu pressen. So hatte die Vielfalt der nebeneinander existierenden Siegelformen, zum Teil mit abstrakten und/oder flüchtigen Mustern, zur Einschätzung geführt, die Frühdynastisch I-Zeit sei eine chaotische Übergangszeit gewesen [MOORTGAT, Siegel 2.2.6: 9; dazu NISSEN, Surveys 2.3.6]. Eine andere Beurteilung ergibt sich bei der Verfolgung der vorgenannten Hauptlinie, der Entwicklung der Siedlungstätigkeit, denn aus dem zuvor Gesagten ergibt sich, dass die Frühdynastisch I-Zeit einige der wichtigsten Entwicklungen gesehen hat.

Auch weiterhin helfen uns die schriftlichen Zeugnisse nicht viel. Nur selten können wir einige aus der späteren Tradition bekannte Herrschernamen anhand kurzer Weihinschriften nach dem Muster: „PN hat [dies] geweiht" [EDZARD 2.6.4] als historische Personen verifizieren, und nie wird der größere Kontext erwähnt. Dass jedoch mit den Vorgängen der Siedlungskonzentration tiefe Veränderungen vor allem auf politischem aber auch auf sozialem Gebiet verbunden gewesen sein müssen, steht außer Frage. Schon das stets engere Zusammenrücken größerer Bevölkerungsgruppen innerhalb von mit Mauern umschlossenen Städten muss die Konfliktintensität und -häufigkeit außergewöhnlich gesteigert haben. Für die mit Sicherheit hoch entwickelte, aber nur mündliche Rechtsprechung zu dieser Zeit haben wir zwar keine Zeugnisse, aber in dem Moment, in dem ein veränderter Schriftgebrauch die Aufzeichnung beliebiger Inhalte ermöglicht, lassen Gerichtsprotokolle eine bereits feststehende Rechtsprechung erkennen [EDZARD; NISSEN; WILCKE (alle 2.2.4)].

Änderung des Schriftgebrauchs

Ungefähr zeitgleich mit dem Beginn der FD III-Zeit (wie zuvor gesagt, bezieht sich die Einteilung der frühdynastischen Zeit auf Veränderungen in der Architektur, die nur selten mit anderen kulturellen Veränderungen überein gehen) ändern sich unsere Erkenntnismöglichkeiten entscheidend. Die Änderung des Schriftgebrauchs besteht darin, dass die schon im frühesten System angelegte Möglichkeit, Schriftzeichen mit ihrem phonetischen Wert zu verwenden, aus noch nicht völlig geklärten Gründen von FD III an (Texte aus Fara und Abu Salabiḫ, um 2500 [DEIMEL, Schultexte; Wirtschaftstexte 2.6.1.2; BIGGS 2.6.1.4; KREBERNIK 2.6.4]) ausgebaut wird. Damit kann zum ersten Mal gebundene Sprache wiedergegeben werden, mit genügend grammatikalischen Einzelheiten, die uns ein weitgehendes Verstehen ermöglichen [EDZARD 2.6.1.4; KREBERNIK/ NISSEN 2.6.1.4]. Erstmals können nun auch Texte literarischen, religiösen und historischen Inhalts schriftlich niedergelegt werden, und erstmals gelingt es, die Sprache der Texte als Sumerisch zu erweisen.

Wahrscheinlich geht diese Veränderung des Schriftgebrauchs darauf zurück, dass akkadisch Sprechende vermehrt dazu übergehen, ihre Sprache zu schreiben. Auf die grundsätzlichen Unterschiede zwischen der sumerischen und der akkadischen Sprache wurde bereits hingewiesen. Im Sumerischen bleibt der Wortstamm immer gleich – also auch das verwandte Zeichen – und Qualifizierungen wie Tempus oder Person werden durch vor- oder nachgesetzte Elemente ausgedrückt. Im Akkadischen werden dagegen die genannten Qualifizierungen zum Teil durch Veränderung des Wortstammes kenntlich gemacht, was in schriftlicher Wiedergabe nur durch eine phonetische Schreibweise erreicht werden kann. Die Verwendung der Schriftzeichen mit ihrem phonetischen Wert neben ihrer Wortbedeutung wird von dieser Zeit an völlig normal und hat nun auch Rückwirkungen auf die Schreibung des Sumerischen – mit den oben genannten Auswirkungen.

Verwendung der Keilschrift zur Wiedergabe der akkadischen Sprache

Diese Überlegungen bekommen dadurch eine besondere Bedeutung, als wir zwar in Texten aus Babylonien nur wenige Beispiele für die Schreibung akkadischer Wörter kennen, wir aber über ein großes Korpus von in einer semitischen Sprache verfassten Texte aus dem westsyrischen Ebla kennen, die ungefähr aus der gleichen Zeit stammen. Diese Texte verwenden in hohem Maße die ursprünglichen Wortzeichen mit ihrem phonetischen Wert, so dass es nicht ausgeschlossen scheint, dass von hier eine wesentliche Verstärkung dafür ausging, dass die phonetische Schreibung normal wurde. Wenn so, dann hätten wir hier ein eindrucksvolles Beispiel vor uns, in welchem Maße Entwicklungen in den „Randgebieten" entscheidende Anstöße zur Weiterentwicklung in Babylonien selbst gaben.

Die Sprache dieser Texte aus dem spät-frühdynastischen Babylonien steht nun zum ersten Mal für sprachwissenschaftliche Analysen zur Verfügung. Ohne Zweifel ist dabei das Sumerische das vorherrschende Element, doch finden sich auch eine Reihe von semitisch/akkadischen Lehnworten, die auf einen bereits längeren Kontakt dieser beiden Sprachen hindeuten [FALKENSTEIN 2.6.3]. Bei anderen Worten mit weder sumerischem noch akkadischem Hintergrund wird angenommen, dass dies Reste der Sprachen sein könnten, die die Sumerer bei ihrer vermuteten Zuwanderung vorgefunden hätten. Insbesondere die meisten Ortsnamen widersetzen sich den Versuchen, sie sumerisch zu etymologisieren [LANDSBERGER 2.6.3; anders JACOBSEN 2.6.4]. Dies war und ist das stärkste Argument für die Annahme, dass die Sumerer nicht die autochthone Bevölkerung waren.

Sumerisch!

Zum ersten Mal erhalten wir für die Zeit ab 2500 v. Chr. Nachrichten über konkrete historische Ereignisse aus schriftlichen Quellen. Solche Texte können beachtliche Längen haben [STEIBLE, Altsumerisch 1.1] und zählen dann besonders „außenpolitische" Erfolge auf. Die politische Macht liegt diesen Inschriften zufolge in den von selbständigen Herrschern regierten einzelnen Städten Babyloniens („Stadtstaaten"), wie Ur, Uruk, Girsu, Umma oder Kiš [JACOBSEN 2.6.4]. Die Gegner dort erwähnter Konflikte sind andere Städte in Babylonien und nur selten werden Namen wie Susa oder Mari außerhalb des eigentlichen Babylonien genannt. In einem Fall berichten zeitlich aufeinander folgende Texte von einem

Frühe Herrscherinschriften

Konflikt Umma – Girsu

über mehrere Generationen währenden Konflikt zwischen zwei benachbarten Städten (Lagaš und Umma) um Grenzfluren und einen Grenzkanal [Cooper 2.6.4]. Von diesem Konflikt und seiner Geschichte erfahren wir vor allem aus der langen Inschrift [Steible, Altsumerisch 1.1: I 120–145; II 23–63], die die bildlichen Darstellungen auf der Siegesstele des Eannatum von Lagaš [= „Geierstele": Orthmann 2.2.6: Taf. 90–91; dazu auch Winter, Stelae 2.2.6] begleitet, auf der er seinen Sieg über die Nachbarstadt Umma verherrlicht. Das weiter oben über die Entwicklung sekundärer Städte Gesagte lässt uns verstehen, dass dieser Konflikt aus der Kollision des Gebietsanspruches des alten Zentrums Lagaš und der legitimen Ansprüche der zu neuer Größe herangewachsenen Stadt Umma resultiert; er konnte daher mit den üblichen Mitteln der Konfliktlösung: Krieg, Schlichtung oder Vertrag, die alle versucht worden waren, nicht gelöst werden. Solche und andere, aber nicht bekannte Konflikte erweisen sich also als direkte Folge der Veränderungen der Wasser- und Siedlungssituation [Nissen 2.2.2: 146f.].

Sumerische Königsliste

Neben den fast ausschließlich aus der Stadt Lagaš – eigentlich nur aus der Teilstadt Girsu, dem modernen Tello, – stammenden Texten ist die Hauptquelle für unser Verständnis der politischen Verhältnisse die so genannte „Sumerische Königsliste", der wir ein vermutlich grob zuverlässiges Namensgerüst der Dynastien der einzelnen Städte entnehmen können. Als historische Quelle ist sie allerdings nur mit Vorsicht zu verwenden, insbesondere da vor kurzer Zeit ein Text einer Fassung bekannt geworden ist, der in einigen Bereichen erheblich von dem bis jetzt zugrunde gelegten Text abweicht [Steinkeller, King List 2.6.6]. Der neue Text, verfasst in der Zeit des Königs Šulgi von der 3. Dynastie von Ur (2094–2047) umfasst bis zur Abfassungszeit die gesamte Zeit „von Anbeginn", also dieselbe Zeit wie der andere Text, nur mit dem Unterschied, dass dieser die Aufzählung bis in den Beginn des 2. Jts. fortführt. Beide Texte weichen aber entscheidend für die jetzt behandelte Periode der Frühdynastisch-III-Zeit ab, da der ältere Text eine lange Liste von Herrschern der Stadt Kiš bietet, gefolgt von einer Dynastie von Uruk, während die jüngere Liste für die gleiche Zeit vor dem Regierungsantritt Sargons von Akkad 10 Dynastien aus verschiedenen Städten auflistet. Dank einer Reihe von Herrscherinschriften dieser Zeit können wir zwar zeigen, dass die Aussage des älteren Textes auf keinen Fall stimmen kann, denn die politische Macht war zu dieser Zeit keineswegs nur auf Kiš und Uruk beschränkt. Insofern kommt der jüngere Text der historischen Wirklichkeit näher, bietet jedoch insofern ein falsches Bild, als für alle diese Dynastien vermerkt wird, dass jeweils das Königtum von einer zur nächsten übergegangen sei, während wir aus Herrscherinschriften mit Synchronismen wissen, dass die Dynastien zum Teil gleichzeitig in den verschiedenen Städten regierten. Eine weitere Falschinformation besteht darin, dass die Stadt Lagaš bzw. Girsu an keiner Stelle erwähnt wird, wo doch gerade aus dieser Stadt unsere meisten Herrscherinschriften und sonstigen Texte stammen, aus denen hervorgeht, dass Lagaš ohne jeden Zweifel zum babylonischen Kerngebiet gehörte. Über mögliche Gründe wird noch zu sprechen sein. In jedem Fall sind die Aussagen dieser Listen in den Einzelheiten interpretationsbedürftig [Jacobsen, Political Development 2.6; 2.6.4; Wilcke Kinglist 2.6; Steinkeller, King List 2.6.6; s. auch Bibliographie 2.6.2].

Die Regierungsform dieser Zeit ist strittig. Während die Aussagen der Herrscherinschriften undeutlich bleiben, hatte zunächst die Auswertung der zahlreichen, aber lediglich aus den letzten Jahren der frühdynastischen Zeit stammenden Verwaltungstexte aus Girsu/Tello ein Bild ergeben, demzufolge dort das ganze Land dem Stadtgott gehörte und vom Herrscher als dem priesterlichen Stellvertreter mit Hilfe des Tempelapparates nur verwaltet wurde. Leider sind uns kaum Texte aus anderen Orten der gleichen Zeit bekannt, die dieses Bild bestätigen oder zurückweisen könnten; Gleiches gilt insgesamt für die davor liegende Zeit. Trotz dieser absolut unzureichenden Quellenlage ist diese Form der Theokratie als allgemeingültig für das ganze Land sowohl für die Zeit der Texte als auch für die davor liegenden Jahrhunderte angenommen worden [Falkenstein 2.6.2; Kraus 2.6.2]. In diesen Zusammenhang gehört auch die Prägung des problematischen Begriffs des „Priesterfürsten" oder „Priesterkönigs", dessen Anwendung für die gesamte Frühzeit suggeriert, dass das entsprechende Konzept für die ganze Frühzeit gelte [Glassner 2.6.2]. Andere Interpretationen der Gesamtsituation gehen jedoch davon aus, dass dies eine örtlich und zeitlich beschränkte Form war. Insbesondere ist es schwer sich vorzustellen, dass es in einer Zeit, die sich den genannten, dauernd neuen Herausforderungen und Problemen ausgesetzt sah, nur eine einzige, noch dazu so starre Regierungsform gegeben haben sollte [Nissen 2.6.2, und hier das Kapitel „Tempelwirtschaft" II.4.4]. Tempelstadt?

Das Bild einer größeren Vielfalt wird durch die ungleichmäßige Terminologie für die Führungsposition gestützt. So finden wir in der Zeit der ersten historischen Nachrichten drei Titel für den Herrscher: „lugal", „en" und „ensi", für die man vergeblich versucht hat, ein Verteilungsmuster nach Funktion oder Örtlichkeit nachzuweisen [Hallo, Titles 2.3.4]. In der genannten Liste von Titeln und Funktionärsbezeichnungen der archaischen Texte aus Uruk werden sie überhaupt nicht genannt, obwohl „en" als Schriftzeichen überdurchschnittlich häufig in den archaischen Verwaltungstexten erscheint, ohne dass wir damit einen besonderen Rang verbinden könnten; andererseits kennen wir die Bezeichnung „NÁM:EŠDA" am Anfang der Archaischen Liste der Titel und Berufsnamen, die später mit König übersetzt wird, nicht aus den frühen ausführlichen Inschriften. Diese Vielzahl von Titeln und ihr vermutlicher Bedeutungswandel zeigt an, dass es verschiedene, sich wandelnde lokale wie funktionale Traditionen gab, die sich sicher auch in verschiedenen Regierungsformen äußerten [Hallo, Amphiktyony; Cities 2.3.4]. Herrschertitel

Bei allen Verschiedenheiten sind jedoch die Gemeinsamkeiten unübersehbar. Dazu zählt vor allem das Konzept, nach dem jede Stadt unter dem Schutz einer Stadtgottheit stand. Vermutlich geht dies bereits auf die Zeit der ersten Zentrenbildung zurück, oder hat noch ältere Wurzeln [Van Dijk, Religion 2.2.8]. Zwar geben die Archaischen Texte aus Uruk darauf keine Hinweise; doch dass das so genannte Schilfringbündel auf der Kultvase aus Uruk den Eingang zum Heilig- Stadtgottheit tum oder das Heiligtum selbst charakterisiert [ORTHMANN 2.2.6: Taf. 69] und dass dasselbe Zeichen als Schriftzeichen sowohl für die Göttin Inanna als auch für die Stadt Uruk steht [Zeichen Nr. 374 in: GREEN/NISSEN 2.6.1.2] spricht dafür, dass bereits damals Inanna, die aus späterer Zeit bekannte Stadtgöttin von Uruk, diese Rolle eingenommen hatte. Leider nennen die archaischen Uruktexte aus systematischen Gründen kaum Namen anderer Städte; soweit die Verwalter überhaupt an mehr interessiert sind als an Eingang und Ausgang der zentral verwalteten Güter, werden offenbar nur Kontakte mit der direkten Umgebung erwähnt [NISSEN, Ortsnamen 2.6.1.2]. Aus den wenigen Beispielen, aus einer archaischen Liste von Städtenamen und vor allem von Siegelabdrücken, die diverse Städtenamen nebeneinander stellen, wissen wir aber, dass auch bei anderen Städten dasselbe Schriftzeichen die Stadt und ihre Gottheit bezeichnet hat [MATTHEWS 2.4.5]. Vermutlich war das Prinzip der Stadtgottheit ein wesentliches Element bei der Schaffung einer Stadtidentität.

Götterlisten
Zu Beginn der FD III-Zeit, oder um 2500 v. Chr., tauchen unter den lexikalischen Listen Götterlisten auf, die offensichtlich die Götter in einer Reihenfolge aufführen, die zum Teil der Ranggliederung der Götter entspricht, wie wir sie aus späteren Quellen kennen [DEIMEL, Schultexte 2.6.1.2]. Textliche Hinweise der späteren Frühdynastischen Zeit auf ein wesentliches Element der Götterhierarchie, die gegenseitigen Besuchsreisen zu Schiff, finden ein Gegenstück im Thema des Götterschiffes auf den Siegeln [gesammelt in AMIET 2.6]. Offenbar können wir bereits für die Mitte des 3. Jt.s die Existenz einer theologischen Konstruktion annehmen, die vermutlich nicht ohne Rücksicht auf die politischen Gewichte die Stadt- und Ortsgötter in eine überregionale Ordnung eingliederte. Damit ist eine der Grundstrukturen gefasst, auf der die in den folgenden Jahrhunderten zunehmenden Versuche, Babylonien auch politisch zu vereinigen, aufbauen konnten.

Allgemeiner Wohlstand
Der Natur der Herrscherinschriften entsprechend finden nur außergewöhnliche Ereignisse Erwähnung, nicht das Alltägliche. Insbesondere ausführliche Berichte über militärische Erfolge suggerieren den Eindruck einer Zeit der äußeren Unruhe. Auf die vermutlich wirkliche Situation weisen jedoch die archäologischen Befunde hin, nach der dies eine Zeit des großen Reichtums und der weit gespannten, offensichtlich ungestörten Handelsbeziehungen war. Aus dem so genannten Königsfriedhof in Ur sind uns unzählige Beispiele nicht nur einer hohen Kunstfertigkeit sondern auch einer großen Vielfalt an Edelmetallen und Halbedelsteinen bekannt, die zum Teil über weite Strecken herangeschafft worden waren. Da diese sich nicht nur in den Königs- sondern zum Teil auch in Privatgräbern fanden, wird man von einer größeren Streuung des Reichtums ausgehen können [WOOLLEY 2.6; NISSEN 2.6.4; POLLOCK 2.6.4]. An anderen Orten wurde eine große Anzahl von Steinstatuen – kultisch beerdigt – neben bzw. in kleinen Nachbarschaftsschreinen inmitten normaler Wohnviertel gefunden [FRANKFORT, Sculpture; More Sculpture 2.6.4; ORTHMANN 2.2.6: Taf. 18–19]; – neuerdings der Frühdynastisch I-Zeit zugeschrieben [EVANS 2.6.4]. Offenbar konnten sich auch Angehörige der normalen Bevölkerung solche Statuen

aus importiertem Stein leisten, um sie der damaligen Sitte gemäß in Tempeln aufzustellen, wo sie dauernd für das Leben des Stifters beten sollten [BRAUN-HOLZINGER 2.6.4]. Von Zeit zu Zeit musste aufgeräumt werden, wobei die obsolet gewordenen Statuen in Räume gebracht wurden, die dann zugemauert wurden.

Nicht nur der für diese Statuen nötige Kalkstein sondern auch die meisten anderen farbigen Steine, aus denen Siegel, Schmuck und Gefäße hergestellt wurden, dürften aus dem Zagros stammen [SCHÜLLER 2.3.3]; der heute noch westlich von Uruk für die Zementwerke von Samawa abgebaute Kalkstein ist von so minderer Qualität, dass er gerade mal für die Fundamentierung des so genannten „Kalkstein-Tempels" der Archaischen Schicht V in Uruk verwendet worden war. Gold, Silber, Blei und Kupfer kamen vermutlich aus verschiedenen Richtungen, wobei Oman als Lieferant von Kupfer noch am relativ sichersten ist [WEISGERBER 2.3.3; HAUPTMANN 2.3.3]. Der häufig verwendete Lapislazuli kam aus Badahschan, dem äußersten nordöstlichen Zipfel des heutigen Afghanistan [HERMAN; MAJID-ZADEH; BROWN (alle 2.3.3)], und eine Art, roten Karneol mit weißen Ätzmustern zu versehen, ist nur aus dem Indus-Gebiet bekannt [WOOLLEY 2.6; FRANKE-VOGT 2.3.3]. Vermutlich hat sich der Handel in den meisten Fällen auf dem Landwege abgespielt [ALDEN 2.3.3]. Dass der Handel mit dem Indus-Gebiet („Meluḫḫa" in den Keilschriftquellen) auch auf dem Seewege erfolgte, erfährt eine Unterstützung durch den Fund einer Werft, bzw. eines Trockendocks in den Grabungen in Lothal in Gujarat [RAO 2.3.3].

Herkunft von Rohstoffen für Luxuswaren

Die meisten dieser kostbaren Materialien kennen wir aus dem so genannten Königsfriedhof von Ur, einer unserer besten Quellen für Kleinkunst einschließlich Rollsiegel für die Höhe des kunsthandwerklichen Könnens, für den Import fremder Rohstoffe und für die Bestattungssitten der damaligen Zeit. Leider beginnt die Nutzung als Bestattungsstätte erst zu Beginn der FD III-Zeit (nach einer zeitlichen Lücke von mehreren hundert Jahren), so dass der Friedhof uns nicht die erwünschte Übersicht über die ganze frühdynastische Zeit ermöglicht.

Königsfriedhof von Ur

Der südöstliche Abhang des erhöhten Zentralbereiches der Stadt Ur hatte bereits vorher bisweilen als Begräbnisstätte gedient. Zu Beginn der FD III-Zeit wurden dort innerhalb kurzer Zeit 15 unterirdische Grabbauten angelegt, die rasch zum Kern eines Friedhofes mit normalen Erdbestattungen wurden. Diese Nutzung wurde bis in die Zeit der III. Dynastie von Ur um 2000 fortgeführt. Insgesamt über 1800 Normalgräber wurden freigelegt; vermutlich noch einmal so viele waren nach Schätzung des Ausgräbers durch nachfolgende Gräber zerstört worden [WOOLLEY 2.6]. Zwar waren die meisten der Grüfte bereits im Altertum ausgeraubt worden, so dass nur relativ wenige Funde auf den einstigen künstlerischen und materiellen Reichtum schließen lassen. Doch zusammen mit einer Anzahl von ebenfalls reich ausgestatteten Normalgräbern vermitteln sie das Bild einer reichen Zeit. Den Ausraubungen sind in den meisten Fällen auch die Hinweise auf diejenigen zum Opfer gefallen, für die einst die Grüfte bestimmt waren. Einige dort gefundene Rollsiegel bekräftigen mit der Nennung bekannter

Königsnamen die Vermutung, dass die Grüfte für Könige und Angehörige des Herrscherhauses bestimmt waren.

Rollsiegel der Frühdynastischen Zeit

Für die Kunstentwicklung während der FD Zeit lässt sich nur schwer ein einheitliches Bild entwerfen. Anhand der Rollsiegel wurde schon auf das Hauptproblem hingewiesen: die unausgewogene Materiallage. Dabei liegen für diese Gattung wenigstens so viele Beispiele vor, dass man eigentlich in der Lage sein müsste, Entwicklungen anhand von ausreichendem Material zu verfolgen, das in den jeweils gleichen Kontext gehört. Dass dies selbst in diesem Bereich nicht gelingt, soll ein kurzes Beispiel erläutern.

Für die FD III-Zeit verfügen wir über das große Korpus von 413 Rollsiegeln aus dem sogenannten Königsfriedhof in Ur, das man einigermaßen plausibel verschiedenen Entwicklungsstufen zuordnen kann. Dies gelingt u. a. deswegen, weil man davon ausgehen kann, dass in den Gräbern, die sich um die eigentlichen Königsgräber scharen, Leute bestattet worden waren, die im weitesten Sinne mit dem Zentralbereich zu tun hatten, an dessen Rande der Friedhof lag. Diese soziale Auswahl könnte den Schluss nahe legen, dass auch die Auswahl der Siegel sich in einem bestimmten Kontext bewegte und die Entwicklung der stilistischen Ausformung im gleichen Rahmen verlief. Zumindest in einem Fall sehen wir jedoch, dass die Entwicklung einer Siegelgruppe, der sogenannten Symposium-Siegel, nach anderen Regeln verlief, indem hier weitaus ältere Stilmerkmale aktiv weiter verwendet wurden. Siegel dieser Gruppe wurden überdurchschnittlich häufig in den Königsgräbern gefunden aber auch in einigen sogenannten Privatgräbern. Wir beobachten also Parallelentwicklungen selbst in einer von der Herkunft einigermaßen homogenen Gruppe.

Da wir aus Babylonien selbst keine Siegel aus Wohngebieten kennen, die als Gegenstück zu den Friedhofssiegeln dienen könnten, nimmt man hier die Siegel aus den Wohngebieten des Diyala-Gebietes zu Hilfe. Wie zu erwarten, decken sich die Einteilungskriterien mit denen der Friedhofssiegel nur ungenau [KARG 2.6.4]. Unser Instrumentarium reicht aber nicht aus zu entscheiden, ob dies auf regionale Unterschiede zurückgeht, auf soziale oder sonstige Gründe. In jedem Falle ist aber auch dieser Befund in die Rubrik Parallelentwicklungen einzuordnen. Wenn man diese auseinander nehmen könnte, würde sich leider schnell herausstellen, dass die einzelnen Gruppen zu klein würden, um vertretbare Aussagen zu treffen.

Kunst der Frühdynastischen Zeit

Letzteres ist in noch weit stärkerem Maße bei den anderen Kunstgattungen wie Relief oder Statuen der Fall, da insgesamt weit weniger Beispiele vorhanden sind. Dies verhindert eine der interessantesten Gegenüberstellungen in der Kunstentwicklung, denn erstmalig – und einzig im gesamten Verlauf der altorientalischen Geschichte – kennen wir eine größere Anzahl von Kunstwerken, die eindeutig dem privaten Sektor zuzuordnen sind: die bereits erwähnten „Beterstatuen" aus den Nachbarschaftsschreinen von Tell Asmar und Ḥafaǧi aus der FD I-II-Zeit. Sie würden uns die einmalige Gelegenheit an die Hand geben, private und offizielle – oder besser gesagt: von privaten oder öffentlichen Auftraggebern bestellte – Kunst miteinander zu konfrontieren, wenn wir über gleichzeitige

Kunstwerke aus dem offiziellen Bereich verfügen würden! So bleibt uns nur die Vermutung, dass der aus allen Entwicklungen heraus fallende kantige Stil dieser Statuen einem weniger abstrakten offiziellen Stil gegenüber stand, für den einige Beispiele aus der folgenden FD III-Zeit zeugen – nur fehlen dann die Gegenstücke aus dem privaten Sektor.

Auch innerhalb des öffentlichen Sektors gilt es zu differenzieren. So sind zum Beispiel die Adressaten der „Geierstele" genannten Siegesstele des Eannatum von Lagaš andere gewesen als die der zahlreichen reliefierten „Weihplatten"; für alle genannten Kunstwerke muss auf die Abbildungen bei [Moortgat, Kunst 2.2.6; Orthmann 2.2.6; Strommenger 2.2.6] verwiesen werden.

Diese Beobachtungen an der Kunst, die uns einen ungeheuer vielschichtigen gesellschaftlichen Hintergrund erahnen lassen, helfen uns zu verstehen, warum wir nicht erwarten können, dass uns die Nachrichten aus den nun erstmals voll lesbaren schriftlichen Quellen, die ihrerseits sehr ungleichmäßig gestreut sind, ein vollständiges Bild liefern könnten.

Gegen Ende der Frühdynastischen Zeit mehren sich die Bemühungen von Herrschern einzelner Städte Babyloniens, wie z. B. von Ur, Uruk, Girsu oder Umma größere Territorien zu erobern [Nissen 2.6.4] – ein derartiger Versuch des Eannatum von Lagaš erfasste sogar das Gebiet um Mari am mittleren Euphrat [ausführlich Jacobsen, Political Development 2.6.4: 130 Anm. 90]. Ein kaum aus eigenen Inschriften bekannter Herrscher von Uruk namens Enšakušana nennt sich zum ersten Mal „König des Landes [Sumer]", ohne dass wir mehr über seinen Herrschaftsbereich erführen, und sein Nachfolger (?) Lugalkinišedudu nennt sich „König von Uruk und Ur" und legt sich sogar den Titel „König von Kiš" zu. Dazu gleich. Der eigentlich aus Umma stammende König von Uruk Lugalzagesi schließlich führt aus, was er unter seinem Titel „König des Landes" versteht: neben allen größeren Städten Babyloniens erhebt er Anspruch auf alle Fremdländer vom Sonnenaufgang zum Sonnenuntergang, vom unteren Meer (Golf) zum oberen Meer (Mittelmeer). Keiner der früheren Versuche einschließlich des wohl ambitioniertesten von Eannatum von Lagaš hat offenbar die Lebenszeit seines Schöpfers überdauert. Erst im Fall des Lugalzagesi wissen wir, dass sein Gebiet noch unvermindert zusammenhing, als der Sieg Sargons von Akkad über Lugalzagesi den letzten Schritt der Zusammenführung ganz Babyloniens unter Sargon bedeutete.

Schaffung größerer Territorien

In diesen Eroberungen mag das Bestreben Mächtiger zum Vorschein kommen, noch mächtiger zu werden, doch sind dies vermutlich auch Versuche gewesen, durch Schaffung größerer Territorien eine höhere Entscheidungsebene für territoriale Konflikte der vorbeschriebenen Art zu institutionalisieren, die sich offensichtlich mit den üblichen Mitteln nicht lösen ließen. Auch dies waren also Antworten auf die Probleme, die sich durch das ungewöhnliche Anwachsen der Städte und der städtischen Bevölkerung ergeben hatten.

Interessant ist in diesem Zusammenhang, dass offenbar erst gegen Ende dieser Zeit das Konzept der politischen Einheit des Landes entstanden ist, denn der Begriff „König des Landes" taucht erst spät auf, während Eannatum, der vermutlich über den zwischenzeitlich größten Bereich gebot, diesen Titel noch nicht führt.

Schlechte Quellenlage für Nordbabylonien — Die uneinheitliche Quellensituation, die bisweilen ganze Landstriche und Zeiten aus unserem Blickfeld rückt, ist selten so spürbar wie für die späte Frühdynastische Zeit, denn fast alle Quellen stammen aus dem Süden Babyloniens. Während archäologische Befunde aus dem nordbabylonischen Kiš uns mit einem ähnlichen Friedhof wie in Ur den gleichen Reichtum an Geräten und Material zeigen [MOOREY 2.6] und auch sonst alles dafür spricht, dass ganz Babylonien eine kulturelle Einheit war, fehlen schriftliche Nachrichten aus Nordbabylonien. Damit ist es schwer, Andeutungen in den vorhandenen Nachrichten nachzugehen, nach denen die Entwicklung im Norden anders gelaufen sein könnte. So wird die Tatsache, dass die in der sumerischen Königsliste genannten Herrscher der frühen Dynastie von Kiš größtenteils semitische Namen haben, mit der späteren Überlieferung, die den nördlichen Teil als Akkad bezeichnet, zur Annahme verbunden, dass der Norden bereits früh überwiegend von semitischen Akkadern bewohnt gewesen sei.

An dieser Stelle sei an den im Kapitel über Land und Klima erwähnten ökologischen Unterschied zwischen Nord und Süd erinnert, besonders die flaschenförmige Gestalt des babylonischen Kulturlandes, die Auswirkungen auf die Beziehungen der Siedlungen untereinander gehabt haben muss. Während die Masse der selbständigen Stadtstaaten im von parallelen Wasserläufen versorgten „Bauch" gelegen hat, also Teile eines mehrseitigen Beziehungsgeflechtes waren, hören wir aus dem Bereich des „Halses" außer Kiš nur von Akšak und Sippar, die am gleichen Wasserlauf lagen. Das mag auf größere Territorien und damit auf eine stärkere Konzentration politischer Macht im Norden hinweisen. Diese wenigen und vagen Hinweise jedoch als Beweis für ein frühes, von einer semitisch sprechenden Bevölkerung getragenes Großreich von Kiš aufzufassen [zuerst GOETZE 2.6.4; wiederholt von STEINKELLER 2.6], scheint übertrieben.

Titel „König von Kiš" — Anlass dazu hatte die Beobachtung gegeben, dass angefangen von Mesalim von Kiš die verschiedenen Herrscher der späten Frühdynastischen Zeit den Titel „König von Kiš" trugen, obwohl sie nachweislich in einer anderen Stadt regierten – u. a. Mesanepada von Ur; Eannatum von Lagaš. Zwar scheint es sich um einen Prestigetitel zu handeln, doch ist der Grund unklar [EDZARD 2.5; für einen anderen Erklärungsversuch: NISSEN 2.2.2: 158f.]. In Anbetracht der holprigen Versuche, größere Territorien zu schaffen, die erst unter Sargon zu einer gewissen Verfestigung kommen, ist es aber wohl kaum denkbar, dass vorher schon einmal ein größeres Reich existiert haben sollte, dessen Organisationsgrundlagen dann aber verloren gegangen wären.

5.5 Die Nachbarn Babyloniens während der Frühdynastischen Zeit

Susiana — Gegenüber den relativ detaillierten Daten für Babylonien ist für die Frühdynastische Zeit über die Nachbargebiete weniger zu berichten. In Elam löst sich das protoelamische Netz auf und die darin zusammengeschlossenen Regionen gehen wieder ihre eigenen Wege. Die von der Proto-Keilschrift angeregte protoelamische Schrift gerät außer Gebrauch. Während wir für die Bergregionen Irans wieder lediglich Schlüsse aus der Ausdehnung von Verbreitungsgebieten von Keramik ziehen können – danach scheint die Größe der Einheiten sehr stark von der kleinteiligen Landschaft bestimmt zu sein [W. M. Sumner in: Hole 2.10] –, gerät die Susiana allmählich wieder unter den Einfluss Babyloniens. Deutlichstes Zeichen dafür ist, dass eine elamische Dynastie in der „Sumerischen Königsliste", also als Teil des „sumerischen" Universums genannt wird. Wie weit Elam in die innerbabylonischen Streitigkeiten der späten frühdynastischen Zeit eingebunden ist, wissen wir allerdings nicht [Carter/Stolper 2.10; Potts, Elam 2.2.2: Kap. 4; Dittmann 2.6].

Baraḫšum bzw. Marḫaši, bisher nur aus Keilschriftquellen bekannt, hat in neuerer Zeit durch iranische Forschungen im 30 km südlich von Kerman gelegenen Jiroft konkrete Formen angenommen [Majidzadeh 2.10; dazu Muscarella 2.10]. Der Fund von verzierten Gefäßen aus Chlorit der Art, wie sie von Mesopotamien bis zum Indus-Gebiet gefunden wurden [Kohl 2.3.3], datiert diesen Ort wie auch zahlreiche weitere in der Umgebung in die Zeit um die Mitte des 3. vorchr. Jt.s, d.h. in der babylonischen Terminologie in die Frühdynastisch II-Zeit [Steinkeller 2.6.4]. Auf eine ähnliche Ausdehnung deuten die Erwähnungen bei den epischen Helden und frühen Königen von Uruk, Lugalbanda und Enmerkar, deren Unternehmungen sie über Elam hinaus bis weit nach Osten führten [Carter/Stolper 2.10]. *Elam*

Assyrien sowie Nordostsyrien sind für uns kaum einschätzbar. Das Band für diese Region bildet eine prägnante Keramik – die bereits genannte „Ninive-5"-Keramik [Rova 2.4.5] –, doch ist die Basis für diese Gemeinsamkeit unbekannt. Mit einiger Sicherheit lässt sich lediglich sagen, dass nichts darauf deutet, dass dies eine städtische Kultur gewesen ist; weder sind die Siedlungen von entsprechender Größe noch sind größere bzw. zentrale Gebäude bekannt. Dies sowie die Tatsache, dass eines der wichtigsten Kriterien des vorhergehenden Zeithorizontes, das so genannte „Mittelsaalhaus", fehlt, unterstreicht die bereits genannte Diskontinuität zwischen der Phase der Uruk-Expansion und der mit „Ninive 5" nur notdürftig benannten Phase. Erst gegen Ende von „Ninive 5" erlangen Siedlungen wie Leilan, Mozan oder Brak eine Größe, die uns wieder von städtischen Strukturen sprechen lässt. Der weitere syrische Bereich zeigt eine andere Gemeinsamkeit in der gleichartigen Anlage von Siedlungen („Kranzhügel") wie z. B. Tell Huera [Meyer 2.8] oder das noch zu nennende Tell Beydar, die bereits in der äußeren Form einen Unterschied zwischen einer Zitadelle und einem darum liegenden Stadtgebiet vorweisen. In Tell Ḥuera (Nordsyrien) wurden Statuen und Rollsiegel gefunden, die auf engen Kontakt mit Babylonien hinweisen. *Assyrien und Nordost-Syrien*

Erst aus dem zeitlichen Kontext, der in Babylonien das erste Auftreten voll artikulierter Texte sah, stehen uns durch die Texte aus Ebla und Tell Beydar, dem alten Nabada [Milano et al. 2.8; Lebeau/Suleiman 2.8], genauere Daten für den syrischen Bereich zur Verfügung. Der spektakuläre Fund in den Jah- *Ebla* ren 1974–76 von mehr als 18.000 Tafeln des Palastarchivs der Stadt Ebla aus der Zeit um 2400 v. Chr. ist im übrigen ein Beispiel aus neuerer Zeit, wie ein Neufund innerhalb kürzester Zeit unser Bild der frühen Entwicklung völlig verändern kann [Matthiae; Matthiae et al.; Edzard (alle 2.8.1); siehe auch die weitere Bibliographie 2.8.1]. Diese Texte haben nicht nur den Zeitpunkt des frühesten Schriftgebrauchs auf syrischem Boden um Jahrhunderte zurückverlegt, sondern, da sie zumeist in der einheimischen semitischen Sprache abgefasst sind, stellen sie die älteste schriftliche Fixierung einer semitischen Sprache dar [von Soden 2.8.1], da zu dieser Zeit in den Texten Babyloniens die sumerische Sprache vorherrschte und dort die sprachlichen Zeugnisse für die Existenz einer semitischen Bevölkerungsgruppe recht spärlich sind. Auf die Rolle einer möglichen Entwicklungshilfe bei der Umformung des Schriftsystemes Babyloniens zu einem Instrument, das die volle Wiedergabe der Sprache ermöglicht, wurde bereits oben hingewiesen.

Wirtschaftliche und politische Strukturen in Syrien

Für die Verwaltung bediente man sich in Ebla der aus Babylonien entlehnten Keilschrift. Den Texten zufolge herrschte Ebla über fast ganz Westsyrien, in gleicher Weise wie im weiteren syrischen Gebiet eine Reihe von politischen Gebilden von Städten dominiert waren. Wirtschaftliche Grundlage ist einmal der Getreideanbau, zum anderen die Schafzucht, mit der die Nutzung bis weit in die Steppengebiete hineingetragen wurde [Grégoire/Renger 2.8.1]. Ihrer Lage im zumeist extensiv genutzten Regenfeldbaugebiet entsprechend, mit nur sporadischer intensiver Nutzung entlang der Flüsse und in Oasen, sind diese Gebilde weit auseinander gezogen, so dass der Konfliktdruck weniger ausgeprägt war als in Babylonien. Dennoch erfahren wir von einer Reihe von Konflikten mit zuweilen territorialem Hintergrund.

Außer Babylonien sind in den Texten aus Ebla und Nabada fast alle der größeren oder kleineren Mächte der Zeit erwähnt; Städte in Kleinasien sind genannt, wie auch Assur oder Ägypten. Im Hinblick auf später ist festzuhalten, dass Aleppo (Yamḫad) zwar als Ortsname bekannt ist, aber offensichtlich noch nicht die spätere politische Bedeutung hat. Dass außer Kiš und Akšak keine babylonischen Städte auftauchen, ist merkwürdig, aber wahrscheinlich damit zu erklären, dass die beiden genannten Orte in Nordbabylonien die natürlichen Partner für die im Nordwesten gelegenen syrischen Städte waren und gleichzeitig als Filter wirkten.

Ḫabur-Dreieck

In neuerer Zeit hat die Erforschung dieser Periode insbesondere in Nordost-Syrien, dem so genannten Ḫabur-Dreieck, erheblich zugenommen mit großen Grabungen, von denen stellvertretend nur Tell Mozan und Tell Leilan genannt seien. Einstweilen sind jedoch kaum mehr als Vorberichte veröffentlicht, so dass wenig mehr als die Aussage möglich ist, dass dieses Gebiet offensichtlich erheblich dichter besiedelt war und damit ein weitaus größeres politisches Gewicht hatte, als bisher angenommen wurde. Soweit die Texte aus Ebla darüber berichten, haben wir es wohl mit einem Geflecht von mehr oder weniger selbständigen Stadtstaaten zu tun, die Allianzen eingehen und unter denen sich bisweilen hierarchische Verhältnisse andeuten.

Eine ähnliche Situation deutet sich auch für Südost-Anatolien an, wo mit den

Fürstengräbern von Alaca Höyük und Horoztepe nicht nur Beispiele für den Reichtum solcher lokaler Fürstensitze gefunden wurden sondern auch für eine hochstehende Metallurgie.

5.6 Zusammenfassung

Durch äußere Veränderungen begünstigt und durch die „paradiesische" Fruchtbarkeit angelockt war aufgrund massiver Landnahme verschiedener Gruppen in der babylonischen Ebene eine nie zuvor bekannte Kultivierungs- und Bevölkerungsdichte entstanden. Allein die Notwendigkeit der Organisation der Versorgung großer städtischer Bevölkerungen und der geistigen und politischen Führung wie auch der Behandlung der auf allen Ebenen entstehenden Konflikte, wie sie mit der Entstehung großer Ballungsräume zwangsläufig verbunden sind, bewirkten einen raschen Ausbau, bzw. eine Neuformulierung sicher schon vorher bestehender Ansätze. Dieser Ausbau ließ eine wirtschaftliche und organisatorische Machtposition entstehen, die bis in die Nachbargebiete, ja sogar bis Ägypten ausstrahlte. Die unter diesem Schirm erlangten Rohstoffe, insbesondere auch solche für Prestigeobjekte, trugen dann wieder zur Befestigung der Machtstrukturen in Babylonien bei und verstärkten die Vorrangstellung.

Über die Träger dieser Entwicklungen besteht noch Unklarheit, wenn es auch wahrscheinlich ist, dass die Sumerer dabei eine wichtige, wenn nicht die wichtigste Rolle gespielt haben. Warum die frühe städtische Kultur der Späturuk-Zeit gerade diese Form der starken Arbeitsteilung und sozialen Gliederung, vor allem aber der wirtschaftlichen und politischen Zentralisierung und nicht andere vorstellbare Formen entwickelt hat, ist aus sich heraus nicht zu erklären, sondern muss auf die genannten älteren Ansätze zurückgehen. In dieser Entwicklung ist bereits zu erkennen, warum sich auch in der Folgezeit Änderungen in der Herrschaftsform zunächst einmal nur im Rahmen der Hierarchiebildung und der Zentralisierung bewegten, obwohl im Nachhinein gesehen flexible Formen effektivere Lösungen ermöglicht hätten. Erst als diese Form der Zentralisierung in der Zeit der III. Dynastie von Ur bis ins Unerträgliche gesteigert worden war, erfolgt der Umschlag.

Für die Frühdynastische Zeit liegt für Babylonien der rote Faden in der Reaktion auf das immer stärkere Auseinanderklaffen zwischen Bevölkerungsvermehrung auf der einen Seite und der Verringerung der landwirtschaftlichen Nutzfläche aufgrund geringeren Wasseraufkommens, sowie auf diese beiden Phänomene selbst. Die Tatsache, dass erst von FD III an eine Neuorganisation der Schrift die Anfertigung längerer Texte ermöglicht, lässt uns nicht erkennen, ob dann erstmals sichtbare Dinge wie die Stärkung der politischen Führung mit Erblichkeit („Dynastien") oder der Ausbau der Rechtsinstitutionen bis hin zum Konstrukt des Gottesstaates nicht bereits vorher vorhanden waren. Wir sehen nur, dass mit dem Ausbau der Bewässerungsanlagen und insgesamt mit einer ungeheuren Stärkung der Bürokratie, um den Fluss der Ressourcen zu kontrollieren, auf allen denkbaren Ebenen versucht wird, den genannten Problemen zu begegnen.

Die Veränderungen der anderen Regionen des Vorderen Orients sind schwer zu fassen. Obwohl zunächst in netzwerkartigen Beziehungen untereinander und vor allem mit Babylonien in der Uruk-Zeit verbunden, und damit auch im Einflussbereich der gleichen Anregungen, führte dies nicht zu gleichartiger Entwicklung – konnte nicht dazu führen, weil die Problemdichte nicht die gleiche war.

Ausnahmen sind in Syrien das Ḫabur-Dreieck mit seiner ungewöhnlichen Dichte an städtischen Siedlungen sowie Elam. Im letztgenannten Gebiet können wir die eigenständigen Veränderungen genauer verfolgen, da durch die Formulierung eines eigenen kulturellen/politischen Konzeptes in Anlehnung an das babylonische Vorbild und durch die Einbeziehung des weit nach Osten reichenden gebirgigen Hinterlandes eine eigene Organisationsform entsteht, die zwar auch Zentren wie Susa oder Anšan kennt, aber insgesamt weniger städtisch geprägt zu sein scheint. Wenn wir auch über die Entwicklung von Elam als ein Gebilde aus Tiefland und Hochland während der älteren Frühdynastischen Zeit kaum unterrichtet sind, scheint sich aber damit doch ein Grundmuster ausgebildet zu haben, das die weitere Entwicklung Elams für den Rest seiner Existenz bis ins 1. Jt. bestimmt. In dieser Pendelentwicklung, die die Susiana entweder in engen Beziehungen zu den östlichen Nachbargebieten oder enger an Babylonien angelehnt sieht, tritt in der späten Frühdynastischen Zeit wieder der letztgenannte Zustand ein.

Der auch im nordmesopotamisch-nordsyrisch-südostanatolischen Raum nach der ʿObed-Zeit fassbare Trend zur Urbanisierung wurde zwischenzeitlich überlagert von der so genannten Uruk-Expansion, die jedoch nach der Späturuk-Zeit abbrach. Inwieweit sich auch dort eigene, dem proto-elamischen Phänomen vergleichbare Systeme ausgebildet haben, muss einer Intensivierung der Forschung überlassen bleiben. So wäre vor allem zu untersuchen, wie die Entwicklungslinien hin zu den städtischen Zentren wie Ebla verliefen, die im späteren Teil der Frühdynastischen Zeit eine solche Komplexität erreichten, dass sie als Ordnungsmittel die babylonische Keilschrift übernahmen, damit aber ihren eigenen semitischen Dialekt schrieben.

6. ERSTE REGIONALSTAATEN (2350 BIS 1595 V. CHR.)

Ohne Zweifel sind bereits in der vorher behandelten Zeit auf ganz Babylonien bezogene Strukturen vorhanden gewesen, da sonst eine solche Übereinstimmung, die wir sie in den archäologisch fassbaren Äußerungen sehen, kaum vorstellbar wäre; dies gilt gerade auch für Anwendung und Aussehen der Schrift, die bereits zur Ğemdet-Nasr-Zeit einen so einheitlichen Duktus zeigt, wie es ohne engste Beziehungen nicht denkbar ist. Aber außer Andeutungen, dass die Stadt Kiš in Nordbabylonien zeitweise eine hervorgehobene Rolle gespielt haben könnte, finden wir lange Zeit nichts, was das Primat der Organisation in Stadtstaaten in Frage gestellt haben könnte. Erst gegen Ende der Frühdynastischen Zeit zeigt die Art, wie versucht wurde, Territorien über den eigenen Bereich auszudehnen, dass es um mehr als eine Befriedung der Grenzen oder einen schnellen Beutezug in das Nachbargebiet ging. Damit sind die Grundlagen für die Herausbildung des Zentralstaates gelegt, dessen administrative Konsolidierung das Thema der nächsten Jahrhunderte ist.

6.1 Der Staat der Dynastie von Akkad und die Gutäer (2350 bis 2120 v. Chr.)

Bereits aus der frühdynastischen Zeit kennen wir Herrscher mit akkadischen Namen. Sowohl in der älteren als auch in der jüngeren Fassung führt die Sumerische Königsliste solche Namen für eine frühe Dynastie von Kiš auf, was Anlass zur Vermutung ist, dass bereits in der Frühdynastischen Zeit die akkadisch sprechende Bevölkerung im Norden stärker war als im Süden [STEINKELLER 2.6]. Der Sieg Sargons von Akkad– eigentlich lautet der akkadische Thronnamen šarru-kenu, „der legitime König" –, über Lugalzagesi von Umma, einen der Herrscher, der sein Territorium bereits erheblich ausgedehnt hatte, erweiterte nicht nur seinen Herrschaftsbereich auf ganz Babylonien, sondern hatte weitreichende Folgen.

Zum ersten Mal bleibt in der Folge ein zentralstaatliches Gebilde über mehrere Generationen unter Führung derselben Familie bestehen [zu verschiedenen Aspekten cf. die Beiträge in LIVERANI 2.6.5; jetzt vor allem A. WESTENHOLZ 2.6.5]. Damit beginnt die Serie der Wechsel zwischen Zentral- und Partikularherrschaft, d.h. Phasen in denen Babylonien nur von einer Stadt aus regiert wird und solchen, in denen das Land in mehrere Stadtstaaten aufgeteilt ist. Erst im 2. Jt. konsolidiert sich schließlich die Zentralherrschaft als die normale Regierungsform. Möglicherweise spielte bei der raschen Durchsetzung des Staates von Akkad eine Rolle, dass dieser Versuch vom Norden ausging, der, wenn es darauf ankam, dem Süden als höher am Fluss sitzend immer strategisch im Vorteil war (für einen überlieferten Fall des Ausspielens dieses natürlichen Vorteils vgl. die Ereignisse unter Hammurapi (siehe dort)).

Erster Zentralstaat Babyloniens

Aufstände der Städte Dass der Wechsel zum Zentralstaat als tiefgreifende Änderung empfunden wurde, zeigen die dauernden, harten und jeden Nachfolger Sargons von Neuem begleitenden Aufstände von Koalitionen babylonischer Städte gegen die Zentralregierung, die mehrmals kurz vor einem Zusammenbruch stand. Zwar könnte man hierin einfach die Versuche der früher selbständigen Städte sehen, die Unabhängigkeit wieder zu erlangen, doch verraten verschiedene Aspekte einen weiteren Hintergrund.

Für die Zeit der Dynastie von Akkad ist die Quellensituation zwar besser als zuvor [GELB/KIENAST 2.6.5; A. WESTENHOLZ 2.6.5], doch sind wir nicht einmal in der Lage, die Regierungsdauer der einzelnen Herrscher genau zu bestimmen. Die einzige Quelle mit Zeitangaben, die Sumerische Königsliste, beginnt zwar in dieser Zeit gerade, den Herrschern vertretbar lange Regierungszeiten zuzuschreiben, doch variieren die Regierungszeiten in den beiden Fassungen der Liste zum Teil erheblich: Sargon: 40 J (ältere Fassung); 56 J. (jünger); Naramsin: 54 J. 6 Monate (älter); 37 J. (jünger). Zudem vertauscht die ältere Ur III-zeitliche Fassung [STEINKELLER, Kinglist 2.6.6] die Regierungsfolge von Rimuš und Maništusu. Obwohl man der älteren Quelle eine höhere Zuverlässigkeit zugestehen sollte, da ihre Abfassung zeitlich näher an der Zeit der Dynastie von Akkad liegt, kann sie doch insbesondere wegen ihrer Behandlung der vor-akkadischen Zeit (s.d.) keine höhere Glaubwürdigkeit beanspruchen, so dass hier sowohl die zeitlichen Angaben der jüngeren Fassung der Sumerischen Königsliste als auch die Abfolge Rimuš-Maništusu beibehalten werden.

Kriegszüge außerhalb Babyloniens Wie die innerbabylonischen Aktivitäten so standen vermutlich auch die häufigen Kriegszüge meist im Dienste der Behauptung der Zentralmacht. Solche Züge führten die Akkad-Herrscher bis nach Westsyrien, wo die Stadt Ebla offenbar von Sargon und Naramsin zerstört wurde (s. Bibliographie Abschnitt 2.8.1), und nach Anatolien, in die Länder am Persischen Golf und in das iranische Bergland. Die Beschreibung der Züge gegen Magan [wahrscheinlich ein Teil der Golfküste mit Oman: FRANKE-VOGT 2.3.3] zeigt, worum es bei diesen Unternehmungen ging: von dort wurde unter anderem Diorit geholt, der Stein, aus dem zahlreiche Herrscherstatuen verfertigt sind. Offenbar war die Zufuhr von Rohstoffen auf dem Handelswege nicht in der gewünschten Weise gewährleistet. Die Züge in den Zagros dienten dagegen eher der Grenzsicherung, wie wir spätestens aus der Zeit Naramsins wissen. Dessen Siegesstele [ORTHMANN 2.2.6: Taf. 104] berichtet von einem Kampf gegen die Lulubi, wohl eine Gruppe des Bergvolkes der Guti, deren Vordringen gegen Babylonien schließlich zum Untergang des Staates von Akkad beitrug.

Stärkung der Zentralmacht Dass sich der Zentralstaat von Akkad überhaupt so lange halten konnte, verdankt er zentralisierenden Maßnahmen, von denen wir leider nur die wenigsten kennen. So werden Familienangehörige – oder zumindest Leute aus der eigenen Umgebung, wie der Ausdruck „Söhne von Akkad" auch interpretiert wird – in wichtige Positionen der beherrschten Städte eingesetzt, dem Herrscher stand vermutlich eine „schnelle Eingreiftruppe" zur Verfügung, und die Bemerkung Sargons, er habe die Schiffe aus Magan und Dilmun [das heutige Bahrein POTTS,

Gulf 2.2.2] am Kai von Akkad anlegen lassen, zeigt an, dass er das Monopol für den Fernhandel an sich zog. Dies sind wohl Antworten auf das Scheitern der Vorgänger zur frühdynastischen Zeit, die ihr größeres Territorium wie einen erweiterten Stadtstaat behandelt hatten.

Wahrscheinlich gehört dazu auch eine Maßnahme Naramsins, deren Dimension nur schwer erschließbar ist. Inschriften dieses Herrschers und seiner Untergebenen zeigen, dass er von einer bestimmten Zeit an göttliche Ehren beanspruchte: er setzt in Inschriften seinem Namen das Gottesdeterminativ voran, lässt sich z. B. auf seiner Siegesstele mit dem Äquivalent zur Hörnerkrone, dem Symbol für Göttlichkeit darstellen, und wird von Untergebenen als „Gott von [der Stadt] Akkad" bezeichnet, so, wie sonst Stadtgötter benannt werden [FRANKE 2.6.5]. Nach damaliger Auffassung, nach der ein Stadtgott einen Teil des städtischen Territoriums beanspruchte, erhob also der Herrscher diesen Anspruch und musste damit automatisch mit den vorhandenen Göttern bzw. deren Priesterschaften in Konflikt geraten. Hintergrund ist vermutlich der Versuch einer Neuverteilung des Grundbesitzes zwischen den lokalen Tempeln und der Zentralmacht, ausgedrückt in den damaligen Denkkategorien [KIENAST 2.3.2]. Dass eine lange Inschrift davon berichtet, dass ihn das Volk aufgrund seiner siegreichen Schlachten zum Gott erhoben habe, ist wohl eher Teil der herrscherlichen Selbstdarstellung.

Selbstvergöttlichung

Konflikte mit den Priesterschaften

Den zweiten Hinweis liefert eine in etwas jüngerer Zeit entstandene Dichtung, von uns „Fluch über Akkad" genannt, deren Quintessenz ist, dass Naramsin sich gegen die Götter vergangen habe, sogar den Tempel des obersten Gottes Enlil des Landes in Nippur zerstört und damit den Zorn der Götter auf sich gezogen habe. Insbesondere die Göttin seiner Stadt Akkad, Ištar, zeigt sich unnachgiebig, unterstützt den Plan Enlils, als Strafe die Guti ins Land zu rufen und triumphiert zum Schluss über die Zerstörung ihrer eigenen Stadt [COOPER, Curse 2.3.5; WILCKE 2.2.2]. Dies als Tendenzdichtung zu entlarven, fällt uns schon deswegen leicht, weil die Grabungen am Enlil-Heiligtum in Nippur bezeugen, dass statt einer Zerstörung Bauinschriften eindeutig belegen, dass Naramsin dort gebaut hat. Offenbar wurde der oben vermutete Angriff auf die Macht der Tempel in die Behauptung von einer physischen Zerstörung des Zentralheiligtums gekleidet

Für den möglichen Kontext müssen wir noch einmal zu Grundgegebenheiten des Landes zurückkehren. Der Rückzug des Wassers hatte das Betreiben eines Bewässerungssystems zu einer komplizierten Angelegenheit gemacht, die eine Verwaltung, insbesondere für die konfliktträchtige Verteilung des nie ausreichenden Wassers brauchte. Optimaler Sitz einer solchen Kanalverwaltung ist die Stelle, an der der jeweilige Hauptkanal aus dem Fluss abgeleitet wird. Die Autorität für die Verwaltung der Bewässerungsanlagen muss daher in den einzelnen lokalen Zentren liegen, nicht bei einer zentralen Regierung fernab von den täglichen Problemen. Hierin liegt neben dem Streben nach Selbständigkeit mit Sicherheit ein wichtiger Grund für den zähen Widerstand der Städte gegen eine zentrale Regierung. Da die Betonung der lokalen Eigenständigkeit ihren Ausdruck in der Ideologie des Stadtgottes bzw. sogar im rigiden Konzept

Mehrfacher Wechsel zwischen Zentral- und Partikularmacht

des Gottesstaates gefunden hatte, waren die Tempel die natürlichen Vorkämpfer der Selbständigkeit. Der Zentralstaat bot dagegen Vorteile in der Bewältigung territorialer Konflikte, sowie in der Verstärkung der Macht nach außen. Der jetzt sichtbare und die nächste Zeit beherrschende Wechsel zwischen einer Zentralregierung und einer Aufgliederung in lokale Zentren ist daher kein Wechsel zwischen „Haupt-" und „Zwischenzeiten", wie das bisweilen ausgedrückt worden ist [EDZARD 2.6.7], sondern ist als Wechsel zwischen zwei gleich berechtigen Alternativen, die jeweils Antworten auf wichtige Probleme des Landes anboten, zu begreifen.

Verhältnis Sumerer – Akkader

Bisweilen ist vermutet worden, dass Aufkommen und längeres Bestehen des Zentralstaates auf die andersartige kulturelle und gesellschaftliche Tradition der neuen akkadischen Leitung zurückzuführen sei [KIENAST 2.3.2]. In der Tat scheint das Zusammentreffen einer neuen Regierungsform und einer neuen Kunstauffassung (s.u.) mit der Übernahme der Macht durch die Akkader ein Argument für Forscher zu bieten, die einen ethnischen Grundkonflikt ausmachen wollen [z. B. STEINKELLER und WESTENHOLZ in: LIVERANI 2.6.5], doch ist diese akkadisch sprechende Gruppe seit Jahrhunderten im Lande ansässig und so integriert, dass F. R. KRAUS, der sich eingehend mit diesem Problem beschäftigt hat, zum Schluss kommt, dass unsere Quellen nicht erlauben, im Sinne von ethnischen Konflikten gegeneinander stehende Sprachgruppen zu isolieren, dass vielmehr von unseren frühesten Quellen an eine hoch entwickelte Symbiose bestanden habe [KRAUS 2.6.3: 99; s. auch den Abschnitt „Sumerer und Akkader" II.4.5 und die Bibliographie 2.6.3]. Die Nutzung der eigenen Sprache für die offiziellen Inschriften der Dynastie von Akkad ist eher als Betonung der Eigenständigkeit, weniger als anti-sumerisch zu verstehen, da sonst kaum zu erklären wäre, dass Sargons Tochter Enheduana einen gut sumerischen Namen trägt und als Verfasserin sumerischer Dichtungen bekannt ist [HALLO/VAN DIJK 2.2.8; WINTER, Disk 2.2.6].

Eindringen der Guti

Der genannten Behauptung, der oberste Gott Enlil habe als Strafe für die Zerstörung seines Tempels durch Naramsin die Guti ins Land gerufen, entspricht, dass von den späten Jahren Naramsins an und dann besonders unter seinem Sohn Šarkališarri Gruppen unter dem Hauptnamen der Guti aus den östlichen Bergländern gegen Babylonien drängten. Gegenüber der Aussage der sumerischen Königsliste, eine Dynastie der Guti habe Babylonien beherrscht, hatten diese sich jedoch nur am östlichen Rand Babyloniens niedergelassen, von wo sie allerdings gefürchtete Raubzüge unternahmen. Die sowieso immer gefährdete Zentralmacht wurde offenbar dadurch so geschwächt, dass die lokalen Stadteliten den Staat von Akkad noch während der Regierung Šarkališarris bis auf sein ursprüngliches Stadtgebiet zurückdrängen konnten. Nach einem Interregnum von 3 Jahren, in denen sich offenbar vier Könige die Herrschaft streitig machten – die Sumerische Königsliste kommentiert: „wer war König, wer war nicht König? –, konnten sich zwei Herrscher, die nicht der vorigen Dynastie angehörten – Šudurul und Dudu –, schließlich noch einige Jahre in Akkad behaupten, sogar das Territorium ausdehnen, ohne aber an die territoriale Tradition anknüpfen zu können [GLASSNER 2.6.5]. Während dieser Jahre musste sich Akkad offenbar mit der sogenannten 4. Dynastie von Uruk, den Guti und vermutlich auch dem Beginn der sogenannten 2. Dynastie von Lagaš („Gudea") in die Macht teilen. Da die Nachrichtenlage für diese Zeit insgesamt sehr dürftig ist, erscheint eine weitere Zersplitterung möglich. Gegen Ende der Akkad-Zeit war also die schon seit langem von den Städten erstrebte Situation eingetreten, bei der die Macht wieder auf sie zurückgegangen war.

Erneute Aufteilung in Partikularmächte

Für die Besonderheiten der Zeit der Akkad-Dynastie nur auf die politischen Veränderungen zu verweisen, hieße einen wichtigen Aspekt zu vernachlässigen, der unterstreicht, dass mit dem Beginn der Dynastie von Akkad ein weitaus umfassenderer Wandel eingetreten war als nur eine Veränderung in der politischen Führung. Von den vermutlich auch auf zahlreichen anderen Gebieten eingetretenen Veränderungen können wir die im Bereich der Kunst am besten fassen. Gegenüber einer meist unproportionierten, oft schematischen Darstellung wird jetzt in den Szenen der Rollsiegel bei menschlichen und tierischen Figuren die Natürlichkeit durch Angabe von Muskeln betont; gegen die frühere Engführung der Komposition mit zahlreichen Überschneidungen wird jede Figur als Einzelgestalt herausgestellt [BOEHMER 2.6.5]. Durch scharfe Betonung der Konturlinien werden die Figuren zudem vor den Hintergrund gestellt, der damit zum ersten Mal zum Kompositionselement wird. Offenbar wurde angestrebt, das Individuelle kenntlich zu machen, freilich nicht im Sinne einer Portraitierung [NISSEN 2.2.6].

Kunst der Zeit der Akkad-Dynastie

Neben dem althergebrachten Thema des Tierkampfes überwiegen Darstellungen, die auf Göttermythen zurückgehen. Leider gelingt in den wenigsten Fällen eine Identifizierung mit Teilen der literarischen Tradition, da wahrscheinlich damals populäre Episoden der Mythen in der Kunst wiedergegeben wurden, die keineswegs dem entsprechen müssen, was uns Heutigen als die Hauptaussage eines literarischen Werkes erscheint. Wir könnten darüber hinaus schon deswegen viele kaum benennen, weil wir die Mythen nur in ihrer späteren, kanonisierten und daher überlokalen Fassung kennen, nicht dagegen die lokalen Vorläufer oder diejenigen, die nicht in die Kanonisierung einbezogen worden waren, geschweige denn diejenigen, die es aus ihrer mündlichen Form aus welchen Gründen auch immer nie zu einer schriftlichen Fixierung gebracht haben [NISSEN in: LIVERANI 2.6.5; BERNBECK 2.6.5]

Die Darstellung von miteinander kämpfenden Göttern zeigt genauso eine andere Einstellung den Göttern gegenüber an, wie das Aufkommen der so genannten Einführungsszene, bei der die Vorstellung ins Bildliche umgesetzt ist, dass der Zugang zu einer höheren Gottheit nur durch Vermittlung einer niederen Gottheit möglich ist [HAUSSPERGER 2.2.6; s. auch WINTER, King 2.2.6].

Die allgemeine Vermutung, dass die Wahl des Siegelthemas vom beruflichen oder sozialen Status abhing, findet für die Zeit der Dynastie von Akkad darin eine Unterstützung, dass eine häufige, wappenartige Darstellung des Tierkampfes überdurchschnittlich häufig mit Inschriften versehen ist, die anzeigen, dass der

Inhaber dem Herrscherhaus oder der Gruppe hoher Beamter angehört [EDZARD 2.6.5; NISSEN in: LIVERANI 2.6.5].

Siegesstele des Naramsin
Ein Höhepunkt künstlerischer Gestaltung ist die Stele des Naramsin, die seinen Sieg gegen die Lulubi, eine Gruppe aus den östlichen Bergländern, feiert [AMIET; BÄNDER; WINTER (alle 2.6.5)]. Außer den genannten Stilmitteln werden landschaftliche Elemente eingeführt, sowie die im alten Vorderasien singuläre Darstellungsweise, bei der einzelne Elemente aufeinander bezogen werden: die Hände der übereinander stehenden bittflehenden Feinde am rechten Rand werden nicht einfach in den Raum gestreckt, sondern so, dass jeweils die Sichtachse zwischen Gesicht des Flehenden, der erhobenen Hand und dem Gesicht des Angeflehten auch bei verändertem Blickwinkel erhalten bleibt [zur Möglichkeit der Beeinflussung von Ägypten: BÖRKER-KLÄHN, Reichsakkadisch 2.2.6].

Deutlich wurden somit in der künstlerischen Gestaltung die früher engen Konventionen sowohl in der Art der Darstellung, als auch in der Wahl der Themen durchbrochen. Auch für diese Veränderung ist das nun politisch dominierende akkadische Bevölkerungselement verantwortlich gemacht worden [MOORTGAT, Kunst 2.2.6]. Dagegen spricht nicht nur, dass die meisten Beispiele aus dem immer noch von Sumerern dominierten Süden stammen, sondern vermutlich stehen die Veränderungen mit dem neuen politischen Stil in Verbindung, der sich durch den Versuch, die Macht der Priesterschaften, nach deren Ideologie der Mensch nur ein „Teil der Vielheit" war, zurückzudrängen, und die Betonung „säkularer" Grundsätze wie auch des Einzelnen auszeichnet [NISSEN 2.2.6].

Architektur der Zeit der Akkad-Dynastie
Zur Architektur dieser Zeit sind leider so gut wie keine Aussagen zu machen. Zwar kennen wir einige Wohnkomplexe aus dem Diyala-Gebiet [DELOUGAZ/HILL/LLOYD 2.2.7], doch kann das nicht überdecken, dass – insbesondere aus dem öffentlichen Bereich – sonst kaum etwas bekannt ist. Dies ist deswegen besonders bedauerlich, weil man bei der oben angedeuteten Veränderung im Verhältnis zu den Göttern vermuten könnte, dass dies sich auch in den Formen der Kultbauten niedergeschlagen haben könnte. Vergleicht man den Normalplan von Tempeln der Frühdynastischen Zeit mit dem von Tempeln der Zeit der III. Dynastie von Ur [Beispiele in HEINRICH, Tempel 2.2.7], so sind durchaus Unterschiede zu sehen, die ihren Ursprung in der Zeit der Dynastie von Akkad gehabt haben könnten. Gegenüber einer größeren Breite von Möglichkeiten in der Frühdynastischen Zeit, deren Gemeinsamkeiten nur in einem Altar und einer Nische für das Kultbild bestanden, wird der Grundriss quasi kanonisiert. An einer Seite eines von Räumen umgebenen Hofes sind eine Vorzelle und eine Zella so angeordnet, dass sie vom Hof aus durch breite, in einer Achse liegende Durchgänge zu betreten sind. Aber selbst wenn man diese neue Grundrissform in die Akkad-Zeit zurückverlegen wollte, hätten wir aus Mangel an schriftlichen Quellen immer noch keine Möglichkeit, diesen Vorgang mit Veränderungen auf dem Gebiet der Religion zu verbinden [A. WESTENHOLZ 2.6.5: 78–84].

Nachruhm der Akkad-Dynastie
Insgesamt galt die Zeit der Dynastie von Akkad sowohl Zeitgenossen, wie aber auch nachfolgenden Generationen als eine ruhmreiche Epoche. Das Verhal-

ten von Sargon und seinem Enkel Naramsin wird sowohl im positiven wie auch im negativen Sinne als exemplarisch herausgestellt, und sie werden in vielfältiger Weise in der späteren Literatur als Protagonisten verwendet [M. LIVERANI und P. MICHALOWSKI in: LIVERANI 2.6.5]. Beigetragen hat sicher auch, dass Enḫeduana, die von Sargon als oberste Priesterin des Mondgottes Nanna in Ur eingesetzte Tochter, auch späteren Generationen noch als die Verfasserin bekannter Dichtungen geläufig war. Und schließlich gehört sicher hierher, dass zahlreiche Kunstwerke der Akkad-Zeit, wie zum Beispiel die genannte Siegesstele des Naramsin, offensichtlich noch lange öffentlich sichtbar waren, zumindest bis in das 12. Jh., als der Elamiter Šutruk-Naḫḫunte bei seinem Raubzug durch Babylonien dieses Kunstwerk mit anderen nach Susa verschleppte und sie dort in seinem Palast aufstellte (siehe das nächste Kapitel).

Dieser Wertschätzung der Zeit der Dynastie von Akkad sowohl in der unmittelbaren Nachfolge als auch in unserer Perspektive entspricht leider in keiner Weise unsere Nachrichtenlage. Zwar hat der vorausgehende Abschnitt den Eindruck vermittelt, dass wir in wesentlichen Punkten besser unterrichtet sind als über die vorhergehende Zeit, doch täuscht das darüber hinweg, dass wir nur über vergleichsweise wenige Originalquellen verfügen. Unsere Kenntnisse stammen zu einem überwiegenden Teil aus Abschriften, die in späterer Zeit von damals noch zugänglichen aber heute verlorenen Originalinschriften angefertigt wurden. Um unsere Kenntnis der damaligen Kunst wäre es schlecht bestellt, wenn nicht der vorher genannte Elamiterkönig auf seinem Raubzug durch Babylonien alle ihm erreichbaren Kunstwerke – der überwiegende Teil aus der Akkad-Zeit – eingesammelt und nach Susa verschleppt hätte, wo sie Ende des 19. Jh. n. Chr. von einer französischen Expedition gefunden wurden. Von den zahlreichen Rollsiegeln dieser Zeit sind die wenigsten in regulären Grabungen entdeckt worden, sondern sie stammen fast alle aus Raubgrabungen. Ihr zum größten Teil in europäischen Augen ausgesprochen ästhetisches Aussehen hat sie von früher Zeit an zu einem begehrten und gut bezahlten Sammelobjekt gemacht, was die Raubgräber auf ihre Weise beantwortet haben. Schließlich wurde oben schon angemerkt, dass wir so gut wie keine Architektur aus dieser Zeit kennen. Hauptgrund ist wohl, dass zur Akkad-Zeit besiedelte Orte auch danach noch lange bewohnt blieben, so dass die Schichten der Akkad-Zeit meist unerreichbar unter vielen Metern späterer Ablagerungen liegen.

6.2 GUDEA VON LAGAŠ (2141 BIS 2122 V. CHR.)

Der spätere Teil der Zeit, als Akkad wieder auf die Größe eines Stadtstaates geschrumpft und damit nur einer von mehreren war, wird von den Hinterlassenschaften des Gudea von Lagaš beleuchtet, der als Stadtherrscher offensichtlich eine Restauration vor-akkadischer Zustände anstrebte [zur Frage ob Gudea ein Zeitgenosse Urnammas oder älter war s. FALKENSTEIN 1.2.6.2: Bd. III; STEIBLE 2.6.6; EDZARD 2.6.6]. Nicht nur in seiner Verwendung der sumerischen Spra- Wiederaufnahme älterer Konzepte unter Gudea che in seinen Inschriften knüpft er an die Tradition der vor-akkadischen Zeit an, sondern auch im Gebrauch des altertümlichen Titels „ensi", wohl als bewusste Demutsgeste gegenüber den Göttern im Gegensatz zu dem von den Akkadern verwendeten lugal oder šarru „König". Seine Prätention, nur den Göttern gefällige Werke durchgeführt zu haben, beherrscht seine Inschriften in einem solchen Maße, dass wir über politische Aktivitäten kaum etwas erfahren. Nur wenige Hinweise lassen uns erahnen, dass die Zeiten wohl nicht ganz so friedlich waren und dass die angebliche Friedfertigkeit, die sich sogar auf die wilden Tiere erstreckt, eine konsequent durchgehaltene Stilisierung war [PONGRATZ-LEISTEN 2.6.6]. Hier tritt uns in der Reprise wohl am deutlichsten, in möglicherweise radikalerer Form als beim Vorbild, das Konzept der Tempelstadt entgegen [FALKENSTEIN 2.6.2].

Gudea-Statuen Von Gudea sind nicht weniger als 26 Statuen bekannt, oft mit langen Inschriften versehen [COLBOW 2.6.6; JOHANSEN 2.6.6; STEIBLE 2.6.6; ORTHMANN 2.2.6: Taf. 53–57], die mit ihren Angaben über die Rituale bei der Her- und Aufstellung der Statuen sowie über ihre Bestimmung als dauernd im Angesicht eines Gottes für das lange Leben des Stifters Betende sowohl unsere Interpretation solcher Statuen als Beterstatuen bestimmt haben [BRAUN-HOLZINGER 2.6.4], wie auch in neuerer Zeit Anlass dazu gegeben haben, den Charakter solcher Statuen als durch Rituale lebendig gemachte Wesen zu bestimmen [WINTER 2.6]. Zwei lange Kompositionen auf Tonzylindern berichten mit vielen Details über den Bau des Haupttheiligtums seiner Stadt [FALKENSTEIN/VON SODEN 1.1; WILSON 1.1; EDZARD 2.6.6]. Gudea rühmt sich darin, dass eine Reihe fremder Völker durch Heranschaffen kostbarer Rohmaterialien zum Gelingen der kultischen Bauvorhaben beigetragen habe: Bauholz und Stein aus dem Amanus-Gebirge (Libanon), Stein und Metall aus Elam und dem Golfgebiet. Solche Direktkontakte setzten wohl eine gewisse politische Ruhe und Sicherheit der Handelswege voraus, und sind ein Indiz für trotz allem eher ruhige Zeiten.

Die Statuen stellen eine merkwürdige Mischung verschiedener Traditionsstränge dar, insofern als sie in der Behandlung der Gesichter und Köpfe wie auch in der Angabe von Muskulatur eindeutig das akkadische Erbe aufnehmen, daneben aber eine blockhafte, die natürlichen Körperproportionen negierende Gesamtgestaltung bevorzugen, wie sie mühelos auf Vorbilder der vor-akkadischen Zeit zurückgeführt werden kann [BECKER 2.6.6; WINTER, Body 2.6.6]. Der bisweilen für diese Zeit gebrauchte Begriff der „(Sumerischen) Renaissance" hat also durchaus seine Berechtigung.

6.3 Die Zeit der III. Dynastie von Ur (2112 bis 2004 v. Chr.)

In der Zeit der Dezentralisierung der politischen Macht auf einzelne Stadtstaaten nach der Auflösung des Reiches von Akkad war bereits der Keim gelegt für eine
Vertreibung der Guti neuerliche Zusammenfassung, denn um die Gutigefahr zu beseitigen, bildete sich eine Koalition unter der Führung von Utuḫegal von Uruk [RÖMER 2.6.6].

Die Entscheidungsschlacht hatte neben der Vertreibung der Guti einen solchen Prestigegewinn des Siegers zur Folge, dass nach kurzer Zeit Urnamma, der Bruder Utuhegals, von der Stadt Ur aus eine neue Zentralherrschaft begründen konnte. Seine Dynastie wird in der sumerischen Königsliste als die dritte geführt, die in Ur regierte, verkürzt als Ur III bezeichnet (zur schriftlichen Überlieferung der Ur III-Zeit siehe jetzt [SALLABERGER 2.6.6]).

Dies ist die erste Zeit, aus der wir genügend Herrscherinschriften sowie nach den einzelnen Jahren der Herrscher datierte Wirtschafts- und Verwaltungsurkunden besitzen, dass wir nicht nur die Abfolge der Herrscher zweifelsfrei festlegen können sondern auch die Zahl der Regierungsjahre. Wir sind also nicht mehr nur auf die Angaben der Sumerischen Königsliste angewiesen; die ältere Fassung hätte sowieso nicht viel weiter geholfen, da sie Šulgi, dem 2. Herrscher der III. Dynastie von Ur gewidmet ist, also die Nachfolger nicht mehr aufführt.

Von Beginn an zeigt sich, wie sehr Urnamma auf frühere Vorgänge reagiert, wohl unter dem Eindruck der Wirren der letzten Jahre des akkadischen Reiches, deren Erinnerung sicher noch sehr lebendig war, wenn nicht Urnamma sie selbst noch erlebt hat. In seinen Augen waren die Probleme wohl hauptsächlich das Ergebnis von Mängeln in der Organisation, denn wir sehen, dass hier entscheidende Änderungen vorgenommen werden. Babylonien wird in Verwaltungsbezirke mit getrennter ziviler und militärischer Leitung eingeteilt [KRAUS 2.6.6]; als „ensi" bezeichnete örtliche Statthalter waren dem König direkt verantwortlich, ebenso wie die Führer der Garnisonen, und waren offenbar versetzbar; ein Heer von Boten sorgte für einen dichten Informationsfluss: alles Maßnahmen, die wohl Aufstände verhindern sollten, von denen wir in der Tat unter Urnamma nichts hören. Dass es dennoch örtliche Widerstände gab, wird erst dann sichtbar, als schließlich unter seinen Nachfolgern das Hereindrängen einer neuen Bevölkerungsgruppe die Zentralregierung vor unvorhergesehene Probleme stellt [BUCCELLATI 2.6.6; WILCKE, Amurriter 2.6.6].

Weitere Maßnahmen zur Stärkung der Zentralmacht

Neben der Stärkung der Zentralmacht wird eine Politik der Beschwichtigung gegenüber den Priesterschaften daran erkennbar, dass Urnamma das Hauptheiligtum seiner Stadt Ur nach einem neuen Schema um- und ausbauen lässt, dem auch die Hauptheiligtümer zahlreicher anderer Städte seines Reiches folgen. Die uralte Bauform des Tempels auf einer Terrasse bekommt unter Urnamma ihre von nun an kennzeichnende Gestalt: Zentrum einer Reihe von Hofsystemen ist ein Massiv aus mindestens zwei aufeinander gesetzten Terrassen, auf denen ein Tempel steht: eine „Ziqqurrat". Eine zentrale Treppe führt mittig auf die Höhe der ersten Terrasse, während zwei zum gleichen Punkt führende Treppen sich an die Seiten der gleichen Terrassenfront anlehnen. Diese Form bleibt im Prinzip für Jahrhunderte unverändert, nur dass sich die Zahl der Stufen erhöhen kann und die Gesamtgröße zunimmt, und sie findet ihren letzten Ausdruck im „Turm zu Babel" Nebukadnezars II., Anfang des 6. Jh. v. Chr. [HEINRICH, Tempel; LENZEN; NISSEN, Macht; SCHMID, Tempelturm; VAN ESS (alle 2.2.7)].

Ziqqurrat: einheitliche Bauform

In den gleichen Bereich der leiseren Politik gegenüber den Priesterschaften könnte gehören, dass Urnamma sich nicht vergöttlichte und auch nicht von seinen Untertanen so angeredet wurde. Dies war wohl ein bewusster Verzicht, denn das Konzept muss durchaus noch lebendig gewesen sein, da sein Sohn Šulgi die Vergöttlichung wieder übernimmt, wie dann auch seine Nachfolger.

Trotz aller Beschwichtigungsmaßnahmen scheint es Gegenbestrebungen gegen den Zentralstaat gegeben zu haben. Nicht nur die partikularistische Alternative sondern auch andere Herausforderungen verlangten nach Aufmerksamkeit. So mussten auch Lösungen für ein anderes Problem gefunden werden, das sich seit langem verschärft hatte. Wie berichtet hatte der Rückgang des Wassers in den Flüssen Auswirkungen verschiedener Art auf die babylonische Gesellschaft, nicht zuletzt die enorme Verstädterung mit ihren politischen und gesellschaftlichen Folgen. Konkret war aber auch ein sparsamerer und intensiverer Umgang mit dem Bewässerungswasser gefordert, um so viel Land wie möglich unter dem Pflug zu halten. Sichtbares Zeichen ist die seit der Akkad-Zeit zunehmende Erwähnung von Zusatzvorrichtungen der Kanalsysteme wie Stauwehre und Rückhaltebecken, um Wasser so lange wie möglich zur Verfügung zu halten [Nissen 2.6].

Bodenversalzung

Zusammen mit dem natürlichen Wunsch, möglichst alles Wasser zur Bewässerung zu verwenden und nichts ohne Nutzen abfließen zu lassen, beschleunigte dies einen Vorgang, der von anderer Richtung her eine Beschränkung des bebaubaren Bodens hervorrief: die Versalzung des Bodens. Die hohe Verdunstungsrate in den heißen Monaten des Wasserhochstandes führt zu einer Ablagerung der in jedem Wasser gelösten Salze auf den Fluren. Dasselbe geschieht mit den Salzen des Grundwassers, von dem ein Teil dauernd durch die Kapillarwirkung an die Oberfläche gelangt. Diese Salze könnten im günstigen Falle durch überschüssiges Wasser abgeführt werden. Unterbleibt dies jedoch und wird der Vorgang noch dadurch unterstützt, dass sich in den Becken zuvor schon der Salzgehalt angereichert hatte, kann in relativ kurzer Zeit der Boden zu salzig werden, um Pflanzen gedeihen zu lassen. Es gibt Hinweise, dass der südliche Teil der Provinz Lagaš gegen Ende des 3. Jt.s auf diese Weise zunehmend ausfiel [Jacobsen 2.3.7; Jacobsen/Adams 2.3.7; jetzt alle Quellen gesammelt in Huh 2.6], und wir hören aus Feldertexten aus Ur aus der Ur III-Zeit, dass bei der Feststellung der Ertragsfähigkeit von Feldern verschiedene Grade der Versalzung unterschieden wurden [Pettinato 2.6.6; kritisch aber Powell 2.3.7].

Planwirtschaft

Um die Versorgungslage unter Kontrolle zu halten, wurde die schon vorhandene Planwirtschaft verschärft. Zentren waren die so genannten „Großen Haushalte", d.h. vor allem die Tempel und Paläste, die ihre Geschäfte als selbständige, autarke Haushalte führten und bei denen Heerscharen von Arbeitern und Handwerkern beschäftigt waren, die ihren Lohn in Naturalien erhielten [Englund, Organisation 2.6.6; Steinkeller, Administration 2.6.6]. Ziele einer kleinteiligen Buchführung, bei der alles schriftlich festgehalten wurde, waren einmal die Vorausberechnung der wirtschaftlichen Entwicklung, d.h. die Erhebung von Planungsdaten, und zum anderen die Verhinderung von Verlusten durch irreguläre Manipulationen. Die Totalität der Kontrolle wird besonders deutlich, wenn Aufseher von Arbeitergruppen zu Beginn des Jahres genau vorgerechnet bekamen, wie viel ihre Gruppe zu leisten hatte – unter Einrechnung von Frei- und Fehltagen –, und jedes bei der Abrechnung am Ende des Jahres ermittelte Defizit in der Vorausberechnung für das nächste Jahr als Soll aufgeführt wurde [ENGLUND, Work 2.6.6].

Eine Zentralverwaltung hatte übergeordnete Interessen zu verfolgen. Es war daher möglich, den von der Versalzung am härtesten getroffenen Süden durch massive Verschiffung von Gerste aus dem Norden am Leben zu erhalten. Zum ersten Male wird unter Šulgi durch die Einrichtung eines zentralen Viehhofes in Puzriš-Dagan bei Nippur auch die Viehwirtschaft einer zentralen Kontrolle unterworfen, nachdem diese sich naturgemäß immer leicht einer zu engen Kontrolle hatte entziehen können.

Diese Dinge sind uns deswegen so gut bekannt, weil der Sohn des Dynastiegründers, Šulgi, in seinem 21. Regierungjahr offenbar Maßnahmen mit der uns erkennbaren Auswirkung durchführte, dass nun die Mehrzahl wirtschaftlicher Vorgänge schriftlich festgehalten wurde; wir vermuten, dass dies nur ein Teil umfassenderer Reformen war [dazu zuletzt SALLABERGER 2.6.6: 146–148], zu denen die Einrichtung eines Botensystems ebenso gehörte wie die Festlegung einheitlicher Maße und Gewichte („Maß des Šulgi"), die Einführung eines neuen Kalenders oder die oben erwähnte Errichtung eines zentralen Viehhofes. Aus jedem der folgenden Jahre bis zum Ende der Dynastie sind uns Tausende von Urkunden aller Art erhalten, die uns detaillierte Einblicke wie für kaum eine andere Zeit ermöglichen. Ziel war vermutlich, den Effekt der oben genannten Kontrollen auch überprüfbar zu machen [STEINKELLER, Administration 2.6.6]. Die so überaus feingewirkte Wirtschaftsverwaltung der Zeit der III. Dynastie von Ur, insbesondere auch das so enorme Anschwellen an schriftlichen Nachrichten, ist also letztendlich nichts anderes als das Ergebnis einer Mängelverwaltung.

Verwaltungsreform

Nach außen waren Šulgi und seine Nachfolger vor allem mit der Sicherung der Grenzen beschäftigt, insbesondere gegen die Gruppen aus dem östlichen Bergland. Šusin übertrug die Koordinierung dafür Ir-Nanna, dem damit zweitmächtigsten Manne im Staate mit dem Titel eines „Sukkal-maḫ" (etwa „Großwesir"), der Gouverneur der Provinz Lagaš war, dem aber zugleich die nicht direkt zum Reich gehörenden Gebiete östlich des Tigris unterstellt wurden. Welche Machtfülle damit verbunden war, geht schon allein daraus hervor, dass Ir-Nannas Bereich erheblich größer als das eigentliche Kerngebiet war [HUH 2.6].

Gefährlicher wurde die Wanderungsbewegung semitischer Gruppen, die unter dem Namen Amurru oder Amoriter von Nordwesten nach Babylonien drängten. Nach unklaren Anfängen sind die Ausmaße zur Zeit Šusins so groß, dass er sich gezwungen sah, einen Schutzwall westlich des heutigen Bagdad namens: „der die Tidnum (= Amurru) fernhält" zu errichten, der das Kernland abschirmen sollte. Dennoch ging von diesen Gruppen die entscheidende Schwächung des Reiches aus.

Einwanderung der Amurriter

Das Ende der III. Dynastie von Ur wurde zwar durch den Einfall eines elamischen Heeres und die Wegführung des letzten Königs Ibbi-Sin nach Elam besiegelt, doch hatten andere Faktoren das Reich bereits in die Auflösung getrieben.

Ende der III. Dynastie von Ur

Die mit der Machtübernahme amurritischer Gruppen in einigen babylonischen Städten verbundenen Vorgänge sind zum Teil in einer erhaltenen Korrespondenz zwischen Ibbi-Sin, dem letzten Herrscher von Ur, und einem der neuen Herren, Išbi-ʿErra, fassbar, der wohl zuvor in königlichen Diensten gestanden hatte, sich in der Zwischenzeit aber zum Herren der Stadt Isin erhoben hatte. Ibbi-Sin versucht ihn zur Rückkehr zur Loyalität zu bewegen, erhält aber zur Antwort, dass der oberste Gott Enlil ihm die Herrschaft übertragen habe, was wiederum den König zur Klage veranlasst, dass er von Enlil verlassen worden, aber sicher sei, dass letztendlich Enlil ihm seine Macht zurückgeben werde [WILCKE, Niedergang 2.6.6].

Die Absatzbewegung von der Zentralregierung hatte also zu dieser Zeit bereits Isin südlich von Nippur erfasst, so dass sich nicht einmal mehr das Reichsheiligtum Nippur im loyalen Territorium befand. Dennoch konnte sich Ur noch über 10 Jahre lang halten. Dagegen musste sich verheerend auswirken, dass der unter fortschreitender Versalzung leidende Süden von der Getreidezufuhr aus dem Norden abgeschnitten war. Preissteigerungen bis zum 60-fachen waren die Folge, verbunden mit einer Inflation, die zu Hungersnöten führte [GOMI 2.6.6]. Der auf diese Weise moralisch und tatsächlich geschwächte Süden konnte dem von Osten einfallenden Heer der Elamiter nichts entgegensetzen.

Während sich so einige Aspekte durchaus benennen lassen, bleibt die Hauptfrage ungeklärt: wie es möglich war, dass die in Babylonien neu angekommenen Gruppen der Amurriter, die vor kurzem noch mit der üblichen Beschimpfung für Nicht-Sesshafte, dass sie „weder Vater noch Mutter kennen" oder „wie Hunde bellen", versehen worden waren, innerhalb kurzer Zeit die Macht in den babylonischen Städten übernehmen konnten. Neben der alten Aversion gegen eine Zentralmacht wird hier die Unzufriedenheit mit der rigiden Ur-III Verwaltung eine Rolle gespielt haben.

Allgemeine, exportierbare Verwaltungsstrukturen

Trotz der kurzen Regierungsdauer der III. Dynastie von Ur von 109 Jahren hat diese Zeit in entscheidender Weise die Weichen für die Zukunft gestellt. Mit der Einteilung in Verwaltungsbezirke, der Schaffung eines Apparates von Beamten mit festliegender Ausbildung [WAETZOLDT, Schulen 2.3.1] wurde die Regierungsfähigkeit der Zentralmacht erheblich gestärkt und zugleich in die Lage versetzt, sich eine gewisse Dezentralisierung und Pflege lokaler Bedürfnisse leisten zu können. Insgesamt wurde eine Allgemeingültigkeit der Prinzipien von Verwaltung und Regierung erreicht, die auf diese Weise für andere Regionen interessant wurden, in denen selbst der Druck für die Ausbildung eigener Strukturen nicht gereicht hatte.

Veränderungen im Schreiberwesen

Wichtig dabei ist die Veränderung im Schreiberwesen. Zwar haben wir keine expliziten Nachrichten über die Ausbildung von Schreibern vor dem beginnenden 2. Jt., doch deutet alles darauf hin, dass sie von Anfang an immer eine Aufgabe der großen Haushalte, d.h. der Tempel und zunehmend der Paläste war. Die Ausbildung musste sehr breit sein, da der Schreiber von jeher gleichzeitig auch der Fachmann für die Verwaltung und die Feldvermessung war. Bereits ab der Zeit, aus der wir die ersten nicht-wirtschaftlichen Texte kennen, ist aber wenig vorstellbar, dass der Verfasser der langen Königsinschriften oder der literarischen Kompositionen, wie sie zum ersten Mal in den Texten aus Fara auftauchen, nebenher auch Gerichtsprotokolle anfertigte oder die Zugänge eines Speichers notierte. Spätestens für die Zeit der III. Dynastie von Ur, vor allem für die Zeit nach der erwähnten Verwaltungsreform, wird sich eine Differenzierung je nach Tätigkeit in den höheren Bereichen der Schreibkunst oder in den Kanzleien der Wirtschaftsverwaltung auch in der Ausbildung entwickelt haben [WAETZOLDT, Schreiber 2.3.l; PEARCE 2.3.l]. Das hat sich sicher einerseits niedergeschlagen in der Ausweitung der literarischen Produktion [MICHALOWSKI, Correspondance; Lamentation 2.6.6], u. a. im Aufkommen der neuen Gattung der Königshymnen [KLEIN 2.6.6; WILCKE, Shulgi 2.6.6], anderseits in der Bildung von auf die Ausbildung von Kanzleischreibern ausgerichteten Schulen.

Da im Bereich der Wirtschaft Vorgänge nach bestimmten Regeln abliefen, folgte auch die schriftliche Form diesen Regeln. Formulare, die im Wortlaut weitgehend feststanden und bei denen nur die jeweils veränderlichen Angaben eingefügt werden mussten, werden häufig in der Ur III-Zeit [ENGLUND, Organisation 2.6.6] vermutlich als Folge des enormen Neubedarfs an Schreibern von der Zeit an, als durch die „Reformen" Šulgis plötzlich auf vielen Gebieten die schriftliche Niederlegung verlangt war. Kurzlehrgänge mögen gerade so viele Kenntnisse vermittelt haben, wie zum sinnvollen Einsatz bei Verwendung von Formularen nötig war.

_{Formulare}

In diesem Zusammenhang ist es interessant zu sehen, dass in Gebieten, die wie die syrischen Städte die Schrift neu übernehmen, Formulare eine Rolle spielen. Es erscheint möglich, dass gerade diese Reduktion auf Minimalerfordernisse die Übernahme in Gebiete förderte, die vorher ohne die Schrift ausgekommen waren. Damit wird aber ganz wesentlich ein Prozess beschleunigt, der die Nachbarregionen letztlich mit ähnlichen organisatorischen Voraussetzungen wie Babylonien ausstattete.

Für den Bereich der Kunst ist uns außer den zahlreichen Rollsiegeln [COLLON 2.2.6] leider nicht genug Material bekannt, um die für die Akkad-Zeit begonnene Diskussion fortzuführen. Es reicht nicht einmal, um zu sehen, ob die unter Gudea von Lagaš beobachteten Änderungen gegenüber der statuarischen Kunst der Akkad-Zeit zu einer mehr blockhaften Darstellung weitergeführt wurden [SPYKET 2.2.6]. Zwei nur in Bruchstücken vorhandene Stelen von Gudea und Urnamma gleichen sich allerdings fast völlig [BÖRKER-KLÄHN, Stelen 2.2.6] (zu einer möglicherweise falschen Zuweisung der Fragmente s. [CANBY 2.6.6]), wobei die Darstellung der verschiedenen Episoden des Baus und der Einweihung eines Tempels in streng voneinander getrennten Bildstreifen geschieht, die aufgelockerte und aufeinander bezogene Art der Darstellung der Naramsin-Stele also nicht aufgenommen wird.

Kunst der Zeit der III. Dynastie von Ur

Zwei Aspekte sind für die Rollsiegelglyptik der Zeit der III. Dynastie von Ur charakteristisch: ein ungewöhnlich hoher Prozentsatz ist mit Inschriften versehen, und ebenso ungewöhnlich hoch ist der Anteil der Siegel mit ein- und demselben Thema, der so genannten Einführungsszene [HAUSSPERGER 2.2.6;

WINTER, King; Legitimization 2.6.6]. Beides dürfte mit der zuvor besprochenen enormen Ausweitung der Lese- und Schreibkenntnisse in der damaligen Gesellschaft zusammenhängen, insofern als dadurch die Möglichkeit gegeben war, die Identifizierung des Siegelinhabers über die Inschrift durchzuführen. Dem entspricht, dass auf Tontafeln dieser Zeit häufig nur der Inschriftteil abgedrückt, nicht das ganze Siegel abgerollt wurde [RENGER 2.6.6]. Eine möglichst große Variationsbreite der bildlichen Darstellung war daher nicht mehr im selben Maße wie vorher nötig.

6.4 Die altbabylonische Zeit (2017 bis 1595 v. Chr.)

Išbi-ʿErra von Isin

Als Angehöriger der amurritischen Gruppen ist Išbi-ʿErra, der von Isin aus rasch ein größeres Territorium beherrschte, ein eindrückliches Beispiel dafür, wie neu nach Babylonien eingewanderte Gruppen so sehr in den Sog der babylonischen Kultur gerieten, dass sie sich rasch und nahtlos in die Tradition einfügten. Die Sprache seiner offiziellen Inschriften bleibt Sumerisch – wenig mehr als Eigennamen bezeugen die jünger-semitische Sprache („amurritisch") der Neueinwanderer – und er führt dieselben Titel wie die Ur III-Könige, einschließlich des „Königs von Ur" und der Vergöttlichung [EDZARD 2.6.7; FRAYNE 2.6.7].

Die schon oft genannte jüngere Fassung der Sumerischen Königsliste wurde in dieser Zeit kompiliert, wie aus der Nennung von Sinmagir, dem zweitletzten Herrscher der 1. Dynastie von Isin (1827–1817) als letztem Eintrag hervorgeht; sie hatte vermutlich den Zweck, die legitime Nachfolge der III. Dynastie von Ur durch die Herren von Isin festzuschreiben [WILCKE, Politik 2.2.5], wie sie eigentlich schon dadurch augenfällig war, dass Išbi-ʿErra von Isin die Stadt Ur aus den Händen der Elamiter befreit und die mit dem letzten Herrscher Ibbi-Sin nach Anšan verschleppte Kultstatue des Nanna zurückgeholt hatte.

Die Quellen der Liste sind nicht einfach zu benennen, denn es bestehen zu viele Unterschiede zwischen der älteren und der jüngeren Fassung als dass man annehmen könnte, die jüngere Fassung sei einfach nur eine Fortschreibung der älteren Fassung aus der Zeit des Šulgi. Vermutlich gab es in älterer Zeit eine Reihe von unterschiedlichen Listen, mit Unterschieden in der Zielsetzung und in der Ausführlichkeit, von denen wir zufällig nur die eine Fassung kennen, die aber nicht die direkte Vorlage der jüngeren Liste ist. Leider ist es uns auch nicht möglich, die Hintergründe zu benennen, warum sowohl in der älteren als auch in der jüngeren Fassung die Stadt Lagaš völlig ausgelassen wurde. Die Fiktion der Liste, es habe immer nur eine Dynastie das Land beherrscht, könnte ihren Grund darin haben, dass die Legitimität und der Anspruch, das ganze Land zu beherrschen, doch nicht so unangefochten war.

Dynastie von Larsa

Dies ergibt sich schon daraus, dass in Larsa sich ein ebenfalls amurritischer Herrscher namens Naplanum festgesetzt hatte und damit eine Dynastie begründete, die sich bald darauf durch die Eroberung von Ur als mit Isin ebenbürtige

Macht etablierte; die Zeit wird daher bisweilen auch als „Isin-Larsa-Zeit" bezeichnet. Eine Weile können sich die beiden Mächte aus dem Wege gehen, weil sie an verschiedenen Armen des Euphrat liegen und ihre Bewässerungsgebiete daher keine Berührungspunkte hatten. Berichte von der Anlage neuer Kanäle in der Region von Larsa lassen aber auf eine Erhöhung des Bedarfs an Wasser schließen, weshalb Larsa versucht, die Wasserzufuhr für Isin zu beschneiden [WALTERS 2.6.7]. Die Unruhen durch die folgenden Auseinandersetzungen zwischen Isin und Larsa führten mit dem Erstarken einer Dynastie in Babylon die Macht herauf, die sich zum Schluss durchsetzte.

Auf der anderen Seite ermöglichte eine zwischenzeitliche Schwäche Larsas, dass ein Heerführer mit dem gut elamischen Namen Kudur-Mabuk sich in Larsa so etablieren konnte, dass er seinen Sohn Warad-Sin als Herrscher einsetzen konnte. Die Herrschaft war so gefestigt, dass sie auf den Bruder Rim-Sin übergehen konnte, so dass 70 Jahre lang Elam direkten Einfluss auf die babylonische Politik nehmen konnte; die starke Präsenz zeigt sich an der großen Zahl elamischer Eigennamen in Texten aus Larsa.

Bereits in der Zeit des Gungunum von Larsa, der sein Territorium um Ur erweitert hatte, gründete Sumuabum, ein weiterer Angehöriger der amurritischen Einwanderer eine Herrschaft in Babylon, einem bis dahin kleinen, unbedeutenden Ort westlich von Kiš am Hauptlauf des Euphrat. Die Benennung der daraus folgenden Dynastie als die 1. Dynastie von Babylon folgt der Erwähnung in einer späteren babylonischen Chronik. Von den ersten Herrschern ist nicht viel bekannt, leider von archäologischer Seite durch nichts ergänzt, da die Schichten dieser Zeit in Babylon tief unter dem Grundwasserspiegel liegen und nicht zugänglich sind.

1. Dynastie von Babylon

Hammurapi, der sechste Herrscher dieser Dynastie kommt 1792 an die Macht und regiert 42 Jahre, in deren Verlauf er nicht nur ganz Babylonien unter seiner Herrschaft vereinigt, sondern auch in die Nachbargebiete ausgreift [KLENGEL 2.6.7]. Am besten bekannt ist er durch die auf einer 2.25 m hohen Stele aufgezeichnete Rechtssammlung in 282 Paragraphen [Fotos in: STROMMENGER/HIRMER 2.2.6: Abb. 158–59]. Ein ausführlicher Prolog enthält neben der Selbstdarstellung Hammurapis mit Aufzählung seiner guten Taten die Mitteilung, dass der Gott Marduk ihn zur Einführung von Recht und Gerechtigkeit bestellt habe. In einer Anordnung, die wohl auf die Erfahrungen praktischer Juristen zurückgeht – die daher Begriffe wie „Kodex" oder „Gesetz" nicht rechtfertigt [KIENAST 2.2.4] –, werden Rechtsfälle aus den Bereichen Bodenrecht, Handels- und Geldgeschäfte, Familie, Körperverletzungen, Angelegenheiten bestimmter Berufsgruppen, Preise und Löhne und schließlich die Angelegenheiten von Sklaven abgehandelt [HAASE, Rechtssammlungen 2.2.4]. Der Epilog dient vor allem der Verfluchung desjenigen, der diese Vorschriften nicht beachten sollte. Bekannte Vorläufer sowohl des Rechtsteils als auch von Pro- und Epilog reichen bis in die Zeit der III. Dynastie von Ur zurück [NEUMANN, Strafrecht 2.2.4], doch haben wir mit der Existenz sogar noch älterer Vorbilder zu rechnen.

Hammurapi

Eine der wichtigsten Maßnahmen Hammurapis war die Ausschaltung Larsas, deren Beschreibung als Beispiel für eine der Grundgegebenheiten des Verhältnisses zwischen Nord- und Südbabylonien dienen kann. Bevor Hammurapi in seinem 30. Jahr Rimsin von Larsa „besiegte", waren dort aufgrund des Ausbleibens des Euphratwassers Teuerung und Hungersnot ausgebrochen [WALTERS 2.6.7]. Was sich dahinter verbirgt, geht vermutlich aus dem Namen des 33. Jahres des Hammurapi hervor: „Jahr, in dem Hammurapi den Kanal/Fluss „Hammurapi ist der Reichtum der Völker und der Liebling der Götter Anu und Enlil" grub. Damit erwirkte er dauerndes Wasser des Überflusses für die Städte Nippur, Eridu, Ur, Larsa, Uruk und Isin und ließ das versprengte Sumer und Akkad an ihre Stätten zurückkehren" [EDZARD 2.6.7]. Diesem Vorgang, der das gesamte Bewässerungssystem des Südens wieder mit Wasser versorgte, war offenbar die Unterbrechung der Wasserzufuhr an der gleichen Stelle vorausgegangen. In der Tat ist es einfach, durch Nicht-Reparieren der Euphratdämme in der Gegend von Babylon das Wasser nutzlos in die Senken beim heutigen Kerbela laufen zu lassen. Was Hammurapi als Sieg über Rimsin bezeichnet und anschließend als große Geste den Bewohnern Südbabyloniens gegenüber ist nichts anderes als das Resultat der erfolgreichen Einsetzung der Ableitung des Wassers als Strategem und eine Wiederherstellung des früheren Zustandes nach Eintreten des erwünschten Erfolges [RENGER, Karkar 2.6.7].

Flussumleitung als Strategem

Mit weiteren Siegen über Išme-Dagan von Assur, über das Territorium von Ešnunna und über Zimrilim von Mari gelang Hammurapi zwar eine weitere Ausdehnung seiner Herrschaft, doch leiteten die beiden letztgenannten Eroberungen gleichzeitig den Verfall der Macht Babylons ein. Diese Gebiete hatten Babylonien gegen Vorstöße der Kassiten abgeschirmt, die nicht nur von Osten her Babylonien bedrängten sondern auch von Nordwesten, wo Angehörige dieser Gruppe bereits den kleinen Staat von Ḫana um Terqa am Euphrat errichtet hatten [BUCCELLATI 2.6.8].

Siege über Assur, Ešnunna und Mari

Mit Hammurapi vollzieht sich eine entscheidende Wende in der Geschichte Babyloniens. Nachdem Kiš in der frühdynastischen Zeit und später die Stadt Akkad wichtige politische Zentren in Nordbabylonien gewesen waren, liegt nach Ur im Süden nun mit Babylon das Zentrum wieder im Norden. Neu ist, dass das Pantheon so umgebaut wird, dass die politische Vorrangstellung Babylons ein- für allemal durch eine theologische Konstruktion verfestigt wird. Der wie der Ort zunächst unbedeutende Stadtgott Marduk wird zum Sohn des Gottes Enki deklariert und von den (alten) obersten Göttern An und Enlil zum (neuen) obersten Gott bestimmt. Die Zentralherrschaft erfährt dadurch eine neue Begründung und das Verhältnis zwischen Zentralherrschaft und den Priesterschaften eine neue Basis, bei der der Primat der Politik eindeutig festgeschrieben ist. Der Aufstieg Marduks hängt somit unmittelbar mit dem Aufstieg Babylons zur Hauptstadt eines geeinten Babylonien unter König Hammurapi zusammen.

Aufstieg Marduks

Im Bestreben die eigene Hausmacht zu vergrößern bzw. zu stabilisieren, unternehmen die Herrscher der 1. Dynastie von Babylon große Anstrengungen, um durch die Anlage neuer Kanäle das Siedelgebiet im nordbabylonischen Raum zu vergrößern und mit der Gründung neuer Orte zu konsolidieren [EDZARD 2.6.7].

Innere Kolonisierung Nordbabyloniens

Das bedeutete zugleich, dass weniger Wasser in die alten Anbaugebiete im Süden des Landes gelangte. Die Auswirkungen dieser Maßnahmen waren größer und anhaltender als alle militärischen Eingriffe zuvor, da nach dieser Zeit nie wieder eine Stadt des Südens soviel Kraft anhäufen konnte, um einen Anspruch auf die Macht über das ganze Land durchzusetzen.

Dennoch geht bereits kurz nach dem Regierungsantritt von Hammurapis Nachfolger Samsu-iluna ein Teil des Südens an eine Dynastie des Meerlandes verloren, von der wir nicht mehr als einige Namen aus späteren Königslisten kennen; nicht einmal die Hauptstadt ist bekannt. Auch Larsa scheint mit einem Herrscher Rim-Sin II. noch einmal eine gewisse selbständige Phase erlebt zu haben. Für Assur sind uns einige Namen von eigenen Herrschern bekannt, so dass man annehmen kann, dass auch dieser Zugewinn Hammurapis bald verloren gegangen war. Bereits mit Samsu-iluna war Babylon also auf den Rang einer Mittelmacht zurückgefallen, die sich zwischen dem Meerland, Elam, Ḫana, Assur, den syrischen Machtzentren Yamḫad und Qatna, wie auch der noch fernen aber schon starken Macht der Hethiter arrangieren musste.

<small>Verlust der neuen Gebiete</small>

Wie noch unter dem Abschnitt „Hethiter" zu berichten sein wird, beginnen diese erstmals unter dem Großkönig Tabarna mit dem Beinamen Hattušili („der aus [der Hauptstadt] Ḫattuša") um 1650 eine Rolle als Großmacht zu spielen. Bei seinen Versuchen der Ausdehnung nach Süden musste er naturgemäß mit Yamḫad, der Vormacht auf syrischem Gebiet, in Konflikt geraten, das aber erst sein Enkel und Nachfolger Muršili unterwerfen konnte. Einmal auf dem Wege scheint Muršili gleich weiter euphratabwärts gezogen zu sein, wobei er im gleichen Jahre 1595 Babylon erreichte, es zerstörte und mit reicher Beute wieder nach Hause zurückkehrte. Vermutlich waren ihm auf dem Zuge die kassitischen Herrscher von Ḫana behilflich, nicht ganz uneigennützig, wie wir daran sehen, dass es die Kassiten sind, die anschließend die Hammurapi-Dynastie in Babylon beerben. Der schnelle Erfolg des Muršili zeigt sehr eindringlich, auf welches Niveau politischer Ohnmacht die Nachfolger Hammurapis herabgesunken waren.

<small>Raubzug des Hethiters Muršili</small>

Wie zuvor im Falle der Übernahme der Macht in Babylonien durch die Dynastie von Akkad sind auch für den letztbehandelten Zeitabschnitt die Veränderungen in Gesellschaft und Kultur auf die Machtübernahme durch neue Gruppen zurückgeführt worden, wobei im Gegensatz zu den Akkadern die amurritischen Gruppen tatsächlich als kurzzeitige Neuankömmlinge bezeichnet werden können. Die früher von der Forschung postulierte Hinwendung zu privatem Eigentum von Grund und Boden als Folge einer neuen Grundstruktur ist aber nicht zu verallgemeinern. Die eigentliche Veränderung liegt nicht so sehr in der Frage des Eigentums sondern der Entlohnung, denn an die Stelle der Entlohnung *in natura* durch die großen Haushalte, insbesondere den Palast, tritt nun die Vergabe von Versorgungsland, das der Empfänger zwar eigenverantwortlich bewirtschaftet, von dessen Ertrag er jedoch zusätzlich zur Erbringung von Dienstleistungen einen Teil dem Palast abzuliefern hat. Das Risiko ist also auf den Landnehmer verschoben [RENGER, Economic Structures 2.2.3; DERS., Formen 2.6.7]. Obwohl diese Veränderung bisweilen dem Um-

<small>Neustrukturierung der wirtschaftlichen Verhältnisse</small>

stand angelastet wird, dass die unerfahrenen Neuankömmlinge mit der Form der älteren Zentralwirtschaft nicht zurecht kamen, ist eher daran zu denken, dass die Dezentralisierung eine direkte Reaktion auf die rigide Zentralwirtschaft der Ur III-Zeit war.

Kunst der altbabylonischen Zeit   Auch in der Kunst suchen wir vergebens nach größeren Veränderungen, die man mit den Amurritern in Verbindung bringen könnte. Zwar ziehen mit Göttern, die ursprünglich im syrischen Raum beheimatet waren, wie dem auch vorher schon bekannten Gott Dagan, neue Figuren in das Repertoire der Rollsiegeldarstellungen ein, doch liegen die eigentlichen Veränderungen auf einer anderen Ebene. Bei mehrere Personen umfassenden Darstellungen auf Siegeln ergibt sich oft der Eindruck, als seien die Figuren ohne inneren Zusammenhang nebeneinander gestellt – zumindest wenn man sie mit den durchkomponierten Darstellungen der Akkad- oder Ur III-Zeit vergleicht. Sieht man sich jedoch die einzelnen Gestalten der altbabylonischen Siegel an [COLLON 2.2.6], lässt sich häufig der vollständige Kontext benennen, aus dem die Figur als Zitat stammt. Wenn es auch für uns unmöglich ist, den gesamten inhaltlichen Hintergrund zu benennen, will es doch so erscheinen, als ob durch die Aneinanderreihung von mehr oder weniger umfangreichen Zitaten versucht worden wäre, den inhaltlichen Hintergrund erheblich zu erweitern.

Außer Siegeln ist allzuwenig aus dieser Zeit bekannt. Ein Kopf einer steinernen Statue, bisweilen als alternder Hammurapi angesprochen, ist von vorzüglicher Qualität und lässt uns erahnen, womit wir bei besserer Quellenlage rechnen könnten [ORTHMANN 2.2.6: Abb. 158; SPYKET 2.2.6]].

6.5 ELAM

Von Elam, das nach der Intregrierung in das Uruk-Netz mit dem Auf- und Ausbau des protoelamischen Netzes durch die Verzahnung von Tief- und Hochland in ein neues Stadium getreten war, war nach dem Ausklingen dieser Nachrichten kaum mehr etwas zu erfahren. Unser Zugang ist zudem dadurch erschwert,

Elam als politischer Begriff   als wir nur selten genau entscheiden können, was mit Elam gemeint ist: nur die Ebene des heutigen Ḫuzestan, nach dem Hauptort Susa auch als die Susiana bezeichnet, oder dazu der ganze südöstlich anschließende Gebirgsbereich, in dem mit Tell Malyan, dem alten Anšan in der Ebene von Persepolis, das zweite Zentrum Elams lag. Wenn sowohl in der Frühdynastischen Zeit als auch unter den ersten Herrschern der Dynastie von Akkad von Kriegszügen gegen Elam die Rede ist, liegt die Vermutung nahe, dass oft nur das Tiefland gemeint ist, wenn nicht ausdrücklich der bergige Teil erwähnt ist, wie zum Beispiel in einer Inschrift Naramsins von Akkad, der angibt, Elam einschließlich Barahšums unter Kontrolle zu haben. Wie bereits erwähnt (I.5.5) ist durch die vermutliche Identifizierung von Barahšum/Marhaši mit Jiroft unsere Kenntnis von der Ausdehnung nach Osten erheblich erweitert worden.

Die Ambivalenz dieses Bereiches, die sich einerseits aus dem grundlegenden Zusammengehörigkeitsgefühl mit den Bergländern ergibt – auch ohne politische Einheit – andererseits daraus, dass das Tiefland nicht nur immer in direkter Reichweite des mächtigeren babylonischen Nachbarn liegt, sondern auch von dort kulturell angezogen wird, bestimmt das Verhalten Elams bis weit in das erste Jt. hinein. Auch wenn eine starke Zentralregierung in Babylonien das Tiefland Elams so sehr unter Kontrolle hält, dass sich der lokale elamische Herrscher „Diener" des Maništusu oder des Naramsin nennt, oder wenn von der Regierung Šulgis an Elam als normale Reichsprovinz gilt, zeigen gelegentliche militärische Schläge Babyloniens gegen das östliche Bergland, wie aber auch eine gesonderte Bündnis- und Heiratspolitik mit den dortigen Herren, dass sich dort die unabhängigeren Kräfte befanden, die nur auf jedes kleine Schwächezeichen Babyloniens warteten, um das elamische Tiefland wieder in die traditionellen Zusammenhänge mit dem Bergland zu integrieren; jede weitere Schwäche wird zu einem Überfall auf Babylonien genutzt, ein Jahrtausend umspannender Mechanismus. So sehen wir, dass während der Wirren am Ende der Zeit der Dynastie von Akkad zwischenzeitlich Puzur-Inšušinak, ein König von Awan im elamischen Hochland, die Gebiete östlich des Tigris unsicher machen kann; sein weiteres Vordringen nach Westen konnte durch Urnamma verhindert werden.

Elam zwischen Hoch- und Tiefland

Das augenfälligste Beispiel können wir am Ende der Zeit der III. Dynastie von Ur beobachten, die ja ihren eigenen Bekundungen aber auch den schriftlichen Quellen aus Susa zufolge die Susiana fest unter Kontrolle gehabt hatte. Offenbar bedurfte es aber keiner großen Vorbereitungen, um nicht nur in der Schwächeperiode des letzten Herrschers der III. Dynastie von Ur die Susiana wieder in die alte Allianz mit den östlichen Gebieten zurückzuholen, sondern zugleich auch so viele Kräfte zu mobilisieren, dass bei einem Einfall nach Babylonien Ur besiegt und der Herrscher Ibbi-Sin gefangen nach Susa geführt werden konnte. Es passt zum vorher Gesagten, dass Ibbi-Sin seine letzten Jahre im fernen Anšan verbringen musste, wohin im Übrigen auch die Kultstatue des Stadtgottes von Ur verschleppt worden war.

Die ersten Jahrhunderte des 2. Jts. bleiben undeutlich; eine Reihe von Herrschern werden als eine Dynastie von Šimaški zusammengefasst, einer elamischen Region im östlichen Zagros. Besser bezeugt ist eine Dynastie, die vom Beginn des 18. Jhs. an bis ins 16. Jh. Elam von Susa aus zu großem Einfluss brachte, und die den aus der Ur III-Hierarchie entlehnten Titel eines „Sukkal-mah" („Großwesir") für den Herrscher verwendet. Šilhaha gilt als der Begründer dieser Dynastie. Die wenigen Nachrichten gestatten leider kein zusammenhängendes Bild zu entwerfen, aber die wiederholte Nennung von Elam zusammen mit Ešnunna, Mari und Assur lässt daran denken, dass Elam eine weitaus größere Rolle gespielt hat als die Nachrichtenlage vermuten lässt. Darauf deutet auch die oben erwähnte 70-jährige Herrschaft einer elamischen Dynastie in Larsa hin, wenn auch das Verhältnis der Herrscher Warad-Sin und Rim-Sin mit Elam unklar bleibt. Den wenigen Nachrichten ist zudem zu entnehmen, dass die Sukkalmachs als erste aus der traditionellen Zusammengehörigkeit mit dem Bergland einerseits, und

Dynastie der Sukkalmach

der landschaftlichen Vielgestaltigkeit andererseits die Konsequenz zogen und so etwas wie einen Staatenbund schufen, den sie mit Sitz in Susa regierten. Die Nachrichten werden allerdings so spärlich, dass wir von den letzten Herrschern gerade noch die Namen kennen [VALLAT 2.10.1; POTTS, Elam, 2.2.2: KAP. 5 und 6].

6.6 ASSYRIEN

Auch für Assur bleibt unser Bild unvollständig. Aus archäologischen Nachrichten wissen wir, dass es bereits in der Mitte des 3. Jt.s ein bedeutender Ort mit größeren Tempelanlagen gewesen ist [ANDRAE 2.7; BÄR 2.7]. Assur gehörte, wie vermutlich das ganze nördliche Tigris-Gebiet zum Einflussbereich der Dynastie von Akkad und stand danach unter einem Statthalter des Königs Šusin von Ur. Eine spätere assyrische Königsliste zählt eine lange Reihe früher Herrscher auf, „die in Zelten lebten", die in diese Zeit zu plazieren sein sollten, doch sind uns kaum andere Nachrichten bekannt [KRAUS 2.7]. Das sagt natürlich nichts über die wirklichen Machtverhältnisse aus, denn wir erfahren aus einem vereinzelten Zeugnis, dass ein in der Liste genannter Herrscher namens Ilušuma in der Zeit Išme-Dagans von Isin einige Städte des Südens „befreit" habe, anlässlich eines Zuges auf der östlichen Seite des Tigris nach Süden, der vermutlich den Zweck hatte, Assur an Babylonien vorbei den Zugang zum Meer zu öffnen [EDZARD 2.6.7].

Assur als Handelsdrehscheibe

Aus Assur selbst haben wir leider keine Texte dieser Zeit, so dass wir von der überragenden Rolle Assurs als Handelszentrum nur aus den Tausenden von Texten erfahren, die in Anatolien, einem Hauptpartnergebiet des assyrischen Handels, gefunden wurden. Den Beginn können wir nicht festlegen, außer dass die Erwähnung des Herrschers Erišum von Assur (um 1920 v. Chr.), des Nachfolgers des Ilušuma, die Existenz des Handels zu dieser Zeit bezeugt; das Ende fassen wir in einer Erwähnung in einem Brief an Zimrilim von Mari, also um 1770. Fest organisierte Händlergemeinschaften aus Assur hatten Anatolien mit einem Netz von Stationen („karum", eigentlich „Kai") überzogen, die sich jeweils außerhalb der lokalen Städte angesiedelt hatten und unter dem vertraglichen Schutz der jeweiligen einheimischen Herrscher standen. Vor allem Stoffe und Zinn wurden gegen Gold und Silber eingetauscht [DERCKSEN 2.7.1; NASHEF 2.7.1].

Die sogenannten „kappadokischen" Texte [Hauptfundort Karum Kaneš, modern Kültepe bei Kayseri in Kappadokien: VEENHOF 2.7.1], enthalten leider nur wenig Informationen über die lokalen politischen Verhältnisse. Immerhin hören wir in einigen Fällen von Namen, die später in hethitischen Texten auftauchen und uns ermöglichen, hier wenigstens oberflächlich gewisse Zusammenhänge zu rekonstruieren.

Besser werden unsere Nachrichten für Assur nur für die kurze Zeit des amurritischen Usurpators Šamši-Adad I. (1813–1781) und seiner Söhne, der vermutlich selbst vom mittleren Euphrat stammend das Territorium um Assur eroberte und rasch ausdehnte. Sogar seine Residenz verlegte er nach Šubat-Enlil [heute Tell Leilan: WEISS, 2.3.1] in das neu hinzugewonnene Gebiet am oberen Ḫabur. Bald schon konnte er das Gebiet von Mari der lokalen Dynastie entreißen, deren letzter Angehöriger Zimrilim in Aleppo Zuflucht fand. In Mari setzte Šamši-Adad seinen einen Sohn Jasmaḫ-Adad ein, in Ekallatum, einem Ort vermutlich östlich von Assur, seinen anderen Sohn Išme-Dagan. Diese Drei gehören zu den wenigen mesopotamischen Herrschern, von denen wir auch persönliche Nachrichten haben, da sich im Archiv des Palastes von Mari eine Reihe von gegenseitigen Briefen fand [OPPENHEIM 1.1; VILLARD 2.7.1].

Schon zu Lebzeiten Šamši-Adads formierte sich im Südosten eine Koalition aus Ešnunna, dem Hauptort im Gebiet der unteren Diyala, einem östlichen Nebenfluss des Tigris, und Elam, die nach seinem Tode weite Teile des Landes erobern und sogar bis Šubat-Enlil vorstoßen konnte. Für Assyrien ist damit zuerst einmal das Ende schriftlicher Nachrichten gekommen. Von dieser kurzen Episode ist die quasi selbstverständliche Verbindung des oberen Tigris-Gebietes mit dem Bereich des Ḫabur-Dreiecks festzuhalten [NÜTZEL, Khabur-Tigris 2.1.3]. Die Stadt Assur spielt politisch aber nicht mehr die zentrale Rolle, obwohl es ideologisch gesehen natürlich das Zentrum blieb.

Ausschaltung Assurs als politische Kraft

6.7 SYRIEN

Aus den im vorigen Kapitel erwähnten Texten aus Ebla war deutlich geworden, dass es um die Mitte des 3. Jt. in Syrien eine Reihe von politischen Einheiten gegeben hatte, die jeweils von einer Stadt beherrscht wurden [YAKAR 2.9]. Sie sind zwar schwer zu fassen, die Gebiete waren aber offenbar attraktiv genug, um babylonische Herrscher zu Raubzügen zu veranlassen. Archäologische Beobachtungen einer Zerstörung in Ebla, der auch der Palast, in dem das Archiv gefunden wurde, zum Opfer gefallen war, können wahrscheinlich mit den früher als Übertreibung eingestuften Berichten in Verbindung gebracht werden, nach denen Sargon von Akkad, später auch Naramsin, Kriegszüge nach Syrien und Anatolien unternommen haben [P. MATTHIAE in: WAETZOLDT/HAUPTMANN 2.8.1].

Kriegszüge babylonischer Herrscher nach Syrien

Weitere derartige Zerstörungsschichten auch in anderen Orten Syriens mögen auf die wiederholten Züge babylonischer Herrscher der Dynastien von Akkad und Ur III zurückgehen, könnten aber auch etwas mit der Wanderung der Amurriter zu tun haben, deren Auftauchen und Eingreifen in Babylonien schon zur Sprache gekommen ist. Die damit verbundenen Unsicherheiten sind wohl dafür verantwortlich, dass die politische Situation im syrischen Gebiet in den letzten Jahrhunderten des 3. Jt.s merkwürdig unscharf bleibt [KLENGEL 1.2.2].

Wenn unsere Nachrichten vom 19./18. Jh. an wieder einsetzen – es sind insbesondere ägyptische Quellen und Informationen aus dem Palastarchiv von Mari –, sehen wir, dass sich im ganzen an der Struktur der politischen Verhältnisse im syrischen Raum kaum etwas geändert hat, insofern als es sich auch jetzt um politische Gebilde von größerer Ausdehnung handelt, die jeweils von einer Stadt dominiert werden. Wenn jetzt gegenüber früher mehr Namen, wie z. B. Emar oder Qatna zu nennen sind, dann liegt dies mit großer Wahrscheinlichkeit nur an der unzureichenden Quellenlage für die ältere Zeit.

Palastarchive von Mari   Eine Ausnahme ist Mari. Nach einer Zwischenphase unter assyrischer Herrschaft konnte der zuvor nach Aleppo verjagte Zimrilim (1776–1761) Mari zurückerobern. Er ist uns vor allem durch seinen großartigen Ausbau des Palastes sowie durch die Tausende von Tontafeln aus dem Palast bekannt [siehe die vielbändige Textedition in den „Archives Royales de Mari"; MARGUERON 2.6.7]. Neben Urkunden, die fast alle Arten von Vorgängen betreffen, wie sie in einem Palast vorkamen, der gleichzeitig das Verwaltungszentrum war, finden wir eine umfangreiche Korrespondenz mit Herrschern anderer Städte, aus der uns insbesondere sonst kaum beleuchtete Vorgänge im syrischen Raum bekannt werden [OPPENHEIM 1.1]. Die anfänglich engen Beziehungen Zimrilims zu Hammurapi von Babylon, die Hammurapi die Unterstützung nomadischer Hilfstruppen aus dem syrischen Raum eingebracht hatten, wurden von Hammurapi durch die Eroberung und Zerstörung von Mari beendet. Dadurch brachen die Nachrichten allerdings so ab, dass das Bild unvollständig bleibt.

Aleppo neues Machtzentrum   Eine bedeutende Änderung hatte sich offenbar darin vollzogen, dass nun im Gebiet, das früher unter dem Hauptort Ebla stand, der Schwerpunkt sich auf das nur 60 km entfernte Ḫalab (Aleppo) verlagerte, das als die Hauptstadt des Staates Yamḫad eine führende Rolle zu spielen beginnt. Die Nachrichten dafür stammen leider nicht aus Ḫalab selbst sondern vor allem aus dem vorher erwähnten Mari, da die alte Siedlung als Teil einer der ältesten, kontinuierlich bis in unsere Zeit besiedelten Städte unter der jetzigen Altstadt für archäologische Forschungen bis vor kurzem unzugänglich war; jetzt ist zumindest ausschnittsweise der Haupttempel des Dagan aus dem 1. vorchr. Jt. erforscht [GONELLA ET AL. 2.8]. Die Rolle von Yamḫad ergibt sich aber auch aus den etwas späteren intensiven Bemühungen der Hethiter, ihren Bereich nach Süden auszudehnen, wobei Yamḫad immer als der Hauptgegner genannt wird. Der Herrscher von Yamḫad nennt sich Großkönig und steht offenbar an der Spitze einer wohl nur losen aber recht dauerhaften Vereinigung mehrerer syrischer Kleinstaaten, die, soweit zu sehen, alle von amurritischen Dynastien geleitet werden.

Qatna   Ein weiteres bedeutendes Reich mit dem Zentrum Qatna war uns bis jetzt vor allem aus den Mari-Texten bekannt [KLENGEL 2.8], ist jetzt zwar durch die 1999 begonnenen Grabungen eines syrisch-italienisch-deutschen Teams auch archäologisch sichtbar geworden [AL-MAQDISSI ET AL. 2.8], doch die großartigen Funde aus dem dortigen Palastbereich sind offenbar späteren Datums – dazu mehr im Abschnitt II.4.11– und haben mit den aus der Mari-Korrespondenz bekannten Königen Išḫi-Addu und Amud-pi-El von Qatna nichts zu tun [MORANDI 2.8].

Auffällig ist, wie wenig von direkten Verbindungen zwischen den syrischen Zentren und babylonischen Städten, d.h. jetzt vor allem Babylon, die Rede ist. Zwar mag dies auf eine Lücke in der Überlieferung zurückgehen, doch spielt auch eine Rolle, dass normalerweise die Beziehungen zwischen dem syrischen und dem babylonischen Gebiet durch Mari kanalisiert wurden, was einer der Gründe für die Eroberung von Mari durch Hammurapi gewesen sein dürfte. Soweit in der zunehmend unruhigeren Zeit nach Hammurapi diese Beziehungen überhaupt noch intensiv blieben, hat wohl dann das frühkassitische Kleinfürstentum von Ḫana mit dem Hauptort Terqa die Mittler-/Pufferrolle übernommen.

6.8 Das vorhethitische Anatolien

Die bereits genannten Fürstensitze in Zentral- und Südostanatolien mit den überaus reich ausgestatteten herrschaftlichen Gräbern von Alaca Höyük und Horoztepe hatten mit ihrer Kontrolle über Metallvorkommen offenbar Begehrlichkeiten bei den Herrschern des mesopotamischen Südens ausgelöst, die sie zu Raubzügen in die nördlichen Gebiete veranlassten. So berichten literarische Kompositionen von Kriegszügen Sargons von Akkad nach Anatolien, wobei mit Purušhanda (möglicherweise das moderne Acemhöyük bei Aksaray) eine Stadt genannt ist, die auch in der hethitischen Zeit noch eine Rolle spielt. *Fürstensitze in Zentral- und Südostanatolien*

Genaueres über die Besiedlung Anatoliens und die Art und Verteilung der politischen Macht erfahren wir leider nicht, können aber aufgrund der weiteren Entwicklung vermuten, dass weiterhin der kleinteiligen topographischen Situation Anatoliens entsprechend das Land von lokalen Herrschaften mit kleinstädtischen Zentren überzogen war. Auf dieser Basis formte sich von der Mitte des 19. vorchr. Jh.s an ein Handelsnetz, das von Kaufleuten aus Assur betrieben und gesteuert wurde. Vor allem Stoffe sowie Zinn, das zuvor vermutlich über Elam nach Assur gelangt war, wurde nach Anatolien gebracht, eingehandelt gegen Silber und Gold [Literatur unter 2.7.1].

Als Handelsstützpunkte wurden selbst verwaltete Vorstädte vor den lokalen Zentren gegründet, so genannte „kārum", wörtlich „Kai" oder „Hafen", in denen sich die assyrischen Kaufleute niederließen. Zentralpunkt des anatolischen Netzes war die Stadt Kaneš, das heutige Kültepe bei Kayseri, von wo die Importwaren auf die weiteren Stationen des Netzes verteilt wurden. Derartige kārum finden sich angegliedert an zahlreiche weitere Orte in Anatolien, unter denen sich die spätere hethitische Hauptstadt Ḫattuša befindet oder das bereits erwähnte Purušhanda. Zwar haben Ausgrabungen nur für Kültepe Zeugnisse für die Größe und Bedeutung von Vor- und Hauptstadt erbracht, doch läßt sich daraus ableiten, dass auch in den anderen Fällen schon allein die Existenz eines kārum die Bedeutung des entsprechenden lokalen Hauptortes bezeugt – auch wenn wir oft nicht mehr als die schriftlich belegten Namen kennen. *Altassyrische Handelskolonien*

Die relativ detaillierten Nachrichten kennen wir vor allem aus Tausenden von Schrifttafeln, die in den Wohnhäusern des kārum Kaneš gefunden wurden. Sie sind verfasst von den assyrischen Kaufleuten in ihrem assyrischen Dialekt der akkadischen Sprache. Nur sehr selten finden sich Ausdrücke der einheimischen hattischen Sprache, ein Zeichen dafür, wie vergleichsweise gering die direkten Verbindungen zwischen Einheimischen und Kaufleuten war. Dies dürfte im Übrigen auch der Grund sein, warum nach dem Ende des Handelsnetzes um 1750, vermutlich ausgelöst durch inner-anatolische Streitigkeiten, die Schreibkultur nicht weitergeführt wurde: wenn im 15. Jh. die hethitischen schriftlichen Nachrichten einsetzen, bedient man sich der dann in den syrischen Zentren verwendeten Form der Keilschrift [HAWKINS 2.9].

6.9 ZUSAMMENFASSUNG

Nach den ersten Versuchen der Machtausdehnung über eine Stadt hinaus auf ganz Babylonien am Ende der Frühdynastischen Zeit wird von der Dynastie von Akkad zum ersten Mal eine Organisationsform geschaffen, die das Überleben eines Zentralstaates für mehr als eine Generation ermöglicht. Dennoch bedurfte es mehrerer Anläufe mit zwischenzeitlicher Auflösung in kleinere Einheiten bis unter Hammurapi von Babylon eine Situation entstand, die eine Auflösung in die früheren Stadtstaaten nicht mehr erlaubte.

In den Nachbargebieten Babyloniens scheint die Entwicklung stetiger verlaufen zu sein, indem sich im Verlauf der Jahrhunderte aus dem Netz der meist nur begrenzte Territorien umfassenden lokalen Herrschaften nur langsam größere Einheiten bildeten. Dies im Einzelnen nachzuvollziehen ist noch schwer, doch wird das gestiegene politische Gewicht dieser neuen Einheiten an der folgenden Entwicklung sichtbar.

Kurz nach 1600 wird mit einem Mal die neue Konstellation sichtbar. Der Hethiterkönig Muršili unternahm einen ausgedehnten Feldzug in den Süden, der zur kurzfristigen Einnahme und Zerstörung von Babylon führte. Mit dem Ende der 1. Dynastie von Babylon ist aber zugleich auch das Ende der Epoche der Kleinstaaten gekommen, die sich in Babylonien immer wieder die Macht streitig gemacht hatten, und wie sie nach babylonischem Vorbild auch in Syrien, Assyrien und Elam entstanden waren. Flächenstaaten wie der der Hethiter und in kurzer Folge der der Kassiten und der Hurri/Mittani kennzeichnen das politische Bild der folgenden Zeit. Auch wenn Babylonien unter Hammurapi zweifellos noch einmal einen politischen wie kulturellen Höhepunkt erlebt hatte, war doch die politische Vorreiterrolle Babyloniens für Vorderasien verloren gegangen. Die Rolle als geistiges Zentrum bleibt allerdings auch während der folgenden Jahrhunderte erhalten, als Babylonien politisch von eher gleich- oder sogar untergeordneter Bedeutung war.

7. DIE STAATENWELT DER ZWEITEN HÄLFTE DES 2. JAHRTAUSENDS

Unter Hammurapi war Babylonien vorerst zum letzten Mal nicht nur stärkste kulturelle, sondern auch stärkste politische Macht in Vorderasien. Unter seinen Nachfolgern war in gefährlicher Nähe der Staat von Ḫana entstanden, ebenso wie sich andere Machtkonzentrationen zu bilden begannen. So sind in dieser Zeit die Anfänge dessen zu suchen, was sich wenig später in Syrien als der hurrisch-mittanische Komplex etabliert. In Anatolien hatte sich der Staat der Hethiter so verfestigt, dass Muršili I. den Zug nach Süden unternehmen konnte, dem Babylon und die 1. Dynastie von Babylon 1595 zum Opfer fielen.

Die folgenden 150 bis 200 Jahre gelten als ein „Dunkles Zeitalter", weil wir zwar Herrschernamen ohne Angabe von Regierungszeiten aus späteren Listen kennen, aber nicht genug Originalinschriften vorhanden sind, um die genauen zeitlichen Abläufe, geschweige denn die größeren Zusammenhänge zu gewinnen [s. dazu oben den Abschnitt I.2.3 Chronologie, und Renger 2.3.5]

Wenn sich gegen Ende des 15. Jhs. Babylon und Assur als politische Zentren wieder bemerkbar machen, wird allerdings deutlich, dass sich in der dazwischenliegenden Zeit die Machtverhältnisse gründlich geändert hatten. Neben den Hethitern hat sich der Machtkomplex der Hurri-Mittani konsolidiert, an dessen Ostflanke Assur dabei ist, wieder eine eigene Rolle zu spielen. Elam ist zwar keine den anderen ebenbürtige Macht, aber wie immer bereit, Schwächen Babyloniens zu Einfällen zu nutzen. Neu ist, dass Ägypten bestrebt ist, den traditionellen Einflussbereich von Palästina aus nach Norden zu erweitern. Babylonien ist in diesem Orchester ein Normalmitglied, das zwar manchmal eine Solopartie spielen darf, nie aber die erste Geige.

7.1 Die Kassiten

Von dieser vermutlich aus dem Osten zugewanderten Gruppe tauchen erste Eigennamen in einer sonst wenig fassbaren Sprache [Balkan 2.6.8] in Texten der Zeit der 1. Dynastie von Babylon auf. Nachfolger Hammurapis berichten von Siegen über kassitische Heere, und der Bau der „Samsuiluna-Festung" (heute Hügel B der Ruinenlandschaft von Ḫafāǧi) am natürlichen Einfallstor von Nordosten, der Ebene des Diyala-Flusses, war sicher gegen die Kassiten gerichtet. Gleichzeitig finden wir jedoch schon Träger kassitischer Namen als Herrscher von Ḫana am mittleren Euphrat, wo sie nach der Ausschaltung Maris durch Hammurapi Einfluss gewinnen konnten [Buccellati 2.6.8]. Durch ihr offensichtliches Stillhalten gegenüber Muršili bei seinem Zug euphratabwärts hofften sie wohl, dem seit langem gesteckten Ziel, weiter nach Babylon vorzudringen, näher zu kommen. Nach einer nur kurzen Herrschaft in Babylon eines Herrschers Gulkisar, einem Mitglied einer sonst nur aus späteren Königslisten bekannten

Kassitische Machtübernahme in Babylon

Dynastie vom „Meerland", wurde Babylon denn auch die kassitische Hauptstadt. Die Stadt blieb auch dann das religiöse und geistige Zentrum der Kassiten, als Anfang des 14. Jhs. Kurigalzu I. an der Stelle, an der Euphrat und Tigris sich am nächsten kommen, eine mit Tempel- und Palastanlagen ausgestattete neue Stadt namens Dur-Kurigalzu (heute Aqar Quf) errichtete [BAQIR 2.6.8], die sicher zeitweise die wirkliche Residenz war.

Gründung der Residenzstadt Dur-Kurigalzu

Mit der Neugründung einer Residenzstadt eröffnet übrigens Kurigalzu den Reigen einer Reihe solcher Neugründungen. Zwar muss offen bleiben, inwieweit hier Zusammenhänge bestehen, da keine entsprechen<den Nachrichten vorliegen, aber andererseits ist es bei den weitgespannten Beziehungen dieser Zeit unwahrscheinlich, dass man nichts voneinander wusste. Immerhin sieht es als mehr als Zufall aus, dass 40 Jahre später der ägyptische Pharao Echnaton seine neue Hauptstadt Achet-Aton (das moderne Tell el-Amarna) gründet; 90 Jahre später wird die Kult- und Residenzstadt Dur-Untaš (Čogha Zanbil) vom elamischen Herrscher Untaš-Napiriša erbaut; und wieder ca. 40 Jahre später erbaut der assyrische Herrscher Tukulti-Ninurta I. zuerst einen neuen Palast in Assur, bald darauf aber die neue Residenzstadt Kar-Tukulti-Ninurta gegenüber von Assur etwas flussaufwärts auf der anderen Seite des Tigris.

Die Anfangszeit der kassitischen Herrschaft bleibt für uns im Dunkeln, da wir kaum mehr als die Herrschernamen aus späteren Listen kennen. Die Zeiten waren vermutlich für Babylonien eher friedlich, da das im syrisch-assyrischen Bereich entstandene hurrisch-mittanische Staatsgebilde und die Hethiter sich gegenseitig ruhig hielten.

Für ruhige Zeiten sprechen auch die baulichen Aktivitäten des sonst kaum bekannten frühen kassitischen Herrschers Karaindaš. Die Errichtung eines Tempels für Inanna im Eanna-Bezirk von Uruk durch Karaindaš ist Teil des Bestrebens der kassitischen Herrscher, sich durch besondere Pflege der Tradition zu legitimieren. In seiner vom Üblichen abweichenden Gestaltung des Grundrisses und dem Schmuck der Fassade durch aus gebrannten Formziegeln gebildete göttliche Figuren [ORTHMANN 2.2.6: Taf. 169] gehört dieser Tempel zu dem Wenigen, was man nennen kann, wenn man nach etwas Neuem in Verbindung mit der Übernahme der politischen Macht durch die Kassiten sucht [HEINRICH, Tempel 2.2.7]. Die Bauvorhaben Kurigalzus, die wir aus Ur, Uruk und Eridu kennen, vor allem aber aus seiner neuen Stadt Dur-Kurigalzu, fügen sich hingegen in die babylonische Tradition oder stellen eine Weiterentwicklung dar, wie auch für die übrigen künstlerischen Äußerungen gilt [HEINZ 2.6.8].

Kudurrus

Eine bereits aus älterer Zeit bekannte Gattung von steinernen Urkunden, in denen Eigentumsverhältnisse an Grund und Boden geregelt werden, die Gattung der sogenannten Kudurru [GELB ET AL. 2.6], erfährt eine neue Ausgestaltung, insofern als Götter nicht nur im Text sondern auch durch die Abbildung ihrer Symbole auf dem Urkundenstein zum Schutz der Vereinbarungen angerufen werden [SEIDL 2.6.8; SLANSKI 2.6.8]. Bei den Rollsiegeln besteht eine Veränderung darin, dass statt der früher häufigen Angaben von Namen und Beruf die Beischriften oft die Form längerer Gebetstexte annehmen, während die traditionelle Einführungsszene häufig auf die Abbildung des Beters reduziert wird [FRANKFORT, Seals 2.2.6; MOORTGAT, Siegel 2.2.6]. Wie die besondere Pflege der Literatur war auch dies ein Zeichen der Betonung, wie sehr man in die Tradition integriert war. Dazu gehört auch, dass die offiziellen Inschriften in Sumerisch abgefasst wurden. Vermutlich ist erstmals in kassitischer Zeit das verstreute literarische Schriftgut älterer Zeit mit dem Ziel der Erhaltung und der Vereinheitlichung der lokal voneinander abweichenden Versionen von Epen und Mythen gesammelt worden. Die Ergebnisse dieses ersten Anlaufs zu einer „Kanonisierung" der babylonischen Literatur bilden im wesentlichen die Grundlage dessen, was uns heute als das Gesamtcorpus der älteren sumerisch-akkadischen Literatur bekannt ist, auch wenn wir das meiste wiederum nur aus späteren Abschriften kennen [FALKENSTEIN 2.2.5].

Traditionspflege

Kanonisierung der babylonischen Literatur

Für die aus babylonischen Berichten so wenig bekannte Frühzeit der Kassiten besitzen wir jedoch eine einzigartige externe Quelle. In Tell el-Amarna, der neuen Residenzstadt des Pharao Echnaton der ägyptischen 18. Dynastie, wurden mehr als 350 Tafeln einer Korrespondenz mit Königen Vorderasiens gefunden, die von der Mitte des 15. Jh. an einen Zeitraum von etwas mehr als 100 Jahre umfasst [MORAN 1.1; KÜHNE 2.3.5; 2.8]. In babylonischer Keilschrift, in der damaligen *lingua franca* akkadisch abgefasste Briefe bezeugen Verbindungen mit den Herrschern der verschiedenen Mächte auf vorderasiatischem Boden, die meisten mit Herrschern aus dem Gebiet Palästinas und Westsyriens. Daneben gibt es aber auch einen Briefwechsel zwischen Babylon und Ägypten, wobei es vor allem um Bekundungen gegenseitiger, durch den Austausch von Geschenken besiegelter Freundschaft geht. Die Bitten des Pharao um kassitische Prinzessinnen zwecks Verfestigung der Freundschaft durch eine Heiratsverbindung wiederholen sich ebenso wie die Bitten des babylonischen Herrschers um Gold [EDZARD 2.6.8]. Bezeichnend ist, dass die Herrscher der großen Mächte sich als ebenbürtig ansehen, sich als „Bruder" anreden und damit ausdrücken, dass sie sich des Gleichgewichts bewusst sind. Durch die Texte sind Synchronismen festgelegt zwischen dem kassitischen Herrscher Kadašman-Enlil und Amenophis III. (1401–1363) und zwischen dem Nachfolger Burnaburiaš und der Zeit von den letzten Jahren Amenophis III. bis zu den ersten Jahren von Tutenchamun, also ungefähr 1370–1345 [KRAUSS 2.3.5]. Mit der Aufgabe der ägyptischen Hauptstadt Achet-Aton Ende des 14. Jh. versiegt diese Quelle, und nur aus Einzelstücken erfahren wir, dass auch späterhin Briefe gewechselt wurden.

Amarna-Korrespondenz

Vom Ende des 15. Jh.s an führt das Erstarken des nördlichen Nachbarn Assyrien zu sporadischen Konflikten. Dennoch waren die über 400 Jahre kassitischer Herrschaft insgesamt eine relativ friedliche Zeit, u. a. auch deswegen, weil sich zunächst keine der Mächte Chancen ausrechnen konnte, gegen die anderen zu gewinnen, insbesondere da jede entsprechende Ambition zu Koalitionen der anderen führte.

Leider galt diese relative Friedlichkeit in unseren Tagen als glanzlos: wohl ein Grund für das lange Zeit geringe, nun aber zunehmende Interesse am Studium der Tausende von Tafeln dieser Zeit [s. die Titel unter 2.6.8]. Dass wir über diese lange Zeitspanne unzureichend informiert sind, liegt aber auch daran, dass die Schichten dieser Zeit in der Stadt Babylon, woher wahrscheinlich die aufschlussreichsten Dokumente zu erwarten wären, im Grundwasser liegen und nicht erreichbar sind [RENGER, Babylon 2.6.7]. Resultat ist daher eher eine Kette von Momentaufnahmen als eine durchgängige Schilderung [SOMMERFELD 2.6.8].

Beginnende Konflikte zwischen Babylonien und Assyrien

Von der Mitte des 14. Jh. an werden die Zusammenhänge deutlicher. Nachdem der assyrische Herrscher Assur-uballit I. (1365–1330) Burnaburiaš II. von Babylon (um 1350) eine Tochter zur Frau gegeben hatte, der daraus entsprossene Sohn Karahardaš zwar die Nachfolge seines Vaters in Babylon angetreten hatte, aber kurz darauf ermordet worden war, griff der Assyrer ein und setzte einen weiteren Sohn namens Kurigalzu ein. Kurigalzu II. (1345–1324) ging jedoch auf Distanz zu Assur wie der Abschluss eines anti-assyrischen Bündnisses mit den Hethitern zeigt. Vermutlich um den Rücken frei zu bekommen für eine Aktion gegen Elam, greift Kurigalzu sogar Assur an. Assyrischen Berichten zufolge soll dies zwar mit einer Niederlage der Babylonier geendet haben, was aber kaum der Fall gewesen sein kann, denn kurz darauf beginnt der Zug des Kurigalzu gegen Elam, der zur Zerstörung von Susa führt. Zwar wird unter den Nachfolgern in Babylon immer wieder der Grenzverlauf zu Assyrien vertraglich abgesichert, aber das Verhältnis bleibt gespannt. Wohl unabhängig davon weisen Wirtschaftsurkunden darauf hin, dass Babylonien auf eine wirtschaftliche Krise hinsteuerte.

Bis zur Mitte des 13. Jh. hatte Elam sich von den babylonischen Angriffen erholt, so dass der dortige Herrscher Untaš-Napiriša die Krise in Babylon ausnutzend Babylonien überfallen konnte. Diese Gelegenheit wiederum ergriff kurz darauf der assyrische Herrscher Tukulti-Ninurta I. (1244–1208), um das geschwächte Babylonien zu erobern. Der kassitische Herrscher Kaštiliaš IV. sowie die Statue des Gottes Marduk aus Babylon wurden nach Assur verschleppt, ebenso wie zahlreiche Bewohner Babyloniens nach Assyrien umgesiedelt wurden.

Noch zur Zeit Tukulti-Ninurtas I. erlangte allerdings Babylonien unter Adad-šuma-usur (1218–1189), einem Sohn des Kaštiliaš, seine Unabhängigkeit zurück, der schließlich Wirrnisse in der Nachfolge Tukulti-Ninurtas seinerseits zu einem Einfall in Assyrien nutzt und 1192 einen vorher im babylonischen Exil lebenden assyrischen Prinzen Ninurta-apil-ekur dort (1192–1180) einsetzt.

Das Ende der danach beginnenden Periode relativer Ruhe unter den Nachfolgern in Babylon, Melišipak (1188–1174) und Marduk-apal-iddina I. (1173–1161) wird dadurch eingeleitet, dass der elamische Herrscher Šutruk-Nahhunte I. als Schwiegersohn Melišipaks seinen Anspruch auf den Thron Babylons nicht durchsetzen kann [VAN DIJK 2.6.8; POTTS, Elam 2.2.2: 208]. Als Assurdan von Assur (1179–1134) im Jahre 1160 nach Babylonien zieht, den dortigen Herrscher Zababa-šuma-iddina zwar nicht vertreiben kann, ihn aber entscheidend schwächt, wird diese Vorlage von Šutruk-Nahhunte I. zu einem verheerenden Einfall nach Babylonien genutzt; er verjagt Zababa-šuma-iddina und setzt seinen eigenen Sohn Kutir-Nahhunte als König von Babylon ein. Zur Strafe für einen

Einfall des Elamiters Šuturuk-Nahhunte

zwischenzeitlichen Aufstand werden zahlreiche babylonische Städte zerstört und der letzte Kassitenherrscher wie auch die inzwischen aus Assur nach Babylon zurückgekehrte Marduk-Statue nach Susa verschleppt.

Der elamische Einfall ist übrigens der erste registrierte Fall eines großangelegten Kunstraubs eines Eroberers. Šutruk-Nahhunte verschleppte ein Großteil der Denkmäler, die er in den eroberten Städten vorfand, nach Susa [Carter/ Stolper 2.10], wo er sie zum Teil mit eigenen Inschriften versehen zur Schau stellte – wohl kaum wegen des Kunstwertes sondern mit dem Zeil, die kulturell-politische Identität Babyloniens zu beschädigen und den Triumph zu Hause sichtbar zu machen. Entgegen den schriftlichen Bezeugungen, wonach dies im Tempel geschah, sind die Stücke 1898 von einer französischen Expedition alle im Bereich des ehemaligen Palastes gefunden worden [de Morgan 2.10.1]. Die assyrische Zerstörung des Palastes lässt uns leider den Umfang dieser „Sammlung" nicht mehr erkennen. Von besonderem Interesse ist, dass viele Stücke aus der mehr als tausend Jahre zurückliegenden Akkad-Zeit datieren, diese also offenbar in den babylonischen Städten noch sichtbar aufgestellt gewesen waren. Unter den in Susa gefundenen Denkmälern befindet sich nicht nur die oben erwähnte Siegesstele des Naramsin, sondern so viele weitere Werke der Akkad-Zeit, dass es ohne diese Funde schlecht um unsere Kenntnis der akkad-zeitlichen Großkunst bestellt wäre. Von den geraubten Denkmälern späterer Zeit sei vor allem die sog. „Gesetzesstele" des Hammurapi genannt, die wohl ursprünglich in Sippar aufgestellt gewesen war [ausführlicher Potts, Elam 2.2.2: 233–236].

Erster bezeugter Kunstraub der Geschichte

Wiewohl die zuvor genannten Auseinandersetzungen zwischen Babylonien und Assyrien wie „normale" Konflikte zwischen Nachbarn aussehen, steckt wahrscheinlich schon hier das erst später klare Bestreben Assyriens dahinter, Babylonien dem eigenen Machtbereich zuzuschlagen. Dass es jetzt noch nicht dazu kam, verdankt Babylonien nicht nur seiner relativen Stärke sondern offenbar auch einer gewissen Scheu Assyriens, gegen das kulturell respektierte Babylonien, woher ein Teil der in Assyrien verehrten Götter stammte, dieselben militärischen Mittel einzusetzen wie gegen die übrigen Nachbarn.

7.2 Die Hethiter

Wiederholt war auf den letzten Seiten von den Hethitern nicht nur wegen ihres spektakulären Zuges nach Babylon, mit dem die Herrschaft der 1. Dynastie von Babylon beendet wurde, die Rede, sondern als eine Macht, die im 14. und 13. Jh. die Geschicke Vorderasiens mitbestimmte. Die Anfänge sind allerdings kaum fassbar [Forlanini 2.9.1], ebensowenig ab wann die Hethiter und die anderen indogermanisch sprechenden Gruppen wie Luwier und Palaier nach Anatolien eingewandert sind. Immerhin sind jedoch hethitische Personen- und Götternamen bereits im 19. Jh., in der Zeit der altassyrischen Handelskolonien bezeugt [Tischler 2.9.1].

Das altassyrische Handelsnetz war in den Wirren untergegangen, die im 18. Jh. durch Kämpfe der lokalen anatolischen Herrscher untereinander um Vorherrschaft ausgelöst worden waren, unter denen sich einige mit hethitischen Namen finden. Ein Pit̠ḫana konnte um die Mitte des 18. Jhs. v. Chr. Kaneš erobern, von wo sein Sohn Anitta die alte Königsstadt Kušara eroberte und dort eine eigene Herrschaft errichtete, die in kurzer Zeit durch Siege über die lokalen hattischen Herren erheblich anwuchs. Zwar wird der Herrensitz Hattuša um 1700 von Anitta so zerstört, mit dem Ziel, dass er niemals wieder besiedelt werden sollte, doch errichtet Labarna aus Kušara auf dem alten Siedlungsgebiet seine neue Hauptstadt gleichen Namens und gibt sich den Thronnamen Hattušili, „der aus Hattuša". Mit ihm beginnt die Zeit der hethitischen Großmachtpolitik, die zu allen Zeiten besonders auf eine Erweiterung in die südlich angrenzenden Ebenen ausgerichtet war [SCHACHNER 2.9.1].

<small>Konsolidierung der hethitischen Herrschaft</small>

Bereits Hattušili I. ist in dauernde Kämpfe mit dem Königreich von Yamḫad verwickelt, das von der Hauptstadt Aleppo aus die Ebenen südlich des Taurus beherrschte. Die Unterwerfung Yamḫads gelang jedoch erst seinem Nachfolger Muršili I. im Jahre 1595, dem Vorspiel zu seinem denkwürdigen Blitzzug den Euphrat hinab bis Babylon. Zwar konnte Muršili wohl nie daran denken, in Babylon dauerhaften Einfluss zu behalten, aber mit Sicherheit war dies eine eindrucksvolle Demonstration dieser jungen Macht im Vorderen Orient. Nicht nur die Ermordung Muršilis und die danach einsetzenden Wirren ließen diese Macht allerdings dann sehr schnell schrumpfen, sondern dazu trug auch die rasche Konsolidierung der Hurriter als neue politische Kraft in Richtung auf Nordsyrien und Kilikien bei.

Außer Herrschernamen fehlen für die folgende Zeit zusätzliche Nachrichten, die uns erkennen ließen, dass die hethitischen Herrscher mehr als lokale Bedeutung hatten. Zwischenzeitlich gelangen Erfolge gegen Aleppo und den Mittani-Staat, und kleinere Gebiete konnten durch Verträge an die hethitische Macht gebunden werden. Zeitweise waren allerdings die Gegner so stark, dass eine Koalition aus nördlichen bis östlichen Nachbarn bis in den Kernbereich vorstoßen und sogar die Hauptstadt Hattuša zerstören konnte [VON SCHULER 2.9.1].

<small>Hethitisches Großreich</small>

Als der eigentliche Begründer des hethitischen Großreiches kann Šuppiluliuma I. (1375–1335) gelten, der durch Kriegszüge, aber auch durch Diplomatie und Verträge das Territorium erweitern und die Grenzen sichern konnte. Insbesondere vermochte er seinen Bereich nach Süden auszudehnen, wobei ihm zu Hilfe kam, dass der Herrscher des Mittani-Staates, Tušratta, bei inneren Auseinandersetzungen ermordet worden und dessen Sohn Šattiwaza um Hilfe bittend zu ihm geflohen war. Die Verfolgung ihrer Interessen im Hinblick auf den Mittani-Staat musste die Hethiter in Konflikt mit Ägypten, dem Vertragspartner des Mittani-Staates, bringen, zumal diese Verträge ja gerade zur Eindämmung des hethitischen Einflusses hatten dienen sollen. Um seinen Einfluss im syrischen Gebiet zu erhalten oder sogar auszudehnen, trat Ägypten allerdings nicht selbst auf, sondern unterstützte lokale Aufstände gegen den hethitischen Einfluss. Die Söhne Šuppiluliumas, Arnuwanda und, nach dessen nur kurzer Regierung,

Muršili II., mussten offenbar erhebliche Mühe aufwenden, um die Randbereiche ihres Gebietes insbesondere in Syrien zu halten.

Der Konflikt mit Ägypten fand schließlich seinen Höhepunkt im Jahre 1274 in der Schlacht von Qadeš, in der sich Muwatalli II. und Ramses II. gegenüberstanden und die vermutlich mit einem hethitischen Sieg endete, auch wenn die ägyptischen Quellen Anderes berichten [Mayer/Mayer-Opificius 2.7.3; Beal 2.9.1: 549; Von der Way 2.9.1]; anders hätten aber wohl kaum die Hethiter anschließend ihren Einfluss bis nach Südsyrien ausdehnen können. *Schlacht von Qadeš*

Von besonderem Interesse ist ein Vertrag zwischen Muwatalli II. und einem Herrscher Alaksandu von Milusa (vermutlich ein „Alexander von Ilios" [Latacz 2.9.1]), der sich in eine Reihe von Nachrichten einfügt, die für Beziehungen zwischen den Hethitern und den mykenischen Griechen zeugen. Bereits unter Arnuwanda I. (um 1440 v. Chr.) wird von einem Feldzug gegen Aḫḫiyawa berichtet, dessen Gleichsetzung mit Achaia nach langem Zögern [Güterbock; Marazzi; Heinhold-Kramer (alle 2.9.1)] von der Forschung weitgehend akzeptiert wird [Latacz 2.9.1]. *Beziehungen mit den mykenischen Griechen*

Die Notwendigkeit einer stärkeren Präsenz in den südlichen Reichsgebieten einerseits und die Dauergefahren aus dem Norden und Osten andererseits führten zu einer gewissen Teilung der Macht, indem der Großkönig Muwatalli sich mehr um die südlichen Belange kümmerte, während er seinen jüngeren Bruder Hattušili mit der Koordinierung der Abwehrkämpfe im Norden, besonders gegen die Kaschkäer, betraute [von Schuler 2.9.1].

Dieser Hattušili als der dritte seines Namens führte das Reich wieder zu hoher Macht, nach Vertreibung seines Neffen Urḫi-Tešub, der zunächst die (legitime) Nachfolge seines Vaters Muwatalli angetreten hatte. Zu seinen größten Erfolgen gehört der Friedensschluss mit Ramses II. im Jahre 1259, befestigt durch die gegenseitige Heirat von Töchtern. Die Absicherung der südlichen Flanke des Reiches war umso wichtiger geworden, als vom Tod Tušrattas und dem Ende des Mittani-Staates nicht nur die Hethiter profitiert hatten, sondern in Assyrien unter Eriba-Adad (1390–1366) und besonders Assur-uballit (1365–1335) eine neue Großmacht entstanden war [Van den Hout 2.9.1], die nun direkter Nachbar geworden war und sichtbar nach Westen drängte. *Größte Ausdehnung unter Hattušili III.*

Ein bleibendes Denkmal setzte sich Hattušili III. mit dem Ausbau der Hauptstadt Hattuša. Dazu gehört nicht nur die Ausgestaltung des Palastgebietes auf der Oberburg Büyükkale, sondern vor allem die Einbeziehung der Oberstadt und die Errichtung einer großen Anzahl von zumeist stattlichen Gebäudekomplexen. Sie stehen vermutlich im Zusammenhang mit der Verpflichtung des hethitischen Herrschers, jährlich die verschiedenen Kultstätten seines Reiches zu besuchen, und dem Versuch, die damit verbundenen Unsicherheiten zu umgehen, indem man sich Vertretungen dieser Orte in der eigenen Hauptstadt schuf [Schachner 2.9.1]. *Ausbau von Hattuša*

Aus den zahlreichen schriftlichen Aufzeichnungen dieser Zeit geht in besonderer Klarheit die Person der Puduḫepa hervor, der Gemahlin des Hattušili. Wie auch die anderen hethitischen Königinnen verfügte sie über einen großen Einfluss, der sich in ihrem Fall zudem darin äußerte, dass sie mit Ramses II. direkt korrespondierte, der ihr Botschaften parallel zu denen an Hattušili sandte [VAN DEN HOUT 2.9.1].

Dem Nachfolger Tutḫalya IV. gelang es zwar nicht, die Assyrer zurückzudrängen, aber er konnte doch die Euphratgrenze halten, was mit seinen Erfolgen gegen die Kaschkäer im Norden und Gewinnen im Westen Kleinasiens zu einem letzten Höhepunkt der Machtausdehnung führte. Während wir aus der Zeit seines Nachfolgers Arnuwanda III. nur hören, dass die Konflikte an allen Fronten wieder voll ausgebrochen waren, scheint dessen Bruder und Nachfolger Šuppiluliuma II. noch einmal mit Kämpfen um Zypern und gegen Assyrien in die Offensive gegangen zu sein. Geschwächt durch innere Probleme, die wohl vor allem auf die Vertreibung des eigentlich legitimen Herrschers Urḫi-Tešub durch Hattušili III. zurückgingen, führten verschiedene andere Probleme zu einem Rückgang der Zentralgewalt. Zu nennen sind anhaltende Dürren, wie auch dass kurz darauf die südlichen Teile des hethitischen Reiches, zuerst Kilikien, dann auch die syrischen Besitzungen (s. den Abschnitt Ugarit I.7.4) unter den Auswirkungen des Ansturms derer zusammenbrachen, die in ägyptischen Quellen pauschal die „Seevölker" genannt werden (s. Bibliographie 2.8.3). Zwar sind diese Gruppen nie bis in das hethitische Kernland vorgedrungen, aber all dies schwächte die Zentralgewalt derart, dass sie offenbar dem erneuten Vorstoß von Kaschkäern und Verbündeten aus dem Norden nichts entgegenzusetzen hatte. Neuere Forschungen haben ergeben, dass Hattuša nicht in einem großen Brand endete [so noch HOFFNER, Last Days 2.9.1], sondern allmählich aufgegeben wurde, so dass der letzte Herrscher Šuppiluliuma II. wahrscheinlich schon nicht mehr in Hattuša sondern an anderer Stelle residierte [SCHACHNER 2.9.1]. Dies bedeutete gleichzeitig das Ende der hethitischen Macht, die sich danach nicht wieder erholte.

Seevölker

7.3 DIE HURRI-MITTANI

Der Bevölkerungsgruppe der Hurri-Mittani beggenen wir zuerst in der 2. Hälfte des 3. Jts., einmal in den nord-, nordostmesopotamischen Orten wie Gasur, dem späteren huritischen Zentrum Nuzi oder Urkeš (heute Tell Mozan im Ḫabur-Dreieck [BUCCELLATI/KELLY-BUCCELLATI 2.8.2]), zum anderen als Eigennamen in Urkunden der Dynastien von Akkad und Ur III. In Urkeš scheint eine Tochter des Naramsin von Akkad verheiratet gewesen zu sein. In der Folgezeit finden wir hurritische Namen in den Archiven von Mari und im weiteren syrischen Gebiet, also im ganzen Bereich, den wir vom 16. Jh. an als das Siedelgebiet der Hurriter kennen [WILHELM 2.8.2]. Einzelheiten sind uns mangels eigener schriftlicher Quellen unbekannt; die möglicherweise mit Tell Feḫariya am oberen Ḫabur identifizierte Hauptstadt Waššukanni hat noch keine ausreichenden Urkunden geliefert. Die Staatsbildung scheint sich zeitgleich mit der Zuwanderung der Gruppe der Mittani vollzogen zu haben, die von da an den hurritischen Staat

Mittani: indo-iranische Führungsschicht

dominierten. Sie gehören einer indo-arischen Sprachgruppe an, von deren Sprache allerdings nur die zum Teil indo-arischen Herrschernamen überliefert sind. Zudem werden in einem Staatsvertrag zwischen dem Hethiter Šuppiluliuma und dem Mittani-Herrscher Šattiwaza die aus den Veden bekannten Gottheiten Indra, Varuna und Mitra als Garanten angerufen [Mayrhofer 2.9.1; Wilhelm 2.8.2].

Einer Ausdehnung des Staates in den osttigridischen Raum um Kerkuk, in dem bereits vorher eine hurritische Bevölkerung ansässig war, konnte das kaum auf der politischen Landkarte existierende Assur nichts entgegensetzen. Die ständigen Versuche der Hethiter, auf Nord- und Westsyrien Einfluss zu nehmen, hatten die dortigen lokalen Kräfte geschwächt, ohne dass die Hethiter jedoch die Stelle hätten voll ausfüllen können. Insofern war der hurritisch-mittanischen Ausdehnung nach Westen keine unüberwindliche Grenze gesetzt. Kurz nach 1500 gehörten sowohl Alalaḫ nahe der Küste des Mittelmeeres als auch Nuzi und Arrapḫa (Kerkuk) im Osttigris-Gebiet zum Bereich des hurritisch-mittanischen Staates [zu Gemeinsamkeiten in der Keramik s. Stein 2.8.2]. Ausdehnung des hurritisch-mittanischen Staates

Die Westexpansion musste Konflikte mit Ägypten heraufbeschwören, aus denen zunächst Ägypten als Sieger hervorging – verschiedene Feldzüge Thutmosis III. (1489–1436) führten zu einer Unterwerfung Westsyriens, sogar zur Überschreitung des Euphrat bei Karkemisch –, doch konnte der Mittani-Staat in der Folgezeit wieder seinen Einfluss nach Westen ausdehnen. Da sich sowohl die Hurri-Mittani als auch die Ägypter durch die Hethiter bedrängt fühlten, kam es im Laufe des 15. Jhs. zu einer Annäherung zwischen ihnen, die durch Heiratsverbindungen und den Austausch von Geschenken befestigt wurde. Wir sind darüber in einiger Ausführlichkeit durch die bereits genannte Amarna-Korrespondenz unterrichtet, der aber bis vor kurzem kaum andere Quellen zur Seite standen. Durch die neueren Grabungen in der westsyrischen Stadt Qatna sind unsere Kenntnisse erheblich erweitert worden [al-Maqdissi et al. 2.8]. Konflikte mit Ägypten

Interessant ist die Sendung der heilkräftigen Statue der Ištar/Šauška von Ninive durch den Mittaniherrscher Šuttarna an den erkrankten Amenophis III., da dies zeigt, wie wenig von einer eigenständigen politischen Kraft im oberen Tigrisgebiet, dem nachmaligen assyrischen Kernland, zu sprechen ist.

Unter Tušratta (um 1380) kam es offenbar zu internen Auseinandersetzungen, in deren Verlauf Tušratta ermordet wurde, woraufhin sein Sohn Šattiwaza Zuflucht beim Hethiterherrscher Šuppiluliuma I. suchte. Dieser nahm zwar den Anlass wahr, sich in legitimierter Weise um nordsyrische Belange zu kümmern, doch war er dem Expansionsstreben Assurs nicht gewachsen, das unter Assur-uballit I. die Gelegenheit ergriffen hatte, sich Teile der zerstrittenen mittanischen Herrscherfamilie zu verpflichten und damit durch Ausdehnung seines Einflusses auf die östlichen Teile des Mittani-Staates zu einer politischen Macht aufzusteigen. Ermordung Tušrattas

Für über hundert Jahre konnte sich dann zwar noch unter dem Namen Ḫanigalbat ein politisches Gebilde nördlich und westlich des Tur Abdin in der heutigen Südost-Türkei halten, sich auch mehrfachen Eroberungsversuchen

Assyriens widersetzen, doch spielte es im politischen Gefüge keine spürbare Rolle mehr.

Außer der Sprache [siehe die Titel der Bibliographie unter 1.2.6.9] ist es schwer etwas mit „hurritisch" zu bezeichnen, da vermutlich ursprünglich hurritische Dinge bis zur Unentwirrbarkeit mit Einflüssen verschiedenster Art vermischt worden sind. Das gilt sowohl für die Sprache, wo sich ein eigener Dialekt, das „Hurro-Akkadische" bildete [1.2.6.9] als auch für die Literatur. Eigenes finden wir eng mit der sumerisch-akkadischen Tradition verknüpft, woraus etwas entstand, das dann Eingang in die hethitische Überlieferung fand. Wir finden diese Tendenz aber auch in der Religion, wo zusätzlich noch die Götterwelt des westsemitisch-syrischen Kreises einbezogen wurde. Gleiches gilt auch für die Kunst, wo vergeblich versucht worden ist, einen hurritischen Stil zu definieren, außer man versieht die Mischung, die bei den Rollsiegeln daraus resultierte, dass man Einflüsse aus Babylonien, Westsyrien und Anatolien kombinierte, mit der Bezeichnung „hurritisch".

Als eigenständig kann man am ehesten noch eine Luxus-Keramik ansehen, die zwischen dem 15. und 13. Jh. im ganzen hurritischen Siedelgebiet, also von der Mittelmeerküste bis an die kurdischen Berge verbreitet war, die sogenannte „Nuzi-Keramik", benannt nach ihrem ersten Fundort [STEIN 2.8.2]

Identifizierung als Hurritisch

7.4 UGARIT

Unter den zahlreichen kleineren Herrschaften Syriens ist uns die von Ugarit besonders gut bekannt [CURTIS 2.8; KLENGEL 1.2.2; VAN SOLDT 2.8]. Nicht dass es die Bedeutendste dieser Region gewesen wäre, sondern bei den Ausgrabungen im dortigen Palast sind zahlreiche Tontafeln gefunden worden, die aus mehreren Gründen seit langem besonderes Interesse gefunden haben. Auf der einen Seite stehen die vielfältigen historischen Nachrichten, die einen Einblick in das politische Geflecht der Zeit zwischen 1350 und 1200 geben, mit Ägypten und den Hethitern als den Großmächten, aber auch mit einer Reihe von kleineren Herrschaften im syrischen Gebiet [KÜHNE 2.8]. Mehr noch geht aber das Interesse darauf zurück, dass in Ugarit im 14. vorchr. Jh. auf der technischen Grundlage der Keilschrift eine eigene Silbenschrift entwickelt worden war, die mit der Beschränkung auf 30 Schriftzeichen fast wie eine Buchstabenschrift Verwendung fand und zur Schreibung eines lokalen westsemitischen Dialektes gedient hatte [DIETRICH/LORETZ 2.6.1.5; RÖLLIG 2.6.1.5]. Und schließlich zogen eine Reihe von Texten die Aufmerksamkeit auf sich, die Mythen aus der westsemitischen Welt wiedergaben, aus der sonst so gut wie nichts bekannt war [TUAT III,6].

Ugaritische Silbenschrift

Verträge zwischen Herrschern von Ugarit und hethitischen Großkönigen zeigen [BECKMAN 1.1], dass Ugarit ein Vasallenstaat der Hethiter war, doch gibt es Zeugnisse, dass gleichzeitig enge Kontakte zu Ägypten bestanden. Die Anlehnung an die Hethiter geht offenbar darauf zurück, dass die Hethiter als

Ordnungsmacht öfters in die lokalen Streitigkeiten eingriffen und die jeweilige territoriale Integrität gewährleisteten.

Wichtig für das Verständnis der insgesamt schlecht beleuchteten Situation um 1200 sind einige Urkunden aus der Regierungszeit des letzten lokalen Herrschers Ammurapi, in denen nicht mit Namen genannte Feinde, die zu Schiff das Gebiet und die Flotte Ugarits angriffen, genannt werden. Es fällt nicht schwer, diese Feinde in Verbindung mit den sogenannten Seevölkern zu bringen, die in dieser Zeit die Küsten des östlichen Mittelmeeres verheerten, denen wir bereits als diejenigen begegnet sind, die indirekt zum Zusammenbruch des hethitischen Reiches beitrugen. Ein in den Grabungen in Ugarit festgestellter Zerstörungshorizont geht vermutlich auf die Angriffe dieser Gruppen zurück [Yon 2.8.3; Lehmann, Umbrüche 2.8.3; Dietrich/Loretz 2.8.3].

7.5 Die Assyrer

Unter den Großmächten der 2. Hälfte des 2. Jt.s tritt zuletzt Assur in Erscheinung. Nach dem starken Šamši-Adad I. des frühen 18. Jhs. war Assurs Bedeutung gesunken und es gehörte von der Mitte des 16. Jhs. an zum Einflussbereich des mittanischen Staates [zum Folgenden siehe Saggs 2.7; Lamprichs 2.7.3]. *Wiedererstarken Assurs*

Nachdem wahrscheinlich Eriba-Adad I. (1392–1366), der als erster den von Šamši-Adad I. gegen Ende des 19. Jhs. benutzten Titel „Regent Enlils" aufnahm, bereits eine gewisse Selbständigkeit erlangt hatte, gelingt es seinem Sohn Assur-uballit I. (1365–1330), sich die Schwäche des Mittani-Staates nach dem Tod Tušrattas und die zögerliche Haltung des Hethiters Šuppiluliuma zunutze zu machen und Assyrien als eine selbständige Macht einzuführen. Besonders deutlich wird dies durch die Verwendung der Titel „König" und „Großkönig" in seinen Briefen an den ägyptischen Pharao Amenophis IV./Echnaton und durch die Verheiratung einer Tochter mit Burnaburiaš von Babylon, was ihm wenig später die Möglichkeit verschaffte, in die babylonische Politik einzugreifen. Assur-uballits Gebiet war wohl auf das beschränkt, was wir als assyrisches Kernland, also die Ebenen am oberen Tigris im heutigen Irak bezeichnen.

Kämpfe seiner Nachfolger gegen die Stämme in den östlich angrenzenden Berglandern, aber auch gegen die „Aḫlamu", später vom ebenso umfassenden Begriff der „Aramäer" abgelöst, haben vermutlich mehr im Blick als die reine Sicherung der Grenzen. So kann Adad-nerari I. (1307–1275) die Auseinandersetzungen zwischen Ägypten und den Hethitern dazu nutzen, sich den hurritischen Reststaat Ḫanigalbat tributpflichtig zu machen, der dann unter dem Nachfolger Salmanassar I. (1274–1245) zur assyrischen Provinz wird. Derselbe Herrscher berichtet zum ersten Mal von einem Feldzug gegen Uruwatru, ein kleines Machtgebilde in der Region des Van-Sees in der heutigen Osttürkei, das in vergrößerter Form unter dem Namen Urartu zum Dauergegner der späteren assyrischen Herrscher wird. Auch Salmanassar kämpft gegen die als Verbündete der Hethiter bezeichneten Aḫlamu, ein Zeichen, dass die sogenannte „aramäi- *Erstes Auftauchen der Aramäer* sche Wanderung" schon voll im Gange war, die schließlich zu Beginn des 1. Jt.s den mesopotamischen Raum nachhaltig veränderte.

Salmanassar I. berichtet als erster von den Grausamkeiten, von den massenhaften Blendungen der Besiegten, von Geiselnahmen und von Deportationen größerer Gruppen nach Assyrien, die von nun an zu den festen Bestandteilen assyrischer Militärstrategie gehören. Diese Maßnahmen sollten die Fähigkeit der eroberten Gebiete minimieren, sich gegen die assyrische Herrschaft aufzulehnen, und so sind hier wohl erste Anzeichen zu sehen, dass Ziel der Feldzüge nicht der Raubzug oder die Strafexpedition gegen säumige Tributzahler war, sondern die dauerhafte Anbindung an bzw. Eingliederung in das eigene Herrschaftsgebiet. In diese Strategie war auch die Religion eingepasst. Bereits zuvor war der lokale Stadtgott Assur durch Gleichsetzung mit Enlil, dem obersten Gott des sumerisch-babylonischen Pantheons, zum Reichsgott geworden, der nun aber zum Kriegsgott wurde, der die Eroberung fremder Länder befahl und dem assyrischen Heer in den Kampf voranging. Krieg, Kampf und Unterjochung anderer Völker wurden auf diese Weise religiös legitimiert, was auch in einer starken rituellen Vorbereitung kriegerischer Unternehmungen seinen Ausdruck findet, zum Beispiel einer sorgfältigen Befragung der Vorzeichen nach dem günstigsten Termin, was zu einer besonderen Blüte der Omen-Literatur führte.

<small>Ideologische Untermauerung der assyrischen Expansionspolitik</small>

Vermutlich stand auch damals bereits im Hintergrund, dass das assyrische Kernland eigentlich ein relativ armes Land ist: zwar besitzt es mehr Grundrohstoffe wie Stein und Holz als Babylonien, aber weder Metall noch besondere Gesteine zur Herstellung von Luxusartikeln. Da der Tigris und seine Nebenflüsse oft so weit in die Ebene eingeschnitten sind, dass das Wasser erst auf die Ebene der Feldflächen gehoben werden muss, ist großteilige künstliche Bewässerung nur eingeschränkt möglich. Zwar liegt Assyrien weitgehend im Regenfeldbaugebiet, doch war dadurch die assyrische Landwirtschaft nicht nur von der jeweiligen Witterung abhängiger als der Bewässerungsanbau Babyloniens, sondern die landwirtschaftliche Produktion ließ sich auch kaum intensivieren. Damit ist auch keine große Eigenerzeugung erkennbar, die als Zahlungsmittel für Importe hätte dienen können. Vor allem um den enormen Mehrbedarf, wie er sich aus den Kriegszügen und den umfangreichen Bauvorhaben der Herrscher ergab, zu decken, mussten andere Wege gesucht werden. Große Mengen Gold, wie sie Assuruballit in einem Brief von Amenophis IV. erbat, brachten nur temporäre Erleichterung. Abhilfe konnte nur eine systematische, also nicht nur auf Raubzügen beruhende Ausbeutung der Nachbargebiete bringen. Im 1. Jt. wurde diese Lösung zur Strategie, wobei die Eroberung eines Gebietes zwar zunächst die erhoffte Erleichterung brachte, seine Eingliederung in das Reich aber letztlich nur wieder den Mehrbedarf anhob, so dass die Eroberung wieder neuer Gebiete notwendig wurde [LAMPRICHS 2.7.3].

<small>Expansion als wirtschaftliche Notwendigkeit</small>

Einzig das Verhältnis zu Babylonien scheint aus solchen Überlegungen ausgespart zu sein. Grund ist wohl das Bewusstsein, dass nicht nur die eigene Kultur dorther stammte, sondern nach wie vor Babylonien mit seinen großen Städten und Heiligtümern das kulturelle und religiöse Zentrum war. Selbstverständlich versuchte man dort immer politischen Einfluss zu gewinnen, wie das schon im Verhältnis mit den kassitischen Herren deutlich geworden war, aber an die totale Unterwerfung Babyloniens wagten sich zunächst nur wenige, wohl auch weil dies die militärischen Möglichkeiten überfordert hätte.

Dennoch unternahm Tukulti-Ninurta I. (1244–1208) einen solchen Versuch, nachdem er zunächst die abbröckelnden Ränder seines Bereiches an anderen Stellen wieder festigen musste. In seinem 11. Jahr stieß er nach Babylonien vor, das gerade unter einem elamischen Einfall gelitten hatte, nahm den kassitischen Herrscher Kaštiliaš IV. (1242–1235) gefangen, zerstörte Babylon und rühmte sich, sein Gebiet reiche bis zum unteren Meer (d.h. den Golf). Babylonien erlangte jedoch bereits 15 Jahre später seine Unabhängigkeit wieder, wohl durch Probleme am assyrischen Hof begünstigt. *Erste Zerstörung Babylons durch Assyrien*

Tukulti-Ninurta hatte angefangen, im nordwestlichen Bereich von Assur einen neuen Palast zu bauen, doch während der Bauzeit beschlossen, sich nordöstlich der Stadt auf der anderen Seite des Tigris eine neue Stadt namens Kar-Tukulti-Ninurta (= „Tukulti-Ninurta-Burg"; heute: Tulul ʿAqir) mit großzügigen Tempel- und Palastbauten zu errichten [ANDRAE 2.7; DITTMANN 2.7.3]. Er reiht sich damit in die Serie von Neugründern von Residenzstädten ein, die vor ihm der Kassite Kurigalzu, der Pharao Echnaton und der Elamiter Untaš-Napiriša begonnen hatten; er ist gleichzeitig damit Vorreiter einer Übung einer Reihe von Herrschern des neuassyrischen Reiches, sich neue Residenzstädte und Paläste zu errichten. Vermutlich sollte dies neben dem Prestigegewinn als Bauherrn auch eine Befreiung von den Intrigen des Hofes bringen. Letztlich wurde Tukulti-Ninurta dann aber doch ein Opfer dieser Intrigen und von einem Sohn in seiner neuen Hauptstadt ermordet. *Bau der neuen Residenzstadt Kar-Tukulti-Ninurta*

Insgesamt sehen wir, dass die inneren Verhältnisse in Assur und Babylon nicht so gefestigt sind, dass sie auch einmal einen weniger aktiven Herrscher überdauert hätten. Zusammen mit dem immer zu einem Überfall auf Babylonien bereiten Elam ergibt sich die öfters wiederkehrende Situation, dass, wer auch immer von Assur und Babylon der Stärkere ist, versucht, die andere Region unter Kontrolle zu bekommen, und dass Situationen, in denen beide schwach sind, Elam zu einem Überfall auf Babylonien animieren. Eine solche Konstellation ergibt sich beispielsweise durch die Wirren nach dem Tod des starken babylonischen Herrscher Marduk-apal-iddina I. im Jahre 1159, als der assyrische Herrscher Assurdan (1179–1134) seine Stunde gekommen sieht, gegen Babylon vorzugehen, wo Zababa-šuma-iddina zur Macht gekommen war, es zwar ins Chaos stürzen aber nicht erobern kann, und Šutruk-Naḫḫunte von Elam daraus militärischen Nutzen zieht. Von seinem Raubzug nach Babylonien war oben schon die Rede.

Nachdem Assur-reš-iši (1133–1116) wieder mit der Verteidigung der Grenzen nach Osten (Bergländer) und Westen (Aḫlamu) beschäftigt war, auch mit der Abwehr von Einfällen von Nebukadnezar I., dem seit 1126 neuen starken Herrscher in Babylon, wird sein Sohn Tiglatpilesar I. (1115–1077) wieder offensiv. Dieser führt seine Heere bis weit nach Kleinasien, wo sich nach dem Ende des Hethiterreiches eine Reihe kleinerer Staaten gebildet hatte. Gegen die Aḫlamu *Wiederaufnahme der Expansionspolitik* hat er allerdings genauso wenig Erfolg wie seine Vorgänger. Dass schon die Abwesenheit von der Hauptstadt eine Schwäche bedeuten kann, zeigt sich daran, dass während eines seiner Feldzüge Marduk-nadin-ahhe von Babylon (1100–1083) assyrische Grenzstädte zerstören und Kultstatuen verschleppen konnte. Die Schwäche des Nachfolgers Marduk-šapi-zeri in Babylon hinwieder ausnutzend unternimmt der assyrische Herrscher Tiglatpilesar I. gegen Ende seiner Regierungszeit insgesamt vier Feldzüge gegen Babylonien. Eine Nachrichtenlücke lässt uns die weiteren Ereignisse nur soweit erkennen, dass offenbar Babylonien dennoch bald seine Unabhängigkeit von Assur wieder erlangte.

7.6 Elam

Auch die Geschichte Elams ist von der Nachrichtenarmut des 16. und 15. Jhs. betroffen [Carter/Stolper 2.10; Potts, Elam 2.2.2]. Punktuelle Nachrichten für das 14. Jh. haben die Grabungen in Haft Tepe, südlich von Susa, geliefert, einer von Tepti-Ahar, „König von Susa und Anšan", erbauten Stadt. Eine der 600 dort gefundenen Wirtschaftsurkunden trägt das Siegel des Tepti-Ahar und erwähnt in der Jahresformel den kassitischen Herrscher Kadašman-Enlil (I.), was uns Tepti-Ahar in die Zeit um 1370 datieren lässt. In einer späteren Chronik wird dem kassitischen Herrscher Kurigalzu II. ein Sieg über einen sonst nicht bekannten Elamiter Hurbatila zugeschrieben, der entsprechend um 1330 gelebt haben müsste. Reichere Nachrichten liegen erst für das 13. und 12. Jh. vor, beginnend mit Igi-halki und den Söhnen Pahir-iššan und Attar-kittah, die zwischen 1320 und 1280 anzusetzen sind, gefolgt vom Sohn des letzteren, Humban-numena (ca. 1270), über die alle nicht viel bekannt ist, aber eben auch keine Berichte über kriegerische Auseinandersetzungen. So wird man vermuten, dass in diesen ruhigen Zeiten die Basis gelegt wurde, für die reichen Bauaktivitäten des Untaš-Napiriša (1260–1235), der nicht nur die Stadt Susa mit Palästen und Tempeln ausstattete sondern vor allem als der Bauherr der Kult- und zeitweiligen Residenzstadt Dur-Untaš (heute Čogha Zanbil), südöstlich von Susa, bekannt ist – vermutlich angeregt durch die Gründung der Residenzstadt Dur-Kurigalzu durch den kassitischen Herrscher Kurigalzu. Interessant ist das Gebäude des Haupttempels, das zuerst aus einer Ziqqurrat nach babylonischem Vorbild in einem quadratischem Innenhof bestand, dann aber durch Zufüllung dieses Hofes und seine Überbauung zu einer größeren Ziqqurrat umgebaut wurde. Durch die Verwendung des ursprünglichen Baus begünstigt wurde die eine gefundene Treppe (vielleicht eine von ursprünglich Vieren) zum Teil innerhalb der untersten Stufe geführt [Heinrich, Tempel 2.2.7; Schmid, Tempelturm 2.2.7], eine beträchtliche Abweichung von der babylonischen Bautradition.

Bau der Kult- und Residenzstadt Dur-Untaš

Erst unter dem zweiten Nachfolger, Kiten-Hutran (um 1225), hören wir von Militäraktionen. Er fiel zweimal nach Babylonien ein und kehrte mit Beute zurück, was aber durch den zwischenzeitlichen Schirmherren Babyloniens, den Assyrerkönig Tukulti-Ninurta I., durch einen Zug bis zum „Unteren Meer", also zum Golf beantwortet wurde, in dessen Verlauf Kiten-Ḫutran aus den Nachrichten verschwand, gleichbedeutend mit dem Beginn einer erneuten Nachrichtenlücke.

Als nächstem starken Herrscher begegnen wir Šutruk-Naḫḫunte, der vermutlich bereits einige Jahre regiert hatte, bevor er 1160 das durch einen Assyrerangriff geschwächte Babylon überfiel, und den dortigen Herrscher Zababa-šuma-iddina vertrieb. Er hatte eine Tochter des kassitischen Herrschers Melišipak – also eine Schwester des babylonischen Herrschers Marduk-apal-iddina I. – geheiratet und sich vermutlich selbst Rechte auf die Nachfolge Marduk-apal-iddinas ausgerechnet. Nun setzte er zwar seinen Sohn Kutir-Naḫḫunte als König von Babylon ein, doch konnte sich Enlil-nadin-aḫḫe, der Sohn Zababa-šuma-iddinas daneben noch drei Jahre an der Macht halten, bevor er von Šutruk-Naḫḫunte nach Elam verschleppt wurde. Die reiche, nach Susa geführte Beute an Denkmälern wurde bereits erwähnt. Die große Bedeutung, die diese Beute und ihre Wiederauffindung im Palast von Susa für unsere Kenntnis der babylonischen Kunst hat, überschattet normalerweise, dass vermutlich die übrige Beute einen mindestens ebenso großen Umfang gehabt haben wird. In damaligen Augen ist aber sicher das schwerwiegendste Ereignis die Verschleppung der Marduk-Statue nach Elam gewesen.

Šutruk-Naḫḫunte kämpft um legitime Nachfolge in Babylon

Zwar konnte Marduk-kabit-aḫḫešu die Elamiter aus Babylon vertreiben, doch erreichte Elam unter dem Bruder von Kutir-Naḫḫunte und Nachfolger auf dem elamischen Thron, Šilḫak-Inšušinak, um 1140 wieder die Ausdehnung, die es einmal im 18. Jh. gehabt hatte, mit Eroberungen in Babylonien, dem Osttigrisgebiet bis zur Höhe des Kleinen Zab und Erweiterungen im Zagros. Die wiederholten Einfälle nach Babylonien überstiegen aber wohl auf die Dauer Elams Kräfte, zumal in Babylon 1124 Nebukadnezar I. an die Macht kam, der mehrmals gegen Elam zu Felde zog, zuletzt 1110, als er in einer Schlacht bei Susa über den elamischen Herrscher Huteluduš-Inšušinak einen so nachhaltigen Sieg erfocht, dass danach Elam für fast vier Jahrhunderte als Machtfaktor nicht mehr erkennbar ist.

7.7 Zusammenfassung.

Die zweite Hälfte des 2. Jt.s ist von den Auseinandersetzungen zwischen verschiedenen Mächten geprägt, von denen letztlich nur drei ihre Identität über die ganze Zeit behalten: Babylonien, Assyrien und Elam, abgesehen von Ägypten, das sich zeitweilig beteiligt, sich aber bei zu großem Widerstand zurückzieht. Seltsam ist die Nicht-Rolle des syrisch-anatolischen Gebietes, das zwar bisweilen durch die Mächte der Hethiter und der Hurri-Mittani besetzt war, aber nicht in der Lage war, eine dauerhafte politische Basis zu schaffen. Kennzeichnend dafür ist, dass das politische System der Hethiter offenbar so wenig in sich gefestigt war, dass es den nur indirekten Ansturm der „Seevölker" nicht überlebte: indirekt insofern, als die direkten Angriffe nur der Küstenregion galten, aber ein quasi Domino-

Effekt sich ins Hinterland fortpflanzte. Auch die anderen drei genannten Mächte hatten politische wie wirtschaftliche Krisen auszuhalten, gerieten zuweilen in völlige Bedeutungslosigkeit, doch war offenbar immer genügend politische Substanz vorhanden, um ein Wiederaufleben einzuleiten.

Es ist charakteristisch für diese Zeit, dass, abgesehen von der Schaffung des assyrischen Territoriums auf Kosten des hurritisch-mittanischen Staates, nur selten Versuche unternommen wurden, sich eines der anderen Territorien einzuverleiben, vermutlich weil man um die Beschränkung der eigenen Kräfte wusste. Als Tukulti-Ninurta I. es dennoch versuchte, hielt es nicht lange: Babylonien entglitt ihm mehr, als dass es großer Kämpfe bedurft hätte. Dabei kann man davon ausgehen, dass sowohl Salmanassar I. als auch Tukulti-Ninurta I. durchaus entsprechende Ambitionen der Angliederung hatten. Erst der Ausbau der in diesen Jahren konzipierten religiösen wie politischen Ideen in Assyrien gepaart mit unglaublicher Härte und einem strategischen Denken änderten die Situation in der folgenden Zeit.

8. DIE WELTREICHE DER ASSYRER UND BABYLONIER

Wenn auch in diesem Kapitel viel von Großmächten und militärischen Anstrengungen die Rede sein wird, soll doch ein vergleichsweise leises Phänomen am Anfang stehen, das die nachhaltigsten Auswirkungen auf die Geschichte des gesamten ersten vorchristlichen Jt.s im Vorderen Orient hatte: die aramäische Wanderung [DION 2.8.4; LIPINSKI 2.8.4].

8.1 Die Aramäer

Vom 12. Jh. an tauchen in assyrischen Berichten unter dem Sammelnamen Ahlamu Gruppen als Gegner im süd- und westsyrischen Gebiet auf, die wegen ihrer flexiblen Kampfweise vom schwerfälligen assyrischen Heer kaum zu fassen sind. Sie dringen allmählich nach Norden vor, erringen die Macht in den Städten der ehemaligen mittanischen bzw. hethitischen Bereiche und begründen vom 10. Jh. an lose im Verband stehende, kleinere Herrschaften [SCHWARTZ 2.8.4]. Sie stellen sich bewusst in die hethitische Tradition, z. B. mit der Verwendung der Schriftform der hethitischen Hieroglyphen, weshalb sie bisweilen auch als „späthethitische Kleinfürstentümer" bezeichnet werden. Am bekanntesten sind die Herrensitze von Karkemisch – wo der Angehörige einer noch von den Hethitern eingesetzten Dynastie sich sogar des hethitischen Titels „Großkönig" bediente –, Sam'al (modern: Zencirli), Guzana (modern Tell Halaf), oder Karatepe des 9. und 8. Jh.s [HAWKINS 2.8], deren Architektur gleichfalls in der hethitisch-lokalen Tradition steht, gleichzeitig aber in der Ausschmückung mit reliefierten Wandorthostaten (eine Bautechnik, die ursprünglich ebenfalls aus dem hethitischen Bereich stammt) versuchen, mit assyrischen Palästen wie dem Assurnasirpals II. (883–859) in Nimrud zu wetteifern [NAUMANN 2.9]. Von diesen Kleinstaaten geht auf der einen Seite der Widerstand gegen die assyrische Expansion aus, andererseits arrangieren sie sich zum Teil mit den neuen Oberherren; in jedem Fall können sie sich an vielen Orten als das neue tragende politische Element etablieren.

Aramäische Wanderung

So erbittert die assyrischen Abwehrkämpfe gegen ein weiteres Vordringen der Aramäer auch waren und so sehr sie als die Verhinderer assyrischer Ausdehnung nach Westen bekämpft wurden, so wenig konnte verhindert werden, dass Angehörige dieser Gruppen dennoch nach Osten vordrangen, zum Teil dadurch verstärkt, dass sie als Handwerker nach Assyrien geholt wurden, zum Teil dadurch, dass sie häufig Opfer der Deportationen waren, mit denen die Assyrer Strafaktionen abzuschließen pflegten und mit denen sie gleichzeitig dem Arbeitskräftemangel in ihrem Kerngebiet zu begegnen suchten [ODED, Deportations 2.7.3]. All dies trug dazu bei, dass vom 9. Jh. an aramäisch mindestens die zweite Landessprache in Assyrien wurde, unter deren Einfluss sich sogar die Syntax des

Vordringen der aramäischen Sprache

120 I. Darstellung

Assyrischen änderte [VON SODEN/MAYER 1.2.6.3], wie auch umgekehrt [KAUFMANN 2.8.4].

<small>Aramäische und chaldäische Stammesfürstentümer in Babylonien</small>

In mindestens gleich starker Weise, nur nicht so gut dokumentiert, richtete sich die Ausbreitung auch gegen Babylonien [DIETRICH 2.8.4]. Bereits im 11. Jh. werden Aramäer als Hilfstruppen genannt, doch obwohl sie damit bereits früh in direktem Kontakt zu den eigentlichen Babyloniern stehen, behalten sie ihre Sprache und Namen bei und bleiben wohl auch weitgehend in weniger sesshaften Zusammenhängen, hauptsächlich am unteren Tigris. Damit ist der Hauptgegensatz zu den Chaldäern genannt, die vom 9. Jh. an erwähnt werden. Ihre genaue Zugehörigkeit ist schwer zu bestimmen, da sie sich offenbar an die babylonische Umgebung angepasst haben, sowohl in sprachlicher Hinsicht, da kaum andere als gut babylonische Namen zu finden sind, als auch darin, dass sie eher feste Siedlungen bevorzugten. Ihr Siedelgebiet liegt eher im Hinterland der großen Städte am unteren Euphrat. Sie scheinen straffer organisiert gewesen zu sein als die Aramäer, denn wir kennen nur fünf große Stämme.

Zwar ist vom 9. Jh. an von einem Land Ḫaldu im südlichen Babylonien die Rede, doch sind weder Lage noch Grenzen genau bekannt. Das Gebiet ist in Bereiche, die als „bitu" bezeichnet werden – zunächst „Haus" dann normaler Ausdruck für Stammeseinheiten -, aufgeteilt. Die wohl mächtigsten waren Bit Dakkuri, südlich von Babylon, Bit Amukani, südlich davon, und Bit Yakin am unteren Tigris, angrenzend an Elam. An der Spitze stand ein Anführer, der sich bisweilen König nennt bzw. genannt wird. Die Grenzen zwischen diesen Einheiten waren offenbar fließend und konnten sich je nach Machtfülle der Anführer verschieben.

In Babylonien ergab sich im Laufe der Zeit eine unerwartete Konstellation aus der Tatsache, dass die Orte der städtischen Kultur im Norden Babyloniens meist bereit waren, sich mit den ungeliebten, aber verlässlichen assyrischen Oberherren zu arrangieren, während es dem ländlichen, von auf ihre Unabhängigkeit bedachten Chaldäern und Aramäern dominierten Süden vorbehalten war, für die Unabhängigkeit Babyloniens einzutreten. Es waren dann auch diese Gruppen, die den letzten Aufstieg Babylons zur Großmacht einleiteten.

<small>Aramäisch in Babylonien</small>

Inwieweit sich auch im städtischen Babylonien das Aramäische durchsetzen konnte, ist unklar, weil, auch um die politische und kulturelle Legitimität zu betonen, die allgemeine Schriftsprache das in Keilschrift wiedergegebene Babylonische blieb. Die außergewöhnliche Zunahme von Stempelsiegeln deutet allerdings an, dass ein Teil des damaligen Schrifttums auf Schriftrollen aus Papyrus geschrieben war. Diese konnten nur durch angehängte Tonplomben gesichert werden, zu deren Versiegelung ein Stempel ausreichte, während das sonst übliche Rollsiegel dazu nicht taugte. Schriftrollen blieben zwar nicht erhalten, wohl aber Tausende von gesiegelten Tonplomben [COLLON 2.2.6]. Die Zunahme der Stempelsiegel lässt also auf die Zunahme des Aramäischen als Schrift- und Verkehrssprache schließen, wie auch auf die zunehmende Verwendung der aramäischen Buchstabenschrift.

Auf jeden Fall hatte sich bis in die Mitte des 1. Jt.s eine Situation herausge-

8.2 Babylon bis 770 v. Chr.

bildet, in der das Aramäische – sicherlich in verschiedenen Dialekten – die am weitesten verbreitete Sprache im Vorderen Orient war, Ausgangspunkt dafür, dass später Darius das Aramäische als Grundlage seiner für sein ganzes Reich geltenden Kanzleisprache, das so genannte Reichsaramäische, nehmen konnte.

Aus der Zeit nach dem Einfall des Elamiters Šutruk-Naḫḫunte und dem Ende der Kassitendynastie sind uns durch eigene Inschriften nur wenige Herrscher bezeugt, die meisten nur dem Namen nach aus späteren babylonischen Listen bekannt; insgesamt sind es 35 Herrscher, die später in 5 Dynastien zusammengefasst wurden, eher dem Systematisierungszwang solcher Listen folgend als dass wirklich Verwandtschaftsverhältnisse vorgelegen hätten [Brinkman, Political History 2.6.8; Jursa 2.6].

Mit der Gefangennahme des letzten Kassiten Enlil-nadin-aḫḫe (1159–1157) und seiner Verschleppung nach Elam hatte zwar die lange Zeit der Kassitenherrschaft in Babylonien geendet, aber mit Marduk-kabit-aḫḫešu (1156–1139) konnte jemand aus Südbabylonien (Isin, daher die Benennung der folgenden Herrscherfolge als „2. Dynastie von Isin") so viel Kräfte sammeln, dass er die Elamiter aus Babylon vertreiben konnte. Die eigentliche Herstellung der babylonischen Integrität gelang jedoch erst Nebukadnezar I. (1126–1105), der nach einem Sieg über Elam die verschleppte Marduk-Statue nach Babylon zurückführte. Diese Rückführung der Kultstatue des Marduk war möglicherweise der Anlass für die endgültige Fixierung der Stellung Marduks als dem obersten Gott des babylonischen Pantheons, mythologisch verpackt im Weltschöpfungsepos „enuma eliš", das vermutlich in dieser Zeit entstanden ist. In mythologischen Worten war damit der Anspruch auf die Weltherrschaft Babylons ausgedrückt. In ähnlicher Weise war im Übrigen ca. 100 Jahre früher in Assyrien der Gott Assur durch Gleichsetzung mit Enlil zum obersten Reichsgott erhoben worden, allerdings mit dem Unterschied, dass mit der Erhebung Assurs aggressive strategische Ziele verbunden waren. Insgesamt waren die Jahre der 2. Dynastie von Isin wohl wirtschaftlich schwierige, vor allem aber wegen des Vordringens der Aramäer politisch unruhige Zeiten, ein Grund, warum wir vereinzelt von Klagen hören, dass die Durchführung des Kultes in Babylon nicht gesichert sei.

Auch wenn wir immer wieder von Auseinandersetzungen zwischen Babylonien und Assyrien hören, ist die Situation doch als gespannte Ruhe zu bezeichnen. Sogar die Herrscher Assurnasirpal II. (883–859) und Salmanassar III. (858–824), die durch ihre aggressive Politik den erneuten Aufstieg Assyriens, diesmal zur eindeutig ersten Macht in Vorderasien begründeten, hielten an einer eher zurückhaltenden Politik gegenüber Babylonien fest: der letztgenannte half sogar dem durch einen Aufstand bedrohten babylonischen Herrscher Marduk-zakir-šumi (854–819) wieder auf den Thron, was dieser erwiderte, als dem assyrischen Nachfolger Šamši-Adad V. dasselbe Schicksal drohte. Dieses

Nebukadnezar I.

Marduk als oberster Gott

Gleichgewicht wurde allerdings sofort aufgekündigt, als der Babylonier dem hilfsbedürftigen Assyrer gegenüber erkennen ließ, dass er sich kulturell überlegen fühlte: beide Nachfolger auf dem babylonischen Thron wurden nach Assyrien verschleppt; für über 40 Jahre ist uns kein Herrscher in Babylon bekannt.

8.3 Das assyrische Weltreich

Mit den anhaltenden Kriegszügen Tiglatpilesars I. (1115–1077), die zum Teil der Arrondierung seines Herrschaftsbereiches, zum größeren Teil aber der Abwehr der immer stärker herandrängenden Aramäer gegolten hatten, war offenbar das Potential des Landes für lange Zeit aufgebraucht. Sowohl seine direkten Nachfolger als auch der 40 Jahre lang regierende Assur-rabi II. (1010–970) sind nicht in der Lage, die Euphratgrenze gegen die Aramäer, geschweige denn die eroberten Gebiete im Osten zu halten [zum Folgenden SAGGS 2.7; LAMPRICHS 2.7.3; sowie die verschiedenen Beiträge von GRAYSON, Assyrian Rulers 3rd/2nd mill.; 1st mill.; Tiglatpileser 2.7.3; DERS. 2.5]

Aufstieg des neuassyrischen Reiches

Assur-dan II. (935–912) scheint als erster wieder die Initiative bei den Auseinandersetzungen mit den Bergstämmen im Osten und den Aramäern im Westen ergriffen zu haben, aber erst bei seinem Sohn Adad-nerari II. (911–891) wird das alte Ziel, die Euphrat-Ḫabur Grenze zu erreichen, in 7 Feldzügen systematisch angegangen und erreicht. Mit Babylonien kommt es zu kleineren Grenzscharmützeln, doch wird durch den Austausch von Töchtern ein Stillhalteabkommen mit Babylon bekräftigt.

In den Berichten Tukulti-Ninurtas II. (890–884), der im wesentlichen den Besitzstand halten kann, lässt aufhorchen, dass die Bezeichnung der Anführer der Gruppen im östlichen Bergland als „Könige" erste Anzeichen dafür bietet, dass sich hier von Assur ernstgenommene politische Strukturen bilden.

Einen ersten Höhepunkt der wieder erlangten assyrischen Macht sehen wir unter Assurnasirpal II. (883–859), der den früheren Plan, über den Ḫabur nach Westen vorzustoßen, mit großer Zielstrebigkeit verfolgt und 878 bis zum Mittelmeer vordringen kann, wo ihm die phönizischen Hafenstädte „freiwillig" Tribut anbieten. Die militärischen Erfolge sind sicher auf seine strategischen Fähigkeiten zurückzuführen, aber auch auf eine Änderung der Kampfweise. Einerseits wurde mit der Errichtung von frontnahen Feldlagern – bisweilen auch in eroberten Städten – dem Heer überall ein vorgeschobener Rückhalt verschafft; dort wurde auch die neue Belagerungstechnik vorbereitet. Die durch die Mitführung von Belagerungsgerät verursachte größere Schwerfälligkeit des assyrischen Heeres wurde dadurch ausgeglichen, dass die schnell bewegliche Truppe mit der Bespannung der Streitwagen mit drei statt zwei Pferden und einer Erhöhung der Besatzung auf drei eine größere Kraft erhielt. Offenbar wurde zudem das Heer durch systematische Eingliederung von Truppen eroberter Gebiete erheblich vergrößert.

Änderung der Militärstrategie

Der große Reichtum an Beute, Tribut und „importierten", d.h. aus Deportationen stammenden Arbeitskräften, wird vom Herrscher vor allem in riesige Bauprogramme umgesetzt. Neben der Erneuerung von Tempeln in Assur und Ninive steht für Assurnasirpal vor allem der Ausbau der bereits von Salmanassar I. gegründeten bis dahin aber unbedeutenden Siedlung Kalaḫ (= Nimrud) als Hauptstadt im Vordergrund. Bekannt ist vor allem sein in großen Teilen aufgedeckter Palast, der bereits nach vier Jahren Bauzeit im Jahre 879 eingeweiht wurde [zu den verschiedenen Palastbauten dieser Zeit siehe HEINRICH, Paläste 2.2.7]. Zum ersten Mal sind die Wände mit riesigen, reliefierten Steinplatten (Orthostaten) geschmückt [ORTHMANN 2.2.6: Taf. 198–205]. Jagd- und Eroberungsszenen stehen neben immer wiederkehrenden Darstellungen des Herrschers in seinem Staatsornat und bei kultischen Handlungen [LAMPRICHS 2.7.3]. Aus Grüften, die der Beisetzung assyrischer Königinnen dienten, wurden großartige Beispiele einer verfeinerten Goldschmiede- und Schmucktechnik geborgen [DAMERJI 2.7.3].

Ausbau von Kalaḫ/Nimrud als neue Hauptstadt

Der Sohn und Nachfolger Salmanassar III. (858–824) ist als unermüdlicher Feldherr bekannt, der neben Zügen gegen die Kleinstaaten des Zagros – besonders werden die Mannäer und das Land Parsuaš genannt –, vor allem versucht, seine Macht im syrischen Bereich auszudehnen, wobei er viermal bis nach Kilikien gelangt. Versuche, solche Eroberungen in dauerhaften Besitz zu verwandeln, scheitern jedoch mehrmals an Koalitionen syrischer Kleinstaaten unter Führung von Damaskus [PITARD 2.8]. Babylonien ist von den Expansionsbestrebungen nicht berührt. Nur als sein Vertragspartner Marduk-zakir-šumi von Babylon (854–819) im Jahre 850 durch einen Aufstand bedroht wird, stellt Salmanassar dort die alte Ordnung wieder her, nicht ohne den Hauptgöttern Babyloniens seine Reverenz zu erweisen. Dies alles ist uns deshalb so gut bekannt, weil von ihm als erstem annalenhafte Berichte existieren, die sich über seine ganze Regierungszeit erstrecken.

Auch Salmanassar war ein großer Bauherr, uns vor allem bekannt durch die reliefierten Bronzebeschläge, die er für seinen Palast in Imgur-Enlil (Balawat) hat anfertigen lassen [BARNETT, Palace Reliefs 2.7.3; CURTIS/TALLIS 2.7.3; SCHACHNER 2.7.3], sowie das riesige Zeughausgelände in Kalaḫ, das der Lagerung und Anfertigung von Waffen und sonstigem Kriegsgerät diente, wie auch dem Horten von Beute. Dort wurden Tausende von Elfenbeinarbeiten [ORTHMANN 2.2.6: Taf. 257–262] ägyptischer, syrischer und einheimischer Handwerker gefunden, die für den Schmuck von Möbeln gedacht waren [BARNETT, Catalogue 2.7.3].

Aufstände am Ende der Regierung Salmanassars III. und darüber hinaus schwächten Assyrien so sehr, dass an die Wiedergewinnung der abtrünnigen Randgebiete kaum zu denken war. Der Sohn Šamši-Adad V. (823–811) musste zunächst sogar eine gewisse Oberhoheit Babyloniens anerkennen, nutzte aber den Thronwechsel von Marduk-zakir-šumi zu Marduk-balassu-iqbi in Babylon im Jahre 818 zu einem Überfall. Damit wird eine längere Zeit eingeleitet, in der Assyrien eine Art Schirmherrschaft über Babylonien beansprucht, und jeden Widerstand dagegen mit scharfen Maßnahmen beantwortet. Die Fortführung

Assyrische Schirmherrschaft über Babylonien

dieser Politik durch seinen Sohn Adad-nerari III. (805–783) versetzte Babylonien in eine Situation ohne eigene Zentralgewalt, in der die nordbabylonischen Städte in einer assyrerfreundlichen Selbständigkeit lebten, der Süden in die verschiedenen Chaldäer- und Aramäerfürstentümer zerfallen war. Die Angst vor dem assyrischen Heer war zu dieser Zeit offenbar schon so groß, dass allein das Auftauchen Adad-neraris in Syrien die abtrünnigen Gebiete zur Aufnahme der Tributzahlungen veranlasste. Der Nachwelt ist diese Zeit vor allem dadurch in Erinnerung geblieben, dass seine Mutter Šammu-ramat (Semiramis) in den ersten Jahren 810–806 die Regierungsgeschäfte für ihn geführt hatte [PETTINATO 2.7.3]. Šammu-ramat ist eine der weniger Beispiele für die Macht und den Einfluss assyrischer Königinnen – sie bezeichnet sich stolz als Frau des Šamši-Adad (V), Mutter des Adad-nerari (III.) und Großmutter des Salmanassar (IV) –, die in einem harem-ähnlichen Bereich des Palastes residierten [CANCIK-KIRSCHBAUM 2.7].

Hauptereignis unter den drei aufeinander folgenden Söhnen Salmanassar IV. (782–773), Assur-dan III. (772–755) und Assur-nerari V. (754–745) ist das Erstarken des nördlich angrenzenden Staates Urartu. Nachdem bereits unter Assur-bel-kala im 11. Jh. die Rede von einem Staat Uruwatru war, wird ein König Arame von Urartu zum ersten Mal bei Salmanassar III. genannt. Die wiederholten Versuche Assyriens, seinen Einfluss nach Norden auszudehnen, hatten dort vermutlich zu einer Vereinigung kleiner Gruppen und Mächte unter dem alten Namen Urartu geführt, als dessen Führer sich noch zu Lebzeiten Salmanassars III. Sarduri I. (ca. 832–825) in der Hauptstadt Tušpa (= das heutige Van) auf den Thron setzen kann. Zwar gehört die Sprache Urartäisch mit ihrer Verwandtschaft zum Hurritischen zu einem anderen Sprachkreis [HAZENBOS 1.2.6.9], doch sind die ersten eigenen Inschriften in assyrischer Sprache verfasst. Mit der Verwendung des Titels „König der Gesamtheit" zeigt er deutlich seinen Machtanspruch gegenüber Assyrien an (siehe den nächsten Abschnitt).

Von Sarduris Sohn Išpuini (ca. 824–806) wissen wir aus jetzt vor allem in urartäischer Sprache abgefassten Inschriften, dass er Feldzüge nach Nordosten in die Gegend des Araxes (heute der Fluss Aras in Armenien) führte, sowie gegen die Mannäer und Parsuaš im Osten Assyriens, gegen Gebiete also, die auch Assyrien immer wieder sich untertan zu machen versuchte. Spätestens an dieser Stelle wird klar, warum Urartu und Assyrien in größere Konflikte miteinander kommen mussten.

Verschärft wurde die Situation durch eine Expansion Urartus nach Westen, wo es ebenfalls assyrisches Interessengebiet unter Kontrolle nahm. Im Zusammenhang mit einer im Jahre 743 gegen eine syrische Koalition und gegen die Urartäer gerichteten Expedition Tiglatpilesars III. (744–727), musste sich Sarduri II. (ca. 760–730) nach einer heftigen Schlacht allerdings hinter den Euphrat zurückziehen. 735 stieß Tiglatpilesar sogar gegen die urartäische Hauptstadt vor, konnte aber letztlich nur die Grenze durch eine Festung sichern, die er mit Leuten aus Sam'al, dem heutigen Zencirli, bevölkerte.

Das eigentliche Ziel, die syrischen Kleinstaaten endgültig zu unterwerfen, wurde erst 738 erreicht, als Tiglatpilesar schließlich alle diese Staaten bis nach Samaria in Palästina, die phönizischen Küstenstädte wie auch Tabal, das Gebiet zwischen Halys und Taurus, unter den ihm untertanen Ländern aufführt. Züge gegen die östlichen Bergländer reichten bis zum „Blauen Berg", dem heutigen Demavend, dem höchsten Berg im Elburs-Gebirge, nordöstlich von Teheran; das Gebiet wird als Mederland bezeichnet.

Was mit dem oben gebrauchten Begriff Schirmherrschaft gemeint ist, zeigt Tiglatpilesar III. in seinem Verhalten gegenüber Babylonien. Solange dort Nabonassar (747–734) eine starke Herrschaft ausübte, hatte er nicht eingegriffen. Als nach dessen Tod aber Wirren die Südgrenze Assyriens gefährdeten, unterwarf er die für die Unruhe verantwortlichen chaldäischen und aramäischen Stämme und machte sich unter dem Namen Pulu selbst zum König von Babylon. Er ist damit der erste, der diese politische Form der Doppelmonarchie einführt, vermutlich als Zugeständnis an die Kreise in Babylonien, die zwar eine assyrische Oberhoheit unterstützten aber nominell auf einer Selbständigkeit bestanden. Auch sein Sohn Salmanassar V. (726–722) erscheint als Ululaiu in der babylonischen Tradition als Herrscher der so genannten „IX. Dynastie von Babylon", einer aus systematischen Gründen geforderten Erfindung der babylonischen Chronik, die unter dieser Bezeichnung alle Herrscher in Babylon bis zum Ende der assyrischen Oberherrschaft zusammenfasst, auch wenn keine familiäre Kontinuität bestand [BRINKMAN 2.6].

Assyrien und Babylonien als Doppelmonarchie

Der Nachfolger mit dem doppelt programmatischen Thronnamen šarru-kenu (Sargon II., 721–705), „der legitime König", der den Namen eines früheren assyrischen Königs wieder aufgreift, vor allem aber an den Ruhm des legendären Herrschers der Akkad-Dynastie anknüpfen soll, kam unter ungeklärten Umständen an die Macht; daher die Überbetonung der Legitimität [CHAMAZA 2.7.3]. Er ist offenbar ein Sohn Tiglatpilesars III. gewesen [THOMAS 2.7.3], der jedoch seinem Bruder Salmanassar V. zunächst den Vortritt lassen musste, bis er ihn nach dessen frühem Tod beerbte. Dass er sich den Thronnamen „der legitime König" gab, bedeutet also weniger, dass Sargon ein Usurpator war, wie man immer angenommen hat, sondern könnte darauf zurückgehen, dass er sich wahrscheinlich gegen Intrigen zur Wehr setzen musste, er sei unrechtmäßig durch einen Putsch gegen seinen Bruder zur Macht gekommen. Aus der Lage, dass außer inneren Aufständen sich ihm gegenüber auch alle anderen Mächte einschließlich Ägyptens feindselig verhielten, befreite er sich durch einen Angriff auf eine Koalition von Babylon und Elam und ein anschließendes Stillhalteabkommen mit Marduk-apal-iddina II. von Babylon (721–710). Den Rücken frei konnte er sich daher in relativer Ruhe über die nächsten Jahre vor allem mit der Ausdehnung bzw. der Konsolidierung der Randbereiche in Syrien-Palästina und im heutigen Nordwestiran beschäftigen. Durch einen Sieg im Jahre 720 gegen eine Koalition syrischer Staaten und Städte kehrt der ganze Bereich unter assyrische Oberhoheit zurück; Samaria wird zur Provinzhauptstadt. Vor dem Eindringen nach Ägypten kehrt Sargon jedoch im Jahre 716 aus unbekannten Gründen um. Ein weiterer

Sargon II.

Zug nach Palästina führt 715 zu einem Sieg bei Aschdod und zur Bildung einer assyrischen Provinz gleichen Namens.

Von 719 an unternahm Sargon mehrere Züge in den nördlichen Zagros, wobei auch weiter entfernte Stämme sich unter seine Oberhoheit stellten. Die schon länger im Einflussbereich liegenden Gebiete wie das der Mannäer oder Parsuaš wurden enger angegliedert durch die Gründung von Festungsstädten in diesen Gebieten.

Ausschaltung Urartus Der alte Gegner Urartu hatte in diesen Jahren mit dem Einfall der Kimmerier aus dem Kaukasus zu kämpfen, wobei Rusa I. (730–713) bei einer Verteidigungsschlacht ums Leben kam. Sargon sah sich sowohl durch die Kimmerier als auch durch Urartu bedroht, besiegte 714 die Kimmerier und hatte im gleichen Zuge auch gegen Urartu Erfolg; dies bildete den Hintergrund für die historisch-literarische Komposition „8. Feldzug", die im Gewand eines Briefes an seinen Gott Assur zwar vor allem ein Bericht über seine militärischen Erfolge ist, daneben aber eindrückliche Schilderungen von Land und Leuten der durchzogenen Gebiete enthält [MAYER 2.7.3].

710 geht Sargon gegen Babylonien und Elam vor, so dass Marduk-apal-iddina II. gezwungen ist, in die südlichen Sümpfe zu fliehen. Sargon kann sich daher im Jahre 709 zum König von Babylon ausrufen, greift also, allerdings unter seinem normalen Namen, wieder zum Mittel der Doppelmonarchie.

Gründung der Residenzstadt Dur-Šarruken Neben seinen Feldzügen gegen Tabal und Karkemisch in den frühen Jahren seiner Regentschaft hatte Sargon bereits 717 Zeit gefunden, sich um Pläne für eine neue Hauptstadt zu kümmern, die unter dem Namen Dur-Šarruken („Sargon's Burg"; heute Ḫorsabad) nur wenige Kilometer nördlich von Ninive angelegt wurde [ALBENDA 2.7.3]. Der Aufwand war gewaltig, insbesondere was kostbare Rohstoffe für den Bau und die Ausgestaltung betraf. Vor allem die Ausschmückung der Fassaden und Innenräume mit hohen, reliefierten Steinplatten übertraf die Palastbauten seiner Vorgänger. Die enorme Nachfrage kurbelte die Wirtschaft an, verschlang andererseits aber ein Großteil dessen, was an Beute und Tribut nach den einzelnen Feldzügen ins Land geströmt war. 706 wurde der Palast mit langen, in Einzelheiten beschriebenen Feierlichkeiten eingeweiht. Soweit die Stadt fertiggestellt war, wurde sie mit Deportierten aus möglichst verschiedenen Herkunftsländern bevölkert, um die Verständigung untereinander und damit die Bildung von Unruhen zu erschweren. Zu einer voll funktionsfähigen Hauptstadt ist Dur-Šarruken jedoch nie geworden, da Sargon bereits ein Jahr nach der Einweihung 705 anlässlich eines weiteren Zuges gegen Tabal fiel und sein Sohn Sanherib seinen Palast und Regierungssitz nach Ninive verlagerte.

Sanherib (704–681) war bereits vorher zu den Regierungsgeschäften herangezogen worden – insbesondere war er der Koordinator für die zahlreichen, von allen Randbezirken eingehenden Geheimberichte –; der Übergang scheint daher keine Probleme aufgeworfen zu haben, außer dass selbstverständlich auch dieses Mal vorher mühsam unter Kontrolle gehaltene Randbereiche den Aufstand wagten. Dies gilt vor allem für das immer zum Absprung bereite Babylonien, wo Marduk-apal-iddina II., der sich zwischenzeitlich in die Sumpfgebiete im Süden zurückgezogen hatte, mit Hilfe Elams einen vergeblichen Versuch macht, die Macht in Babylonien zurückzugewinnen; von einer „Befriedungsaktion" kehrt Sanherib mit großer Beute nach Assyrien zurück. Im nördlichen Zagros gelingt Sanherib nach anfänglichen Schwierigkeiten zum Teil sogar eine Ausweitung bis weit in das medische Gebiet. Und schließlich brechen mit Unterstützung Ägyptens auch Aufstände in Palästina aus, die Sanherib zum Eingreifen veranlassen. Ein neuerlicher Versuch Marduk-apal-iddinas im Jahre 700, in Babylon wieder an die Macht zu kommen, führt zu einem erneuten Eingreifen Sanheribs in Babylon und zum Einsetzen seines eigenen Sohnes Assur-nadin-šumi (699–694) als dortigem König. Erfolge Sanheribs im Zagros

Die somit bereits in seinen ersten Jahren an allen Seiten erreichte Ruhe scheint Sanherib vor allem zum Ausbau der alten Stadt Ninive genutzt zu haben, die nun durch die Anlage eines noch prächtigeren Palastes als der seines Vaters und durch zahlreiche weitere öffentliche Bauten zur Hauptstadt ausgebaut wurde [RUSSELL, Senacherib 2.7.3]. Die Stadt erhielt eine Ausdehnung von über 7 Quadratkilometern innerhalb einer Stadtmauer mit vielen Parks und Gärten, die durch ein verzweigtes System bewässert wurden. Zu diesem Zweck leitete Sanherib einen Teil des Wassers des oberen Zab mit Hilfe eines über 50 km langen künstlichen Kanals in den kleinen Fluss um, der bei Ninive den Tigris erreichte. Da dieser Kanal ein breites Tal zu überqueren hatte, baute Sanherib einen 280 m langen, 22 m breiten und 9 m hohen Aquädukt, das älteste Bauwerk dieser Art [JACOBSEN/LLOYD 2.7.3; BAGG, Wasserbauten 2.3.7]. Der Palast wurde 694 eingeweiht. Ausbau der Hauptstadt Ninive

Ein Zug Sanheribs nach Elam im Jahre 693 wird vom elamischen Herrscher Ḫallušu-Inšušinak (699–693) konterkariert durch einen Überfall auf Babylon, bei dem der Sohn Sanheribs, Assur-nadin-šumi ums Leben kommt. Ein weiterer Zug gegen Elam im selben Jahr stößt ins Leere, und 691 konnte sogar der wiederum aus den chaldäischen Gruppen stammende Herrscher Mušēzib-Marduk (692–689) von Babylon aus eine große Koalition vereinigen, die Gruppen bis weit in den Zagros umfasste, und Sanherib eine Schlacht liefern, die dessen Heer zwei Jahre lang ausschaltete.

Aus Vergeltung für die Fast-Niederlage und vor allem für den Tod seines Sohnes nutzt Sanherib eine wirtschaftliche und damit auch politische Schwäche Babyloniens und überfällt es 688 mit solcher Gewalt, dass sich in kurzer Zeit kein Widerstand mehr regt. Als Erster nimmt er keine Rücksicht auf die besonderen kultischen Traditionen Babyloniens und lässt Babylon mit dem erklärten Ziel zerstören, dass niemand nachher mehr erkennen soll, wo die Stadt gestanden hat. Radikale Zerstörung Babylons

Dieses Vorgehen hat starken Widerspruch in Assyrien gefunden, auch im Königshaus, und etwas spätere Quellen machen diesen Frevel verantwortlich für Sanheribs Ende durch Mord. Zum Ende seiner Regierungszeit war das Reich wieder in Gefahr: der ewige Gegner und potentielle Unterstützer babylonischer Selbständigkeitsbestrebungen, Elam, war unter Humban-Haltaš (688–675) wiedererstarkt, ebenso wie ein Reststaat von Urartu, der vormals assyrische Einflussbereiche wie z. B. den alten urartäischen Kultplatz Musasir wieder unter seine

Oberhoheit bringen konnte. Aufstände in Palästina hatten zwar eine Strafexpedition hervorgerufen, doch das assyrische Heer wurde vor Jerusalem von der Pest befallen und musste sich zurückziehen.

Ob der Kronprinz Asarhaddon der Drahtzieher des Mordes an seinem Vater war oder nicht, ist unklar [LEICHTY 2.7.1]. Er galt bereits vorher als Mitglied der gegen die Babylonpolitik seines Vaters opponierenden Gruppe und hat nach seinem Regierungsantritt 680(–669) eine andere Politik eingeschlagen. Den großen nordbabylonischen Städten gab er ihre Privilegien zurück, unternahm dagegen mehrmals Strafaktionen gegen die immer unruhigen chaldäischen Stämme im Süden. Zeit seiner Regierung war er auch König von Babylon.

675 diente ihm eine Erhebung in Sidon zum Anlass für einen Zug nach Syrien und Palästina, der aber eher die Bestätigung alter Abhängigkeiten brachte, denn Tyros und fast alle anderen Städte und Staaten hatten sich Assyrien gegenüber loyal verhalten. Dadurch ungebremst versuchte Asarhaddon 674 einen direkten Angriff auf Ägypten, der aber zurückgeschlagen wurde. 3 Jahre später führt jedoch ein neuerlicher Angriff auf Ägypten zur Eroberung ganz Unterägyptens und zur Flucht des Pharao Taharka nach Oberägypten. Den ägyptischen Gaufürsten wurden assyrische Vizeregenten an die Seite gestellt, die politische und wirtschaftliche Führung aber sonst belassen. Mit unermesslicher Beute kehrte Asarhaddon nach Assyrien zurück. Zu einem neuerlichen Zug sah er sich 669 verlasst, da der Widerstand in Ägypten stärker als vermutet war, doch starb er auf diesem Feldzug.

Eroberung Ägyptens

Offenbar eingedenk der dauernden Schwierigkeiten mit Babylonien, für deren Behebung noch niemand ein Rezept gefunden hatte, und der Probleme, die sich fast immer mit einem Thronwechsel ergeben hatten, hatte Asarhaddon sich 672 entschlossen, einen neuen Weg zu versuchen, indem er seinen zweitältesten Sohn – der älteste war gestorben – Šamaš-šum-ukkin zum König von Babylon bestimmte, seinen dritten Sohn Assurbanipal zum assyrischen Herrscher. Diese Regelung war von einer großen Versammlung der Familie sowie einheimischer und auswärtiger Würdenträger gebilligt worden und trat tatsächlich trotz gewisser Reibereien nach Asarhaddons Tod in Kraft.

Neuregelung der Beziehung Assyriens mit Babylonien

Assurbanipal (668–631) scheint in den ersten Jahren vollauf mit Ägypten beschäftigt gewesen zu sein, das er 667 zurückeroberte, das aber dauernde Aufmerksamkeit erforderte, weil die Oberhoheit ständig in Frage gestellt wurde. 664 starb zwar Pharao Taharka, aber sein Nachfolger Tunatamun setzte die Kämpfe fort, die allerdings letztlich immer zugunsten der Assyrer ausgingen.

Inzwischen waren die Kimmerier, mit denen Sargon II. im Nordwestiran zu tun gehabt hatte, nach Westen gewandert und waren dort zu einer Bedrohung für Phrygien und Lydien geworden. Diese wie auch Tabal ersuchten Assurbanipal um Hilfe, allerdings vergeblich, denn dieser war durch Aufstände im Mannäer- und Medergebiet in Anspruch genommen, wie auch durch Unruhen im Gebiet der südbabylonischen Stämme und in Elam. So von Assyrien im Stich gelassen, wandte sich Lydien an Ägypten, von wo es die erbetene Hilfe auch erhielt. Diese Hilfe wurde wenig später durch die Entsendung lydischer Hilfstruppen nach

Ägypten erwidert, mit deren Unterstützung Psammetich I. die assyrische Herrschaft im Jahre 655 beenden konnte.

Nach internen Schwierigkeiten war 663 in Elam ein Fürst von Susa, Tempti-Ḫumban-Inšušinak (von den Assyrern in ihren Berichten Teumman genannt) an die Spitze gelangt. Einen Angriff auf die assyrischen Garnisonen Südbabyloniens durch das mit den südbabylonischen Stämmen verbündete Elam beantwortete Assurbanipal 653 mit einem Angriff auf Elam, das er nach seinem Sieg in drei Teile teilte, die er je einem genehmen Elamiter zur Verwaltung gab. Ausschaltung Elams

In Babylonien waren in diesen Jahren die anti-assyrischen Gefühle gewachsen, hatten auf die nordbabylonischen Städte übergegriffen, vor allem auch wegen des selbstherrlichen Vorgehens Assurbanipals in Gebieten, für die eigentlich sein Bruder, der König von Babylon zuständig sein sollte. Ein allgemeiner Aufstand 652, an dessen Spitze sich schließlich Assurbanipals Bruder Šamaš-šum-ukkin setzte, endete in einem mehrjährigen Krieg der Assyrer gegen Babylonien. Am Ende steht 648 die Einnahme, Plünderung und Brandschatzung Babylons, wobei Šamaš-šum-ukkin den Tod in den Flammen des Palastes suchte [zu Babylonien während dieser Zeit COLE 2.7]. Erneute Zerstörung Babylons

Unter den wenigen Nachrichten für die nächsten Jahre interessiert besonders der Sieg 646 Assurbanipals über das wiedererstarkte Elam und seine Verbündeten, der den gesamten Zagrosbereich zur Aufgabe des Widerstandes veranlasste. Selbst Kyros I. von Parsumaš schickte Tribut und einen Sohn als Geisel nach Ninive. Assurbanipal – Sardanapal in der griechischen Geschichtsschreibung – ist vor allem durch die unglaublich lebensnahen Darstellungen der Tiere auf den Jagdreliefs seines Palastes in Ninive bekannt [BARNETT, Palace Reliefs 2.7.3; ORTHMANN 2.2.6: Taf. 242–245; WATANABE 2.7.3], wie auch durch die berühmte Bibliothek, in der er die Literatur des alten Mesopotamien hat zusammentragen lassen, soweit er ihrer habhaft werden konnte. Fast alle der großen Dichtungen sind uns lediglich in Abschriften dieser Bibliothek erhalten geblieben, die im 19. nachchristlichen Jh. in den Ruinen des Palastes ausgegraben wurde. Bau des Palastes Assurbanipals in Ninive mit Bibliothek

Einer späteren Auflistung zufolge müsste Assurbanipal bis 627 regiert bzw. gelebt haben, doch ist sein Name zum letzten Mal in Urkunden des Jahres 631 genannt. Dass seinem Sohn Assur-etil-ilani 4 Jahre zugebilligt werden, er aber nach 627 nicht mehr genannt wird, könnte bedeuten, dass dieser 631, also noch zu Lebzeiten seines Vaters auf den Thron gekommen war [OATES 2.7.3].

Nach einer kurzen Herrschaft des Feldherrn Sin-šumu-lišir besteigt im gleichen Jahr 627 ein weiterer Sohn Assurbanipals, Sin-šar-iškun, den Thron. Während merkwürdigerweise die westlichen Provinzen keinen Nutzen daraus zogen, dass in der Zwischenzeit die Skythen die Kimmerier besiegt und das Gefüge in Syrien dadurch gestört hatten, dass sie bis nach Palästina und die ägyptischen Grenze gezogen waren [PARZINGER 2.10] – Ägypten konnte sich freikaufen –, und sich Assyrien gegenüber loyal verhielten, wurden die Verhältnisse insbesondere in Babylonien wie auch im nördlichen Zagrosgebiet schwierig.

Ein Aufstand der chaldäischen Stämme führte Nabupolassar 626 an die Spitze, der sich noch im selben Jahr zum König von Babylon ausrief und dort bis 605 regierte. Durch Anerkennung dieser neuen Situation hoffte Sin-šar-iškun vermutlich, sich den Rücken für Aktivitäten im Osten freihalten zu können, doch erfahren wir, dass bei einem großen Angriff von Elam und anderen Gruppen aus dem Zagros gegen Assyrien, an dem wahrscheinlich auch medische Truppen beteiligt waren, auch ein babylonisches Heer teilnahm.

Danach hören wir erst wieder über die Ereignisse nach 616. In der Zwischenzeit hatte sich offensichtlich die Gesamtkonstellation völlig gewandelt, denn nun wird vom Zug eines babylonischen Heeres den Euphrat und Habur hinauf mit klarer Stoßrichtung auf die dortigen assyrischen Besitzungen berichtet. Ein weiterer Zug den Tigris hinauf führt zur zunächst ergebnislosen Belagerung von Assur. Ein Gegenangriff der Assyrer kommt zum Stillstand, weil ein medisches Heer von Osten her angreift. Ein erneuter medischer Vorstoß hat 614 aber den Fall von Assur zur Folge. Trotz eines assyrischen Entlastungsangriffs führt die Vereinigung von Nabupolassar und dem Meder Kyaxares kurz darauf 612 zum Fall von Ninive [s. auch DALLEY, Nineveh 2.7.3]. Sin-šar-iškun findet dabei den Tod.

Ende Assyriens

Ein Teil der assyrischen Führung kann nach Harran flüchten, wo sich noch im selben Jahr Assur-uballit II. zum assyrischen König ausruft. Da die zwischenzeitlichen Unternehmungen Nabupolassars in Syrien die Ägypter wegen Gefährdung ihrer Interessen aufgeschreckt hatten, schickt Necho II. Truppen zu Assuruballit II., die ihm insbesondere helfen sollen, seine 610 verlorene neue Hauptstadt Harran zurückzugewinnen, doch das vereinigte babylonisch-medische Heer trägt 609 den Sieg davon. Das Schicksal Assur-uballits ist unbekannt [ZAWADZKI 2.6.9].

Wenn auch bereits in den späteren Jahren Assurbanipals das Reich nicht mehr so gefestigt dastand wie zuvor, überrascht doch, wie innerhalb von 7 Jahren das einst derart mächtige Gebilde so völlig verschwinden konnte – bereits 616 war ja das Ende vorgezeichnet. Es wird jedoch weniger überraschend, wenn man der in neuerer Zeit vorgetragenen Einschätzung des assyrischen Reiches als expansives System folgt, für das es von einem gewissen Punkt an nur noch die Wahl zwischen weiterer Expansion und Kollaps gab [LAMPRICHS 2.7.3]. In diesem Sinne ist die Uhr bereits in dem Moment abgelaufen, in dem einer weiteren Expansion natürliche Grenzen wie das Mittelmeer oder die zentraliranischen Bereiche entgegenstehen bzw. Grenzen der Verwaltbarkeit, oder wo man auf das zumindest in Bezug auf Palästina und Syrien latent expansive System Ägypten gestoßen war.

Nicht nur die militärischen sondern vor allem die Ressourcen an Verwaltungsbzw. politischem Personal waren seit langem überfordert, was durch die Eingliederung von fremden Hilfstruppen und durch die teilweise Belassung der lokalen Verantwortlichen gemildert wurde. Zwar ermöglichte die Anlage von Wege- bzw. Überlandstraßensystemen bis zu einem gewissen Grade schnelle Reaktionen, aber es zeigte sich doch, dass das jahrelange ausschließliche Konsumtionsverhalten (Beute, Tribute), dem nur sehr sporadisch „Investitionen" gegenüberstanden (Aufbau von Tempeln, Befolgung der kultischen Traditionen in Babylonien), nicht plötzlich zu einem System werden kann, das sich insgesamt selbst trägt. Nicht nur der Einbruch von den Rändern her ist die Folge, sondern auch der Kollaps im Kernbereich. Genau das sehen wir am Beispiel Assyrien, wo nicht einmal der engste Kernbereich zur Verteidigung fähig ist.

8.4 Urartu

Mit seinem Kerngebiet in Ostanatolien hatte Urartu eine Schlüsselrolle in der Kontrolle wichtiger Rohstoffgebiete und deren Zugängen inne, und lag daher immer im potentiellen Interessengebiet Assyriens. Da Urartu zunächst über keine feste politische Struktur verfügt und keine Schrift verwendet, stammen für lange Zeit unsere Nachrichten nur aus assyrischen Berichten. Erst mit der Gründung des urartäischen Staates durch Sarduri I. (ca. 840–825) beginnt eine eigene schriftliche Tradition, die sich allerdings wesentlich auf Monumentalinschriften beschränkt. Während mit der Keilschrift zunächst auch die akkadische Sprache übernommen wird, verfasst bereits der Nachfolger Išpuini (ca. 825–810) seine Inschriften in urartäischer Sprache (verwandt mit dem Hurritischen) mit Hilfe einer vereinfachten Keilschrift [zum Folgenden siehe Haas; Salvini; Wartke; Zimanski, Ecology; Kingdom (alle 2.9.2); zur Sprache: Hazenbos 1.2.6.9].

Bereits seit dem 13. Jh. waren in assyrischen Berichten Hinweise auf politische Zusammenschlüsse im Norden, d.h. im ostanatolischen Raum aufgetaucht, der als Uruatri/u, meist aber als Nairi bezeichnet wird, oft in der Form, dass von 40 oder 60 „Königen der Nairi-Länder" gesprochen wird, ein deutliches Zeichen dafür, dass es sich nicht um ein festgefügtes politisches Gebilde handelt [Mayer, Frühgeschichte, 2.7.3].

Erstmals unter Salmanassar III. werden bestimmte Personen als „der Urartäer" angesprochen, also als Vertreter einer festen politischen Einheit, was sich damit trifft, dass in der Tat von anderen Quellen her zu schließen in dieser Zeit Sarduri I. das Königtum Urartu begründet. Man wird nicht fehlgehen in der Annahme, dass die wiederholten Versuche der assyrischen Großmacht, ihren Bereich nach Norden zu erweitern, die Auslöser waren für Zusammenschluss und Konsolidierung, um den assyrischen Angriffen wirksamer entgegentreten zu können.

<small>Entstehung des urartäischen Staates</small>

Die Schwäche nach Salmanassars Tod nutzt Urartu unter König Išpuini für Erweiterungen nach Osten bzw. Südosten in das Gebiet des heutigen Iranisch-Azerbeijan und kommt damit den assyrischen Bestrebungen zuvor. Die beiden Nachfolger Minua (c. 805–788) und Argišti (c. 787–766) waren aber nicht nur im Osten erfolgreich sondern auch im Westen, wo sie bis zum Euphrat vorstießen, und vor allem im Norden, wo sie die Araxes-Ebene bzw. die Umgebung des Sewan-Sees im heutigen Armenien einbezogen und durch Festungen und neugegründete Städte wie Erebuni (heute Arinberd) oder Argištihinili (heute Armavir), das schon in seinem Namen auf den Gründer Argišti I. hinweist, sicherten. Unter dem Nachfolger, Sarduri II. (765–733) erreicht Urartu wohl seine

<small>Ausdehnung Urartus nach Nordosten und Westen</small>

größte Ausdehnung, indem es seinen Machtbereich im Westen dadurch erweiterte, dass sogar Karkemisch seine Oberhoheit anerkannte.

Mit den Besitzungen im nördlichen Zagros wie aber auch am oberen Euphrat hatte Urartu somit für Assyrien wichtige Handelsrouten gestört, was nach Jahren der assyrischen Ohnmacht umso heftigere Reaktionen hervorbrachte. Tiglatpilesar III. kann 743 am Euphrat bei Karkemisch eine Schlacht gegen Urartu und seine Verbündeten für sich entscheiden und damit den direkten Zugriff Urartus auf diese Gebiete beseitigen. In der Folgezeit reicht die Kraft Urartus nur noch dazu, die Aufstandsbemühungen der nordsyrischen bzw. südostanatolischen Städte gegen Assyrien zu unterstützen.

Ende Urartus Die Entscheidung fällt unter Sargon II., der mehrmals gegen die südöstlichen Bereiche Urartus zu Felde zieht, bis schließlich das auch durch die wiederholten Einfälle der Kimmerier geschwächte Urartu 714 unter seinem Herrscher Rusa I. vernichtend geschlagen werden kann.

Zwar kann sich danach Urartu noch einmal als politische Kraft konsolidieren, verfolgt aber offensichtlich keine Großmachtpläne mehr und ist daher für Assyrien kein ernster Gegner mehr. Die Anstrengungen der urartäischen Herrscher sind darauf gerichtet, das Kerngebiet um den Van-See sowie die Besitzungen im Araxes-Tal und nördlich des Urmia-Sees gegen die Kimmerer und Skythen zu befestigen. Die Neuanlage von Burgen und Städten wie Tešebai URU (heute Karmir Blur, Rusai URU.TUR (heute Bastam) und Rusahinili (heute Toprakkale) bei der Hauptstadt Tušpa ist mit Rusa II., einem Zeitgenossen Sanheribs und Asarhaddons verbunden. Mit dem Ende der Auseinandersetzungen mit Assyrien fallen allerdings auch die früher von dort beigesteuerten Nachrichten weg, so dass wir über die Regierungszeiten der späteren Herrscher kaum etwas hören. Offenbar hat Urartu als selbständiger Staat sogar das Ende des assyrischen Reiches überlebt, fiel dann aber endgültig im 6. Jh. den Attacken der Skythen und der Meder zum Opfer.

Ihre zahlreichen Städte bestanden meist aus einer Unter- und einer Oberstadt, wobei sie letztere vorzugsweise auf schwer zugängliche Felsrücken verlegten. Die ausgezeichnete Steinhauertechnik lässt sich bis auf die Hethiter zurückführen. Unter den Funden ragen vor allem die zahlreichen Bronzegegenstände heraus, die – wie z. B. große Bronzekessel mit verzierten Griffplatten – ihren Weg bis nach Olympia fanden.

8.5 Elam im 1. Jahrtausend

Nach einer längeren Pause in unseren Nachrichten, während der Elam nur vereinzelt als Gegner Assyriens oder als Verbündeter der südbabylonischen Stämme erwähnt wird, hat Elam sich im 8. Jh. offenbar so konsolidiert, dass die babylonische Chronik für das Jahr 743 die Thronbesteigung eines Ḫumban-Nikaš meldet, der nach dieser Quelle bis 717 regiert. Gegen Ende seiner Regierungszeit kann dieser Herrscher offenbar gemeinsam mit Marduk-apal-iddina II. von

Babylon gegen Sargon II. einen militärischen Erfolg erringen, der Assyrien für einige Zeit fernhält [zum Folgenden siehe Carter/Stolper 2.10; Hinz 2.10; Potts, Elam 2.2.2].

Die Nachfolger des Ḫumban-Nikaš bleiben in diese Dreiecksbeziehung eingespannt, werden aber trotz zeitweiser Erfolge gegen Assyrien immer mehr in die Defensive gedrängt, insofern als Assyrien seinen Einfluss im Zagros nach Süden ausdehnen kann und damit den wichtigen Rückhalt Elams in den Bergregionen stört. Es wird damit verständlich, dass Elam trotz aller Rückschläge immer wieder Allianzen mit Babylon aber vor allem auch mit den Gruppen aus dem Zagros sucht, um Assyrien zurückzudrängen. So auch 691, als eine weitreichende Allianz unter Führung Ḫumban-numenas von Elam unter Beteiligung Babylons einen Sieg gegen Sanheribs Heer erringen kann, was offenbar Sanherib bald darauf zum Anlass diente, umso rücksichtsloser gegen Babylon vorzugehen, das er 688 zerstörte.

Über die folgende Zeit hören wir gerade so viel aus den wenigen Erwähnungen, dass die Beziehungen zwischen Assyrien und Elam offensichtlich friedlich waren, und mehr als das, dass Assurbanipal in seinen ersten Jahren sogar Getreide an den elamischen Herrscher Urtak schickt, um eine Hungersnot abzuwenden.

Das ändert sich, als auf Betreiben des Unterkönigs von Susa Tempti-Ḫumban-Inšušinak (der Teumman assyrischer Berichte) Urtak Flüchtlinge aus Babylonien aufnimmt und einen Angriff auf das assyrisch beherrschte Babylon unternimmt, der nur knapp von Assurbanipal abgewehrt werden kann. Kurz darauf wird Teumman neuer König von Elam, vor dessen Gewalt die Söhne Urtaks zu Assurbanipal fliehen. Der ergreift die Gelegenheit und zieht 653 gegen Elam und kann schließlich die drei Söhne des Urtak als Herrscher der elamischen Teilstaaten Madaktu, Hidalu und Susa einsetzen. Zusätzlich konnte er den ihm genehmen Nabu-Bel-šumate, einen Enkel des Marduk-apal-iddina II. zum Herrscher des Meerlandes bestimmen, so dass Assurbanipal hoffen konnte, den gesamten Süden nachhaltig unter Kontrolle zu haben.

Die Wende kam mit der Auflehnung des Šamaš-šum-ukkin gegen seinen Bruder Assurbanipal, da sich ihm in kurzer Zeit Nabu-Bel-šumate aber auch die elamischen Herrscher anschlossen. Während der mehrjährigen Kämpfe in Babylonien musste Nabu-Bel-šumate nach Elam fliehen, das bis zuletzt Babylon unterstützte. Bei der dem Fall von Babylon 648 folgenden raschen Unterwerfung des gesamten babylonischen Gebietes blieb Elam zunächst ausgespart, doch nahm Assurbanipal die Weigerung des elamischen Herrschers Ḫumban-Ḫaltaš III., Nabu-Bel-šumate auszuliefern, zum Anlass, 647 Elam anzugreifen und dies im folgenden Jahr zu wiederholen, nachdem der vertriebene Herrscher zurückzukommen versucht hatte. Bei dieser Gelegenheit wurde Susa völlig zerstört, einschließlich des Palastes, in dem noch die Beutestücke aus dem Zug des Šutruk-Naḫḫunte nach Babylonien standen.

Obwohl sich Ḫumban-Ḫaltaš III. noch zwei Jahre in der (ost-)elamischen Teilregion Madaktu halten konnte, bedeutet die Zerstörung von Susa doch gleich-

Bedrohung Elams durch Assyrien

Verteidigungsbündnis Elams mit Babylonien

zeitig auch das Ende von ganz Elam als einer selbständig agierenden politischen Macht.

8.6 Die Chaldäer in Babylon

Dieses Kapitel für Babylonien mit Eriba-Marduk um 770 beginnen zu lassen, findet darin seine Berechtigung, dass damit zum ersten Mal ein Angehöriger der chaldäischen Gruppen auf den babylonischen Thron kommt, die in der Folgezeit die Hauptrolle spielen werden [zum Folgenden s. Saggs 2.6; Oates 2.2.2; Brinkman, Prelude 2.6.9]. Ihre Herkunft ist unklar. Gleich den Aramäern sind sie Neuankömmlinge in Babylonien und scheinen keine städtische Vergangenheit zu haben. Doch werden beide nicht nur in den zeitgenössischen Nachrichten auseinandergehalten, sondern Unterschiede treten auch in ihrem politischen Verhalten deutlich zutage. Einerseits scheinen sowohl die politischen Einheiten, die die Chaldäer eher entlang des unteren Euphrat ins Leben rufen, als auch diejenigen der Aramäer mehr im Osten davon Stammesfürstentümer ohne feste Grenzen und wohl auch mit nur wenigen festen Plätzen zu sein, andererseits nehmen offenbar die Chaldäer schneller den babylonischen Lebensstil an – sie tragen babylonische Namen und verwenden die babylonische Sprache –, der sie nicht nur zu Städtern werden lässt, sondern zu Verteidigern dieser Lebensform gegenüber den Aramäern. So ist es kein Zufall, dass nach dem um 813 durch Šamši-Adad V. von Assyrien hervorgerufenen Ende einer Zentralregierung in Babylon ein Chaldäer den Thron besteigt. Dass Eriba-Marduk aus dem Stamm Yakin gefolgt wird von Nabu-šuma-iškun aus dem Stamm Dakkuri und einem weiteren Nachfolger Nabu-ukin-zeri aus dem Stamm Amukani, deutet darauf hin, dass die jeweiligen Könige vermutlich auf die Unterstützung der Mehrheit der chaldäischen Stämme zählen konnten.

Beginn der chaldäischen Herrschaft in Babylon

Der uns am besten bekannte Name der folgenden Zeit ist Nabonassar (747–734), da mit diesem Herrscher verschiedene Sammlungen historischer Nachrichten beginnen [Brinkman, Prelude 2.6.9]; zudem beginnt man in dieser Zeit sogenannte „astronomische Tagebücher" zu führen, die neben genauen astronomischen Beobachtungen auch Informationen anderer Art wie über Wetter und Preise enthalten [Sachs/Hunger 2.6.9]. Dennoch wissen wir nicht viel mehr über Nabonassar, als dass er trotz einer gewissen Selbständigkeit wohl eher von Assur geduldet war. Wirren nach seinem Tod veranlassten den assyrischen Herrscher Tiglatpilesar III., dieser Selbständigkeit ein Ende zu bereiten. Wie wir schon hörten, ist dieser der erste, der sich unter dem Namen Pulu gleichzeitig zum König von Babylon macht und damit die über hundert Jahre einleitet, in denen Babylonien meist als Doppelmonarchie mit Assyrien regiert wird.

Nabonassar

Spätestens hier ist es an der Zeit daran zu erinnern, wie wenig inzwischen von der früheren babylonischen Einheit übrig geblieben war. Seit der verstärkten Kolonisierung durch Anlage neuer Kanäle und Siedlungen durch die 1. Dynastie von Babylon im 18. Jh. v. Chr., hatte sich das politische Schwergewicht eindeutig und endgültig in den Norden Babyloniens verlagert. Im Süden sind es im Wesentlichen die alten großen Städte wie Nippur, Isin, Uruk, Larsa oder Ur am unteren Euphrat, die nicht nur kulturelle Zentren blieben, sondern in reduzierter Form auch politische und wirtschaftliche Faktoren. Jenseits dieser Städte hatten sich die genannten chaldäischen und aramäischen Einheiten ausgebreitet, die durch ihre wirtschaftlich wie politisch andere Organisationsform beweglicher aber auch unruhiger waren.

Mindestens drei Elemente mit verschiedenen Interessen teilen sich nunmehr in das Land: Nordbabylonien mit seinen Städten, die über ein voll funktionsfähiges agrarisches Hinterland verfügten; die südbabylonischen Städte, denen zu einem guten Teil ihr Hinterland abhanden gekommen war, und die wirtschaftlich auf den Zusammenhalt mit dem Norden angewiesen waren, zum großen Teil allerdings auch auf Austausch mit den sie umgebenden Stämmen; und schließlich die Stämme, die offenbar auch noch nach langer Zeit im Lande zu raschen Beutezügen gegen die Nachbarn neigten, insbesondere aber sehr machtbewusst und auf ihre Selbständigkeit bedacht waren. Den verschiedenen Interessenlagen entsprach das Verhältnis zu Assyrien, das sich zu einer Art Schutzmacht ernannt hatte, bzw. als solche angesehen wurde. Während für die Stämme Assyrien der Feind schlechthin war und andererseits die nordbabylonischen Städte allein zu schwach waren, um sich zu verteidigen, bzw. in einem starken Assyrien einen Schutz ihrer wirtschaftlichen Interessen sahen, sind die südbabylonischen Städte unberechenbar. Nicht umsonst werden assyrische Militärgarnisonen in Nippur und Uruk angelegt. Assyriens Schwierigkeiten bei der Kontrolle Babyloniens

In dieser Interessenvielfalt spielen die Chaldäer insofern eine besondere Rolle, als sie den Machtwillen und das Streben nach Selbständigkeit mit den Stämmen teilen, aber durch ihre städtische Akkulturation ihr Ziel in der Erringung der Macht über das ganze Land sehen – und darin natürlich auch Gegner der assyrischen Oberhoheit sind. Bisweilen ergeben sich Situationen, in denen sich die Interessen treffen, um dann aber doch sehr schnell wieder auseinanderfallen zu können, wenn geboten. So gelingt es den nordbabylonischen Städten häufig, wenn das gesamt-babylonische Gefüge einen assyrischen Angriff hervorgerufen hatte, sich so geschickt zu verhalten, dass der assyrische Schlag nur gegen die Chaldäer oder nur gegen den Süden oder beides geht, und die nordbabylonischen Städte weitgehend verschont bleiben. Dazu trägt natürlich bei, dass Babylon, Borsippa und Kutha die Kultorte der Götter Marduk und Nabu sind, die sich im Laufe der Zeit in Assyrien immer größerer Verehrung erfreuten. Die Beflissenheit assyrischer Herrscher bei der genauen Beachtung der lokalen Kulttraditionen sowie Opfer und Geschenke an die zentralen Heiligtümer Babyloniens taten ihr Übriges, um die Assyrer akzeptabel erscheinen zu lassen.

Die Unfähigkeit der Assyrer, mit Babylonien fertig zu werden, die sie veranlasst, immer neue administrative Maßnahmen (Doppelmonarchie; Duldung eines babylonischen Herrschers; Einsetzung eines assyrienfreundlichen Herrschers; Einsetzung des Bruders oder Sohnes) zu erfinden, liegt in dieser unberechenbaren Interessenlage begründet. Dazu kommt die ambivalente Haltung Elams, das einerseits immer auf dem Sprung war, ein schwaches Babylonien noch weiter ins Chaos zu stürzen, das aber zunehmend das Bündnis mit den Stämmen, wenn es die Situation erlaubt, aber auch mit ganz Babylonien sucht, je mehr Assyrien in die Bergländer des Zagros eingreift und damit das Hinterland Elams bedroht, das zu allen Zeiten die Reserven Elams gebildet hatte, die Elam gestattet hatten, auch längere Krisenzeiten zu überstehen. Als Hauptgegner der Assyrer gingen die Versuche, Babylonien politisch zu einigen, meist von den Chaldäern aus. So war es fast natürlich, dass nicht nur eine erneute Phase der Unabhängigkeit mit dem Chaldäer Marduk-apal-iddina II. (721–710) aus dem Stamm Yakin verbunden ist, der sich 721 zum König von Babylon ausrufen konnte, sondern dass späteren Generationen die Chaldäer als die Vorkämpfer für die babylonische Unabhängigkeit gelten konnten.

<small>Chaldäer als Vorkämpfer der babyonischen Unabhängigkeit</small>

Nachdem Marduk-apal-iddina bereits zuvor durch Geschenke die Anerkennung durch Tiglatpilesar III. erreicht hatte, und dies offenbar auch unter dessen Nachfolger Salmanassar V. Bestand hatte, konnte er das Abkommen mit Sargon II. zunächst erneuern. Doch boten diesem die offensichtliche Schwierigkeit des Chaldäers, die Stämme des Südens von dauernden Unruhen und Angriffen auf die nordbabylonischen Städte abzuhalten, den Anlass, gegen die Stämme zu ziehen, wobei er Marduk-apal-iddina bis in sein eigenes Territorium verfolgte, die uns dem Namen nach unbekannte Hauptstadt in den südlichen Stammesgebieten niederbrannte und ihn zwang, sich in die unwegsamen Sümpfe zurückzuziehen. Mit Unterstützung der nordbabylonischen Städte griff Sargon die Institution der Doppelmonarchie auf.

Zu Beginn der Regierung des Sohnes Sanherib ergab sich 703 für Marduk-apal-iddina die Möglichkeit, die Herrschaft in Babylon wieder zu erringen, doch führte das zu einer der umfangreichsten Verwüstungen Babyloniens, u. a. der Deportation von 208.000 Menschen nach Assyrien – wie die Quellen genau berechnen. Wieder konnte Marduk-apal-iddina in die Sümpfe entkommen, von wo er um 700 noch einmal einen Aufstand versuchte; er konnte wieder fliehen, starb aber kurz darauf.

<small>Babylonien unter assyrischer Herrschaft</small>

Für die Jahre von Sanherib bis Assurbanipal ist Babylonien zumeist von den assyrischen Herrschern mitregiert worden, bei immer wieder aufflackernden Aufständen und anschließenden Strafgerichten. Darüber wurde bereits im Zusammenhang mit der Entwicklung in Assyrien gesprochen. Die schlimmste Zerstörung Babylons durch Sanherib 688 hatte das Ziel, keinen Menschen mehr die Stelle wissen zu lassen, an der Babylon gestanden hatte; bei der vermutlich nicht minder schweren Zerstörung nach dem Sieg Assurbanipals über seinen in Babylon regierenden Bruder war das Weiterleben dagegen schon eingerechnet: die Stadt wurde durch Rituale kultisch gereinigt, bevor der siegreiche Herrscher selber unter dem Namen Kandalanu die Regierung übernimmt.

Zwar haben sich zwei der Nachfolger des Assurbanipal, Sin-šumu-lisir und Sin-šar-iškun noch einmal auch König von Babylon genannt, doch ist in Babylonien zu dieser Zeit ein neuer chaldäischer Stammesfürst namens Nabupolassar bereits so mächtig, dass die Übernahme des Titels kaum mehr als den Anspruch meinen konnte [FRAME, Mesopotamia 2.6.9]. Mit Nabupolassar beginnt ein neues Kapitel für Babylon.

8.7 Das chaldäische Weltreich

Die Schwächen Assyriens in der Nachfolge Assurbanipals ermöglichten den raschen Erfolg Nabupolassars, der sich 626 zum König von Babylon machte (626–605). Für die ersten Jahre ist die Quellenlage leider sehr dürftig. Vereinzelte Nachrichten, dass bis 620 die assyrischen Garnisonen in Nippur [COLE 2.7.3] und Uruk noch Widerstand leisteten, zeigen, dass Nabupolassar lange Zeit keineswegs unumstrittener Herrscher ganz Babyloniens war.

Mit dem Einsetzen genauerer Nachrichten um 616 hat sich aber offenbar die Situation völlig zu seinen Gunsten verändert. Denn vielleicht schon in Absprache mit den Medern umgeht ein babylonisches Heer das eigentliche Assyrien und greift assyrische Besitzungen in Syrien am oberen Habur an. Ein Vorstoß auf die Stadt Assur wird zunächst noch abgewehrt, doch wird sie 614 von den Medern eingenommen. Bündnis Babylons mit den Medern

Aus diesem Anlass kommt es zu einem Freundschaftsvertrag zwischen Nabupolassar und dem Mederkönig Kyaxares, der durch den Austausch von Töchtern besiegelt wird. Die anschließenden gemeinsamen Anstrengungen führen 612 zur Einnahme von Ninive und damit zum faktischen Ende des assyrischen Reiches, und 609 zur endgültigen Auflösung des Reststaates um Harran.

Dass zum Schluss der ägyptische Pharao dem Assyrer geholfen hatte, zeigt mehr als alles Andere die neue Konstellation. Nach 609 erhebt Ägypten Anspruch auf die vorherigen assyrischen Besitzungen in Syrien, die jetzt ebenso Ziel der babylonischen Interessen sind, nachdem die Meder sich mit der Übernahme von Harran und dem nördlichen Nachlass des assyrischen Reiches eingerichtet hatten.

Bereits 607 versucht Nabupolassar vergeblich, den Euphrat bei Karkemisch in ägyptisches Interessengebiet zu überschreiten, doch gelingt dies erst 605 seinem mit dem Oberbefehl über das Heer betrauten Sohn Nebukadnezar, der in einer verlustreichen Schlacht die Ägypter schlagen kann. Der allzu weiten Verfolgung kommt die Nachricht vom Tod des Vaters zuvor, der die sofortige Anwesenheit Nebukadnezars II. in Babylon erfordert (604–562). Offenbar ist die innere Situation aber so gefestigt, dass Nebukadnezar sofort wieder nach Syrien aufbrechen kann. 604 wird das aufständische Aschkalon eingenommen, aber sonst sind die von jetzt an jährlich bezeugten Züge nach Westen wohl eher zur Demonstration militärischer Macht gedacht. Ein darüber hinausgehender Versuch, nach Ägypten einzudringen, endet 601 unentschieden mit großen babylonischen Verlusten, während 597 die Belagerung Jerusalems, das die Tributzahlungen verweigert hatte, nach längerer Dauer erfolgreich verlief und zur Deportation eines Teils der Bevölkerung nach Babylonien führte („Babylonische Gefangenschaft"). Nabupolassar tritt in Syrien das Erbe Assyriens an

„Babylonische Gefangenschaft"

Nach 594 werden die Nachrichten wieder sehr spärlich. 587 erfolgt eine nochmalige Einnahme Jerusalems mit nochmaligen Deportationen und aus dem Jahre 568 hören wir von einem Angriff auf Ägypten, der ohne Ergebnis endete. Die einzigen weiteren Nachrichten zeigen, dass offenbar die Herrschaft über Syrien und Palästina nicht ernstlich angefochten war. Anderes deutet allerdings darauf hin, dass in den letzten Jahren Nebukadnezars die innere Ruhe gefährdet war.

Ein Großteil seiner 42jährigen Regierungszeit Nebukadnezars war durch umfassende Bautätigkeit angefüllt, zu denen ihn die reichen Tribute und Beute aus den Kriegszügen in die Lage versetzten. Die großartigsten Bauten entstanden in Babylon, wo er vor allem Planungen seines Vaters zuende führte, sie aber ins Überdimensionale vergrößerte [KOLDEWEY 2.6; UNGER 2.6; GEORGE 2.6.9]. Am berühmtesten ist sein Neubau von Etemenanki, der Ziqqurrat des Hauptgottes Marduk, als „Turm von Babel", das nachmalige Sinnbild für menschliche Hybris [SCHMID, Tempelturm 2.2.7]. Daneben steht die ausgedehnte Palastanlage mit den „Hängenden Gärten", die ebenso zu den Weltwundern gezählt wurden wie die mehrmals verstärkte und erweiterte Stadtmauer [EKSCHMIDT 2.2.7; KRISCHEN 2.2.7] – ein Bericht findet sich im „babylonischen Logos" Herodots [ROLLINGER 2.6.9] –, durch deren mit farbigen Ziegelreliefs geschmücktes Ischtar-Tor die Prozessionsstraße zum außerhalb der Stadt gelegenen Neujahrsfesthaus führte [STROMMENGER/HIRMER 2.2.6: Abb. 275–279]. Die aufwendigste Baumaßnahme bleibt dabei unsichtbar, denn um das Zentralgebiet aus der Hochwasserzone herauszuverlegen, ließ Nebukadnezar ein riesiges Gebiet, auf dem u. a. der Palast steht, um 11 m aufschütten. In gleicher Weise wurden die zentralen Heiligtümer der meisten der altehrwürdigen Städte wie Borsippa, Kiš, Uruk oder Ur in ebenfalls vorher nie gesehener Größe ausgebaut.

Die Nachrichtenlage für die Regierungen der drei Nachfolger Nebukadnezars, seines Sohnes Awil-Marduk (561–560), seines Schwiegersohnes Neriglissar (559–556) und dessen Sohnes Labaši-Marduk (556) ist denkbar schlecht. Aus der späteren Überlieferung hören wir, dass Awil-Marduk religiöse Frevel begangen habe, doch geht das wahrscheinlich auf die Schmähungen des Usurpators Nabonid zurück, der in seinem Bestreben darzutun, warum er von den Göttern für dieses Amt ausersehen wurde, damit operieren muss, dass seine Vorgänger die Kulte vernachlässigt hätten.

Von außerbabylonischen Aktivitäten hören wir fast nichts. Für Neriglissar ist 557 ein Feldzug nach Kilikien überliefert, der dazu führte, dass die wichtige Handelsverbindung nach Lydien wieder eröffnet wurde.

Labaši-Marduk wird nach nur 3 Monaten Regentschaft ermordet und durch Nabonid (555–539) ersetzt, Sohn des Nabu-balatsu-iqbi, des Gouverneurs von Harran unter Nebukadnezar, und der Adad-guppi, einer Priesterin des Mondgottes von Harran. Er selbst hatte offenbar ebenfalls schon unter Nebukadnezar im Heer gedient.

Die 16 Jahre der Regentschaft Nabonids sind voller Rätsel, nicht zuletzt aufgrund der unzureichenden Nachrichten [BEAULIEU, Nabonidus 2.6.9; SCHAUDIG 2.6.9]. Aus den ersten sechs Jahren seiner Regierung hören wir von

Zügen in den westsyrischen und palästinensischen Raum (Hama und Edom) und insbesondere von der Vertreibung der Meder aus Harran 553, was vermutlich deswegen glückte, weil zuvor der Anführer der Perser, Kyros II. (559–530), den Mederkönig Astyages besiegt hatte.

551 setzte Nabonid seinen Sohn Belsazar zum Regenten in Babylon ein, wohl bereits in Vorbereitung seiner Übersiedlung nach Teima, die dann 549 folgt. Dieser 10jährige Aufenthalt in der nordarabischen Oase Teima, der wahlweise als Zivilisationsüberdruss (so aufgrund seiner eigenen Angaben), als religiös bedingter Rückzug (Teima war gleich Harran und Ur Verehrungsort des Mondgottes Sin, dessen Verehrung Nabonid immer mehr in den Vordergrund stellte) oder als militärisch kluger Schachzug (Aufbau einer hinteren Verteidigungslinie) erklärt wird, ist das größte Rätsel. Seit einigen Jahren andauernde Ausgrabungen in Teima haben zur Aufdeckung von Teilen einer großen Palastanlage geführt – aller Wahrscheinlichkeit nach der von Nabonid – so dass seine Übersiedlung nach Teima wohl einem länger gefassten Plan entsprach.

Während dieser Zeit kann nicht unbekannt geblieben sein, dass sich im Osten große politische Veränderungen vollzogen, die aber offensichtlich nicht als Gefahr erkannt wurden. Dem Sieg des Kyros über Astyages war 549 die Einnahme der medischen Hauptstadt Ekbatana durch die Perser gefolgt und bereits 548 befanden sich alle Gebiete östlich des Tigris in Kyros' Hand. Ab 547 drang er über den Tigris und Ḫabur in das südöstliche Anatolien vor, wo er am Halys vom Lyderkönig Kroisos angegriffen wird (berühmt ist der Orakelspruch, den Kroisos missdeutete: „wenn K. den Halys überschreitet, wird ein großes Reich zerstört"). Der Sieg über Kroisos macht den Weg zur Eroberung von Sardes frei. Lydien wird persische Provinz. Offenbar behandelte Kyros nicht nur Kroisos nachsichtig, sondern er war auch sonst um das Image eines insbesondere in Fragen des Kultes liberalen Herrschers bemüht. Sieg des Kyros über Kroisos

Vor dem Hintergrund dieser politischen Entwicklung ist die Untätigkeit Nabonids unverständlich. Offenbar wollte er in letzter Sekunde versuchen, die insbesondere über seine Vernachlässigung des Marduk-Kultes aufgebrachte Bevölkerung Babylons zu besänftigen. Er kehrt aus Teima nach Babylon zurück und feiert im März 539 das mit dem Marduk-Kult eng verbundene Neujahrsfest in einem nie dagewesenen Prunk. Zu diesem Zeitpunkt bewegt sich jedoch schon ein persisches Heer den Tigris abwärts, ohne großen Widerstand zu finden. Am 14. September 539 wird Sippar eingenommen, 2 Tage später ohne Kämpfe Babylon, wobei Herodot davon spricht, dass man zuvor den Euphrat abgeleitet habe und so Babylon von der quasi unbefestigten Flussseite her betreten konnte. Kyros selbst nahm am 29. Oktober 539 Besitz von Babylon, ernannte zwar einen Statthalter, ließ aber die kultischen Einrichtungen wie auch die Verwaltung unbeeinträchtigt. Nabonid soll nach einer Quelle den Tod gefunden haben, nach einer anderen sei er ins Exil geschickt worden, nach einer dritten habe Kyros ihn zum Statthalter einer iranischen Provinz Karmanien gemacht. Einnahme Babylons durch Kyros im Jahre 539 v. Chr.

Nicht nur in der Fixierung auf Harran sondern auch in der teilweisen Übernahme der Titel der assyrischen Herrscher wie auch darin, dass Nabonid sich als Erbe der Assyrer sah, sehen wir, wie sehr insgesamt das Reich der Chaldäer seine Grundlagen aus dem assyrischen Reich bezog. Betrachtet man die Bemühungen der babylonischen Herrscher, den Besitz der Assyrer im Westen für sich zu halten, soweit es nicht das Interessensgebiet der Meder berührte, so muss man trotz aller militärischer Leistungen doch zugeben, dass es ein Wieder-Erobern an Besatzung gewöhnter Gebiete war, mit in der Richtung eher zufälligen Kriegszügen. Auf keinen Fall ist ein Konzept oder strategisches Denken erkennbar, was die tatkräftigeren der assyrischen Herrscher ausgezeichnet hatte. Nur die neue Konstellation der Machtverteilung in Vorderasien hatte die Wiederauflage einer politischen Form ermöglicht, deren Scheitern schon das Ende des assyrischen Reiches gezeigt hatte. Mit dem assyrischen Vorgehen vergleichbar, ging es noch mehr nur um die Ausplünderung der Nachbargebiete. Doch wäre eine Benennung als expansives System falsch, denn ein System ist nicht erkennbar. Möglicherweise spielt dabei eine Rolle, dass das Machtzentrum in ein Gebiet zurückgekehrt war, dessen Verwaltungserfahrungen nie über das eigene Territorium hinausgegangen waren, das mit Recht auf seine kulturelle und politische Vergangenheit stolz war, von dort her aber keine Hilfe bekam für die Bewältigung von politischen und organisatorischen Problemen, die jetzt auf einer unvergleichlich höheren Ebene standen.

Wie beim assyrischen Reich sind es auch im Falle des chaldäischen – wenn auch andere – interne Gründe, die das Ende vorbereiten und dem Gegner nur noch den letzten Stoß überlassen.

8.8 Zusammenfassung

Herausragendes Element ist die Verwandlung Assyriens in ein bewusst agierendes expansives System. Das stets nur unter einer Herrschaft stehende Gebiet erreichte eine Ausdehnung, die vorher völlig unbekannt war. Gleichzeitig werden aber auch die Nachteile eines expansiven Systems sichtbar, das sofort nichtlinear an Kraft verliert, wenn die Expansionsmöglichkeiten aus irgendwelchen Gründen an Hindernisse stoßen, und das zusammenbrechen muss, wenn eine weitere Expansion nicht mehr möglich ist. So erklären sich einerseits die für die ganze assyrische Geschichte charakteristischen Abfolgen von ausgesprochen kraftvollen und besonders kraftlosen Abschnitten wie auch das überraschend schnelle Ende nach einer der größten expansiven Phasen.

Es liegt ferner im Wesen solcher Systeme, dass strukturelle Änderungen, die auf eine Minderung der Abhängigkeit von Ausbeutung aus wären – modernistisch ausgedrückt: zu Strukturen, bei denen auch investiert statt nur konsumiert würde –, nicht denkbar sind. Außer dass ad hoc entschieden wird, ob der frühere Herrscher eines eroberten Gebietes durch einen genehmeren lokalen Partner oder durch einen assyrischen Statthalter ersetzt wird, sind keine Strategien sichtbar, die auf eine dezentrale Verwaltung hinausliefen, wie das bei dem riesigen

Gebiet erforderlich gewesen wäre: letztlich bleibt alles auf die Person des Herrschers und die zentrale Hauptstadt ausgerichtet. Es ist die expansive Ideologie, die es ermöglicht, das Weltreich mit einer Staatsorganisation zu leiten, die sehr viel kleineren Bereichen angemessen ist, was aber eben auch nur so lange funktionieren kann, wie die Ideologie durch fortwährende Expansion Erfolg hat.

Das chaldäische Reich ist in dieser Beziehung fast als Anachronismus zu bezeichnen, da es zwar die äußeren Formen des assyrischen Weltreiches übernimmt, jedoch ohne die expansive Ideologie. Es wäre interessant gewesen zu sehen, welchen Weg diese Entwicklung genommen hätte, wenn ihr nicht eine ganze Reihe anderer Faktoren ein vorzeitiges Ende bereitet hätte. Wir werden im nächsten Kapitel sehen, wie in einem noch größeren territorialen Zusammenschluss – gleichfalls ohne expansive Ideologie – die Probleme gelöst wurden.

9. DIE ACHÄMENIDEN UND ALEXANDER

Bis auf wenige Ausnahmen für die Frühzeit (Tepe Sarab; Ḥaǧǧi Firuz Tepe; Godin Tepe) war bis jetzt der Nordwesten bzw. der ganze Norden Irans kaum angesprochen worden. Dieser Bereich ist weitaus schwieriger zu fassen als etwa Elam, insbesondere für die Zeit der frühen schriftlichen Quellen, da uns weder von dort irgendwelche schriftlichen Äußerungen bekannt sind, noch von außen über ihn berichtet wird. Gerade die Tatsache, dass dort in früherer Zeit, soweit wir sehen, nie ein eigenständiges politisches Gebilde entstanden war, bestärkt uns in der Annahme, dass es des von Assyrien ausgehenden Drucks bedurfte, um das immer noch schwer fassbare Gebilde entstehen zu lassen, das wir unter dem Namen Medien kennen [LANFRANCHI ET AL. 2.10].

9.1 Frühe Staatenbildung in Nordwestiran

Seit Beginn der Expansionspolitik Assyriens im 13. Jh. war diese auch immer darauf ausgerichtet gewesen, Einfluss auf die Bergregionen östlich von Assyrien zu gewinnen, einerseits um sich den Rücken von den stets unruhigen Bergbewohnern freizuhalten, andererseits um den Zugang zu den Rohstoffen dieses und weiter östlich liegender Gebiete offen zu halten.

In den Berichten Salmanassars III. (858–824) erscheinen erstmals Namen wie Parsu[m]aš oder Madai, die ohne Schwierigkeit mit den späteren Hauptgruppen, den Medern und Persern in Verbindung gebracht werden können. Tiglatpilesar III. erwähnt einen Zug zum Berg Bikni, den heutigen Demavend nordöstlich von Teheran, zu dem der Weg durch medisches Gebiet geführt habe. Als dritte größere Gruppe werden die Mannäer genannt, deren Gebiet südöstlich des Urmia-Sees lag [dazu und zum Folgenden siehe WIESEHÖFER 2.10].

Meder und Perser im 8. Jh. v. Chr.

Die genaue Lokalisierung dieser Bezeichnungen bereitet jedoch immer Schwierigkeiten, da sie einerseits kaum fest umgrenzten Einheiten entsprachen, andererseits, weil sich offenbar immer wieder erhebliche Verschiebungen ergaben. So wird das genannte Parsuaš/Parsumaš bei Salmanassar eher im Süden des Urmia-Sees vermutet, während es zur Zeit Assurbanipals wahrscheinlich sehr viel weiter im Süden, etwa im Bereich der späteren Persis zu lokalisieren ist – allerdings ist nicht ganz auszuschließen, aber wenig wahrscheinlich, dass es sich um zwei verschiedene Einheiten mit gleichem Namen handelt.

Nicht ohne Einfluss auf diese Verschiebungen werden einige Veränderungen gewesen sein, die im 8. Jh. von Norden neue Gruppen ins Land brachten. Durch Ereignisse in Zentralasien waren offenbar durch eine Art Domino-Effekt in Richtung Südwesten Gruppen in Bewegung geraten, die nord-/nordöstlich des Kaspischen Meeres beheimatet waren und die wir unter dem Sammelnamen der Skythen kennen. Sie setzten ihrerseits die nördlich des Kaukasus sitzenden Kimmerier unter Druck [KRISTENSEN; IVANTCHIK; PARZINGER (alle 2.10)], so dass diese über den Kaukasus nach Süden vordrangen und in die östlichen Teile Urartus einfielen, wo sich ihnen ein urartäisches Heer 714 unter Rusa I. vergeblich entgegenstellte; die Urartäer wurden geschlagen und Rusa selbst fand vermutlich den Tod. Wie berichtet, hatte dies Sargon II. zu seinem entscheidenden Schlag gegen Urartu verholfen. Ein gleichzeitiger Sieg der Assyrer über die Kimmerier konnte allerdings nicht verhindern, dass diese sich im Gebiet der Mannäer niederließen.

Als unter Asarhaddon Kimmerier, Mannäer und Meder sich gemeinsam gegen Assyrien zur Wehr setzten [BROWN 2.10.2], kam es zu einem geschickten Schachzug Asarhaddons, indem er sich per Heiratsvertrag mit den Skythen verbündete, die in der Zwischenzeit auf demselben Weg wie zuvor die Kimmerier in den nördlichen Zagros gelangt waren. Mannäer und Meder waren somit zunächst einmal durch Auseinandersetzungen mit den Skythen gebunden, und als nach Assurbanipals Zerschlagung von Elam der Perser Kyros ohne direkten militärischen Zwang Tribut zahlte und einen Sohn als Geisel nach Ninive sandte, schien für Assyrien die Gefahr aus dem Osten für längere Zeit gebannt zu sein.

<small>Skythen/Kimmerier</small>

In ähnlicher Weise wie bei Urartu waren jedoch offenbar durch den dauernden assyrischen Druck in den östlichen Bereichen gewisse politische Strukturen entstanden, die sich nach dem Tod Assurbanipals entfalten konnten. Die Skythen wurden vertrieben und ein unabhängiger medischer Staat wurde unter Kyaxares gegründet, dem sich die Perser anschlossen: der Perser Kambyses, Sohn des Kyros, wurde Schwiegersohn von Astyages, dem Sohn des Meders Kyaxares. In dieser Konstellation wurde ein neuerlicher Angriff gegen Assyrien vorgetragen, der, wie bereits berichtet, auf ein innerlich geschwächtes Assyrien traf, das mit Unterstützung von Nabupolassar von Babylon in wenigen Jahren vernichtet wurde.

<small>Gründung des medischen Staates</small>

9.2 Das Weltreich der Achämeniden

Für die folgenden Ereignisse stehen uns der Bericht Herodots [HÖGEMANN 2.10.2] und eine Notiz in einer babylonischen Chronik zur Verfügung, denen zufolge es zu Auseinandersetzungen zwischen dem Meder Astyages und dem persischen Teilherrscher Kyros II. kam, aus denen Kyros siegreich hervorging [dazu und zum Folgenden DANDAMAEV 2.10.2]. Zusätzlich zu seinem eigenen Bereich in der Persis, dessen Führung er bereits 559 übernommen hatte, gebot Kyros nun ab 550 auch über das nordmesopotamisch-anatolische Gebiet, das bei der Aufteilung der assyrischen Beute zwischen den siegreichen Medern und Chaldäern an die Meder gefallen war. In Respektierung dieser alten Abmachung hatte Kyros zunächst seine Expansion nur nach Westen, in Kleinasien vorgetrieben, hatte dort bereits Lydien unter seinem König Kroisos 546 unterworfen, sich dann aber doch Babylon zugewandt und es 539 eingenommen. Bei einem Zug gegen die mittelasiatischen Saka-Nomaden starb er 530 und wurde in

<small>Kyros II.</small>

einem monumentalen Grab in Pasargadae nahe der von ihm geschaffenen ausgedehnten Palastanlage beigesetzt [STRONACH 2.10.2].

Bereits bei seinen kleinasiatischen Unternehmungen hatte Kyros sich den Ruf eines seinen Gegnern und religiös Andersgläubigen gegenüber toleranten Herrschers verschafft, was vermutlich bei der relativ problemlosen Einnahme von Babylon eine Rolle gespielt hatte, insofern als die Marduk-Priesterschaft sich von ihm eine stärkere Beachtung versprechen konnte, als von dem den Mondgott von Harran bevorzugenden Nabonid. In diesem Zusammenhang ist auch zu sehen, dass er den aus ihrer Heimat deportierten Juden erlaubte, wieder in ihre Heimat zurückzukehren – wovon allerdings offenbar nur ein Teil Gebrauch machte [NEUSNER 2.6]. Auf das Leben in Babylonien scheint der Wechsel an der Spitze keinen großen Eindruck hinterlassen zu haben, außer dass die Urkunden nun nach den Regierungsjahren der persischen Könige datiert wurden. Ein Beispiel für die Kontinuität bieten die ununterbrochenen finanziellen Geschäfte der Geschäfts- und „Bankhäuser" Egibi und Murašu [VAN DRIEL 2.6.9; STOLPER 2.6.10; WUNSCH 2.6.9].

Religiöse und politische Toleranz

Ohne Schwierigkeiten ging die Nachfolge auf Kyros' Sohn Kambyses II. (529–522) über, der sich in seinen ersten Jahren besonders den Erweiterungen im Westen widmete. Ein Sieg über das ägyptische Heer bei Pelusium im Jahre 525 brachte ihm die Herrschaft über Ägypten ein. Er starb 522 auf dem Rückweg nach Pasargadae, wo sich offenbar etwas ereignet hatte, was seine Rückkehr erforderte.

Darüber, was dort geschehen war, herrscht Unklarheit, wenn man nicht dem offiziellen Bericht des Nachfolgers Darius (521–486) folgen will. Danach hätte Kambyses seinen Bruder Smerdis vor dem Zug nach Ägypten ermordet, sei aber aufgeschreckt worden, weil während seiner Abwesenheit ein Magier namens Gaumata sich als Smerdis ausgegeben und die Herrschaft an sich gerissen habe; erst ihm, Darius, sei es mit einigen Gefolgsleuten gelungen, den Gaumata zu töten und damit die Herrschaft wieder in die rechtmäßigen Hände zurückzuführen.

Machtantritt des Darius

Dieser Bericht wurde in einer langen Inschrift festgelegt, die in drei Sprachen in den Felsen von Bisutun hoch über dem Verkehrsweg zwischen Babylon und Ekbatana eingemeißelt wurde [BORGER; GREENFIELD/PORTEN; SCHMITT; VON VOIGTLANDER; GRILLOT-SUSINI ET AL. (alle 2.10.2)]. Abschriften wurden in alle Reichsteile versandt – gefunden in Babylon und Elephantine (Ägypten) – und dienten offenbar der Festlegung einer Sprachregelung. Auslöser war der Umstand, dass Darius aus einer Seitenlinie der Achämeniden stammte und somit eigentlich kein legitimer Nachfolger war [BRIANT, Darius; Histoire 2.10.2; SANCISI-WEERDENBURG 2.10.2]. Es spricht Einiges dafür, dass Darius selbst den richtigen Smerdis hat umbringen lassen, und die Kunde davon der Grund war, der Kambyses hatte zurückkehren lassen.

Bisutun-Inschrift

Die gerade erwähnte Inschrift, die in Elamisch, Babylonisch und der neu entwickelten persischen Keilschrift [STRONACH 2.6.1.5] am Felsen von Bisutun angebracht worden war, war übrigens das Material, an dem die ersten Entzifferungsversuche der Keilschrift angestellt wurden, nachdem bereits Abschriften dieser unter einem weithin sichtbaren Felsrelief [WIESEHÖFER 2.10] angebrachten Inschriften nach Europa gelangt waren [PALLIS 2.2.1; BORGER 2.10.2].

Vermutlich wegen des Darius als nicht rechtmäßig angesehener Herkunft waren in allen Reichsteilen Aufstände losgebrochen, die jedoch in kurzer Zeit niedergeschlagen werden konnten: das gerade erwähnte Relief zeigt den Triumph des Darius über die von ihm so genannten „Lügenkönige", also der Teilherrscher, die der angeblichen Lüge folgten, indem sie die wahrscheinlich wirkliche Lüge des Darius nicht akzeptierten.

Das bereits riesige Reich wurde insbesondere im Osten, aber auch im Westen erweitert. Im Osten gelangte ein Heer bis Gandhara im heutigen Nordpakistan und machte das Indus-Gebiet tributpflichtig. Von dort fuhr eine persische Flotte den Indus abwärts, an den Küsten entlang bis ins Rote Meer und den Golf von Suez, von wo aus Darius einen Kanal zum Nil hatte graben lassen. Damit war der Grundstein für eine Entwicklung gelegt, die erst in viel späterer Zeit eine große Bedeutung bekommen sollte, als der zunehmende Handelsverkehr zwischen dem Mittelmeergebiet und Mittel- und Südostasien über den Euphrat und den Persischen Golf im 3. nachchristlichen Jh. nachhaltig durch die Sasaniden gestört wurde und man sich auf den alternativen Seeweg besann, den Darius bereits aufgezeigt hatte [NISSEN 2.6.9].

Ausdehnung des Reiches unter Darius

Im Westen überschritten persische Heere den Bosporus und unterwarfen die thrakische Küste bis nach Makedonien. Dadurch fühlten sich jedoch die griechischen Städte an der kleinasiatischen Küste in ihrem Handelsfreiraum eingeschränkt, so dass es 499 zum Aufstand der Küstenstädte mit Einschluss Zyperns kam, in dessen Verlauf die westliche Hauptstadt des Perserreiches, Sardes, zerstört wurde. Nach dem Sieg 494 in der Seeschlacht bei Milet über die griechischen Städte wandten sich die Perser der Eroberung der griechischen Halbinsel zu, die jedoch durch den Sieg der Athener in der Schlacht von Marathon 490 verhindert wurde.

Zurückweisung der Perser bei Marathon

Die ausführliche Behandlung der Perserkriege in der griechischen Überlieferung vermittelt den Eindruck, als sei es um Auseinandersetzungen grundsätzlicher Art gegangen. Ohne Frage sind sie es im Gesamtkontext tatsächlich gewesen und in der griechischen Literatur als solche gesehen worden, doch hatten diese Kämpfe für das Perserreich zunächst einmal keinen anderen Stellenwert als etwa Aufstände in Mittelasien oder Ägypten, die das innere Gefüge des Reiches nicht wesentlich in Mitleidenschaft zogen [YOUNG 2.10.2; BRIANT, Histoire 2.10.2]. Dies wird besonders deutlich an den großen Bauvorhaben des Darius in Susa, Babylon und vor allem in Persepolis, die durch nichts gehindert wie geplant abliefen. Durch die Bauinschriften des Palastes von Susa und seine ausgegrabenen Reste wissen wir, dass nicht nur ein ehrgeiziges, ins Überdimensionale gehendes Bauprogramm vorlag, sondern dass in programmatischer Weise der Bau von allen Reichsteilen mit ihren jeweils besonderen Materialien so ausgestattet werden sollte, dass der Palast selbst ein Abbild der Vielfältigkeit des Reiches sein würde.

Bau der Paläste in Susa, Babylon und Persepolis

In der Persis verlagerte Darius den traditionellen Mittelpunkt der Dynastie

146   I. Darstellung

von der relativ engen Ebene von Pasargadae an den Rand der großen Ebene, die in früherer Zeit mit der Teilhauptstadt Anšan den östlichen Schwerpunkt von Elam gebildet hatte. Auf einer an die Randberge angelehnten 450 × 300 m großen Terrasse begann Darius um 500 ein großzügiges Bauprogramm von Residenzen, Audienzhallen und Verwaltungsgebäuden als dem Zentrum einer größeren Stadtanlage, die sich weit vor die Terrasse in die Ebene erstreckte. Persepolis blieb allerdings bei seinem Tod unvollendet und wurde dann von seinen Nachfolgern fertiggestellt bzw. umgestaltet [KREFTER 2.10.2; TRÜMPELMANN 2.10.2].

Am imposantesten ist das große Apadana, eine fast symmetrisch quadratische Anlage, deren Kernstück eine 60 × 60 m große Halle war mit einem Dach, das auf 36 fast 20 m hohen Säulen ruhte. Mit der Säule tritt hier ein Bauelement in Erscheinung, das bislang im alten Orient kaum eine Rolle gespielt hatte. Vorformen finden sich aber im medischen Bereich (Säulenhallen in Godin Tepe, Nuš i-Ǧan, Hasanlu), die ihrerseits möglicherweise auf Bauformen Urartus und des hethitischen Großreichs zurückgehen. Bekannt sind vor allem die steinernen Reliefs an den Seiten des 3 m hohen Sockels des Apadana sowie der breiten Prunktreppen. In endlosen Reihen werden neben Soldaten und Angehörigen des Hofes Gabenbringer aus allen Teilen des Reiches mit den spezifischen Produkten ihrer Heimat aneinandergereiht, für den Eingeweihten identifiziert durch ihre jeweils besondere Kleidung, Haartracht und Geschenke [HACHMANN 2.10.2]. Wir haben hier die bildliche Umsetzung der vorher zitierten Bauinschriften aus Susa vor uns, nach denen nach offizieller Vorstellung alle Völkerschaften des Reiches ihren Anteil an solchen repräsentativen Aufgaben mittrugen. Aus Susa selbst sind uns leider nur Reste des Bauschmucks erhalten, der dort in farbig emaillierten Ziegeln ausgeführt war.

Die Erfahrungen seiner Vorgänger und seine eigenen mit den wiederholt aufbrechenden Aufständen in den zum Teil weit entfernten eroberten Gebieten wie auch die offenkundige Unmöglichkeit überall gleichzeitig selbst die Kämpfe führen zu können, haben Darius zu einer Reform der politischen, aber dann auch der wirtschaftlichen Verwaltung veranlasst. Eine Leitlinie war dabei eine Dezentralisierung durch die Einteilung in 20 Satrapien, an deren Spitze jeweils ein Angehöriger der Herrscherfamilie oder ein sonstiger Vertrauter über ein eigenes Heer verfügte und damit in der Lage war, bis zu einem gewissen Grad militärisch selbständig zu handeln [KOCH, Verwaltung; Dareios 2.10.2; BRIANT, Histoire 2.10.2].

Aufteilung des Reiches in Satrapien

Ein weiterer Punkt bestand in der Schaffung von für alle Reichsteile gemeinsamen Standards, die Kommunikation und Handel im ganzen Bereich erleichtern sollten, allerdings auch die Kontrolle dessen, was in den einzelnen Satrapien geschah. So wurde eine Reichswährung eingeführt, die Golddareike, die freilich mehr als Wertmaßstab denn als normales Zahlungsmittel gedient haben dürfte. In den einzelnen Satrapien gab es dafür Silbergeld.

Schaffung – einer Reichswährung

Die am weitesten verbreitete Sprache im achämenidischen Reich, das Aramäische, wurde zur Grundlage für eine Kanzleisprache, das so genannte Reichsara-

– einer Reichsamtssprache

mäische, genommen, in dem Urkunden vom ägyptischen Elephantine bis Indien erhalten sind.

Die Kommunikation wurde wesentlich durch ein Netz von Straßen verbessert, wobei man sich auf das ebenfalls schon weitreichende assyrische Straßennetz stützen konnte. Berühmt sind die Königsstraßen, die Sardes und Ephesus mit den Zentren des Kernbereiches, Babylon, Susa, Persepolis und Ekbatana verbanden. Diese Straßen dürften allerdings in erster Linie der Übermittlung von Nachrichten für die Staatsführung gedient haben, deren „Augen und Ohren" weite Entfernungen mit Hilfe regelmäßiger Pferdewechselstationen schnell zurücklegen konnten. – eines Reichsstrassennetzes

Trotz aller Dezentralisierung in einigen wenigen Bereichen war natürlich auch unter den Achämeniden alles auf die Person des Herrschers bzw. des Zentrums ausgerichtet, wie wir es bereits in der programmatischen Ausschmückung der Paläste sahen. Deutlichste Maßnahme in dieser Richtung war, dass für jede Satrapie je nach wirtschaftlichem Vermögen die Höhe der jährlichen Abgaben festlag, die an die Zentrale abzuliefern waren, von der lediglich die Perser befreit waren. Dieses System war vor allem von Vorteil für die zentrale Verwaltung, die damit über ein planbares Einkommen verfügte. Für die Bevölkerung bedeutete es jedoch eine zusätzliche Dauerbelastung, da die lokalen Verwaltungen natürlich erheblich höhere Ablieferungen abforderten, als was sie weiterzuleiten hatten. In dieser starken Belastung dürften ein Teil der Gründe für die immer wieder trotz aller Vorkehrungen aufflammenden Aufstände zu suchen sein. Dennoch ist nichts über Veränderungen des Systems zu erfahren. Abgabenordnung für die Satrapien

Nach der Niederschlagung von Aufständen in Ägypten und Babylonien, was dort vermutlich u. a. zur endgültigen Zerstörung des Marduk-Heiligtums in Babylon geführt hatte [Kuhrt/Sherwin-White 2.6.10], wandte sich der Nachfolger des Darius, Xerxes I. (485–465), dem griechischen Westen zu, wobei diese Unternehmungen wegen der Ausführlichkeit der griechischen Berichte und des Fehlens eigener Nachrichten seine vermutlichen Aktivitäten in anderen Reichsteilen überschatten und es so erscheinen lassen, als sei Xerxes nur mit diesem Problem beschäftigt gewesen. Trotz anfänglicher Erfolge, die bis zur Einnahme von Athen reichten, führten die Niederlagen bei Salamis 480 und Platäa 479 dazu, dass die Perser ihre Eroberungspläne aufgaben und sich von der westlichen Seite des Bosporus zurückzogen. In der Folgezeit erlangten auch die griechischen Städte der kleinasiatischen Küste ihre Unabhängigkeit zurück. Persische Niederlagen bei Salamis und Platäa

Der ungeklärte Tod von Xerxes I. im Jahre 465 führte zu Thronstreitigkeiten, bei denen sich schließlich sein Sohn Artaxerxes I. (464–424) durchsetzte. Neben der Rückeroberung des zeitweilig abgefallenen Ägypten im Jahre 456 ist aus seiner langen Regierungszeit vor allem der Kallias-Friedensschluss des Jahres 448 bekannt, in dem die Beziehungen zu den Griechen geregelt wurden. Auch sein Tod führte zu inneren Streitigkeiten, die schließlich Darius II. (423–405) an die Macht brachten; doch auch danach rissen die Hofintrigen nicht ab.

Dem Nachfolger Arsakes, der den Thronnamen Artaxerxes II. (404–359) an-

Bruderkrieg zwischen Artaxerxes II und Kyros

nahm, versuchte sein jüngerer, als Satrap in Sardes eingesetzter Bruder Kyros, die Herrschaft streitig zu machen, was als fast normaler Familienstreit übergangen werden könnte, wenn dies nicht den Hintergrund für ein grandioses historisch-literarisches Werk abgegeben hätte. Einer der Generäle, die im Auftrag des Kyros das fast nur aus griechischen Söldnern bestehende Heer nach Mesopotamien gegen Artaxerxes II. führten, war Xenophon, der den Rückzug des griechischen Heeres nach der verlorenen Schlacht von Kunaxa im Jahre 401 (gesucht nördlich von Bagdad), bei der Kyros den Tod gefunden hatte, an das Schwarze Meer in seiner „Anabasis" beschrieb [XENOPHON 2.10.2].

„Anabasis" des Xenophon

Artaxerxes II. wie auch seine Nachfolger hatten mit immer schwereren Aufständen in allen Reichsteilen zu tun, meist unter Anführung der jeweiligen lokalen Satrapen. Zum persönlichen Ehrgeiz dieser Statthalter kam vermutlich eine strukturelle Schwäche des Riesenreiches, die in Verbindung mit den durch die dauernden innerfamiliären Intrigen ausgelösten Unsicherheiten der Führung die Verwundbarkeit des Reiches erhöhte.

9.3 DAS AUFTRETEN ALEXANDERS

Im Jahre nach dem Regierungsantritt des letzten Herrschers der Achämeniden, Darius III. (335–330), überschritt Alexander von Makedonien den Bosporus und unterwarf in beispielloser Schnelligkeit die westlichen Besitzungen des persischen Reiches. Berühmte Siege wurden 334 am Granikos auf der östlichen Seite der Dardanellen und 333 bei Issos in Kilikien erfochten, bevor das persische Heer entscheidend 331 bei Gaugamela, östlich von Ninive, geschlagen wurde. Darius floh, immer verfolgt von Alexander, in die östlichen Reichsteile und 330 nach Baktrien, wo ihn noch vor der Ankunft seines Verfolgers der lokale Satrap Bessos ermorden ließ. Damit endet die Herrschaft der Achämeniden, die für knapp über 200 Jahre das größte Territorium zusammenhalten konnten, das bis dahin jemals unter einer politischen Leitung gestanden hatte.

Entscheidungsschlacht bei Gaugamela

In der gesamten Geschichte des alten Vorderen Orients, besonders Mesopotamiens, sehen wir, dass die Schaffung geeigneter, der Größe der Aufgaben angemessener Organisationsstrukturen immer dem Wachsen dieser Aufgaben hinterherhinkte. Dabei wird zuerst einmal immer versucht, größere Territorien mit den Strukturen unter Kontrolle zu halten, die dem vorausgehenden kleineren Territorium angemessen waren. So hatte zwar die III. Dynastie von Ur am Ende des 3. vorchr. Jt.s eine Struktur hervorgebracht, die für die Verwaltung von Einheiten der Größe Babyloniens bis hin zu den Flächenstaaten der zweiten Hälfte des 2. Jt.s ausreichte, doch für größere Territorien wie das neuassyrische Reich konnte sie die Kontrolle nicht mehr gewährleisten. Mit seiner Neustrukturierung durch Dezentralisierung bei gleichzeitigem Versuch der Schaffung ideologischer Mittelpunkte in den Palästen, in denen sich alle Angehörigen des Reiches vertreten fühlen sollten, versuchte Darius eine Antwort; nur dass sein Reich noch einmal größer geworden und wieder in eine andere Kategorie gekommen war.

II. Grundprobleme und Tendenzen der Forschung

1. EINFÜHRUNG

Das Grundproblem besteht darin, dass es eigentlich unmöglich ist, über Tendenzen der Forschung in der altvorderasiatischen Geschichte zu sprechen, da es diese Disziplin als eigene Richtung nicht gibt. Natürlich wird auf diesem Gebiet geforscht, aber dies geschieht jeweils von einem festen Standort in der Philologie der altorientalischen Sprachen aus, oder sie wird neben der Hauptbeschäftigung mit der Archäologie der verschiedenen vorderasiatischen Regionen betrieben. Eine jeweils zusätzliche historische Ausrichtung ist also eher die Frage der einzelnen Forscherpersönlichkeit, keine der Schulen oder Traditionen, und somit individualistisch, von den persönlichen Forschungsansätzen geprägt, kaum jemals einem größeren Vorhaben mit historischen Zielen verpflichtet. Statt allgemeiner Tendenzen sollen daher im folgenden zweiten Teil einzelne Schwerpunkte angesprochen werden, deren Erörterung den Rahmen des ersten Teils gesprengt hätte.

Eine ausgeprägte Geschichtswissenschaft kann es erst dann geben, wenn das Grundmaterial zumindest zu einem erheblichen Teil aufbereitet ist, und wenn ein grober chronologischer Rahmen bekannt ist wie auch die Hauptakteure auf der politischen Bühne. Wenn dagegen, wie es meist für den Alten Orient der Fall ist, jeder erst beginnen muss, die relevanten Texte ausfindig zu machen, zu übersetzen und zu bearbeiten, oder selbst im Gelände oder in Museumskellern Ausgrabungen zu veranstalten, das Fundmaterial zu zeichnen und zu ordnen, muss die Art der Forschung notwendigerweise eine andere sein, als für die meisten Bereiche der etablierten Geschichtswissenschaft.

Die Gründe für diese Lage sind vielschichtig. Von den sowieso in Anbetracht der Millionen noch im Boden steckender Keilschrifttafeln nur in geringem Umfang bekannten Schrifttafeln, die im Verlaufe der nun 170 Jahre währenden Phase der wissenschaftlichen und nichtwissenschaftlichen Grabungen in die Museen gelangten, ist wiederum nur ein vergleichsweise geringer Teil so aufbereitet, dass Außenstehende etwas damit anfangen könnten (für ein konkretes Beispiel s. das Kapitel „Wirtschaft der Ur III-Zeit").

Schwerwiegender ist jedoch, dass die Erforschung selbst der Hauptsprachen Sumerisch und Akkadisch noch keineswegs abgeschlossen ist und auch erst in der jüngeren Vergangenheit einen einigermaßen verlässlichen Stand erreicht hat. Mit dem Erscheinen zweier Wörterbücher der akkadischen Sprache – eines beendet [VON SODEN, Akkadisches Handwörterbuch 1.2.5], das andere, sehr viel umfangreichere mit insgesamt 28 Bänden, wurde im Frühjahr 2011 abgeschlossen [OPPENHEIM ET AL., Chicago Assyrian Dictionary 1.2.5]– und einer Grammatik des Akkadischen [VON SODEN/MAYER 1.2.6.3] sind in den letzten Jahrzehnten enorme Fortschritte gemacht worden. Auch für das Sumerische sind verschiedene Versuche, sich einer Grammatik zu nähern [FALKENSTEIN 1.2.6.2; RÖMER 1.2.1; THOMSEN 1.2.6.2; EDZARD 1.2.6.2] zu nennen und von einem sumerischen Wörterbuch ist kürzlich der 2. Band [TINNEY 1.2.5.1] erschienen. Der Fortschritt hat allerdings auch zur Folge, dass ältere Materialsammlungen von Außenstehenden nicht immer ohne Schwierigkeiten zu benutzen sind. Eine der Eigenheiten der Keilschrift, dass die einzelnen Zeichen verschiedene phonetische Werte haben können, das heißt je nach Zeit und Kontext verschiedenen gelesen werden können, wobei der wissenschaftliche Fortschritt gerade darin bestehen kann, die für eine bestimmte Zeit gebräuchliche Lesung herauszubekommen [VON SODEN/RÖLLIG 1.2.6.3], lässt insbesondere Eigennamen bisweilen so anders als in der wissenschaftlichen Literatur vor 70 oder 90 Jahren aussehen, dass dem Nichteingeweihten der Zusammenhang entgeht.

Die Gewissheit, dass ein derart mühsam zusammengefügtes Geschichtsbild bereits am nächsten Tag durch eine Neuentdeckung, sei es in einem Museum oder einer Ausgrabung, gestört werden kann, vor allem aber die großen Anfangsschwierigkeiten sind wohl das Haupthindernis für eine eigenständige historische Forschung im Bereich des alten Vorderasien, da Adepten letztendlich immer wieder darauf zurückverwiesen werden, dass sie sich zuerst einmal ihre Grundlagen zum größten Teil selbst erarbeiten, was in der Regel bedeutet, dass sie zuerst einmal vollausgebildete Philologen sein müssen.

Statt von einer etablierten altorientalischen Geschichte muss man somit von altorientalischen Philologen und Archäologen sprechen, die einmal mehr, einmal weniger sich der Erforschung historischer Fragen und Zusammenhänge widmen. Dabei liegt es auf der Hand, dass Philologen weitaus stärker in diesem Bereich tätig sind, gemäß der üblichen Auffassung, wonach die Tätigkeit eines Historikers erst dann einsetze, wenn er sich auf schriftliche Nachrichten berufen kann.

Dass bei der Wiedergewinnung der Geschichte inzwischen in vermehrtem Maße Archäologen gefordert sind, hat sich bereits im ersten Teil gezeigt und ist insbesondere in dem Falle augenfällig, in dem aus der Organisationsform zur Zeit des ersten Auftretens von Schrift geschlossen werden kann, dass die Gesellschaft bereits in der davorliegenden Zeit, für die nur archäologische Nachrichten vorhanden sind, auf der Stufe dessen stand, was man als Hochkultur bezeichnen würde.

Zwei Beispiele sollen hier noch einmal verdeutlichen, auf welche Informationsquellen eine Wissenschaft verzichtet, die der Archäologie keine historischen

Aufgaben zuweist. Unerlässlicher Bestandteil von Grabungen, die sich vorschriftlichen Zeiten widmen, ist der Versuch, sich durch eine naturwissenschaftliche Analyse der Überreste von Flora und Fauna ein Bild von der damaligen Umwelt, von den potentiellen Ernährungsgrundlagen und vielleicht von der tatsächlich genutzten Nahrung zu machen. Die Methoden sind ausgereift und haben Ergebnisse gebracht, die uns für frühe und früheste Zeiten die Lebensumstände der damals Lebenden erkennen lassen, wann welche Nahrungsgrundlagen neu erschlossen oder zurückgedrängt wurden, in welchem Maße neue Technologien Antworten sein konnten auf veränderte Herausforderungen der Natur, beziehungsweise inwieweit möglicherweise neue Technologien des Menschen Grund für Veränderungen der Natur sein konnten [z. B. ROLLEFSON/KÖHLER-ROLLEFSON 2.4.1].

Es gehört zu den Merkwürdigkeiten der Wissenschaft vom alten Vorderen Orient, dass wir über diese Zusammenhänge weitaus besser für die sogenannten vor-historischen Perioden unterrichtet sind als für die spätere Zeit, denn in der irrigen Meinung, solche Informationen würden von den schriftlichen Quellen beigesteuert, ist in den Grabungen „historischer" Zeiten kaum jemals Material für entsprechende Untersuchungen gesammelt worden; erst in neuerer Zeit beginnt sich das Bild anzugleichen. Die Meinung war deswegen irrig, weil die schriftlichen Quellen aus systematischen Gründen solche Informationen nicht oder kaum enthalten.

Im zweiten Fall geht es um die Vorstellung, die politische Organisationsform der gesamten Frühzeit des alten Mesopotamien sei die Theokratie gewesen. Dass es in den 20er Jahren des 20. Jh. n. Chr., als diese Auffassung aufkam, so aussehen konnte, ist leicht verständlich. Verschiedene Gründe können dafür namhaft gemacht werden, die alle mit Zufälligkeiten zu tun haben (ausführlich dazu im Kapitel „Das Konzept der Tempelwirtschaft").

Dieses Konzept entstand anhand von Texten aus einem einzigen Ort, aus Tello, dem alten Girsu, und sie betreffen, um die Beschränkung noch deutlicher zu machen, sogar nur die kurze Zeit von etwa 20 Jahren ganz zu Ende der Frühdynastischen Zeit. Das aus ihnen gewonnene Bild, wonach die ganze Stadt mitsamt Wirtschaft und Bevölkerung Eigentum der Stadtgottheit gewesen sei, als deren irdischer Stellvertreter der Herrscher fungiert habe, wurde aber nicht nur auf das ganze Land übertragen, sondern auch zur politischen Normalform der davorliegenden Zeit erklärt.

Die archäologische Siedlungsforschung hat jedoch deutlich gemacht, dass sich in der Zeit vor den Texten aus Tello grundlegende Veränderungen vollzogen haben, die es höchst unwahrscheinlich sein lassen, dass ein- und dieselbe politische Organisationsform für die ganze Zeit gegolten haben sollte. Hier ist vor allem an die Umschichtung der Bevölkerung zu denken, die sich daran festmachen lässt, dass, von einem ca. 50:50-Verhältnis zwischen Stadt- und Landbevölkerung ausgehend, sich im Laufe von 400 bis 500 Jahren bis zur Zeit dieser Texte hin eine Situation ergeben hat, in der weitaus größte Teil der Bevölkerung in Städten lebte. Parallel und damit zusammenhängend war in dieser Zeit die

Notwendigkeit der Anlage großflächiger Kanalsysteme entstanden. Beides stellte große Anforderungen an den Ausbau der politischen Organisation, sei es durch den Aufbau einer Verwaltung der Bewässerungseinrichtungen, sei es durch die Formulierung von Regeln und entsprechenden Institutionen zur Konfliktvermeidung und -lösung in den engeren und größeren Städten. Es ist nicht vorstellbar, dass dies die politische Organisationsform unbeeinflusst gelassen haben könnte, und man kann fast zwingend annehmen, dass die Gesellschaft 200 oder 300 Jahre vor den genannten Texten anders aussah.

Eine Überprüfung dieser Vermutungen anhand schriftlichen Materials ist leider nicht möglich, da – wie im Abschnitt „Tempelwirtschaft" ausgeführt – die Schrift erst kurz vor den Texten aus Tello zu dem Instrument umgeformt wurde, mit dem man entsprechende Texte schreiben konnte.

Selbst für einen Bereich, der mit der Existenz schriftlicher Quellen bereits in den sog. „historischen" Bereich gehört, zeigt sich also, wie schwerwiegende Fehleinschätzungen die Folge sein können, die nicht nur den Blick für die älteren Perioden verstellen, sondern einen auch davon abhalten, die Dynamik der Entwicklungen zu sehen, wenn allein aufgrund schriftlicher Auskünfte ohne Heranziehung archäologischer Nachrichten geurteilt wird. Erst wenn man die aus den Tello-Texten herauslesbare rigide Form der Tempelstadt als Ergebnis der Reaktion gegen die neu entstehende und natürlicherweise gegen das Konzept des partikularen Stadtstaates gerichtete Konzeption von größeren politischen Gebilden sieht, ahnt man auf der einen Seite, welche Breitenwirkung die dann unter den Akkad-Herrschern erfolgte Durchsetzung dieser neuen Ideologie haben konnte, und auf der anderen Seite, wie sehr Gudea von Lagaš als Reaktion auf den so andersartigen Ausflug der Dynastie von Akkad in die Rolle des gottesfürchtigen, unpolitischen (so zumindest nach seinen Inschriften) Herrschers zurückfallen musste, und wie groß die Klugheit der Herrscher der III. Jahr von Ur zu bewerten ist, die versuchten, beide Ideologien miteinander zu versöhnen.

Eine Besonderheit für die altorientalische Geschichtsschreibung ergibt sich aus einer Gesamtschau des schriftlichen Materials. Obwohl es natürlich in keiner Weise zu beziffern ist, dürfte es doch nicht übertrieben sein, wenn man 90% aller jemals im Keilschriftbereich geschriebenen Texte der Sphäre der wirtschaftlichen und rechtlichen Daten zurechnet und nur höchstens 10% dem historisch-literarisch-kultischen Bereich, von dem sowieso nur ein kleiner Teil für die historische Rekonstruktion nutzbar ist. Zwar war lange die Aufmerksamkeit der Wissenschaftler fast umgekehrt auf diese Gruppen verteilt, doch beginnt sich die Ungleichheit aufzulösen. Ein schier unerschöpfliches Reservoir für die Erforschung der wirtschaftlichen und sozialen Verhältnisse wurde und wird zunehmend als Grundlage für die Erarbeitung einer Wirtschafts- und Sozialgeschichte des alten Vorderasien genutzt. Früheren Versuchen (zu nennen vor allem die verschiedenen Arbeiten von [I. M. DIAKONOFF 2.2.2; 2.6.4, I. J. GELB Rationssystem 2.2.3; Household 2.6; Slaves 2.6; und 2.6.2 und K. POLANYI ET AL. 2.3.3]) für diesen Sektor sind in neuerer Zeit nicht nur zahlreiche Materialsammlungen und Einzelstudien hinzugefügt worden, sondern man beginnt erneut, mit Erfolg an anderer Stelle erarbeitete wirtschafts- und sozialgeschichtliche Modelle auf ihre Brauchbarkeit für die Erklärung altorientalischer Verhältnisse zu überprüfen, und nähert sich allgemeinen und zusammenfassenden Darstellungen, etwa über wirtschaftliche Strukturen im alten Mesopotamien [Gelb, Economy 2.2.1; Silver, Ancient Near East; Antiquity 2.2.3; Renger Wirtschaftsgeschichte; Economic Structures 2.2.3].

Ein weiterer Unterschied zwischen den beiden großen Textgruppen erweist sich als bestimmend. Texte der wirtschaftlichen Sphäre wurden in aller Regel verfasst, um eine nachträgliche Kontrolle der einzelnen Vorgänge zu ermöglichen, waren also Teil eines komplizierten Systems der Buchhaltung, oder dienten der Absicherung gegenüber späteren Anfechtungsversuchen. Man kann sich daher darauf verlassen, dass die gegenseitige Kontrolle dafür sorgte, dass die Einzelheiten und Umstände wahrheitsgetreu aufgeschrieben wurden.

Das ist aber gerade nicht der Fall bei solchen Textgattungen wie Herrscherinschriften, Feldzugsberichten oder „Annalen", die wir zur Rekonstruktion der politischen Geschichte heranziehen, denn wir können fast sicher sein, dass die Verfasser gerade nicht die Absicht hatten, Vorgänge ihrem Ablauf gemäß darzustellen, sondern um damit eine bestimmte Meinung zu propagieren [Wilcke, Politik 2.2.5]. Die deutlichsten Beispiele wurden bereits im ersten Teil genannt. So weist eine Komposition, deren Gattung sie zunächst einmal unverdächtig erscheinen lässt, wie die sogenannte Sumerische Königsliste, zwei so entscheidende Unterschiede gegenüber der uns aus Originalinschriften bekannten historischen Wirklichkeit auf, dass wir nicht anders können, als eine bestimmte politische Absicht dahinter zu vermuten: aus uns noch unbekannten Gründen sind alle Herrscher und Dynastien der Stadt Lagaš ausgelassen, obwohl nicht nur ein Blick auf die Lage sondern noch mehr die Durchsicht der originalen Herrscherinschriften der fraglichen Zeit zeigt, wie sehr Lagaš zu dieser Zeit Teil des Kernbereiches Babyloniens war.

Ein weiterer Punkt ist, dass die Liste nicht nur alle Dynastien hintereinander aufführt – wie es wohl auch kaum anders möglich gewesen wäre –, sondern sie sagt explizit, dass das Königtum jeweils von der einen auf die andere Stadt übergegangen sei. Aus den Originalinschriften einer Reihe der in der Liste für die späte Frühdynastische Zeit, zum Teil an weit voneinander entfernter Stelle genannten Herrscher erfahren wir aber, dass sie gegeneinander Krieg geführt oder miteinander Verträge abgeschlossen haben, mithin also zur selben Zeit lebten [Jacobsen 2.6; Nissen 2.6.4; Cooper, Reconstructing 2.6.4]. Wenn wir das im ersten Teil dargestellte politische Umfeld betrachten mit seinem dauernden Hin und Her zwischen einer Form, in der die politische Macht unter einzelnen Stadtstaaten aufgeteilt war und einer Form, die eine Konzentration der Macht in einer Hauptstadt des ganzen Landes sah, wird deutlich, dass die Liste hier Partei ergreift und offenbar so sehr die Normalität einer Zentralregierung und ihre Tradition herauszustellen bemüht ist, dass entgegen der Wirklichkeit die Überlieferung verbogen wird. Die Hintergründe sind nicht klar. Die ältere Vermutung, dass die Liste in der beginnenden altbabylonischen Zeit verfasst wurde, in der gezeigt werden sollte, dass es der alten Tradition entspreche, wenn das ganze Land nur von einem Herrscher bzw. einer Dynastie regiert wird, kann nicht mehr uneingeschränkt beibehalten werden. Wie bereits erwähnt, wurde kürzlich eine ältere Fassung der Königsliste aus der Zeit Šulgis von Ur, also aus einer Zeit entdeckt, in der eine solche Zentralregierung existierte. Wir werden warten müssen, bis andere, vielleicht ältere Fassungen der Sumerischen Königsliste bekannt werden.

Der zweite Fall betrifft die lange „historische Dichtung" „Fluch über Akkad", die sich in ihrer Absicht, gegen die Institution der Zentralherrschaft in Babylonien zu polemisieren, indem dem Protagonisten Naramsin von Akkad alles erdenklich Schlechte nachgesagt wird, zu der Behauptung versteigt, Naramsin habe den Tempel des Reichsgottes Enlil in der Stadt Nippur zerstört. Moderne Ausgrabungen haben nicht nur keine Zerstörungen dieser Zeit feststellen können, sondern sogar Nachweise für eine bauliche Erneuerung durch Naramsin. Grund für die Abfassung dieser Komposition war wahrscheinlich, eine Warnung an einen Herrscher zu richten (Šulgi?), der im Begriffe war, in ähnlicher Weise wie Naramsin die Privilegien der örtlichen Priesterschaften zu beschneiden. Dafür musste eine Verbindung hergestellt werden zwischen dem sicher noch bekannten Niedergang des akkadischen Reiches im Gefolge der Einfälle des Bergvolkes der Guti und angeblichen Verfehlungen Naramsins gegen Enlil, der als Strafe die Guti gerufen habe [COOPER, Curse 2.6.5].

Einer unübersehbaren Menge von objektiven Informationen für eine Wirtschafts- und Sozialgeschichte stehen relativ wenige für eine politische Geschichte auswertbare Texte gegenüber, die zudem erst nach einer kritischen Analyse ihre Informationen preisgeben. Zusammen mit der sehr ungleichmäßigen zeitlichen und räumlichen Streuung von Texten, die überhaupt für historische Rekonstruktionen in Frage kommen, ergibt sich daraus die ungewöhnliche Situation – und dies wird an Schärfe noch zunehmen –, dass wir über die Wirtschafts- und Sozialgeschichte mitunter besser Bescheid wissen als über die politische Geschichte, und dass die weitere Entwicklung wahrscheinlich dahin gehen wird, dass die Wirtschafts- und Sozialgeschichte Hilfestellung bei der Erarbeitung der politischen Geschichte geben muss.

Die bereits mehrmals angesprochene Verwendung archäologischer Daten für historische Rekonstruktionen ist dagegen mit Schwierigkeiten anderer Art behaftet. Zwar können wir davon ausgehen, dass in aller Regel ein Grabungsbefund die damalige Situation widerspiegelt und uns insofern objektive Informationen liefert, doch ist es ungleich schwieriger, diese „Texte" zu lesen und dann noch historisch zu interpretieren. Nicht ohne Grund kann sich die Meinung halten, dass man von „Geschichte" nur sprechen könne, so lange schriftliche Aufzeichnungen vorhanden sind. Zu ungenau und vieldeutig scheinen Aussagen aufgrund archäologischer Befunde und zu sehr auf einer anderen Ebene als Aussagen aufgrund schriftlicher Quellen, als dass man akzeptieren wollte, dass die gleiche Bezeichnung für beide Beschäftigungen mit der Rekonstruktion der Vergangenheit gelten sollte. Dass hier die Auffassung vertreten wird, dass archäologische

Daten in gleicher Weise Eingang finden müssen, hängt mit der Überzeugung zusammen, dass die Schrift zwar mit Sicherheit eines der wichtigsten Merkmale höherer Kultur darstellt, es aber an Kulturimperialismus grenzt, sie zum Gradmesser zwischen zivilisiert und primitiv zu machen. Die Einbeziehung wird schon dadurch erzwungen, dass die Fülle der Daten unübersehbar ist, denen zufolge bereits wesentliche Kriterien höherer Kultur erfüllt waren, lange bevor zum ersten Mal eine Schrift erfunden wurde.

Im Folgenden sollen in zwei Teilen Schwerpunkte der Forschung herausgestellt werden, wobei ein erster Teil die Forschung anspricht, die sich um die Beschaffung von Primärdaten und die Erarbeitung wissenschaftlicher Hilfsmittel bemüht. Ein zweiter Teil beschäftigt sich mehr mit Schwerpunkten im Bereich der Interpretation. Dabei durchdringen sich allerdings diese Ebenen der Beschaffung von Primärdaten, der Fachdiskussion im Rahmen der Philologie und der Archäologie, der historischen Interpretation und der Schaffung von wissenschaftlichen Hilfsmitteln wie Wörter- und Handbüchern so sehr, dass ein Versuch, diese Ebenen gesondert zu behandeln, an enge Grenzen stößt.

2. DIE ARCHÄOLOGISCHEN GRUNDLAGEN

Die meisten menschlichen Tätigkeiten haben in irgendeiner Weise Spuren im Boden hinterlassen. Aufgabe der Archäologie ist es, diese Spuren sichtbar zu machen und sie dann zu lesen und zu interpretieren. Für beide Aufgaben hat die Archäologie eine Reihe von Instrumenten entwickelt, die insbesondere im Bereich der Gewinnung von Daten immer mehr verfeinert werden. Grundgedanke ist, dass bei der Wiedergewinnung alle Informationen so sorgfältig und vollständig wie möglich registriert werden müssen, weil eine Grabung desselben Befundes nicht möglich ist; eine Grabung bedeutet immer eine Zerstörung des betreffenden Kontextes. Die immer stärkere Herbeiziehung naturwissenschaftlicher Analysen ist eine wesentliche Hilfe, wenn wir die Lebensumstände früherer Menschen einzuschätzen versuchen.

Im Bereich des Lesens und Interpretierens sind die Vorgehensweisen weniger gefestigt, allein schon deswegen, weil die verschiedenen Bereiche der Archäologie auf verschiedene Interpretationshilfen zurückgreifen. Für alle Bereiche ist der Analogieschluss die grundlegende Vorgehensweise, wobei die gedanklichen Muster aus den verschiedensten Quellen geholt werden, unter denen die Erkenntnisgewinnung aus ethnologischen Untersuchungen eine besondere Rolle spielt [Bibliographie 2.3.10]. Eindrucksvolles Beispiel für die Möglichkeiten, die die Hilfestellung ethnologischer Daten bietet, ist der Vergleich des Grundrisses einer im Süden des Irak in rezenter Zeit aufgenommenen Sumpfsiedlung der Maʿadan [WESTPHAL-HELLBUSCH 2.3.10] mit dem Plan einer im Hinterland von Uruk aufgenommenen Siedlung aus der Ğemdet-Nasr-Zeit (ca. 3000 v. Chr.), der eindeutig den Schluss erlaubt, dass an der Stelle der Ğemdet-Nasr-zeitlichen Siedlung gegen Ende des 4. vorchr. Jts. ähnliche Zustände herrschten, wie sie in den Sumpfgebieten des südlichen Irak bis vor wenigen Jahren existierten [NISSEN 2.2.2: Abb. 15]. Zum Analogieschluss, der die einzige Grundlage für die zeitlichen und räumlichen Bereiche ist, aus denen wir lediglich archäologische Nachrichten haben, tritt die Hilfe bildlicher und schriftlicher Quellen hinzu für Bereiche mit den entsprechenden Möglichkeiten [BERNBECK 1.2.7]. Zur Vielfalt im Interpretieren trägt aber auch bei, dass die theoretischen Grundlagen erheblich differieren, bzw. dass die Theoriebildung in der Vorderasiatischen Archäologie nicht besonders ausgeprägt ist.

Den Grundtechniken der Datengewinnung in der Archäologie sollen im Folgenden einige Bemerkungen gelten, wobei die Ausgrabung keiner besonderen Beschreibung bedarf, da ihre Technik selbsterklärend ist. In der gleichen Weise wie beim Aufgeben einer Behausung sich aus Verfallsschutt und sonstigen Resten eine Schicht ergeben wird, die möglicherweise auch sonstige Hinterlassenschaften enthält, und sich dasselbe wiederholt, wenn darauf ein neues Haus gebaut und nach einer gewissen Zeit wieder verlassen wird, ist es umgekehrt durch sorgfältiges Ausgraben dieser sowie der darunterliegenden Reste möglich, die Schicht- und damit Besiedlungsfolge an dieser Stelle wiederzugewinnen. Im

Regelfall kann man davon ausgehen, dass die Anordnung der Funde und Befunde einer Schicht der Situation zu derjenigen Zeit entspricht, als die entsprechende Behausung verlassen wurde. Dabei ist nicht nur die sorgfältige Bergung aller Spuren und Funde selbst von größter Wichtigkeit, sondern vor allem die Beobachtung der Beziehungen dieser Spuren und Funde zueinander und zu ihrer Umgebung, da sich daraus ein Bild der Handlungen rekonstruieren lässt, als Ergebnis derer die Funde dorthin gelangt waren, wo sie gefunden wurden.

Statt über die Methoden, die Möglichkeiten und die Grenzen dieser bekannten Art von archäologischer Feldforschung zu berichten, soll vielmehr im Folgenden davon die Rede sein, inwieweit äußere Rahmenbedingungen den Gang der archäologischen Forschung und Erkenntnis bestimmten und bestimmen.

Gegenüber dem bekannten Verfahren der Ausgrabung soll die zweite genannte Technik der archäologischen Feldforschung, die Oberflächenerkundung, etwas genauer vorgestellt werden, da sich hier der Weg von der Auffindung von Objekten auf der Oberfläche bis zu den weitreichenden Schlüssen über den Gang der Besiedlung ganzer Landschaften, die bereits im ersten Teil eine große Rolle spielten, nicht so ohne weiteres von selbst erschließt.

Einen auch nur annähernd vollständigen Überblick über die archäologische Forschungstätigkeit im Vorderen Orient zu geben, ist unmöglich. Einen Einblick geben die Zusammenfassungen in der Zeitschrift „Archiv für Orientforschung", in der jährlich die Aktivitäten in den einzelnen nahöstlichen Ländern skizziert und zusammengefasst werden.

2.1 Grabungen

Seit jeher war archäologische Forschung in den Ländern des Vorderen Orients von den politischen Verhältnissen abhängig, nicht nur im 19. Jh., als Grabungsexpeditionen bisweilen lange bei der Hohen Pforte in Istanbul warten mussten, um einen „Firman", ein Reisedokument, zu bekommen, das die Unterstützung der örtlichen Behörden des osmanischen Staates bewirken sollte. Damals galten Archäologen als Schatzgräber – und waren es auch häufig, denn es ging bisweilen um wenig mehr, als die neu entstehenden nationalen Museen in Europa mit Schätzen zu füllen [Pallis 2.2.1; Parrot, Mesopotamie 2.2.1].

Frühe Grabungen

Nach dem 1. Weltkrieg folgte die Phase, in der die Regionen des Vorderen Orients in den Sog der Nationalbewegungen gerieten und sich darum kümmern mussten, überhaupt erst einmal in den neu entstandenen Staaten ein Nationalbewusstsein zu erzeugen, was häufig deswegen Grenzen fand, weil man ja in weiten Bereichen eigentlich die gleiche Sprache sprach und auch sonst die Unterschiede zwischen den nun entstehenden politischen Einheiten nicht groß und kaum vermittelbar waren. Wie schon in Europa die Bildung des Nationalbewusstseins auf die Vergangenheit des jeweils eigenen Gebietes zurückgegriffen hatte, wurde dies auch im Nahen Osten als Weg angesehen, um einen Stolz auf das Land und auf die früheren Bewohner zu erzeugen, wobei nicht thematisiert wurde, dass nach den vielen Völkerverschiebungen in der Zwischenzeit wohl kaum jemand der heute im Vorderen Orient Lebenden behaupten kann, er sei der direkte Nachfahre der Träger der altorientalischen Hochkulturen – außer in einem sehr allgemeinen Sinne.

Damit verband sich, dass den lokalen Kräften Gelegenheit gegeben werden musste, die Suche nach der früheren Geschichte in die eigene Hand zu nehmen. Soweit man im Kreis der ausländischen Archäologen um eine Legitimation bemüht war, bestand diese darin, dass man helfen müsse, örtliche Archäologen auszubilden, da es sie noch nicht gab, und dass man, bis es so weit sei, den Staaten helfen müsse, ihre Vergangenheit wiederzugewinnen. In der Tat wird inzwischen ein großer Teil der archäologischen Grabungstätigkeit in den Ländern des Vorderen Orients von einheimischen Archäologen getragen.

Ausgrabungen und Politik So hinderlich bisweilen die Abhängigkeit der Archäologie von der Politik ist, kann man doch nicht umhin zuzugeben, dass die verschiedenen politischen Veränderungen insgesamt für die Wiedergewinnung der historischen Zusammenhänge im alten Vorderen Orient nicht von Nachteil waren. Die Verabschiedung des beispielhaften, unter Mitwirkung von Gertrude Bell entstandenen irakischen Antikengesetzes im Jahre 1933, das bestimmte, dass alle einzigartigen Funde aus Grabungen im Lande bleiben mussten, hat entscheidende Anstöße für die vielfältigen Forschungsaktivitäten des Irak-Museums in den 30er und 40er Jahren unseres Jahrhunderts gegeben. Als Nebeneffekt kam es damals zu den Grabungen in Mari, die deswegen auf der syrischen Seite der syrisch-irakischen Grenze ins Leben gerufen wurden, weil die Grabungsmannschaft von Larsa aus Protest gegen das o.g. Gesetz nicht wieder in den Irak zurückkehrte. Man kann sogar so weit gehen zu sagen, dass die uns heute geläufige Erkenntnis, wie sehr die Entwicklung in den verschiedenen Regionen des alten Vorderen Orients miteinander verzahnt war, eine Auswirkung von politischen Konstellationen ist. Ohne die Gründung des israelischen Staates, der nicht nur jüdische Archäologen von den arabischen Ländern fernhielt, sondern auch andere, die sich mit ihren Kollegen solidarisch erklärten, wäre es nicht zu dem Aufblühen der Archäologie im Iran gekommen, die dann gezielt von dort gefördert in den relativ wenigen Jahren bis zur islamischen Revolution ein Großteil der archäologischen Informationen hervorbrachte, über die wir heute verfügen. Ohne diese Unternehmungen würde die iranische Archäologie weitgehend immer noch aus Pasargadae, Persepolis und Susa bestehen, und wir wären nicht in der Lage, die vielfältigen, eigenständigen Entwicklungen während aller Perioden zu sehen. In gleicher Weise muss man anerkennen, dass die sowieso schon reiche Grabungstätigkeit in Syrien sich ausgeweitet hat als Folge der Schließung Irans für ausländische Archäologen nach der islamischen Revolution bei anhaltender bzw. verschärfter Unzugänglichkeit des Irak.

Rettungsgrabungen bei Stauseeprojekten Aber nicht nur politische Entwicklungen haben den Gang der archäologischen Forschung beeinflusst, sondern mehr noch ein anderes Phänomen. Der Drang zur Industrialisierung mit ihrem ungeheuren Energiebedarf sowie die Bereitschaft der industrialisierten Länder, Vorhaben der Energiegewinnung mit Krediten zu unterstützen, hat nicht nur Großprojekte wie den Assuan-Damm in Ägypten entstehen lassen, sondern auch in den Anrainerländern von Euphrat und Tigris, Türkei, Syrien und Irak, dazu geführt, dass Staudämme gebaut wurden, hinter denen riesige Flächen unter Wasser gesetzt wurden. Diese Gebiete wurden zuvor nach archäologischen Resten untersucht und einzelne Objekte wurden dann an interessierte Archäologen zur Ausgrabung vergeben. Mehrere Gebiete entlang der Oberläufe der genannten Flüsse wie auch im syrischen Euphratgebiet sind auf diese Weise intensiv erforscht worden.

Dass es heute möglich ist, eine Darstellung wie die des ersten Teils zu schreiben, in der die Nachbargebiete des alten Mesopotamien nicht nur am Rande auftauchen, sondern in der bisweilen auf die gegenseitigen Beziehungen und Abhängigkeiten hingewiesen werden kann, ist somit vor allem eine Folge der genannten politischen Veränderungen, keineswegs eine Folge von wissenschaftsstrategischen Konzepten.

Es ist daher nicht verwunderlich, dass man weniger von einer gezielten Schwerpunktbildung in der archäologischen Feldforschung sprechen kann, sondern eher von zufälligen Konvergenzen auf ein bestimmtes Thema, die sich da ergeben, wo sich gerade für die Feldforschung günstige Umstände zeigen.

Eine solcher Konvergenzen betrifft eindeutig das syrische Gebiet, das heute in einer Breite und Gründlichkeit archäologisch erforscht wird, wie keine andere Region des Vorderen Orients zuvor, außer Israel. Bereits heute liegt die Zahl der erforschten Orte über der des Irak, der allerdings wegen seiner zumeist größeren, prächtiger ausgestatteten Orte und vor allem wegen der unerschöpflichen und kontinuierlichen schriftlichen Überlieferung immer im Zentrum des Interesses bleiben wird. Doch sind schon eine Reihe von Punkten spürbar, an denen man sich wünscht, dass dem reichhaltigen syrischen Material Entsprechendes aus Mesopotamien zum Vergleich entgegenstünde [ROTHMAN 2.4.4].

<small>Verlagerung der Grabungsschwerpunkte</small>

Eine weitere Konvergenz bezieht sich auf die Periode des a-keramischen Neolithikum, für das im Bereich von der Türkei über Syrien bis nach Jordanien zahlreiche Orte ausgegraben wurden. Darüber mehr in Abschnitt II.4.1.

Grabungen sind die bei weitem verlässlichste Art, archäologische Daten zu gewinnen. Unter der Voraussetzung, dass die Spuren menschlicher Aktivitäten ungestört dort liegen geblieben sind, wo sie sich einstmals abgelagert hatten, bietet eine Ausgrabung die Möglichkeit, durch genaue Beobachtung und Dokumentation die Grundlagen für eine Rekonstruktion des Vorganges der Ablagerung zu schaffen. Im günstigsten Falle lässt sich auf diese Weise die Situation wiederherstellen, in der die Funde und Befunde in lebendiger Verwendung waren. In einigen Fällen lässt sich sogar darüber hinausgehen, insofern als sich aus Dingen, die von menschlicher Hand verfertigt wurden, die ganze Kette der Arbeitsschritte ablesen lässt, die zwischen Rohstoff und fertigem Produkt lag, so dass auch Aussagen über Technologie und Gestaltung möglich werden, oder dass in gesicherter Schichtabfolge gefundene Beispiele der Groß- und Kleinkunst verwendet werden, um Veränderungen des künstlerischen Ausdrucks nachzuspüren, um damit der damaligen Geisteswelt und ihren Veränderungen etwas näher zu kommen.

Verfeinerung der Grabungsmethoden

Ziel der ständigen Verfeinerung der Methoden der Ausgrabung wie auch der Analyse und Interpretation ist es, einen Zustand zu erreichen, in dem man in einer Grabung wie in einem offenen Buch lesen kann, in dem ein Gesamtbild der ehemals an dieser Stelle lebenden Menschen wie auch ihrer Lebensumstände verzeichnet ist. Die Pflicht zu einem möglichst umfassenden Vorgehen ergibt sich schon daraus, dass – wie bereits angemerkt - eine Ausgrabung immer auch eine Zerstörung der ursprünglichen Zusammenhänge bedeutet.

Freilich ergibt sich aus dieser Forderung auch ein Dilemma, denn eine solche umfassende Vorgehensweise setzt den Einsatz nicht nur zahlreicher Archäologen voraus, sondern auch vieler Spezialisten, die sich um die Reste von Tieren und Pflanzen kümmern oder um die Bodenbeschaffenheit und ihre Genese. Viele dieser Spezialisten finden ihr Material erst im Mikrobereich des Bodens, der zuvor schon von den Archäologen und anderen Spezialisten untersucht worden war. Im Idealfall geht in einer modernen Grabung kein Gramm des Aushubs ohne Untersuchung auf die Halde. Je größer der Umfang der gewünschten Information desto größer der personelle und zeitliche Aufwand pro Kubikmeter bewegten Bodens.

Dagegen steht die Forderung nach möglichst umfangreicher Aufdeckung archäologischer Reste. Um beispielsweise das Aussehen und die Funktion eines Gebäudes, vielleicht auch die internen Funktionsabläufe beurteilen zu können, ist es notwendig, den Grundriss des gesamten Gebäudes zu kennen, nicht nur einen Raum oder gar einen Teil davon. In gleicher Weise ist für Aussagen über eine Siedlung mehr nötig als die Kenntnis eines einzelnen Hauses. Mit anderen Worten: um zu einigermaßen verlässlichen Aussagen zu kommen, bedarf es nicht nur einer großen Anzahl von Spezialisten, sondern es muss eine Menge Erde bewegt werden.

Steigender Arbeitsaufwand und steigende Kosten

Insbesondere in Zeiten, in denen auch in den Ländern des Vorderen Orients die Arbeiterlöhne ein hohes Niveau erreicht haben, ist daher Archäologie auch ein Feld für Wirtschaftlichkeitsberechnungen geworden: es gilt abzuschätzen, wie viel an wissenschaftlichen Erkenntnissen sich mit wie viel Aufwand (= Geld) erreichen lässt. Notwendige Folge ist, dass archäologische Grabungstätigkeit immer eine Gratwanderung darstellt, bei der derjenige maximale Erfolg erzielt, der die cleversten Kompromisse zwischen Wissenschaftlichkeit und Bezahlbarkeit findet. Einen Ausweg schien die Art archäologischer Feldforschung zu bieten, von der im Folgenden die Rede sein wird: die archäologische Oberflächenuntersuchung.

2.2 Die archäologische Oberflächenerkundung

Neben die Technik der archäologischen Ausgrabung, die natürlich im Laufe der Zeit auch verschiedene Wandlungen in Bezug auf Ziele und Methoden durchgemacht hat, ist eine weitere Form der archäologischen Feldforschung getreten, die gerade auch für die historische Forschung größte Bedeutung erlangt hat:

die Begehung der Oberfläche von Ruinen, von ortsnahen Umgebungen oder von ganzen Landschaften mit dem Ziel, von den auf der Oberfläche liegenden Funden auf darunter liegende Reste älterer Besiedlung und ihre Zeitstellung zu schließen. Dabei macht man sich die Erfahrung zunutze, dass immer irgendwelche Reste aus der Zeit älterer Besiedlung an die Oberfläche geraten sind, sei es durch Wühlvorgänge von Tieren, durch die Anlage von Gräbern oder Brunnen, oder durch die Entnahme von Baumaterial für neue Gebäude.

Die Möglichkeit allerdings mit ausgedehnten Lagen von Funden an der Oberfläche rechnen zu können, hängt entscheidend von der heutigen Beschaffenheit des Bodens ab. In allen Regionen, die in der Regel weder in Stein noch gebrannten Ziegeln bauen – und dazu gehören die meisten Regionen des Vorderen Orients – , finden wir die gemeinsame Situation, dass die Mauern aus luft- oder sonnengetrockneten Ziegeln oder Stampflehm bestehen, deren Material aus dem umliegenden Boden oder vorzugsweise aus dem Schutt aufgegebener Gebäude gewonnen wurde. Nach Aufgabe des Gebäudes zerfallen die Ziegel wieder in die ursprünglichen Bestandteile, in losen Boden. Bei den vielfältigen Angriffen der Bodenerosion, werden diese losen Bodenbestandteile weggeweht oder weggeschwemmt, während die ehemals auf den Böden oder als Einschlüsse in den Mauern befindlichen schwereren Bestandteile an Ort und Stelle bleiben, nur mit Verschwinden des Bodens mit der Zeit tiefer sinken.

Voraussetzungen für Surveys

Diese Deflation kann das Verschwinden hoher Siedlungsschichten zur Folge haben, wie Beispiele aus dem südlichen Irak zeigen, bei denen sich an der Oberfläche Reste von Gräbern fanden, wie sie unter dem Fußboden von Wohnhäusern angelegt waren, umgeben von einem dichten Scherbenteppich, dessen Bestandteile aus der Zeit vor der Anlage des Wohnhauses, aus der Zeit des Hauses und aus einer späteren Zeit datierten. Im Klartext heißt das, dass die Reste der späteren Zeit, die des Hauses und die Schichten unter dem Haus, in die man die Gräber eingetieft hatte, abgeweht worden waren, eine Angelegenheit von mehreren Metern.

Deflations- bzw. Abschwemmungsprozesse, die bei ungeschützten Böden voll eingreifen, und damit große Probleme für Mensch und Wirtschaft in vielen Ländern darstellen, schaffen wenigstens für archäologische Oberflächenuntersuchungen beste Voraussetzungen. Jegliche Art des Schutzes oder der Verdichtung der Oberfläche dagegen wie z. B. eine Vegetationsdecke, eine dauernde Durchfeuchtung oder eine Salzkruste, wie sie am Rande von Bewässerungsgebieten auftritt, hindert die Deflation und schränkt damit den Umfang der Oberflächenfunde ein. Da die Sicherheit der Aussagen an statistische Mindestmengen aufgelesener Funde gebunden ist, ist die Bodenbeschaffenheit ein wesentlicher Faktor bei der Einschätzung, wie verlässlich Aussagen sind, die aufgrund von Oberflächenuntersuchungen gewonnen werden. Verschiedentlich haben alte Siedelbereiche heute einen wüsten- oder steppenartigen Charakter mit einer Oberfläche angenommen, die der Deflation wenig oder nichts entgegenzusetzen hat. In großen Teilen des Irak, Irans, Syriens und Anatoliens treffen wir daher auf Zustände, in denen die Oberfläche über einer alten Siedlung regelrecht von einem

Natürliche Beschränkungen

durchgehenden Teppich von Keramikscherben als den Funden bedeckt ist, deren Gewicht sie an ihrer ursprünglichen Stelle liegen ließ [KIRKLY/KIRKLY 2.3.6].

Hauptfundgruppen Nur im Ausnahmefall kann man mit Funden rechnen, die einen Material- oder Gebrauchswert haben, Münzen etwa, die ein willkommener, weil datierender Fund sein können, wenn auch bei solchen Einzelstücken nie ausgeschlossen werden kann, dass sie verschleppt worden sind. Bei den häufigen Flintgeräten oder Keramikscherben gehen wir jedoch davon aus, dass ihre Verteilung und Häufigkeit auf der Oberfläche in groben Zügen widerspiegeln, was unter der Oberfläche liegt. Dank der inzwischen langen Erfahrungen in der Klassifizierung und Datierung von Flint- und Keramikmaterial ist in der Regel die zeitliche Zuweisung solcher Funde auch ohne Schichtzusammenhang gewährleistet und ermöglicht damit eine Aussage über das Alter der an dieser Stelle unter der Oberfläche verborgenen archäologischen Reste einer alten Siedlung.

Feststellung von Datum und Ausdehnung alter Orte Durch die Analyse von Oberflächenfunden lassen sich also Anhaltspunkte gewinnen, wann eine Siedlung bewohnt war. Dabei werden die häufigsten Funde aus der Zeit der letzten Besiedlung stammen, entsprechend weniger aus den früheren Besiedlungsphasen. Auch hier sind allerdings die vorderasiatischen Verhältnisse besonders günstig, da normalerweise das Material für neue Ziegel aus den alten Schuttschichten gewonnen wird, in denen bereits ältere Scherben stecken, ein Vorgang, der sich dauernd wiederholt. Auf diese Weise gelangen in großem Umfang auch Scherben aus tiefer liegenden Schichten an die Oberfläche, und wir gehen normalerweise davon aus, dass sich irgendwelche Reste aus der gesamten Zeit der Besiedlung des betreffenden Ortes an der Oberfläche finden, wenn auch natürlich bei länger bewohnten Orten über die Anfänge der Siedlung nie völlige Klarheit entstehen kann.

Aber nicht nur generelle Aussagen über die Besiedlungsdauer lassen sich auf diese Weise erzielen, sondern im Falle ausgedehnter Ruinengelände lassen sich Erkenntnisse gewinnen, wann welche Teile des entsprechenden Siedlungsgebietes bewohnt waren. Dies ist in eindrücklicher Weise z. B. in Çayönü geschehen [REDMAN/WATSON 2.3.6] wie auch in Uruk [FINKBEINER 2.3.6], nachdem ursprünglich solche Untersuchungen im mexikanischen Teotihuacan ihre Aussagekraft erwiesen hatten [MILLON 2.3.6].

Systematische Untersuchungen der Oberfläche einzelner Siedlungen mit dem Ziel genauere Informationen über die Siedlung selbst zu erlangen, sind allerdings eine späte Variante der Untersuchung größerer Gebiete, bei denen es zunächst einmal um die Aufzeichnung der alten Ortslagen in der Umgebung eines Grabungsortes gegangen war [Fara: ANDRAE 2.3.6; Uruk: HEINRICH/FALKENSTEIN 2.3.6] oder um eine Bestandsaufnahme der archäologischen Reste in einem Gebiet mit dem Ziel, eine bessere Entscheidungsgrundlage für die Auswahl eines Grabungsplatzes zu bekommen [ADAMS, Baghdad 2.3.6].

Methodische Anfänge in Lateinamerika Die Erkenntnis, was man außerdem noch an Aussagen aus systematisch durchgeführten Geländeerkundungen gewinnen kann, kam aus der amerikanischen Archäologie, wo durch G. R. Willey das Virú-Tal in Peru einer solchen Untersuchung unterzogen worden war, und anschließend Analysen der Veränderung der

2. Die archäologischen Grundlagen 163

Siedlungstätigkeit über die Zeit, über die Art dieser Besiedlung und die Zusammenhänge mit den historischen Abläufen durchgeführt worden waren [WILLEY 2.3.6].

Zum ersten Mal wurden 1960 die Methoden im Vorderen Orient auf die Ebene der Susiana angewandt [ADAMS, Agriculture 2.3.6], dann in rascher Folge auf verschiedene Regionen der Alluvialebene des südlichen Irak, sowie Gebiete Syriens, Irans, der Türkei und des Nordirak. Speziell in der Südost-Türkei, in Syrien und in Nord- und Ostirak haben solche Untersuchungen in den Gebieten stattgefunden, bevor sie durch die großen Stauseen unter Wasser gesetzt wurden; sie dienten dort vor allem der Auswahl der Orte, deren archäologisch-historische Informationen vorher noch durch Grabungen für die Wissenschaft gerettet werden sollten [zur Geschichte dieser Methode HOLE 2.2.1].

und Übertragung in den Vorderen Orient

Derartige Untersuchungen können mehr oder weniger intensiv sein, je nach Fortbewegungsmittel (zu Fuß wird man mehr sehen als vom Auto aus) und aufgewandter Zeit (per Auto kann in kürzerer Zeit eine größere Fläche erfasst werden als zu Fuß). Die Auswertung und die Sicherheit der Aussagen wird natürlich auf die Intensität und die weiteren Begleitumstände der Untersuchung Rücksicht nehmen müssen.

Surveys, wie diese Form der Feldforschung auch verkürzt genannt wird, interessieren in unserem Zusammenhang besonders, wo sie die Basis für historisch relevante Aussagen liefern können, die auf anderen Wegen nicht zu erlangen sind. Gemeint sind Informationen über das Ausmaß der Besiedlung ganzer Regionen, über die Veränderung dieser Besiedlung im Laufe der Zeit und der Art der Beziehungen zwischen den Siedlungen. Die für solche Aussagen benötigten Grundinformationen: Lage, Größe und Alter der Siedlungsplätze sind Daten, die von Surveys beigebracht werden können. Mit ihrer Hilfe lassen sich Karten herstellen, in die die Lage und Größe aller vermutlich während einer Periode besiedelten Orte eingetragen werden. Bereits aus einem Vergleich dieser Periodenkarten lassen sich Fluktuationen zwischen den einzelnen Perioden ablesen. Zudem lassen sich Methoden anwenden, die aus der Siedlungsgeographie stammen [ADAMS, Heartland 2.2.6; ADAMS/NISSEN 2.2.6].

Hier ist besonders die Theorie der zentralen Orte von Belang, die besagt, dass es für das Leben einer größeren Siedlung wichtige Funktionen gibt, die um auf Dauer zu überleben, eine größere Nachfrage brauchen, als sie in einer normalen Siedlung zustande kommt [SCHWARZ 2.3.1]. Wenn eine solche Funktion als notwendig empfunden wird, wird sie sich in einem Ort ausbilden, an dem sie auch von den Einwohnern benachbarter Orte genutzt werden kann. Durch die Ansiedlung mehrerer solcher zentraler Funktionen (zentrale Kultstätte; zentrale Verwaltung) wird ein Ort zum zentralen Bezugspunkt eines größeren Bereiches, der gleichzeitig in der Regel mehr Menschen anzieht, also größer wird als die von ihm abhängigen Siedlungen. Da es Funktionen gibt, die ebenfalls als wichtig angesehen werden aber noch weniger nachgefragt werden, also ein noch größeres Umfeld potentieller Nachfrager brauchen, kann sich über einfachen zentralen Orten, eine nächsthöhere Schicht zentraler Orte bilden. Im Gegensatz zu den

Theorie der zentralen Orte

Erkenntnisse über Siedlungssysteme und deren Veränderungen

einfachen, zweischichtigen Systemen aus Zentrum und mitversorgten Siedlungen hätten wir im letztgenannten Fall dreischichtige Systeme vor uns. Zentral ist im Übrigen in diesen Fällen meist wörtlich im Sinne einer physisch zentralen Lage zu verstehen. Die Beziehungen dieser Siedlungen untereinander werden in der Regel auf wirtschaftlich-politischer Ebene liegen. Bei Verteilungsmustern, bei denen jeweils eine größere Siedlung von kleineren umgeben ist, liegt der Schluss nahe, dass diese Siedlungen systematische Beziehungen zueinander hatten. Andererseits würde man aus dem Fehlen von Größenunterschieden zwischen benachbarten Siedlungen auf die Abwesenheit zentraler Funktionen schließen [JOHNSON in: UCKO ET AL. 2.3.1]. Derartige Interpretationen und Überlegungen waren ja an vielen Stellen in die Darstellung des ersten Teils eingeflossen.

<small>Gefahren der Überinterpretation</small>

Es muss hier allerdings auf Gefahren hingewiesen werden, die dadurch entstehen können, dass bei der Interpretation nicht die systematische Ungenauigkeit bei der Datenerhebung berücksichtigt wird. Die Größe einer alten Siedlung wird beispielsweise anhand der Scherbenstreuung auf der Oberfläche bestimmt. Da diese Streuung in der Regel keine feste Grenze hat, sondern eher ausdünnt, ist die Definition der Siedlungsgröße sehr subjektiv; Fehlermargen können 0,5 bis 1 ha betragen. Bei den obigen Auswertungen ist es üblich, die Siedlungsgrößen in bestimmte Kategorien einzuteilen, um dann über Unterschiedlichkeit oder Grad der Zentralität sprechen zu können. Wenn Unterschiede zwischen solchen Kategorien im Bereich der Fehlermargen liegen, ist die Grenze der Interpretierbarkeit erreicht [NISSEN, Problems 2.3.6].

Wie bereits verdeutlicht, ist eine Größenbestimmung einigermaßen verlässlich nur für die letzte Phase der Besiedlung eines Ortes möglich, während sie für ältere Besiedlungsphasen immer unsicherer wird, je weiter diese Phase von der spätesten Besiedlung entfernt, das heißt je tiefer die entsprechende Schicht unter der Oberfläche liegt. Wie weit dennoch verlässliche Aussagen möglich sind, hängt wesentlich an der Einschätzung des Potentials des Geländes durch den Ausführenden. Aussagen über dieses Potential bilden daher einen wichtigen Teil von Surveyberichten, da sie eine Einschätzung der Verlässlichkeit erlauben.

Trotz dieser Einschränkungen und gegenüber aller Kritik im Einzelfall [KOHLMEYER 2.3.6] haben bei entsprechenden örtlichen und methodischen Voraussetzungen und den entsprechenden Vorsichtsmaßnahmen Oberflächenuntersuchungen der zuvor beschriebenen Art wesentlich unser Instrumentarium zur Wiedergewinnung historischer Zusammenhänge erweitert.

Nur kurz sollen die geophysikalischen Möglichkeiten erwähnt werden, ohne Grabungen zu archäologischen Erkenntnissen zu kommen: das Aufspüren archäologischer Reste mit Hilfe der Messung des elektrischen Erdwiderstandes bzw. des Erdmagnetismus. Diese Vorgehensweisen machen sich zunutze, dass verschieden dichte Materialien wie Erde oder Stein unterschiedliche Widerstandswerte ergeben, bzw. dass archäologische Überreste messbare magnetische Anomalien gegenüber dem normalen Magnetfeld der Erde hervorrufen. Bei kartographischer Erfassung und bei entsprechender Auslegung werden Stein- oder sonstige dichtere Mauern oder andere Befunde unter der Oberfläche fassbar. [HROUDA; BECKER; FASSBINDER (alle 2.3.6)].

3. DIE PHILOLOGISCHEN GRUNDLAGEN

Wie bereits zu Beginn des ersten Teils angemerkt wurde, ist die Entwicklung im alten Vorderen Orient durch eine Vielzahl von Ethnien geprägt, die wir nur in dem Maße benennen können, wie ihre Sprachen schriftlichen Niederschlag gefunden haben. Dies ist in sehr unterschiedlicher Weise der Fall, wobei der Umfang der schriftlichen Hinterlassenschaften keineswegs immer die Bedeutung der Gruppen widerspiegelt, die sie im Gesamtgefüge hatten. Unbestritten sind die Gruppen, in deren Sprachen Sumerisch, Akkadisch und Hethitisch die Hauptmasse der Texte verfasst ist, auch die Hauptakteure der altorientalischen Entwicklung gewesen. Doch haben wir Kenntnis von einer ganzen Reihe von Gruppen, die bisweilen einen wichtigen Anteil am Verlauf der altorientalischen Geschichte hatten, deren Sprachen jedoch weniger gut oder fast gar nicht bezeugt sind. Das gilt sogar für den mesopotamischen Raum, der sich ja gegenüber den anderen Regionen des vorderen Orients durch eine durchgehende Schriftkultur auszeichnet. So wüsste man zum Beispiel gerne mehr über die Sprache der Kassiten, deren Sprecher immerhin über mehrere hundert Jahre die politischen Geschicke Babyloniens bestimmten, oder die der Chaldäer, die eines der größten altorientalischen Reiche geschaffen haben. Dass die damaligen Verhältnisse nur unzureichend durch die schriftlichen Quellen repräsentiert sind, gilt aber natürlich noch mehr für die Sprachen der Gebiete, in denen die Schrift nur zeitweise verwendet wurde.

Besonders fühlbar ist dies für das Hurritische, das nicht nur die Hauptsprache während der 250 Jahre der hurritisch-mittanischen Selbständigkeit war, sondern vermutlich in Nordmesopotamien seit dem Ende des 3. vorchristlichen Jt. weit verbreitet war. Der Umfang der hurritischen Sprachdenkmäler ist immerhin groß genug, um nicht nur die Grundstruktur der Sprache erforschen zu können, sondern auch um etwas über die mythisch-religiöse Vorstellungswelt zu erfahren [Haas, 1.2.6.9; Haas, Berggötter 2.8.2]. Vieles, was zunächst als spezifisch Hethitisch galt, stellt sich durch die fortschreitende Hurriter-Forschung als ursprünglich hurritisches Kulturgut heraus. Unter den Defiziten ist auch das große Rätsel um die Mittani zu nennen, die uns nur durch einige Personennamen in ihrer Sprache fassbar sind, denen wir aber doch eine bedeutende politische Rolle zugestehen müssen, da es sich um die Namen der Herrscher des hurritisch-mittanischen Machtkomplexes handelt [Wilhelm 2.8.2].

Auch sonst sind unsere Kenntnisse über die alten Sprachen des Gebietes des heutigen Syrien lückenhaft. So lassen uns jetzt die Texte aus Ebla und Tell Beydar aus der Mitte des 3. vorchristlichen Jt.s (s. Bibliographie 2.8.1) punktuell erkennen, dass die Bevölkerung dort eine westsemitische Sprache sprach und damit belegt ist, dass dies altes semitisches Siedelgebiet war. Doch auch wenn wir mit den Texten aus Ugarit und den vereinzelten phönizischen Inschriften vom Ende des 2. Jt.s wie auch den aramäischen Texten aus dem 1. Jt. wertvolle

Informationen erhalten, stellt sich für den syrischen Bereich doch keine völlige Kontinuität ein.

Dies gilt auch für den Bereich von Elam, obwohl wir dort sogar schriftliche Aufzeichnungen besitzen, die fast so alt sind wie die früheste Schrift in Babylonien. Aus den Unterschieden zu den babylonischen „archaischen" Texten können wir gerade noch schließen, dass eine andere Sprache hinter den proto-elamischen Texten gestanden haben muss, aber nicht mehr. Da diese Schrift nicht weiterentwickelt wurde und damit keine Kontinuität zu den späteren Schriftdenkmälern besteht, in denen uns erstmals die elamische Sprache entgegentritt, sind nicht einmal Anhaltspunkte für die sprachwissenschaftliche Einordnung einer frühelamischen Sprache vorhanden [ENGLUND 2.6.1.3].

Selbst für das frühe Babylonien ist es kaum möglich, vor 2500 von bestimmten Sprachen zu sprechen, da erst zu dieser Zeit die Ausdrucksmöglichkeiten der Schrift so erweitert werden, dass eine Wiedergabe gebundener Sprache und damit eine zweifelsfreie Identifizierung möglich wird.

Damit sind zwar die Möglichkeiten philologischer Forschung stark eingeschränkt gegenüber dem Reichtum an Sprachen und Gedankenwelten, die einmal den alten Vorderen Orient ausgemacht haben. Dennoch ist der Reichtum und die Vielfalt der auf uns gekommenen Überlieferung so groß, dass das Ziel, wenigstens einen Teil der damaligen Kulturen einmal in ihrer Gesamtheit fassen zu können, nicht unerreichbar erscheint.

Philologische Grundlagenforschung muss in der Bereitstellung der Hilfsmittel bestehen, um die Texte zu verstehen. Vor einer Herausarbeitung der Sprachstrukturen, was sich in Grammatiken und Wörterbüchern niederschlägt, war zuvor die Entzifferung zu leisten, was oft die Wiedergewinnung einer unbekannten Sprache bedeutete, die in einer vieldeutigen Schrift niedergelegt war. Erleichternd war, dass in den meisten Fällen die in Babylonien entwickelte Keilschrift zugrunde lag, so dass es inzwischen keine „Keilschriftsprache" mehr gibt, die nicht zumindest in ihren Grundzügen entziffert wäre [DANIELS 2.6.1.5; DANIELS/BRIGHT 2.6.1.5].

Die Unterschiede in der Kenntnis der einzelnen Sprachen sind indes groß (zu den einzelnen Sprachen s. Bibliographie 1.2.5 und .6). So können Hebräisch und Aramäisch wegen ihrem Bezug zur ungleich umfangreicheren theologischen Forschung als weitgehend erforscht und gut mit Hilfsmitteln ausgestattet gelten. Bereits für das Akkadische mit den Hauptdialekten Babylonisch und Assyrisch trifft dies jedoch nur eingeschränkt zu. Einerseits ist der Grad an Durchdringung der Texte bereits so hoch, dass literarhistorische und -kritische Fragen an das Material gestellt werden können; auch sind mit einer Grammatik, Lehrbüchern und zwei Wörterbüchern, von denen jetzt auch das zweite abgeschlossen wurde, die Grundlagen vorhanden. Andererseits stehen gerade wegen der großen zeitlichen und räumlichen Verbreitung der akkadischen Sprache noch zahlreiche Einzelstudien aus. Dasselbe gilt für das Hethitische, wenn dies auch als älteste, schriftlich fixierte indogermanische Sprache schon früh die Aufmerksamkeit der indogermanischen Sprachwissenschaftler auf sich gezogen hatte, so dass die Forschung auf breiter Basis vorangetrieben worden ist.

Weitaus schlechter ist es um die anderen Sprachen bestellt. Dies gilt auch für das Sumerische, obwohl seine Bedeutung als Sprache der formativen Phase der Hochkultur unumstritten ist, eine Fülle von Textmaterial vorliegt und auch die Zahl der Forscher nicht klein ist. Trotz zahlreicher Versuche gibt es aber noch keine autoritative Grammatik, ebensowenig wie Wörterbücher: ein Unternehmen, das vor allem die literarischen Texte berücksichtigt, ist in Philadelphia im Entstehen [TINNEY 1.2.5.1], und von anderen Projekten zeugen nur die Vorbereitungsserien wie „Materialien zum Sumerischen Lexikon" [LANDSBERGER 1.2.5.1: seit 1937] und „Materiali per un Vocabolario Neosumerico" [PETTINATO 1.2.5.1: seit 1974]. Verantwortlich sind systematische Gründe. So kann Sumerisch nicht wie die beiden anderen (Akkadisch zur semitischen Sprachfamilie; Hethitisch zur indo-europäischen) einer bekannten Sprache bzw. Sprachfamilie angeschlossen werden. Vor allem wird in der Zeit der wohl größten Bedeutung der Träger dieser Sprache, in der sog. frühdynastischen Zeit, in der die Schrift erst zu dem zur Wiedergabe von Sprache vollgültigen Instrument wurde, zu Beginn offenbar noch sehr defektiv geschrieben, während andererseits zu der Zeit, aus der wir die meisten in Sumerisch geschriebenen Texte kennen, der Ur III-Zeit, Sumerisch als gesprochene Sprache bereits im Ausklingen war – manche meinen sogar, sie sei schon gar nicht mehr gesprochen worden.

Dennoch sind im Bereich des Akkadischen, des Sumerischen und des Hethitischen die Vorarbeiten weitgehend geleistet. Anders bei den sonstigen zuvor genannten Sprachen wie Elamisch oder Hurritisch, Kassitisch oder Urartäisch oder der Vielzahl der altkleinasiatischen Sprachen: der Grad der Durchdringung schwankt hier zwischen anfänglicher, noch unsicherer Lesung einzelner Passagen bis hin zur Kenntnis der Sprachstruktur und einer Identifizierung aller in dieser Sprache überlieferten Schriftdenkmäler.

Dieser Situation ungleichmäßiger Zugangsmöglichkeiten zu den einzelnen Textgruppen und zum Teil noch großer Einzelprobleme für die Grundinterpretation ist es zuzuschreiben, dass die Literatur des alten Orients noch nicht die Beachtung gefunden hat, die sie eigentlich verdient. Zwar sind in neuerer Zeit mehrere, z. T. umfangreiche Anthologien und Sammlung übersetzter Texte erschienen [vgl. dazu die in der Bibliographie unter 1.1 aufgeführten Titel] aber eine Beschäftigung mit der altorientalischen Geschichte, soweit sie von der Interpretation schriftlicher Quellen ausgeht, ist weitgehend eine Angelegenheit derer, die mit den Primärquellen umgehen und neue Erkenntnisse der philologischen Grundlagenarbeit direkt für die Interpretation einsetzen können. Wie bereits zu Beginn gesagt, ist dies der Hauptgrund, warum sich noch keine eigenständige akademische Disziplin „Altorientalische Geschichte" etabliert hat.

4. SCHWERPUNKTE DER FORSCHUNG

Von der Vielzahl der Bereiche, in denen intensive Forschung betrieben wird, lässt sich naturgemäß nur ein sehr geringer Teil vorstellen. Selbstredend kann die Nichterwähnung eines Themas oder einer Periode nicht heißen, dass in diesem Bereich keine Forschung stattfände oder sie unbedeutend sei. Die Auswahl richtet sich vielmehr daran aus, dass manche Aspekte im ersten Teil, in dem mehr Wert auf Darstellung der Kontinuitäten gelegt worden war, nicht in der wünschenswerten Ausführlichkeit zur Sprache gebracht werden konnten; es geht also mehr um eine gewisse Vertiefung des bereits angesprochenen Stoffes als um die Ergänzung durch gänzlich neue Gesichtspunkte. Der Art unserer Quellen folgend wird die archäologische Forschung zu Beginn stehen, der dann die philologische zur Seite tritt, und im weiteren Teil das Übergewicht erhält.

4.1 Das Neolithikum in Vorderasien

Der Begriff Neolithikum entstand, als es nötig wurde, den ältesten Abschnitt des klassischen Drei-Perioden-Systems von Christian Thomsen und Sophus Müller, die Steinzeit, zu unterteilen. Gemäß dem Material der Geräte und Werkzeuge, das als Kriterium auch der Einteilung des großen Systems zugrunde gelegen hatte, wurde das Neolithikum, die jüngere Steinzeit, definiert als die Periode des geschliffenen Steines im Gegensatz zum Paläolithikum, der älteren Steinzeit, die nur Geräte aus geschlagenem Stein gekannt hatte [Eggers 1.2.1]. Terminologie

Abgesehen davon, dass diese Einteilung für den Vorderen Orient sowieso keine Relevanz besitzt, weil Geräte aus geschliffenem Stein keine Rolle spielen, machte inzwischen diese Definition bei Beibehaltung des Namens einer anderen Platz, wonach das Neolithikum die Phase war, in der der Mensch mit Hilfe der Domestikation von Tieren und Pflanzen begann, seine Nahrung unter eigener Kontrolle zu erzeugen, und in der er zu sesshafter Lebensweise überging. Derjenige, der das am klarsten formulierte und zugleich die Ansicht der meisten Forscher ausdrückte, dass dieser Vorgang relativ rasch vonstatten gegangen sei, war V. G. Childe, der den Begriff der „Neolithischen Revolution" prägte [Childe 2.2.2; dazu Uerpmann 2.4.1; Manzanilla 2.2.1; Benz 2.4.1].

Gegenüber dem europäischen Neolithikum, das mit dem Vorkommen von Keramik verknüpft war („Bandkeramik"), stieß man bei den Grabungen in Jericho unterhalb der keramikführenden Schicht IX auf ein Schichtpaket, das keine Keramik aber dafür mit Resten einer Umfassungsmauer und einem – nicht zu ihr gehörigen – Turm eine Architektur aufwies, von der nicht nur zu Recht angenommen wurde, dass sie auf eine sesshafte Gesellschaft zurückgehen müsse, sondern die in zunächst legitimer Übertreibung zur Kennzeichnung von Jericho als Stadt führte. Im Kontrast zur Benennung der Schichten IX und VIII als „Pottery Neolithic" (PN) A bzw. B wurden die tieferen keramiklosen Schichten als „Pottery Neolithic"
= PN; „Pre-Pottery
Neolithic" = PPN

PPN („Pre-Pottery Neolithic") A und B bezeichnet [KENYON 2.4.5], eine Abkürzung, die zwar heute noch gebraucht wird, obwohl inzwischen der neutralere Ausdruck „a-keramisch" üblich ist, der lediglich die Abwesenheit von Keramik, kein Stadium in einer Entwicklung anzeigt.

Im Rahmen eines Seminars von H. Frankfort in den 40er Jahren des 20. Jhs. am Oriental Institute der University of Chicago, bei dem angesichts der kriegsbedingten Unmöglichkeit von Feldforschung den Teilnehmern die Bestandsaufnahme der einzelnen Perioden der frühen Geschichte in den verschiedenen Regionen des alten Orients aufgegeben wurde [daraus hervorgegangen z.B. PERKINS (Mesopotamien) 2.5; McCOWN (Iran) 2.10], entschied sich R. J. BRAIDWOOD dafür, in Verfolgung der gedanklichen Vorarbeiten Childes den frühesten Perioden im Vorderen Orient nachzuspüren, was insofern kaum zu konkreten Ergebnissen führen konnte, als nur wenig Material vorhanden war. Die Einsicht, dass den Informationen über eine „vorneolithische" Lebensweise nur Nachrichten über Orte gegenüber standen, in denen der Wechsel zur vollsesshaften Lebensweise, die auf der Verwendung selbstgezogener, d.h. domestizierter Tiere und Pflanzen beruhte, bereits vollzogen war, führte zur Suche nach den Anfängen von Domestikation und Sesshaftigkeit als Forschungsansatz [BRAIDWOOD 2.4.1].

Braidwoods Forschungsansatz

Als nach dem 2. Weltkrieg archäologische Feldarbeit wieder möglich war, begann Braidwood in Aufnahme der Idee H. Breasteds, dass die Anfänge der Sesshaftigkeit in den Vorgebirgszonen um die großen Ebenen des Vorderen Orients zu finden seien [BREASTED: „Fruchtbarer Halbmond" 2.2.1] eine Grabung in Qalʿat Ǧarmo im nördlichen Zagros, mit dem Ziel, dieses Bindeglied zu finden. Dies wurde insofern ein Erfolg, als zum ersten Mal nun auch im Zagros ein „präkeramisches" Neolithikum gefolgt von keramikführenden Schichten festgestellt wurde. Das eigentliche Ziel wurde jedoch nicht erreicht, da auch in den untersten keramiklosen Schichten domestizierte Tiere und Pflanzen nachgewiesen wurden [BRAIDWOOD ET AL. 2.4.1].

Qalʿat Ǧarmo

Auch sein Versuch, in Tepe Sarab bei Kermanshah (NW-Iran) das Ziel zu erreichen, schlug fehl, da unter Schichten mit neolithischer Keramik das a-keramische Neolithikum kaum ausgebildet war [BRAIDWOOD 2.4.1]. Der Erfolg kam jedoch mit dem dritten Anlauf in Çayönü nahe Diyarbekir (Türkei), das mit einer langen Schichtenabfolge bis in die Zeit vor dem Neolithikum zurückreicht und durch die Analyse von Flora und Fauna den allmählichen Übergang von fast reiner Nahrungsaneignung zu einem fortgeschrittenen Stadium der Nahrungserzeugung bietet; im ersten Teil war bereits über diese Siedlung berichtet worden [ÇAMBEL 2.4.1; ÇAMBEL/BRAIDWOOD 2.4.1; SCHIRMER 2.4.1].

Çayönü

Auch an anderen Stellen wurde in der Folgezeit diese Forschung vorangetrieben. Im Zagrosgebiet sind vor allem die Grabungen in Tepe Guran [MORTENSEN 2.4.1] und Ali Koš in der kleinen Vorebene von Deh Luran zu nennen [HOLE ET AL. 2.10], in denen sich unter Schichten des 3. und 4. Jt. solche des keramischen wie auch des a-keramischen Neolithikum fanden.

Tepe Guran/Ali Koš

Im syrischen Raum hatte man an verschiedenen Stellen, in el-Kowm, Bouqras und Abu Hureyra Schichten erreicht, die dem Flintinventar zufolge in das chronologische Schema eingebunden werden konnten, das sich von den frühen Grabungen in Jericho herleitet. Sie gehörten damit in das späte a-keramische Neolithikum [MELLAART 2.4; AKKERMANS ET AL. 2.4.1].

Die Zahl der Orte des späten a-keramischen Neolithikum hat sich besonders im Raum der südlichen Levante erhöht: Wadi Fallah (Nahal Oren), Munhatta, Tell el-Farah, ʿAin Ghazal, Wadi Shueib, Beidha und Basta [GARRARD/GEBEL 2.4.1] neben einer Vielzahl weiterer Orte, die zum Teil nur aufgrund von Oberflächenfunden, nicht durch Grabungen dieser Zeit zugewiesen wurden. Intensive Geländebegehungen der Petra-Region von der Grabung Basta aus haben innerhalb dieses relativ kleinen Gebietes allein 12 Siedlungen ergeben, die in der letzten Phase des a-keramischen Neolithikum bewohnt waren [GEBEL in: NISSEN ET AL., Basta I 2.4.1]. _{Südliche Levante}

Während sich zunächst durch Konvergenz, dann durch gezielte Intensivierung innerhalb kurzer Zeit ein solcher Zuwachs für den späteren Teil des a-keramischen Neolithikum („PPNB") ergeben hatte, blieb die Erforschung des älteren Teils auf Zufallsfunde beschränkt.

Anlässlich der Rettungsarbeiten im Euphrattal bei Urfa wurde in einem Seitental der Ort Nevali Çori entdeckt und ausgegraben, der sich mit seiner kurzen Laufzeit in die Abfolge von Çayönü einklinken lässt. Neben einer Anzahl der von Çayönü bekannten Hausgrundrisse fand sich ein aufwendig errichtetes Kultgebäude mit reliefgeschmückten Steinpfeilern [HAUPTMANN 2.4.1]. _{Nevali Çori}

Bekannter wurden die in den gleichen Zeithorizont datierenden gewaltigen Anlagen auf dem Göbekli Tepe, ebenfalls bei Urfa. Nicht nur ihr markanter Reliefschmuck gibt Rätsel auf, sondern mehr noch die Aussage, dass diese monumentalen Kult- und Versammlungsstätten anscheinend fern von jeglicher Wohnbebauung liegen. Die These des Ausgräbers wurde bereits behandelt (Abschnitt I.3.1), nach der dies ein zentraler Versammlungsplatz für einen weiten Einzugsbereich gewesen sei [SCHMIDT 2.4.1]. Bemerkenswert ist vor allem die ungeheure Arbeitsleistung, die nur als Ergebnis einer gemeinschaftlichen Anstrengung zu erklären ist. _{Göbekli}

Wie stark bei aller Gemeinsamkeit die Tendenz der damaligen Bewohner war, auf die jeweiligen lokalen Bedingungen zu reagieren, hatten wir im ersten Teil bereits bei der Architektur gesehen, wie auch bei den Versuchen, die herkömmliche Art von Gefäßen aus Holz, Leder und Stein zu ergänzen durch Gefäße aus jeweils lokal verfügbaren, plastischen Materialien, worunter sich auch Ton befinden konnte. Warum schließlich Ton und die Möglichkeit der Festigung durch Feuer, die bereits seit vielen Jahrtausenden bekannt war, von einem bestimmten Zeitpunkt an für die umfassende Herstellung von Gefäßen genutzt wurde, ist unklar, doch wird aus der Reihe von Vorversuchen deutlich, dass offenbar ein Bedarf nach mehr Gefäßen bestand. Die Einzelheiten zu benennen, ist Bestandteil der Erforschung des großen Problemfeldes des Übergangs vom a-keramischen zum keramischen Neolithikum. Zwar ist es nach dem gerade Gesagten plausibel zu vermuten, dass eine Veränderung in der Wirtschafts- bzw. Lebensweise den höheren Bedarf an Gefäßen hervorgerufen hat und dies die Besinnung auf anderweitig bekannte Techniken nach sich zog. Doch suchen wir in unserem Material einstweilen vergeblich nach einem möglichen Auslöser.

In einer Beziehung gab es allerdings Veränderungen mit weitreichenden Konsequenzen, ohne dass wir einstweilen den Zusammenhang erkennen könnten. In verschiedenen Regionen des westlichen Vorderen Orients werden am Ende des a-keramischen Neolithikum die meisten Siedlungen aufgegeben; so auch in Südost-Anatolien, wo weder Çayönü noch Nevali Çori in das keramische Neolithikum hinein bewohnt bleiben. Erst über tausend Jahre später finden sich dort Siedlungen der Halaf-Zeit [HAUPTMANN 2.4.1; REDMAN/WATSON 2.3.6].

Am deutlichsten war dieser Bruch schon immer in Palästina, wofür J. Perrot 1968 den Ausdruck des „hiatus Palestinienne" prägte [PERROT 2.4]. Außer Jericho waren alle zu jener Zeit bekannten Orte wie Wadi Fallah (Nahal Oren), Tell el-Farah, Abu Goš und Beidha nach dem a-keramischen Neolithikum verlassen worden, eine Reihe, die sich inzwischen mit Basta und den ganzen Orten des südlichen Jordanien fortsetzen lässt. Mit Ain Ghazal und Wadi Shueib in Zentral-Jordanien sind allerdings zwei Orte dazu gekommen, die wenigstens noch bis in das frühe keramische Neolithikum weiter bestanden; doch werden auch sie kurz darauf aufgegeben. In der ganzen Großregion werden nach einer Pause Siedlungen mit der frühesten Keramik an völlig anderen Stellen angelegt. Nach wie vor ist also Jericho einstweilen der einzige Orte in der südlichen Levante, der auch jenseits dieser Nahtstelle noch lange besteht [s. die Beiträge in Paléorient 19].

Dieser Ablauf gilt allerdings nur eingeschränkt für andere Regionen wie z. B. Syrien. Mit Mureibit und Abu Hureyra hören zwar auch in Syrien Siedlungen auf, el-Kowm und Bouqras bleiben aber bestehen und im Nordirak werden zwar Nemrik 9 und Tell Maghzaliya nach der a-keramischen Phase verlassen, doch bleibt Tell Sotto bewohnt. Im Zagros dagegen ist die Entwicklung wieder einheitlich, da dort keine der bekannten Siedlungen an der Nahtstelle aufgegeben worden ist: Qalʿat Ǧarmo, Tepe Guran, Ali Koš, Čogha Bonut [KOZLOWSKI in GEBEL/KOZLOWSKI 2.4.1: Teil I] bleiben bestehen, es kommen jedoch mit dem keramischen Neolithikum neue Siedlungen hinzu: z. B. Qalʿe Rostam, Gird-e Çelegah [NISSEN/ZAGARELL 2.4.1; BERNBECK 2.4.1].

Die Verbindung zwischen Auftreten der Keramik und Veränderung der Siedlungsgewohnheiten ist also nicht zwingend, und der fast völlig flächendeckende Bruch in Palästina scheint ein lokales Phänomen zu sein. Erklärungsversuche reichen von der Annahme einer Klimaveränderung bis zu einer ökologischen Erklärung, die davon ausgeht, dass Überweidung durch Schaf- und besonders Ziegenherden die weitere Umgebung der Orte verwüstet und damit der Landwirtschaft die Grundlage entzogen hätte. Die oben vermuteten Veränderungen in der Wirtschaftsweise, die einen erhöhten Bedarf an Gefäßen mit sich brachten, könnten auf einer anderen Ebene Änderungen in der Herdenhaltung oder in der sonstigen Nutzung des Umlandes bewirkt haben, die zusammen mit den Auswirkungen einer Trockenperiode die Verödung des Bodens nach sich zogen.

Die eben angedeutete unterschiedliche Siedlungsentwicklung im westlichen und im östlichen Teil des Vorderen Orients mag eine Regionalisierung andeuten. Leider kennen wir zu wenige Orte aus dem Grenzbereich zwischen der westlichen Region und der Region Obermesopotamien/Zagros, die uns eine genauere zeitliche Korrelation ermöglichen würden. Einstweilen sieht es so aus, als würden die beiden a-keramischen Fundorte im nordirakischen Gebiet, Tell Maghzaliya und Nemrik eher Beziehungslinien zum Zagros erkennen lassen. Aber es ist doch die Frage, ob damit nicht das spärliche Material überfordert ist. Das gilt auch für die früheste Keramikphase, wenn sich auch mit den Fundorten Umm Dabaghiya und Yarim Tepe im Nordirak eine eigenständige Keramikgruppe abzeichnet. Vermutlich werden weitere Funde das von S. K. Kozlowski entworfene Bild einer Trennung in einen Ost- und einen Westkreis bestätigen, die bereits weit in das a-keramische Neolithikum zurückreicht [KOZLOWSKI in GEBEL/KOZLOWSKI 2.4.1: I]. *Regionale Differenzierung*

Im Bereich der Nahrungssicherung zeichnet sich allerdings eine Gleichartigkeit ab. Denn nicht nur sind im ganzen Gebiet von Palästina bis zum Zagros die Wildformen der gleichen Tiere und Pflanzen heimisch, die dann domestiziert werden, sondern auch die Art der Ausbeutung und die nachfolgende Art der Umstellung auf die Nahrungserzeugung sind vergleichbar. Während des a-keramischen Neolithikum bilden Einkorn, Emmer und Gerste überall die Grundlage, die dann durch örtlich vorkommende Pflanzenarten wie zum Beispiel Hülsenfrüchte aller Art ergänzt werden. Größere Unterschiede gibt es bei den Tieren, insofern als wir in einzelnen Orten zusätzlich zu einem gleichbleibenden Grundstock an Rind, Schwein, Ziege und Schaf eine Konzentration auf bestimmte Tierarten finden. So gehörten 86% der in Beidha gefundenen Tierknochen zu domestizierten Ziegen [KIRKBRIDE, Beidha 2.4.1], während im nur wenige Kilometer entfernten Basta, das aber bereits am Rande der sich weit nach Osten öffnenden Steppe liegt, zusätzlich zur überwiegenden Zahl von Schafen/Ziegen die gejagten Gazellen ein beachtliches Kontingent stellten [BECKER in NISSEN ET AL. Basta I 2.4.1]. In Umm Dabaghiya im Nordirak dagegen sind die Knochen von gejagten Onagern mit fast 70% bei weitem in der Überzahl [KIRKBRIDE, Umm Dabaghiya 2.4.1]. *Nahrungssicherung*

Leider sind Aussagen darüber, wann welche Tiere domestiziert wurden, schwierig zu treffen, da bei den relativ wenigen Grabungen, aus denen entsprechende Informationen vorliegen, noch keine statistischen Aussagen zu gewinnen sind, und bei den Einzelfällen immer mit lokal bedingten Präferenzen zu rechnen ist. Dennoch bietet ein entsprechendes Diagramm der Abfolge von Çayönü wohl das anschaulichste und wohl am ehesten zu verallgemeinernde Bild [nach REDMAN 2.2.2: Abb. 5.9].

Insgesamt zeigen die genannten Forschungen, dass der Übergang von der Nahrungsaneignung zur Nahrungsproduktion keineswegs rasch vor sich gegangen ist, sondern eine lange Zeit umspannte, in der sich sehr langsam die Wirtschaftsweise der Nahrungsproduktion durchsetzen konnte. Auch die Anschauung von einem stetigen „zielstrebigen" Anstieg, von dem noch Childe ausgegangen war, wur-

Stratigraphische Unterteilung	Architektur	Charakteristische Funde	Verhältnis Obsidian/ Flint	Verhältnis der genutzten Pflanzen	Verhältnis der genutzten Tiere
Großraum-Plan	Großräume	Knochen- und Geweihgriffe	1.00	Domestizierte Weizen und Hülsenfrüchte	Hausschwein / Domestizierte Schafe und Ziegen
Zell-Plan	Zellen-Häuser	Große Obsidian-Geräte	.95		
Breitpflaster-Plan	Terrazo-/ Steinplatten-Böden	Steinschalen	.50		Domestizierter Hund / Wilde Schafe und Ziegen / Wilder Auerochs und Rehwild
Grill-Plan	Grill-Häuser	Mikroflintbohrer; steinerne Armreifen; bearbeitetes, gediegenes Kupfer	.25	Pistazien, Eicheln, Mandeln / Wilder Weizen, Hülsenfrüchte, insb. Linsen	Domestizierter Hund / Wildschwein
Grund-Plan	Runde Kochgruben		.05		
	Kaum Baureste				

Abbildung II.1: Schema zum Siedlungsgebiet in Çayönü.

de infrage gestellt, als sich in Ali Koš (Huzestan) innerhalb des a-keramischen Schichtenpakets über einer Schicht, die einen hohen Anteil von Resten domestizierter Tiere und Pflanzen enthielt, eine Phase fand, in der der Anteil der gejagten und gesammelten Nahrung wieder erheblich angestiegen war [HOLE ET AL. 2.10]. Offenbar ist die immer stärkere Zunahme der Nahrungserzeugung lange Zeit kein unumkehrbarer Prozess gewesen, sondern die Anpassung an äußere Veränderungen konnte auch eine Änderung der Strategie der Nahrungsbeschaffung nach sich ziehen. Die Unumkehrbarkeit kam erst, als man sich mit der für die Landwirtschaft vorteilhaften Inbesitznahme von größeren Ebenen die Möglichkeit verbaut hatte, in Fällen von Misserfolgen der Nahrungserzeugung ein gegliedertes Umland für die Zwecke der Nahrungsaneignung nutzen zu können.

Abgesehen von den Grabungsaktivitäten konzentriert sich die gegenwärtige Forschung auf die Verfeinerung der Analyse von Flintgeräten mit dem Ziel, doch noch feinere Kriterien herauszubekommen, um zeitliche wie räumliche Gruppen voneinander trennen zu können [GEBEL/KOZLOWSKI 2.4.1, I und II]. Gleichfalls auf großes Interesse stößt der bereits vor langer Zeit formulierte Forschungsansatz, nach dem sich die neolithische Wirtschafts- und Lebensweise von Anatolien nach Europa ausgebreitet hat. Die neueren Forschungen dazu finden sich zusammengefasst in [LICHTER 2.4.1].

Gerade wegen der Vielfalt der noch offenen Fragen aber auch der Unterschiedlichkeit in den Ausdrucksformen wird die Erforschung des Neolithikum, insbesondere der älteren Phasen, sicher weiterhin einen Brennpunkt ausmachen und noch manches unerwartete Ergebnis bringen.

4.2 Das Uruk-Phänomen

Die Behandlung der Uruk-Zeit hatte bereits im ersten Teil das vielfältige Forschungsinteresse an dieser Phase gezeigt, als Ergebnis einer Vielgestaltigkeit sowohl der Informationen als auch der möglichen Herangehensweisen. Als erste Zeit, die die ganze Spanne der städtischen Strukturen zeigt, die später das Wesen der babylonischen Kultur ausmachen, als Zeit, in der am Ende die Schrift zum ersten Mal auftritt, hat sie vor allem immer das Interesse derer auf sich gezogen, die sich mit den späteren Phasen der babylonischen Hochkultur beschäftigten und deren frühe Ausformung zu erkennen suchten. Für sie war freilich der Weg dadurch erschwert, dass die schriftlichen Quellen nicht oder kaum zugänglich waren und die Interpretation archäologischer Nachrichten einen anderen Ansatz erfordert.

Vielfalt der Forschungsinteressen

Archäologen, die von der Kunstgeschichte herkommen, fühlten sich angesprochen, da diese Zeit in ihrer letzten Phase zum ersten Mal seit dem a-keramischen Neolithikum größere Kunstwerke als kleine Terrakotten hervorgebracht hat, und diejenigen, die methodisch näher mit den Arbeitsweisen der Ur- und Frühgeschichte verbunden sind, waren dadurch angezogen, dass die Aufgliederung der Uruk-Zeit maßgeblich noch von einer Beurteilung der Keramikentwicklung abhängt. Weiter sind diejenigen zu nennen, für die die Uruk-Zeit von der allgemeinen Institutionengeschichte her das früheste einigermaßen fassbare Beispiel in der Geschichte der Menschheit für die Ausbildung einer der wichtigsten Organisationsformen, der Stadt, ist. Schließlich spielt auch das Interesse derjenigen eine Rolle, für die das Phänomen der offenkundigen, kurzzeitigen Aus-/Verbreitung eines archäologisch fassbaren Komplexes in die Nachbarregionen ein Experimentierfeld für die Anwendbarkeit solcher Ideen wie Kolonisierung, Migration, Austausch und Handel oder systemischer Entwicklungen, und deren Stellung im Gesamtkontext darstellt.

Gerade wo sich Interpretationen mit Aussagen über städtische/staatliche Organisationsformen, über (wirtschaftliche) Weltsysteme weit von der archäologischen Materialbasis entfernen, muss gefordert werden, dass die Grundlage besonders gut durchgearbeitet und in sich gefestigt ist. Besonders muss dies für die Chronologie gelten, denn zur Entscheidung, wo etwas früher auftrat, um die Richtung einer möglichen Beeinflussung bestimmen zu können, sind Aussagen über weitestgehend exakte zeitliche Gleichsetzungen nötig.

Leider lässt sich diese Forderung für die Uruk-Zeit in keiner Weise so erfüllen, wie es für die verschiedenen Gedankengebäude nötig wäre. Da sich die Gründe hierfür recht klar aufführen lassen, und gleichzeitig an diesem Beispiel die Möglichkeiten der archäologisch-historischen Forschung und ihre Grenzen gezeigt werden können, sollen hier ausführlicher als für andere Zeitabschnitte in diesem Teil die verschlungenen Wege der Forschung aufgezeigt werden.

Erste Erkenntnisse zur frühen städtischen Kultur

Funde, die heute als konstituierend für die Uruk-Kultur Babyloniens gelten, wurden an verschiedenen Stellen bereits im 19. Jh. gefunden, so von W. K. Loftus, als er 1854 in Uruk dicht unter der Oberfläche auf Baureste stieß, die später der Uruk-Zeit zugewiesen werden konnten [Loftus 2.4.4]; Gleiches gilt für J. de Morgan in Susa [DE MORGAN 2.4.4] oder H. de Sarzec in Tello [PARROT 2.2.1: 20]. Da in der damaligen Zeit die ältere Geschichte Babyloniens aber nicht einmal in Ansätzen bekannt war, fehlte auch der Kontext.

Gang der Erforschung von Uruk

Grabungen in Uruk im Jahre 1912/13 unter J. Jordan konzentrierten sich auf Reste des 1. vorchristlichen Jt. und das Gleiche gilt für die Grabungen, als sie 1928 nach kriegsbedingter Pause wieder aufgenommen wurden. Die Arbeiten an der Eanna-Ziqqurrat des 2. und 1. Jt. führten bald zur Erkenntnis, dass massive Abschwemmungen an der Südwestseite die Oberfläche bis auf sehr viel ältere Reste abgesenkt hatten. Die Erweiterung der Stelle, an der Loftus eine mit farbigen Tonstiften mosaikartig geschmückte Fassade gefunden hatte, erbrachte nicht nur Grundrisse ehemaliger Monumentalbauten sondern im Schutt auch offenbar dazugehörige Tontafeln mit einer altertümlichen Schrift sowie Tonfragmente mit Abrollungen von Rollsiegeln [NISSEN in: GREEN/NISSEN 2.6.1.3; DERS. in: FINKBEINER/RÖLLIG 2.4.5]. Wie bereits im ersten Teil ausgeführt, nannte man fortan alle Schichten unter der Ziqqurrat der III. Jahr von Ur der Zeit um 2000 „Archaisch". Archaisch I entsprach einer längeren, aber schlecht repräsentierten Phase; II stellte sich nach kurzer Zeit als eine Missbenennung heraus. Es waren vor allem die Schichten Archaisch III und IV, in denen sich die Monumentalbauten, die Rollsiegelbilder und die frühesten Schriftdokumente fanden. Auf begrenzter Fläche legte man einen älteren Großbau mit Steinfundament („Kalksteintempel") frei, den man als Schicht V definierte; die Ähnlichkeit mit Grundrissen der Schicht IV wie auch der Fund ähnlicher Siegelbilder zeigte die enge Zusammengehörigkeit. Hinzukam schließlich auch die oberste Schicht (VI) der unter dem Fußboden des Kalksteintempels begonnenen Tiefgrabung, da sich dort ein Berg jener Tonstifte fand, die man schon als Wandschmuck der großen Gebäude der Schichten IV und III kennengelernt hatte [LENZEN 2.4.4; HEINRICH, Tempel 2.2.7].

Die weitere Tiefgrabung unter der Schicht VI erbrachte auf eine Tiefe von 19 Metern 12 weitere Schichten, wurde jedoch danach abgebrochen, da auf der einen Seite darunter keine archäologischen Reste mehr sichtbar waren, auf der anderen Seite in dieser Tiefe sowieso nur noch eine Arbeitsfläche von 2 qm übrig geblieben war. Diese Schichten wurden im Wesentlichen nur durch Keramikscherben charakterisiert [VON HALLER 2.4.4], die je nach Ähnlichkeit zu Gruppen zusammengefasst wurden. Auf ein Paket der untersten Schichten Archaisch XVIII bis XIV, das man aufgrund der bemalten Keramik der späten ʿObed-Periode zuordnen konnte, folgten darüber in XIII bis IV Schichten mit unbemalter, auf der Töpferscheibe gefertigter Keramik, die als Uruk-Periode benannt wurden. Für die letzten dieser Schichten, VI bis IV, waren zunehmend auch andere Fundgattungen außer Keramik verfügbar. Schicht III wurde wegen der im ersten Teil behandelten architektonischen Neugestaltung von Eanna gesondert als „Ǧemdet-Nasr-Zeit" abgetrennt.

Für die Uruk-Zeit (Schichten XIII-IV) entstand eine hybride Terminologie, da sie insgesamt durch Keramik, der spätere Teil zusätzlich durch Architektur und Kunst definiert war. Die zahlreichen Versuche, die Uruk-Zeit in eine Früh-, Mittel- und Späturuk-Phase zu unterteilen, konnten nie zu befriedigenden Ergebnissen führen, da zu Beginn die Definition nicht nach den gleichen Kriterien erfolgt war. Versuche, dies im Nachhinein durch einen gleichmäßigen Bezug auf Keramik zu berichten, mussten daran scheitern, dass der Tiefschnitt erst unter Schicht V begonnen hatte und man sich erst mit Beginn der Tiefgrabung also mit Schicht VI entschlossen hatte, der Keramik Beachtung zu schenken. Um dennoch eine durchgehende Keramikentwicklung vorlegen zu können, wurden für die Schichten V bis I alle möglichen Stücke von verschiedenen Grabungsstellen zusammengestellt, die man nachträglich meinte, diesen Schichten zuweisen zu können (nachträgliche Vergleiche zeigen, dass sich darunter auch Material aus dem ganzen 3. bis ins 2. Jt. findet). Damit war eine zusätzliche Verwirrung vorgezeichnet, denn nachfolgende Forschungen an Stellen außerhalb Uruks und Babyloniens, die sich bei der Frage der zeitlichen Korrelation vor allem auf Keramikvergleiche stützen mussten, bezogen sich nun z. T. auf Material, das nur vorgab, stratigraphisch gesichert zu sein [NISSEN, Key 2.3.4].

Unsichere Grundlage für Vergleiche mit Orten außerhalb Babyloniens

Die Folgen wurden vor allem sichtbar, als D. P. Hansen versuchte, die Keramikabfolge einer stratigraphischen Tiefgrabung in Nippur mit der aus Uruk zu korrelieren. Er kam zu dem Ergebnis, dass er die Keramik seiner tieferen Schichten mit Uruk VIII-VI gleichsetzen könne und er eine Einheit davon abtrennen könne, die zeitgleich mit Uruk V und IV sei [HANSEN 2.3.5]. Damit ist er, ohne die Hintergründe zu kennen, genau in die oben beschriebene Falle geraten, denn die Keramik der Schichten V und IV war stratigraphisch weitgehend ungesichert. Er zog jedoch weitreichende Schlüsse daraus, indem er aufgrund dieser Beobachtung die Einteilung der Uruk-Zeit in eine frühe, eine mittlere und eine späte Uruk-Zeit vorschlug, wobei er sich für die Trennung zwischen „früh" und „mittel" auf Unterschiede berufen konnte, die sich in Uruk tatsächlich im Bereich der Schichten IX und VIII abzeichneten. Die Trennlinie zwischen „mittel" und „spät" legte er zwischen VI und V, wobei er sich wie dargelegt auf unzulängliches bzw. irreführendes Vergleichsmaterial bezog.

Diese detaillierte Darlegung war nötig, weil sich aus der unzuverlässigen Fundsituation in Uruk immer noch eines der Hauptprobleme der jetzigen Diskussion herleitet: auf der einen Seite trat vergleichbares Material an Stellen außerhalb Babyloniens zutage, wodurch unwillkürlich die Frage nach dem Ursprung dieses Komplexes aufkam und die Notwendigkeit entstand, möglichst genau zu datieren, und auf der anderen Seite steht selten mehr als Keramik für datierende Vergleiche zur Verfügung [NISSEN, Key 2.4.4].

Funde von „Uruk"-Material außerhalb Babyloniens

Die Diskussion wurde vor allem durch die Grabungen von Habuba Kabira-Süd und Ǧebel Aruda am syrischen Euphrat neu eröffnet, die in Architektur und sonstigen Funden vollkommen dem aus Uruk IV Bekannten entsprachen, außer dass keine Schrifttafeln darunter waren [STROMMENGER 2.4.4; VAN DRIEL, Tablets; Seals 2.4.4]. Die Datierung schwankt zwischen der Vermutung, dass diese Orte zwar mit Uruk IV gleichzeitig seien, jedoch vor IVa verlassen worden sein mussten, der Schicht, in der in Uruk die Schrift auftritt [NISSEN 2.4] und einem etwas älteren Ansatz dieser kurzlebigen Siedlungen, die kaum mehr als eine Bauschicht aufwiesen, durch die Ausgräber. In neuester Zeit wurde sogar eine Gleichsetzung mit den Uruk-Schichten VIII-VI vorgeschlagen [SÜRENHAGEN, Chronologie 2.4.4], doch beruht dies auf der fehlerhaften Annahme, dass es die in den genannten syrischen Orten massenhaft vorkommenden „Glockentöpfe" in den Schichten V und IV in Uruk nicht mehr gegeben habe [richtig gestellt BOEHMER 2.3.5: 111 Anm. 91]; auch Sürenhagen war ein Opfer der oben beschriebenen Falle geworden.

Erklärungsmodelle für die „Uruk-Expansion"

Wenn auch kein Beweis geführt werden kann, wird doch ausnahmslos von allen Forschern angenommen, dass die Beeinflussung bzw. Ausbreitung von Babylonien ausgegangen ist. Die Erklärungen für die Verbreitung des Uruk-Komplexes über weite Bereiche des sonstigen Vorderen Orients unterscheiden sich aber je nach der Grundhaltung der Forscher. Der Geschichte des Faches entspricht, dass die ältere Auffassung von der Einstellung aus, nach der Kulturen ohne Schrift und größere Kunst als weniger- oder unterentwickelt galten, es sich gar nicht anders vorstellen konnte, als dass die Verbreitung der entsprechenden Kulturgüter aus dem hochentwickelten Babylonien in die Nachbarregionen nur auf dem Wege einer Kolonisierung möglich war [NISSEN, Arbeit 2.4.4; neuerdings ALGAZE, Uruk; Mesopotamia 2.4.4; mit anderen Akzenten WRIGHT 2.3.2; JOHNSON 2.3.2].

Die nach dem 2. Weltkrieg beginnende Diskussion über das Verhältnis von erster zu dritter Welt in der heutigen Zeit, über den Eurozentrismus und den westlichen Kulturimperialismus führte allmählich zu einer Abkehr vom Konzept der Kolonisierung und man versuchte stattdessen die Ausbreitung z. B. als eine Fluchtbewegung aus dem infolge von Konflikten kollabierenden Babylonien zu erklären [JOHNSON, Late Uruk 2.4.4] – wofür es allerdings in Babylonien keine Anhaltspunkte gibt.

Uruk-Kultur als Weltwirtschaftssystem

Von der von I. WALLERSTEIN [2.2.2] formulierten Theorie eines Weltwirtschaftssystems inspiriert, hat G. Algaze versucht, alle Phänomene unter ein solches System zu subsumieren, wobei er freilich wieder auf das Konzept einer anfänglichen Kolonisierung zurückgreifen muss [ALGAZE, Uruk 2.4.4]. Die Ergebnisse leiden jedoch wieder darunter, dass die aufgrund von Keramikvergleichen geschaffene, grob-chronologische Grundlage aus den oben genannten Gründen nur unzureichend gelingen konnte. Ein Gegenentwurf versucht, den chronologischen Rahmen etwas zu entzerren und die Entwicklung als einen systemhaften Prozess zu sehen. Kolonisierung wird dabei nur als eine unter mehreren Möglichkeiten gesehen, wirtschaftliche Zusammenhänge in einer für Babylonien vorteilhaften Weise zu schaffen [NISSEN 2.4].

Inzwischen ist jedoch durch die Intensivierung der Forschungstätigkeit in Syrien und Südostanatolien eine andere Situation eingetreten. Die Grabungen in Tell Qraya und Tell Scheich Hassan am syrischen Euphrat [BOESE 2.4.4], in Tell Brak am oberen Habur [EMBERLING 2.4.4], Hacinebi Tepe [STEIN ET AL. 2.4.4] und Arslan Tepe [FRANGIPANE 2.4.4; FRANGIPANE/PALMIERI 2.4.4] haben gerade für diese Zeitspanne umfangreiches neues Material, vor allem auch neue Datierungen herbeigeschafft, so dass einige Fragen neu formuliert werden müssen. So beginnen wir vor allem zu sehen, dass in den genannten Gebieten bereits eine Entwicklung zu einer höheren Komplexität eingesetzt hatte, bevor sich engere Verbindungen zwischen ihnen und Babylonien archäologisch feststellen lassen [EMBERLING 2.4.4]. Die Frage nach Anlass, Art und Umfang dieser Beziehungen stellt sich also anders dar als noch vor kurzer Zeit.

Eine Auswirkung wird sein müssen, dass eine Terminologie geschaffen werden muss, die diesen lokalen Entwicklungen besser Rechnung trägt, und nicht durch die Verwendung der Uruk-Abfolge als Maßstab Babylonien von vornherein die eindeutige Dominanz zuspricht. Eine solche Terminologie wäre zwar auch an Keramikabfolgen und -unterschieden ausgerichtet, aber mehr noch an der Art und Intensität der Beziehungen der verschiedenen Regionen untereinander. Diese Überlegungen führten schließlich zum Vorschlag für ein neues System, das unter Vermeidung des Namens „Uruk" für die Zeitspanne zwischen ʿObed und Ǧemdet Nasr den Begriff „Spät-Chalkolithikum" wählte mitsamt einer Einteilung in 5 Phasen [ROTHMAN 2.4.4]. Diese Terminologie ist allerdings bis jetzt noch nicht von der internationalen Forschung angenommen worden (Ausnahme: [JOFFE 2.3.5]), und wird daher auch hier nicht verwendet.

So wie ein Hauptinteresse der Forschung der Verfeinerung der Chronologie gilt und dem zuletzt genannten Phänomen der Verbreitung der Elemente der Uruk-Kultur über weite Bereiche des Vorderen Orients, so gilt es natürlich nach wie vor auch der Frage, wie sich überhaupt die frühe städtische Hochkultur ausgebildet hatte. Soweit in der älteren Literatur die Entstehung der frühen städtischen Hochkultur nicht nur konstatiert sondern auch problematisiert wurde, galt sie einfach als das Ergebnis der besonderen Fähigkeiten der Sumerer [MOORTGAT 2.2.2]. Von der amerikanischen Anthropologie kamen die Anstöße, diese Form im Rahmen der Entwicklung politischer Organisationsformen zu betrachten bzw. als das Ergebnis der Entstehung einer weiteren Ebene politischer Entscheidungsfindung auf dem Weg vom Dorf zum Staat [WRIGHT 2.3.2]. Wie es zu diesem Sprung im Babylonien des 4. Jt. kommen konnte, musste allerdings auch dabei unbeantwortet bleiben. *Das Problem der Entstehung der frühen städtischen Kultur*

Es waren erst Ergebnisse im Bereich der Siedlungsforschung [ADAMS/NISSEN 2.3.6; ADAMS, Heartland 2.3.6] und der wiederaufgenommenen Erforschung der frühen Schrift [NISSEN ET AL. 2.6.1.2], dass sich Möglichkeiten zu der Interpretation auftaten, die der erste Teil dieses Buches bietet: eine Landnahme *Neue Erkenntnisse durch Suveys und Arbeit an den Archaischen Texten aus Uruk* großen Ausmaßes führt zu einer alles Frühere weit übertreffenden Bevölkerungsdichte und einem Druck zur Schaffung von Organisationsformen, die erlauben würden, der dabei entstehenden Probleme Herr zu werden. Vorher in anderen Regionen entstandene Grundstrukturen bildeten die Basis für die Entstehung großer Siedlungen und von wirtschaftlichen Systemen, die mit ihrem Bedarf an Informationsverarbeitung und -kontrolle schließlich die Schrift hervorbrachten und damit ein Mittel par excellence, um den Herrschaftsapparat zu festigen. Mit der Erkenntnis, dass die Zeit vor der Schrifterfindung kaum weniger komplex war, wird das, was wir so gedrängt in der Zeit der Schicht IV in Uruk als Zeugnis der frühen städtischen Kultur präsentiert bekommen, als Ergebnis einer längeren Entwicklung identifiziert, die allerdings unter ungeheurem Anpassungsdruck gegenüber älteren Zeiten erheblich beschleunigt ablief [Nissen 2.4].

Wegen der Unsicherheit der Quellen und ihrer Vielgestaltigkeit wird die andauernde Diskussion sicher noch mit Überraschungen aufwarten. Die weitere Durchdringung des schriftlichen Materials wird nicht nur neue Erkenntnisse bringen, sondern auch die Möglichkeit schaffen, über eine Rekonstruktion des offiziellen Wirtschaftsbetriebes hinaus Anhaltspunkte für eine nicht-öffentliche Wirtschaft zu erhalten, die es mit Sicherheit gegeben haben muss (s. dazu den nächsten Abschnitt über die Schrift). In Verbindung mit Erkenntnissen aus neuen Grabungen [z. B. Wright et al. 2.10], wird es dann vielleicht auch möglich sein, den Vorschlag Pollocks aufzunehmen [Pollock 2.4.4], anstelle der normalen Oberschichtperspektive eine Sicht von unten einzunehmen, bzw. von den von den Zentren beherrschten ländlichen Siedlungen aus [dazu auch Bernbeck 2.4.4]. Wenn allerdings die schmerzlich vermisste Grabungstätigkeit in Babylonien unter Berücksichtigung der neuen Gesichtspunkte wieder aufgenommen wird, können wir mit Sicherheit damit rechnen, dass sich die Gesamtsituation wieder anders darstellen wird.

4.3 Die frühe Schrift

Schrift als System der Informationsspeicherung und -verarbeitung

Wie wir an der heutigen Entwicklung der Kommunikations- und Informationsmedien sehen, entstehen Neuerungen auf diesem Gebiet weder ohne Vorstufen noch ohne gesellschaftlichen Bedarf, wirken ihrerseits aber wieder auf die Gestaltung der Gesellschaft und erzeugen neue Bedürfnisse. Eine Parallele mit heute zeigt sich auch darin, dass das zunächst einmal nur für den Umgang mit Zahlen, also festliegenden Einheiten, erdachte System alsbald durch eine Erhöhung der Verarbeitungsgeschwindigkeit und Vergrößerung der Speichermöglichkeiten dazu erweitert wird, dass es auch mit flexibleren, uneinheitlichen Informationen umgehen kann. Vorgänge, die sich heute im Verlaufe weniger Jahre abspielen, haben allerdings in der Frühzeit mehrere hundert Jahre gedauert. Dennoch lässt sich die gesamte frühe Entwicklung zur Schrift hin und dann der ersten Schrift mit dem Vokabular der modernen Informationstechnik beschreiben.

Da wir gemeinhin der Schrift einen so hohen kulturellen Stellenwert beilegen, mag es befremden, dass der Schrift hier zunächst lediglich die Rolle eines Mittels der Informationsspeicherung und -verarbeitung zugestanden wird. Bei Vermutungen, dass das Fehlen von Texten kultischen oder literarischen Inhalts lediglich eine Folge der unausgeglichenen Fundsituation sei, könnte man sich sogar auf die Aussagen eines späteren literarischen Textes berufen, der von der Aussendung eines Boten des Herrschers Enmerkar von Uruk an den Herrscher von Aratta (vermutlich im Zentraliran zu lokalisieren; vgl. die Diskussion in Abschnitt I 6.5) berichtet, der eine schriftliche Aufzeichnung benutzte, um seine Botschaft nicht zu vergessen [KRAMER 2.6.4]. Allerdings stammt dieser Text „Enmerkar und der Herr von Aratta" aus einer Zeit, die nicht nur über tausend Jahre nach der Schriftentstehung und 700 bis 800 Jahre nach der vermutlichen Lebenszeit des Enmerkar liegt, sondern auch 500 bis 600 jünger ist als die Zeit der Texte, für die wir erstmals die Existenz nicht-ökonomischer Texte nachweisen können. Zur Zeit der Abfassung war es völlig selbstverständlich, dass die Schrift für Aufgaben wie die genannte eingesetzt werden konnte [KOMOROZCY 2.6.1.1; VANSTIPHOUT 2.6.1.1]. Es wird sich aber noch zeigen, wie unsere einstweiligen Kenntnisse vom Gebrauch der frühen Schrift es wenig wahrscheinlich sein lassen, dass es literarische, kultische oder historische Texte gab.

Die Schrift ist zunächst nichts anderes als eine intelligente Erweiterung früherer Methoden der Informationsspeicherung, und ihr Erlernen und ihre Anwendung stellen zwar graduell höhere Ansprüche, die aber nicht grundverschieden von den älteren Vorgehensweisen sind. Denn es lässt sich erschließen, dass mit Beherrschung der Methoden der Feldvermessung, dem Umgang mit Maßeinheiten und damit verbunden den normalen Rechenoperationen und andererseits mit der bereits vollzogenen Kanonisierung des Wissens in thematisch gegliederte Aufzählungen (die so genannten „Lexikalischen Listen"), die Anforderungen an operationales Denken und Handeln vor dem Auftauchen der Schrift kaum oder eigentlich überhaupt nicht geringer waren als danach. Gerade die Gattung der bereits vorher existierenden, dann vom Beginn der Schrift aber in schriftliche Form überführten sogenannten Lexikalischen Listen mit ihrer Schaffung einer strengen Ordnung der begrifflichen Umwelt hat mit Sicherheit größere Auswirkungen auf die geistige Entwicklung gehabt als wir ihnen das zugestehen, wenn wir sie als „Schultexte" bezeichnen [ENGLUND/NISSEN 2.6.1.2; NISSEN 2.3.6].

Mit der Schrift war ein Instrument entstanden, das in der Folgezeit die Grundlage für bedeutsame intellektuelle Veränderungen abgab. Zunächst ist sie jedoch vor allem ein Kontroll- und Herrschaftsinstrument, wie das allerdings auch schon für die vor-schriftlichen Organisationsinstrumente galt. So ist mit Sicherheit auch in vorschriftlicher Zeit die Frage des Zugangs, also der Rekrutierung des Verwaltungsnachwuchses, von größter Wichtigkeit gewesen. Dabei ist davon auszugehen, dass es bereits vor der Schrift eine institutionalisierte Form der Weitergabe des Wissens gab, nur dass sich jetzt das Curriculum um das Fach „Schreiben und Lesen" erweiterte. Leider stammen die frühesten Texte, die über Schreiberausbildung und Schule berichten, erst aus dem Beginn des 2. Jt.s, also

Schrift als Herrschaftsinstrument

aus der Zeit nach den Reformen der Zeit der III. Dynastie von Ur, so dass es nicht angeht, unkritisch den dort beschriebenen relativ offenen Zugang auf die ältere Zeit zurück zu übertragen [WAETZOLDT, Schule 2.3.l; NISSEN 2.3.l]; über die tatsächliche Organisation der Wissensvermittlung sind also für die Frühzeit keine Aussagen möglich.

Nur kurz sei ein Thema gestreift, das immer wieder öffentlich diskutiert wird: wo denn nun die erste Schrift entstanden sei, in Babylonien oder in Ägypten. Diese Diskussion ist in neuerer Zeit wieder aufgeflammt, weil in Ägypten in einem prädynastischen Fürstengrab in Abydos (Stufe Naqada III, um 3500) [DREYER 2.4.4] kleine Anhängetäfelchen mit jeweils einer oder zwei Hieroglyphen gefunden wurden. Ob diese nun älter seien als die frühesten Proto-Keilschrifttafeln hängt allein an den für diese Zeiten ungenauen C14-Daten (cf. Abschnitt I.2.3 Chronologie). Auch wenn die Frage nicht entscheidbar ist, so spricht doch die allgemeine Entwicklung für ein Primat der Keilschrift, denn – wie weiter unten ausgeführt wird – dem Auftauchen der Proto-Keilschrift geht eine längere Entwicklung von Methoden der Informationsspeicherung im Bereich einer immer komplexeren Wirtschaft voraus, die geradewegs in die Erfindung der Schrift mündet. In Ägypten sind dagegen keine entsprechenden Vorläufer bekannt, so dass man annehmen müsste, dass die Schrift in Ägypten ohne größere Vorbereitung plötzlich da war.

Dem nicht zu überschätzenden Einfluss auf die weiteren Entwicklungen entsprechend soll dem Thema der Entstehung der frühesten Schrift umfangreicher Raum gegeben werden. Der nachfolgende Bericht über die Erforschung der ältesten Schriftfunde gliedert sich in vier Teile: (1) eine Übersicht über die Fund-/Forschungsgeschichte mit Behandlung der chronologischen Fragen; (2) eine Wiederaufnahme der Diskussion über die Vorläufer der Schrift; (3) eine Diskussion über den Vorgang der „Erfindung" der Schrift, und (4) Bemerkungen zur Anwendung der frühen Schrift.

4.3.1 Quellenlage und Forschungsgeschichte

Forschungsgeschichte zur frühen Schrift Babyloniens

Nachdem bereits am Ende des 19. Jh. die Grabungen in Nippur und Tello Tafeln geliefert hatten, die man der pauschal als vor-sargonisch (d.h. vor-akkadisch) benannten Zeit zuwies – dies sind die Texte, die A. Deimel, wie im Kapitel über die „Tempelwirtschaft" beschrieben, den Anstoß zur Formulierung dieses Konzeptes gaben [2.6.2] –, wurden kurz hintereinander bis 1930 weitere Gruppen früher Tafeln gefunden, deren Schrift sie als jeweils älter als die zuvor gefundenen auswies: 1903 die Tafeln aus Fara, veröffentlicht von A. DEIMEL 1923/1924 [Schultexte; Wirtschaftstexte 2.6.1.2]; 1926 die Tafeln aus Ǧemdet Nasr, veröffentlicht 1928 von St. LANGDON [2.6.1.2]; und ab 1926 Tafeln aus Ur, veröffentlicht von E. BURROWS 1935 [2.6.1.2].

Mitte der 30er Jahre lag also genug Material für eine Gesamteinschätzung der frühen Schriftentwicklung vor, eine Aufgabe, der sich A. Falkenstein anlässlich seiner Bearbeitung der archaischen Texte aus den ersten drei Kampagnen in Uruk 1928–1931 widmete, die im Jahre 1936 erschien [FALKENSTEIN, Archaische Texte 2.6.1.2]. Er legte darin nicht nur die grundlegende Beurteilung der archaischen Texte aus Uruk vor, der wir heute nur wenig Neues hinzufügen können, sondern vor allem auch die bis heute gültige zeitliche Anordnung der bis jetzt genannten Textgruppen. Danach stellte die ältere Gruppe aus Uruk („Uruk IV") die älteste Form dar, gefolgt von den Gruppen mit dem gleichen Duktus wie die Tafeln aus Ǧemdet Nasr („Uruk III", Ǧemdet Nasr und einige 1903 und die 1915 für das Berliner Museum angekaufte Tafeln). Merklich jünger mit einem zeitlichen Abstand folgen die „Archaischen" Tafeln aus Ur und wiederum nach einer zeitlichen Lücke die Tafeln aus Fara, die wiederum mit geringem zeitlichem Abstand den älteren Texten aus Tello vorausgehen. Relative Datierung der frühen Schriftgruppen mit Hilfe der Paläographie

Zusammen mit weiteren Tafelfunden in Uruk und anderen Orten verfügen wir inzwischen über eine Gesamtzahl von fast 5500 Tafeln und Fragmenten der Zeitspanne zwischen dem Ende der Uruk-Zeit und Frühdynastisch I, dem Datum der Texte aus Ur, oder in Zahlen: zwischen 3300 und 2900 [eine Übersicht über die derzeitige Quellenlage gibt das Einleitungskapitel von ENGLUND, Early Campaigns 2.6.1.2].

Während die relative Datierung der Textgruppen aufgrund der paläographischen Einsichten A. Falkensteins unangefochten ist, ist die Frage des archäologischen Kontextes der paläographisch ältesten Texte nicht völlig geklärt, da in Uruk alle Tafeln in Schuttschichten gefunden wurden, in die sie mit zerbrochenen Tonverschlüssen und anderem Abfall offensichtlich zu einem Zeitpunkt gelangt waren, nachdem sie nicht mehr benötigt wurden. Die frühere direkte Verknüpfung der ältesten Tafeln mit den Bauten der Schicht IV [zuerst mit der Bauschicht IVb: FALKENSTEIN 2.6.1.2; umdatiert in die nächstjüngere Schicht IVa: LENZEN 2.4.4; übernommen von: FALKENSTEIN, Inschriftenfunde 2.6.1.2] geht auf die Annahme zurück, dieser Schutt gehöre jeweils zu dem darunterliegenden Gebäude. Es zeigt sich jedoch, dass dieser Schutt von anderer Stelle als Ausgleichsmasse auf die verschieden hoch erhaltenen Baureste gebracht worden ist, um eine einheitliche Fläche für die nächstjüngeren Bauten abzugeben. Einziger Festpunkt für eine Datierung des Schuttes ist daher, dass er vor Anlage der Baufläche für die Bauten der Schicht IIIc an die Stelle gelangt sein muss, die Einschlüsse im Schutt also älter als Schicht IIIc sein müssen. Datierung der ältesten Texte

Der uns eigentlich interessierende Zeitpunkt der Anfertigung der Tafeln muss in jedem Fall einige Zeit vor IIIc gelegen haben. Wir bringen daher weiterhin die ältesten Tafeln in Uruk in Verbindung mit der Zeit der Bauschicht IV, ohne eine exakte Verknüpfung mit der Bauschicht IVa festzulegen; da die Zeitspannen zwischen dem Schreiben, dem Wegwerfen und Ablagerung auf Schutthalden unbestimmbar sind, könnte der Zeitpunkt der Anfertigung der Tafeln ja auch älter als IVa sein. Auch eine Rückverlegung des ersten Auftretens der Schrift würde allerdings nichts an der Feststellung ändern, dass die Schrift erst ganz am Schluss der Uruk-Zeit in Erscheinung trat [H. J. NISSEN Kap. 1 in: GREEN/NISSEN 2.6.1.2; zum Versuch eines älteren Ansatzes SÜRENHAGEN Chronologie 2.4.4].

4.3.2 Vorbereitung und Vorläufer der Schrift

Wie im ersten Teil dargestellt, waren durch die schnelle Bevölkerungsverdichtung von der Mitte des 4. Jt. an auf allen Ebenen erhebliche Probleme entstanden, die strukturelle Antworten verlangten. Aus der Art und Zahl der Antworten zu schließen, waren die Probleme auf wirtschaftlichem Gebiet besonders fühlbar. Hierzu zählen vor allem die Notwendigkeiten für bessere Techniken der Verwaltung, von denen wir drei Bereiche wegen der von ihnen hervorgerufenen Antworten genauer benennen können. Es sind die Bereiche der Schaffung von Differenzierungsmöglichkeiten, der Festlegung von Standards und der Informationsspeicherung und -verarbeitung.

<small>Bedarf an Instrumenten für Differenzierungen, Standards und Informationsspeicherung</small>

Eine komplexe Gesellschaft wie die der Uruk-Zeit hat einen erhöhten Bedarf, Unterschiede – zumal hierarchischer Art – auf sozialem, politischem, religiösem und wirtschaftlichem Gebiet kenntlich zu machen. Die meisten dieser Bereiche sind uns nicht zugänglich, da sie keine archäologisch fassbaren Spuren hinterlassen haben, und wir die allzu wenigen nicht in ein System einpassen können, in das sie zweifellos einmal gehört hatten.

Wenngleich wir konkret nur wissen, dass soziale Unterschiede in der Kleidung ausgedrückt wurden – so zum Beispiel der dem Herrscher vorbehaltene „Netzrock" – können wir mit Sicherheit annehmen, dass es eine Vielzahl anderer Möglichkeiten gegeben hat, beispielsweise durch Art, Material oder Tragweise des Rollsiegels. Auf politischem Gebiet wird man an Insignien der Macht denken, wie zum Beispiel die überdimensionale Schärpe des Herrschers auf der so genannten Kult-Vase von Uruk oder die ebenso vergrößerten Schmuckketten auf einigen Rollsiegeln. Der religiöse Bereich ist uns leider völlig verschlossen, obwohl wir mit Sicherheit annehmen dürfen, dass es im Bereich der Priesterschaften erhebliche Differenzierungsmöglichkeiten gab, nicht nur um Hierarchie und Status auszudrücken, sondern vermutlich um die Zugehörigkeit zum Kult einer bestimmten Gottheit kenntlich zu machen.

<small>Möglichkeiten der Differenzierung</small>

Im wirtschaftlichen Bereich spielt selbstverständlich auch die Kenntlichmachung des Status des Personals eine Rolle, aber genauso wichtig sind Differenzierungsmöglichkeiten im unübersehbaren Bereich der verwalteten Güter. Gerade der letzte Punkt muss hier besonders interessieren, denn was auch immer später mit Hilfe der Schrift differenziert werden konnte, musste bei gleicher Komplexität vorher durch nicht-schriftliche Mittel ausgedrückt werden. Leider ist dieser Bereich für uns völlig verschlossen, da wir weder Art und Größe von Speichern kennen noch eine Ahnung vom tatsächlichen Ablauf der Verwaltungsvorgänge haben. Aber es ist nicht möglich, sich bei den zum Teil erheblichen Mengen eingelagerter Güter vorzustellen, dass man dabei ohne Kennzeichnungen ausgekommen sein könnte, die etwa Aufbewahrungsdauer, Herkunft oder Menge angaben, oder etwa die für die Aussaat bestimmten Gerstemengen markierten, die nicht für andere Zwecke verwendet werden sollten. Vorstellbar wäre, dass hier mit Farben und Kerbmarkierungen dem Überblick im Gedächtnis der Verwalter aufgeholfen wurde.

Festlegung von Standards:

Eine der wichtigsten Aufgaben der Verwalter bestand offenbar darin, den Überblick über die eingehenden und die ausgehenden Güter durch Berechnung ihrer Mengen zu behalten. Wenn etwas gezählt werden soll, zumal wenn anschließend nur die Zahl gespeichert werden kann, müssen die entsprechenden Einheiten definiert sein. Dazu kann man in vielen Fällen auf natürliche Einheiten (1 (Stück) Schaf) zurückgreifen, in anderen ist es nötig, Maße zu definieren für Gewicht, Volumen, Längen und Flächen. Solche Maßsysteme treten in den Archaischen Testen von vorneherein gesichert auf [VAIMAN 2.6.1.2; ENGLUND, Late Uruk 2.6.1.2, besonders 118–119], was bedeutet, dass es solche Konventionen schon lange vor der hier behandelten Zeit gab. So konnte zum Beispiel die Existenz eines Grundmaßes bei den Bauten der ʿObed-Zeit nachgewiesen werden [KUBBA 2.2.7]. In der Uruk-Zeit wird eine neue Ebene mit der Festlegung eines Einheitsmaßgefäßes für das Standard-Hohlmaß, den sogenannten Glockentopf, erreicht. Leider ist diesen zu Millionen auftretenden, unansehnlichen Näpfen selten die nötige Sorgfalt geschenkt worden (s. dazu aber die Aufarbeitung dieses Problemkreises durch D. T. POTTS [2.4.4]), doch können wir sicher sein, dass die meisten vom Beginn der Späturuk-Zeit an eine Standardgröße aufweisen. Zu anderen Maßsystemen lässt sich leider nicht viel aussagen, da weder Gewichtsteine noch so etwas wie ein Maßstab erhalten ist.

Bei den Rechenfähigkeiten ist zusätzlich zu den einfachen Operationen des Addierens und Subtrahierens wahrscheinlich auch die Multiplikation bekannt. Zumindest finden wir Hinweise darauf in den ältesten Texten – wenn uns auch der eingeschlagene Weg unklar ist; anders ist aber nicht zu erklären, wenn nach den beiden Seiten eines Feldes die Fläche genannt ist [zum Gesamtproblem s. HUDSON/WUNSCH 2.2.3].

Mit Rechenfähigkeiten und der Festlegung von Maßen ist eine Abstraktionsfähigkeit erwiesen, die mit Sicherheit auch für die anderen gesellschaftlichen und geistigen Bereiche gilt, für die wir keine Möglichkeit des Nachweises oder auch nur der Plausibilität zur Verfügung haben, wie wir es im Übrigen auch bestätigt finden, wenn wir uns nun dem Bereich der vorschriftlichen Informationsverarbeitung zuwenden.

Informationsspeicherung und Informationsverarbeitung:

Da die Schrift bereits in ihrer ältesten Form recht sicher auftritt, mit nur wenigen Schreibvarianten und Unsicherheiten, war immer wieder vermutet worden, es müsse Vorstufen, etwa auf vergänglichem Schreibmaterial gegeben haben. Wie bereits im ersten Teil deutlich gemacht wurde, liegt mit Zählmarken und Siegeln in der Tat eine längere Vorentwicklung vor, jedoch nicht für den Aspekt „Schrift", sondern für den Aspekt „Informationsspeicherung". Mit gesiegelten Tonbullen, die im Inneren Zählmarken verschiedener geometrischer Formen zusammenhalten [DAMEROW/MEINZER 2.4.4], oder ebenfalls mit Siegelabdrücken überzogenen Zahlentafeln wurden Möglichkeiten der Kapazitätserweiterung vorgestellt. Vermutlich wurde eine Reihe weiterer Methoden der Informationsspeicherung praktiziert, etwa indem man solche Zählmarken in

Behältern aus bestimmtem Material, von bestimmter Farbe oder an bestimmter Stelle aufbewahrte, was zusätzlich zu der durch die Zählmarken ausgedrückten Zahl die Art des Gezählten, die Herkunft, den Besitzer o.ä. anzeigen mochte. Beispiele sind die in einem Topf zusammen gefundenen Zählmarken im ʿobedzeitlichen Tell Abade [JASIM/OATES 2.6.1.1] oder die Aufbewahrung gesiegelter Tonverschlüsse in einem Raum im uruk-zeitlichen Arslan Tepe [FERIOLI/FIANDRA 2.6.1.1; FRANGIPANE, Record 2.4.4].

<small>Inhalte nur zugänglich bei Einsatz des allgemeinen Hintergrundswissens</small>

Solche zusätzlichen Informationen erschlossen sich aber nur demjenigen, der in die betreffende Situation eingeweiht war, was wahrscheinlich bei solchen ad-hoc Zuweisungen nur für einen sehr kleinen Kreis galt. Infolgedessen stellt es eine erhebliche Änderung dar, wenn man dazu übergeht, nicht nur für die Festlegung von Zahlen sondern auch für andersartige Informationen aus demselben Vorgang Konventionen zu formulieren, die als System erlernbar und damit einem größeren Kreis zugänglich sind. Leider können wir einstweilen nur die vorher angesprochenen gesiegelten Bullen und Zahlentafeln benennen, die über einen weiten geographischen Bereich verstreut gefunden offensichtlich solche festliegenden Konventionen darstellen. Wofür sie im Einzelnen gedient haben, ist unklar. Es dürfte sich aber in jedem Fall um an Ort und Stelle aufbewahrte Kontrollmittel handeln, da zumindest die Bullen wegen ihrer Zerbrechlichkeit (luftgetrockneter Ton) keinen längeren Transport ausgehalten hätten, insbesondere hätten sich die empfindlichen Siegelreliefs sehr schnell abgeschliffen. Sie als Frachtbriefe oder Warenbegleitscheine aufzufassen, ist deshalb unwahrscheinlich [gegen ALGAZE, Uruk 2.4.4].

Offenbar bestand also das Bedürfnis, bestimmte Informationen so aufzubewahren, dass sie bei Bedarf zu Kontrollzwecken wieder abgerufen werden konnten. Die Beschränkung auf Zahl und Person zeigt, dass wir uns im wirtschaftlichen Bereich bewegen. Wenn wir auch die Strukturen der vorschriftlichen Informationsspeicherung selbst nicht entziffern können – welches Siegelbild wen repräsentierte und ob möglicherweise noch andere Inhalte transportiert wurden, wie z. sozialer Status, und welche Form einer Marke für welche Zahl genau stand und wie das Zahlnotierungssystem insgesamt aussah – so können wir doch zumindest davon ausgehen, dass es sich um festgelegte Systeme handelte. Im Fall der Zählmarken ist sogar der Grund für die Unmöglichkeit einer genaueren Bestimmung benennbar, denn wir wissen von den frühen Textzeugnissen, dass es neben einem allgemein anwendbaren Zahlnotierungssystem zahlreiche objektgebundene Systeme gab, die sich nur aus ihrem Kontext erschließen; Zählmarken kommen aber so gut wie immer nur vereinzelt ohne Kontext vor [DAMEROW/ENGLUND in GREEN/NISSEN 2.6.1.2; NISSEN ET AL. 2.6.1.2: Kapitel 8].

Die weite geographische Verbreitung dieser Speichermedien bis an den mittleren und oberen Euphrat (Habuba Kabira; Scheich Hassan; Malatya) und in die östlichen Nachbargebiete (Susa; Tell i-Ghazir) zeigt an, dass es sogar über die Grenzen Babyloniens supra-regionale Möglichkeiten gegeben haben muss, die der Einhaltung der Konventionen dienten [FERIOLI ET AL. 2.6.1.1].

Das wirft die Frage auf, wo alle diese Neuerungen jenseits der einfachen Siegel und Zählmarken erdacht wurden, und wo für die Einhaltung der Konventionen gesorgt wurde, wie es vor allem notwendig ist, wenn die Systeme komplizierter wurden, wie z. B. die gesiegelten Bullen oder die gesiegelten Zahlentafeln. Da wir aus der direkt folgenden Phase wissen, dass unsere Textzeugnisse fast ausschließlich aus dem Bereich einer großen zentralen Verwaltung kommen, liegt es nahe zu vermuten, dass diese Verwaltung bereits vorher der Punkt war, an dem die Fäden zusammen liefen. Dort war man einerseits am ehesten mit den Problemen konfrontiert, und dies wäre dann gleichzeitig der Ort gewesen, wo sowohl die entsprechenden Kenntnisse in vorschriftlicher Zeit weitergegeben wurden als auch weiterführende Methoden erdacht und umgesetzt wurden [ausführlich: NISSEN 2.3.l].

Ort der Findung von Erweiterungsmöglichkeiten der Informationsspeicherung

4.3.3 Die Erfindung der Schrift

Nach den zahlreichen Versuchen in der vorschriftlichen Zeit, den Anforderungen immer leistungsfähigere Möglichkeiten der Informationsspeicherung entgegenzusetzen, war die intellektuelle Atmosphäre geschaffen, in der sofort allen Beteiligten klar sein konnte, dass die Schrift die umfänglichste Lösung aller Probleme bot, als jemand den Einfall hatte, ein System zu entwickeln, mit dem man verschiedene Einheiten benennen und die Zahl der Informationen wesentlich erhöhen konnte, die zugleich gespeichert werden konnten. Das beantwortet vermutlich auch die Frage, wo sich der Vorgang der Schrifterfindung abgespielt haben könnte, denn wir müssen annehmen, dass es auch vor der Einführung der Schrift Einrichtungen gegeben hat, in denen die nur unwesentlich weniger komple XEn vorschriftlichen Verwaltungspraktiken weitergegeben wurden: „Schule vor der Schrift" [NISSEN 2.3.11]

Schule vor der Schrift

Die Ausarbeitung des Systems brauchte aber auch deswegen keine lange Zeit, weil man auf bereits bekannte Verfahren bzw. Techniken zurückgreifen konnte [s. auch GREEN 2.6.1.4]:
– die Zählmarken samt den dort angewandten Differenzierungszeichen (Schraffuren etc.), die ihrerseits auf vorher angewandte Differenzierungsmöglichkeiten auf Behältern aller Art (Ritzung/Farbe) zurückgehen werden,
– ein festliegendes Zahl-Notierungssystem – wobei es unerheblich ist, dass wir das System der Zählmarken nicht kennen; die Damaligen kannten es und brauchten es nur umzusetzen,
– den Umgang mit Tontafeln und der Anbringung von Ritzungen (Ritzlinien zur Aufteilung der Tafeloberfläche) und Markierungen von Zahlen,
– den Umgang mit Griffeln zur Erzeugung verschiedenartiger Eindrücke.

Was fehlte waren lediglich die Schriftzeichen, die man sich aus allen Bereichen holte, in denen es vorher zur Ausbildung von Symbol- oder Kennzeichnungssystemen gekommen war:
– Zählmarken
– Textilmuster

Herkunft der Schriftzeichen

– Keramikmuster
– Körpertätowierungen

Diese Zeichensysteme bestanden zum Teil aus rein abstrakten Zeichen, zum Teil in abstrahierten Wiedergaben von Gegenständen wie man es sich am ehesten im Bereich der Textil-/Teppichmuster vorstellen kann. Wo kein geeignetes Zeichen vorhanden war, behalf man sich mit einer mehr oder weniger naturalistischen Wiedergabe des entsprechenden Gegenstandes. Aus dieser gemischten Herkunft resultierte das aus sehr heterogenen Teilen bestehende Zeichensystem der frühesten Schrift. Von den ungefähr 600 verschiedenen Zeichen der ältesten Schrift sind lediglich 114 bildhaft bzw. so gering abstrahiert, dass man die Vorlage noch erkennen kann. 98 Zeichen dagegen sind völlig abstrakt.

Proto-Keilschrift keine „Bilderschrift" Weitaus die meisten (326) Zeichen sind aus Zeichen der vorher genannten Gruppen zusammengesetzt oder aus diesen differenziert, indem Striche oder sonstige Erweiterungen angefügt wurden; ca. 70 Zeichen entziehen sich einer Einordnung. Damit sollte eigentlich deutlich sein, dass es sich bei der Bezeichnung der frühen Schrift als „Bilderschrift", oder „piktographisch" um eine Fehlbenennung handelt.

4.3.4 Die Anwendung der frühen Schrift

Schreibmaterial und Schreibtechnik Geschrieben wird mit einem Holz- oder Rohrgriffel, mit dessen rundem Ende die Zahlzeichen in die Oberfläche der Tontafel eingedrückt werden, während mit dem spitzen Ende die Schriftzeichen eingeritzt werden. Beim Ansetzen der Ritzlinie wird die Spitze des Griffels bisweilen etwas tiefer eingedrückt, was eine gewisse Verbreiterung des Linienanfangs bewirkt. In der zahlenmäßig größeren Gruppe der jüngeren Texte aus Uruk hat sich die Schreibtechnik geändert. Vermutlich um die Schreibgeschwindigkeit zu erhöhen, werden nun die Linien der Schriftzeichen mit Hilfe kantig zugeschnittener Griffel in die Oberfläche der Tontafel gedrückt. Dadurch ändert sich das Aussehen der Schrift vollständig, denn entsprechend der geraden Form des Griffels kann er nur gerade Eindrücke hinterlassen. Vorher runde Teile von Zeichen werden nun durch mehrfache kurze gerade Linien ersetzt. Durch das Eindrücken wird automatisch der „Kopf" der Linien breiter, was den Eindruck eines Keiles ergibt: daher der Name „Keilschrift" [NISSEN 2.2.2 Abb. 20]. Auch vorher bildhafte Zeichen erhalten so ein abstraktes Aussehen. So ist bereits in der Zeit der jüngeren archaischen Texte um 3000 der Abstraktionsgrad erreicht, der die Keilschrift bis in spätere Zeiten auszeichnet [KREBERNIK/NISSEN 2.6.1.4].

Erhöhung der Schreibgeschwindigkeit Auch andere Maßnahmen dienten vermutlich der schnelleren und leichteren Anwendung der Schrift. So wurden ad-hoc-Zeichenligaturen, die der Bezeichnung von Dingen gedient hatten, für die es kein eigenes Schriftzeichen gab, aufgegeben. Durch die Einführung von sogenannten Determinativen, die einem Zeichen beigefügt die inhaltliche Kategorie angaben, wurde der Bedeutungsumfang von Zeichen erhöht (ein zugefügtes GISCH = Holz erwies einen Gegenstand als aus Holz, ein zugefügtes URUDU = Kupfer als aus Kupfer gefertigt).

Einzelheiten der Masse der Verwaltungsurkunden sind nur schwer zugänglich. Haupthindernis ist, dass nur das stichwortartig geschrieben wurde, was zusammen mit den detaillierten Kenntnissen der einzelnen Verwaltungsbeamten vom Ablauf wirtschaftlicher Vorgänge nötig war, um einen bestimmten Vorgang notfalls rekonstruieren oder um nach einer bestimmten Zeit eine Soll- und Habenrechnung aufstellen zu können. Man bewegte sich in einem festen Zeichen- und Begriffssystem, ohne Notwendigkeit, eine Sprache ausdrücken zu müssen. Daher rührt nicht nur unsere Unfähigkeit, die hinter den Texten stehende Sprache benennen zu können, sondern wir verfügen natürlich auch nicht über das Hintergrundwissen, mit dessen Hilfe die Spezialinformationen der Tafeln erst zu einer Nachricht werden [eine Übersicht über die Inhalte: NISSEN ET AL. 2.6.1.3].

Der Verwendung als Verwaltungskurzschrift entsprach, dass die notwendigen Einzelheiten einer Gesamtinformation aneinander gereiht werden konnten, ohne festliegende Reihenfolge und ohne die für eine Wiedergabe von Sprache nötigen Differenzierungspartikel oder finite Verbalformen. Die Verwendung der Zeichen als Wortzeichen reichte aus, was vermutlich sogar von Vorteil war, da auf diese Weise die Texte in jeder beliebigen Sprache gelesen werden konnten. Strittig ist, ob in besonderen Fällen Zeichen mit ihrer Lautung eingesetzt wurden, beispielsweise um Eigennamen zu schreiben, die nicht lediglich aus Einzelworten bestanden. Aus dem Versuch, einen solchen Fall zu bestimmen, hatte der Erstbearbeiter der Archaischen Texte aus Uruk, A. Falkenstein, den Schluss gezogen, dass Sumerisch die Sprache der Archaischen Texte sei [FALKENSTEIN, Archaische Texte 2.6.1.2: 37–38; hier: I.5.4]; doch sind seine Argumente widerlegt worden. Dennoch ist es zur communis *opinio* geworden, dass Sumerisch zumindest der Hauptbestandteil der damaligen Sprache war [WILCKE 2.6.3]. Über die Vermutung ist aber einstweilen nicht hinaus zu kommen. Erst 700–800 Jahre später wird durch Veränderungen im Schriftgebrauch die Möglichkeit geschaffen, gebundene Sprache zu schreiben. Damit können wir nicht nur die Sprache bestimmen, sondern erhalten auch eine neue Art von Nachrichten über das damalige Leben.

Gerade die Tatsache, dass die frühe Schrift erst zusammen mit allgemeinen Kenntnissen zum vollgültigen Arbeitsinstrument wird, betont noch einmal die Nähe zu den älteren Methoden der Informationsspeicherung, wo dies in weit größerem Maße der Fall gewesen war. Die Schrift ist eben zunächst nicht als die epochemachende Neuerung angesehen worden, als die wir sie einstufen, sondern lediglich als eine – höchst willkommene – Erweiterung bestehender Möglichkeiten [für andere Ansätze cf. GLASSNER 2.6.1.1; SCHMANDT-BESSERAT, Writing 2.6.1.1].

Verwendung der Schriftzeichen mit ihrem Lautwert

4.4 Das Konzept der Tempelwirtschaft

Herkunft des Konzeptes und systematische Beschränkung der Nachrichten

Mit diesem Begriff verbindet sich die Vorstellung, die gesamte Frühzeit ganz Babyloniens sei von einer politischen Konzeption bestimmt gewesen, nach der jeweils die gesamte Siedlung einer Gottheit gehörte, die durch den irdischen Herrscher nur vertreten wurde. Das Konzept entstand vor 1920 aus der Interpretation einer großen Gruppe von Wirtschaftsurkunden, die an einer Stelle der alten Stadt Girsu, dem modernen Tello gefunden worden waren und aus dem Zeitraum von 20 Jahren um 2350 datieren [Deimel 2.6.2], und der Interpretation der sogenannten „Reformtexte" des Uru'inimgina (auch Urukagina oder Irikagina gelesen). In diesem Text bestimmt der Herrscher den Stadtgott von Girsu, Ningirsu, dessen Gemahlin Baba und Sohn Šulšagana, als Oberherren des „Hauses" (d.h. Haus und Haushalt) und der Felder der Herrscherfamilie, und bemerkt, dass dies der „Ordnung von früher" entspreche. Danach hätte der Herrscher mit der Rückgabe des widerrechtlich angeeigneten Besitzes die alte Ordnung wieder hergestellt, derzufolge die gesamten Ländereien und damit die Stadt der Stadtgottheit gehörte [Hruška 2.6.2]. Äußerungen in Texten anderer Lagaš-Herrscher, nach denen sie vom Gott x erwählt, oder von der Göttin y geboren seien, unterstützten das Bild [Steible, altsumerisch 1.1].

Diese auf die Texte aus Tello bezogenen Ansätze wurden von anderen aufgegriffen, vor allem von der Volkswirtschaftlerin A. Schneider, die in dieser Organisationsform, in der alles auf den Tempel konzentriert war, eine frühe Form des Staatskapitalismus sah. Sie verallgemeinerte so die Ansätze Deimels zum Bild einer gültigen Staatsform [Schneider 2.6.2].

Als sich in der Folgezeit der historische Gesichtskreis erheblich über die Zeit dieser Texte hinaus nach rückwärts vergrößerte, bot sich an, die gleiche Organisationsform auch für die früheren Zeiten anzunehmen, wobei zwei wesentliche materialimmanente Beschränkungen nicht ernst genommen wurden.

Von der einen Beschränkung war bereits die Rede, insofern als die Texte alle nur aus einem Ort und aus einer kurzen Zeitspanne stammten. Auch heute noch kennen wir vergleichbare Texte weder aus anderen Orten Babyloniens noch aus einer etwas älteren Zeit, die uns gestatten würden, die Allgemeingültigkeit für die ganze Epoche und für das ganze Land zu überprüfen. Wie bereits im 1. Teil erwähnt wurde, wird der These der Allgemeingültigkeit die Möglichkeit gegenübergestellt, dass es sich bei diesem aus den Tello-Texten ablesbaren Konzept um ein historisch bedingtes, möglicherweise lokal und zeitlich beschränktes Phänomen handelt.

Die zweite Beschränkung ist dadurch gegeben, dass das Datum dieser Texte aus Tello nahe an der Zeit liegt, in der zum ersten Mal gebundene Sprache wiedergegeben werden konnte, Texte also nicht nur aus Stichworten der Wirtschaftsverwaltung bestanden wie zuvor. Aus systematischen Gründen konnte es daher für die ältere Zeit aus schriftlichen Quellen kein Korrektiv geben.

Allerdings schien die Fundsituation der viel älteren archaischen Texte aus Uruk die Übertragbarkeit des Konzeptes auf die älteren Perioden zu bestätigen, denn diese frühesten Urkunden, die die Akten einer zentralen Wirtschaftsverwaltung darstellen, waren nachweislich mit wenigen Ausnahmen alle im Zentralgebiet in Uruk gefunden worden. Da hier unzweifelhaft in späterer Zeit das Hauptheiligtum Eanna der Inanna, der Stadtgöttin von Uruk, lag, galt und gilt das Zentralgebiet auch für die älteren Zeiten als Tempelgebiet. Der erste Bearbeiter dieser Tafeln, A. Falkenstein, hatte 1936 die entsprechenden Schlüsse daraus gezogen, allerdings bereits darauf hingewiesen, dass einige wenige Tafeln auch außerhalb des Zentralgebietes gefunden worden waren und somit „nicht nur im Tempelgebiet geschrieben worden ist", dass man „neben dem Tempelbetrieb" „wohl schon zur Zeit der ältesten Texte eine private Wirtschaft anzunehmen" habe [FALKENSTEIN, Archaische Texte 2.6.1.2: 47].

Dennoch wurde, ohne sich die zeitlich/räumliche und systematische Beschränkung der Quellen klar zu machen, das Konzept der „Tempelstadt" nicht nur für die Zeit der Tello-Texte auf das ganze Land übertragen sondern auch zur politischen Normalform der davorliegenden Zeit erklärt. Auf diese Weise findet es sich bereits als feste Lehrmeinung bei A. MOORTGAT 1945 [2.2.2], wie auch in seiner 1950 erschienenen Geschichte Vorderasiens [in SCHARF/MOORTGAT 2.2.2], und schließlich zusammenfassend in A. FALKENSTEINs Artikel „La Cité Temple" [2.6.2; prägnanter noch bei KRAUS 2.6.2], der wiederum die Grundlage bildete für seinen und D. O. EDZARDs Beiträge in der Fischer Weltgeschichte [FALKENSTEIN; EDZARD (beide 2.2.2)]. *Verallgemeinerung des Konzeptes*

Zwar hatte dieser Auffassung T. JACOBSEN 1957 eine andere Argumentation zur Seite gestellt [Political Development 2.6.4], derzufolge sich aus Heerführern ein selbständiges Königtum entwickelt hatte, was letztlich aber die Grundauffassung nicht in Frage stellte; entschiedener wandten sich I. J. GELB 1969 [2.6.2] und I. M. DIAKONOFF 1974 [2.6.4] dagegen, indem sie in verschiedener Weise mit zahlreichen Belegen für eine starke private Beteiligung am Wirtschaftsprozess plädierten, doch blieb ohne weitere Diskussion die andere Auffassung die herrschende Meinung, die sogar in jüngster Zeit in besonders plakativer Weise von P. Steinkeller wiederholt worden ist, der deswegen hier zitiert sei: *Gegenargumente*

„Nach offizieller Ideologie war der Stadtstaat das private Eigentum einer göttlichen Großfamilie. Der Hauptgott als das Oberhaupt dieser Familie, war der *de-facto* Eigentümer des ganzen Staates. Zugleich gehörte ihm zusammen mit seiner Gemahlin und Kindern als uneingeschränkter Besitz die Hauptstadt wie ihre Umgebung. Niedrigere Gottheiten hatten entsprechend kleinere Besitzungen um Städte und Dörfer. [...] Die Regierung über den Stadtstaat wurde von einem Beamten durchgeführt, der ensik genannt wurde, dessen Amt sowohl säkulare wie auch religiöse Aufgaben umfasste. Der ensik funktionierte als irdischer Statthalter des Stadtgottes, in einer Beziehung, die der zwischen einem Gutsverwalter und dem abwesenden Gutsherren vergleichbar ist." [STEINKELLER 2.6.: 116f., Übersetzung HJN].

Die Gegenargumente sind vor allem durch die archäologischen Forschungen verstärkt worden. Insbesondere die Untersuchungen über die Veränderungen der Besiedlung haben deutlich gemacht, dass in der Zeit vor den Texten aus Tello sich *Nichteignung des Konzeptes als allgemeines Erklärungsmodell* grundlegende Veränderungen vollzogen haben, die es höchst unwahrscheinlich sein lassen, dass ein- und dieselbe politische Organisationsform für die ganze Frühzeit gegolten haben sollte. Zu denken ist vor allem an die Umschichtung der Bevölkerung, die sich daran festmachen lässt, dass im Untersuchungsgebiet um die Stadt Uruk von einem annähernd 50:50-Verhältnis zwischen Stadt- und Landbevölkerung gegen Ende des 4. Jts. ausgehend sich im Laufe von 400 bis 500 Jahren bis zur Zeit der Texte aus Tello hin eine Situation ergeben hat, in der der weitaus größte Teil der Bevölkerung in Städten lebte, und dass parallel und damit zusammenhängend in dieser Zeit erst die Notwendigkeit der Anlage großflächiger Kanalanlagen entstanden war [NISSEN 2.2.2; DERS., Surveys 2.3.6]. Beides stellte große Anforderungen an den Ausbau der politischen Organisation, sei es durch den Aufbau einer Verwaltung der Bewässerungseinrichtungen, sei es durch die Formulierung von Regeln und entsprechenden Institutionen zur Konfliktvermeidung und -lösung. Es ist nicht vorstellbar, dass die politische Organisationsform unbeeinflusst geblieben wäre.

In der Tat stellen sich bei Verlassen des Dogmas der Theokratie auch verschiedene andere Argumente ein. So zum Beispiel, dass die Wirtschaftstexte aus Fara (Ende Frühdynastisch II) alle in Privathäusern gefunden wurden und von erheblichen Wirtschaftsgeschäften in privater Hand berichten [MARTIN 2.6.4]. Zudem fand sich bei der systematischen Durchschneidung der Ruine von Fara durch parallele Suchgräben nichts, was auf ein zentrales Tempel- und Wirtschaftsgebiet hindeuten würde. Die Tafeln aus Ǧemdet Nasr wurden in einem Gebäude gefunden, dessen Benennung als „Palast" zwar nicht über jeden Zweifel erhaben ist, das aber in keinem Teil einen kultischen Bezug erkennen lässt [MOOREY 2.6], und für Uruk wurde schon angedeutet, dass der Eindruck, die Tafeln beträfen nur eine Zentralverwaltung, davon herrührt, dass fast nur im Zentralgebiet gegraben worden ist. Die Fundsituation der älteren Textgruppen spricht also gerade nicht für die genannte These, nach der die Wirtschaftsorganisation konzentriert nur in den Händen der Tempel lag. Schließlich sei daran erinnert, dass sich in der Liste der leitenden Beamten nicht einer findet, der als Kultperson bezeichnet werden müsste (s. 1. Teil). In der Zwischenzeit ist auch eine Neubearbeitung der entsprechenden Texte aus Tello von G. J. Selz vorgelegt worden, der insbesondere in der Einleitung zum 3. Band die Akzente differenzierter setzt [SELZ 2.6.4. Zur neueren Diskussion vgl. auch FOSTER 2.6.2 und GLASSNER 2.6.2].

Eine grundsätzliche Neubewertung der Gesamtsituation müsste sich auch damit auseinandersetzen, dass aus systematischen Gründen der private und der ländliche Sektor in unseren Nachrichten kaum oder gar nicht in Erscheinung tritt, obwohl sie zweifellos wichtige Rollen im Gesamtgefüge gespielt haben. Wie die Zufälligkeiten der Textauswahl uns bereits jetzt eine politische Organisationsform vorgegaukelt haben, die nie die meist widerspruchslos akzeptierte Allgemeingültigkeit besaß, so laufen wir auch Gefahr, dass die Tatsache, dass innerhalb der großen Orte selten außerhalb der Zentralgebiete gegraben worden ist und kaum jemals in Orten außerhalb der großen Städte, uns eine Zentralisierung auf allen Organisationsebenen suggeriert, die es so nie gab.

4.5 Sumerer und Semiten

Die Herkunft der beiden Gruppen, die der babylonischen Kultur und Gesellschaft am nachhaltigsten zu ihrer Besonderheit verholfen haben, der Sumerer auf der einen, der Akkader oder frühen semitischen Gruppen auf der anderen Seite, und vor allem das gegenseitige Verhältnis, ist in der Vergangenheit zum Teil heftig diskutiert worden. Dies hängt u. a. damit zusammen, dass in die Behandlung ethnischer Fragen – insbesondere wenn es um so prestigeträchtige Probleme geht, wie welchem Volk die Entstehung der Frühen Hochkultur zu verdanken sei – oft auch emotionale bzw. ideologische Komponenten einflossen [Jacobsen 2.2.1]. So wie es in der Ethnologie inzwischen als immanentes Problem erkannt und anerkannt ist, dass sich in die Beziehung zwischen Forscher und Erforschtem stets auch ein subjektives Element einschleicht, findet sich dieses Phänomen auch bei der Erforschung alter Kulturen.

_{Sumerer und Akkader als Träger der babylonischen Hochkultur}

Die Problematik geht darauf zurück, dass auf der einen Seite die Unterschiede zwischen den beiden Sprachen und ihren Sprechern [verschiedene Verwandtschaftsstrukturen, erwiesen durch unterschiedliche Terminologie; zuletzt Götzelt 2.6.3] unübersehbar sind, und dass aus dem Nacheinander der schriftsprachlich sumerisch bestimmten Frühdynastisch III-Zeit (auch altsumerisch genannt), der akkadisch bestimmten Zeit der Dynastie von Akkad und der wiederum sumerisch-schriftsprachigen Ur III-Zeit (auch neusumerisch genannt) auch auf politisch/gesellschaftliche Unterschiede geschlossen werden kann. Auf der anderen Seite ist jedoch trotz vielfältiger und eingehender Versuche den Texten gleich welcher Art nichts zu entlocken, was auf ethnisch bedingte Konflikte in der damaligen Gesellschaft deuten würde [Kraus 2.6.3].

Ethnische Konflikte?

Das Problem bleibt bestehen, auch wenn man die Unterschiede relativiert, indem man zeigen kann, dass ein Vater einen sumerischen, der Sohn einen akkadischen Namen tragen konnte, oder umgekehrt, dass also aus der sprachlichen Zugehörigkeit des Personennamens nicht von vorne herein auf die ethnische Zugehörigkeit der Person geschlossen werden kann. Nicht nur in solchen Fällen bleibt uns der Grund für die Namenswahl uneinsehbar, sondern wir müssen uns eingestehen, dass dies insgesamt für die Sprachwahl gilt. Man mag auch darüber spekulieren, dass Konflikte zwischen den beiden Gruppierungen durchaus existierten, sie aber nie einen Grad annahmen, der ihre schriftliche Erwähnung hätte nach sich ziehen können. In jedem Fall ist wohl die Frage nach dem gegenseitigen Verhältnis zur Zeit nicht zu beantworten [s. Bibliographie Abschnitt 2.6.3].

In ähnlicher Weise sind wir mit der Frage nach der Herkunft der beiden ethnischen Gruppen überfordert. Gemeinhin gelten die Sumerer als die Schöpfer der frühen städtischen Kultur, was aber lediglich eine Kombination aus der Annahme ist, dass die Träger dieser Kultur dieselben gewesen seien wie in der späteren

Herkunft der Sumerer und Akkader

Zeit, deren Texte man als Sumerisch identifizieren kann, und dem genannten Versuch A. FALKENSTEINS [Archaische Texte 2.6.1.2: 37–43], die Sprache der Archaischen Texte als Sumerisch zu erweisen. Beides ist unbewiesen, wenn auch nach wie vor plausibel. Wenn so, dann bleibt immer noch die Frage, ob die Sumerer die ursprünglichen Bewohner der babylonischen Tiefebene gewesen sind oder spätere Einwanderer. B. Landsberger hat versucht, sich dieser Frage von sprachlicher Seite her zu nähern, indem er auf die Tatsache verwies, dass die Namen der Städte nicht aus dem Sumerischen ableitbar sind, und dass es eine Reihe von Begriffen wie vor allem für Grundtätigkeiten in der als Sumerisch bezeichneten Sprache gebe, die ebenfalls nicht sumerisch etymologisierbar sind. Nach seinem Vorschlag sind die Sumerer Einwanderer, die sich die alten Ortsnamen und weitere Begriffe der bereits ansässigen Bevölkerung zueigen machten [LANDSBERGER 2.6.3; aufgenommen von WILHELM 2.8.2]. Als Zeitpunkt der Zuwanderung bot sich die Zeit der frühen städtischen Kultur mit ihren Veränderungen auf vielen Gebieten an. So hatte bereits H. FRANKFORT argumentiert, als er das Aufkommen einer neuen Keramikart gegenüber der älteren ʿObed-Bemalung als Anzeichen für eine Neugruppierung der Bevölkerung ansah [2.6.3].

Sumerer nicht die Urbevölkerung

Zwar verbinden wir diese Veränderungen bei der Keramik jetzt eher mit Änderungen in der Technologie, wie wir überhaupt das Auftreten einer neuartigen Fundgruppe nicht mehr so ohne weiteres mit der Einwanderung einer neuen Bevölkerung erklären. Doch erfährt jetzt die These der Einwanderung der Sumerer zur Uruk-Zeit eine Unterstützung durch die Beobachtung einer massiven Neubesiedlung der babylonischen Schwemmebene im Verlaufe der Uruk-Zeit, die kaum ohne die Einwanderung früher nicht in Babylonien ansässiger Gruppen zu erklären ist. Darin hauptsächlich die Sumerer zu sehen, hat zur Zeit die größte Wahrscheinlichkeit. Es bleibt jedoch die Frage nach der Herkunft, die weder archäologisch noch sprachlich zu lösen ist, da weder das Fundmaterial der Uruk-Zeit aus irgendeiner anderen Region in etwaiger Vorstufe bekannt ist, noch die sumerische Sprache sich irgendeiner bekannten Sprachfamilie anschließen lässt [ganz neue Gesichtspunkte für die Beurteilung dessen, was wir als Sumerisch bezeichnen, bringt HOYRUP 2.6.3].

Zeitpunkt der Einwanderung der Sumerer

Die Akkader sind zwar unstreitig spätere Einwanderer, doch ist ihre Herkunft genauso unklar wie der Zeitpunkt ihrer Ankunft. Versuche, ihre Einwanderung für die Umgestaltung Eannas zwischen den archaischen Schichten IV und III verantwortlich zu machen [STEINKELLER 2.6] oder für das angebliche Chaos zur Frühdynastischen Zeit hin [FALKENSTEIN 2.2.2; so bereits MOORTGAT, Siegel 2.2.6 und A. MOORTGAT in: SCHARF/MOORTGAT 2.2.2], gehen an den Beobachtungen vorbei, die eine grundlegende Kontinuität in der Schrift oder in den Besiedlungsstrukturen anzeigen. In jedem Fall wissen wir, dass ein größerer Teil der sumerisch-sprachigen Frühdynastisch II/III Texte aus Abu Salabih von Schreibern mit akkadischen Namen verfasst wurden [BIGGS 2.6.3], dass also Angehörige dieser Gruppe gegen die Mitte des 3. Jt.s zur Führungsschicht gehörten. In die gleiche Richtung deutet der akkadische Name Pu-abi, einer der Königinnen aus dem Königsfriedhof von Ur [NISSEN 2.6.], und schließlich

Zeitpunkt der Einwanderung der Akkader

finden wir bereits in der sumerischen Sprache der Frühdynastisch III-Zeit eine Reihe akkadischer Lehnworte [FALKENSTEIN 2.6.3]. Nicht auszuschließen ist, dass ein genaueres Studium der Archaischen Texte aus Ur (Frühdynastisch I) Anzeichen für semitische Lehnwörter ergeben könnte, wie das durchaus auch für die Archaischen Texte aus Uruk vorstellbar ist. Wie sich diese Fragen auch einmal beantworten lassen werden, feststeht auf jeden Fall, dass das Zusammenleben der beiden großen Bevölkerungsgruppen in eine frühe Zeit zurückgeht, und dass vermutlich noch andere Gruppen, wie z. B. Reste der ursprünglichen Bewohner an der Ausformung und Weiterentwicklung der städtischen Kultur beteiligt waren. Soweit sich daraus Konflikte ergaben, sind sie für uns zur Zeit nicht erkennbar.

4.6 NICHT-SESSHAFTE

Nicht-Sesshaftigkeit war in den Kapiteln des ersten Teils verschiedentlich angesprochen worden, vornehmlich in zwei Zusammenhängen: einmal bei der Frage der frühen Lebensformen, wo eine nichtsesshafte Lebensweise für lange Zeit die einzige Art des Überlebens bot, bis sich schließlich die sesshafte Lebens- und Wirtschaftsweise verfestigte. Zum anderen waren wiederholt nicht- oder nicht vollsesshafte Gruppen wie die Gutäer, Amurriter, Kassiten oder Aramäer erwähnt worden, die in die Gebiete der Sesshaften eindringen und dort zum Teil die Führung übernehmen. Abgesehen von den Eroberungsabsichten haben wohl auch die jeweils unterschiedlichen gesellschaftlichen Strukturen zu Auseinandersetzungen geführt [allgemein zum Problem: SCHOLZ 2.3.8 und die Bibliographie SCHOLZ 1.2.3]. In beiden Fällen haben nicht-sesshafte Gruppen in erheblicher Weise den Gang der Entwicklung bestimmt. Ein dritter Komplex ist hier zu nennen, auch wenn er bis jetzt nicht erwähnt worden ist: die Existenz von nicht-sesshaften oder nicht-vollsesshaften Gruppen innerhalb von Bevölkerungen, die wir normalerweise nur als Sesshafte sehen. Für jegliche Siedelgebiete, deren Nutzbarkeit nach den Rändern abnimmt, oder dessen Randgebiete nur unregelmäßig Wasser erhalten, wie es bei Bewässerungsgebieten der Fall ist, die von Flüssen mit jährlich stark fluktuierendem Wasseraufkommen abhängen, kann man annehmen, dass sich dort flexiblere Lebensweisen ausgebildet haben, die die Unsicherheit des Ackerbaus durch vermehrte Weidewirtschaft kompensieren konnten [NISSEN 2.3.8; BERNBECK 2.3.6]. Diese größere Flexibilität war vermutlich ein nicht zu unterschätzendes Problem für Stadt- und Staatsregierungen [s. auch die verschiedenen Artikel ROWTON 2.3.8; SZUCHMAN 2.3.8].

Gegenüber der Bedeutung solcher Gruppen und Problemen bei der politischen Entscheidungsfindung sind unsere Möglichkeiten, Informationen zu erlangen, absolut unzureichend. Die Gründe sind systematischer Art: Nicht-sesshafte haben *per definitionem* keine Siedlungen hinterlassen und sind darum von archäologischer Seite her kaum fassbar, und es gibt von ihnen keine eigenen schriftlichen Zeugnisse, nur Zeugnisse über sie. In Anbetracht der Bedeutung

Systematische Gründe für das Fehlen von Informationen

hat man sich aber schon lange Gedanken gemacht, wie man ihrer habhaft werden könnte.

Am einfachsten scheint es, von Erwähnungen in den schriftlichen Quellen auszugehen und in der Tat stammen unsere meisten Kenntnisse aus den Berichten der Sesshaften. Dass wir die oben erwähnten Gruppen überhaupt per Namen kennen, verdanken wir selbstverständlich den schriftlichen Quellen. Doch hat dieser Ansatz zwei entscheidende Grenzen. Auf der einen Seite besteht von den Sesshaften her ein tiefes Misstrauen dem „fahrenden Volk" gegenüber, so dass von vorneherein Berichten über Nichtsesshafte Vorsicht entgegenzubringen ist; nicht immer wird die Abneigung so deutlich zum Ausdruck gebracht, dass Nichtsesshafte als „Hunde, die nur bellen" oder als Leute, die „Vater und Mutter nicht kennen" beschrieben werden. Auf deren anderen Seite ist zu vermuten, dass in vielen Fällen quasi täglicher Auseinandersetzungen die Schwelle nicht erreicht wurde, von der an solche Dinge Aufnahme in schriftliche Berichte fanden [BUCCELLATI 2.6.6; KUPPER 2.3.8; MALBRAN-LABAT 2.3.8; WILCKE, Amurriter 2.6.6].

Schwieriger scheint es, sich von archäologischer Seite her dem Problem zu nähern, da die Quellen kaum aussagekräftig zu sein scheinen. Vorteilhaft ist jedoch, dass dies ein Problem ist, dem sich Archäologen und Anthropologen auf der ganzen Welt konfrontiert sehen, wobei dort bisweilen intensiver nach Möglichkeiten der Informationsgewinnung gesucht wird, da sämtliche anderen Nachrichten fehlen. Zu nennen ist hier die Zusammenfassung von R. CRIBB [2.3.8], und der Versuch von F. HOLE, eine Fundstelle in Südwestiran als frühen Lagerplatz einer nicht-sesshaften Gruppe zu erklären [2.3.8], dem jedoch R. BERNBECK widersprochen hat [2.3.8; s. ferner BAR-YOSEF ET AL. 2.3.8].

4.7 EBLA

Von den Textfunden im syrischen Ebla war bereits berichtet worden wie auch davon, wie dieser Neufund uns mit einem Schlag eine Reihe neuer Erkenntnisse erbrachte [EDZARD 2.8.1 und Bibliographie 2.8.1]. Hier soll nur der Aspekt der Datierung mit den Konsequenzen für die allgemein kulturhistorische Einordnung zur Sprache kommen.

1964 hatte eine italienische Expedition unter Leitung von P. Matthiae mit Ausgrabungen auf dem Tell Mardiḫ 55 km südwestlich von Aleppo begonnen. Im Laufe der Jahre war insbesondere die Stadtanlage aus den ersten Jahrhunderten des 2. Jt.s erforscht worden. Nichts hob die Stadt heraus aus den zahlreichen anderen Stellen archäologischer Tätigkeit, wenn man davon absieht, dass jede Grabung Neues, Unverwechselbares zutage bringt. Dies änderte sich plötzlich, als 1974–76 der ältere Palast G und vor allem seine Archive entdeckt wurden, aus denen über 18 000 Tontafeln und Fragmente geborgen werden konnten [MATTHIAE 2.8.1].

Textfunde in Ebla

Der damalige Grabungsphilologe und Sumerologe G. Pettinato konnte nicht nur in kürzester Zeit die Sprache der in Keilschrift verfassten Tafeln als eine alte semitische Sprache bestimmen, insofern mit dem Akkadischen Mesopotamiens verwandt aber einem anderen Sprachzweig angehörig, sondern er gab bereits kurz nach der Entdeckung einen Überblick über die verschiedenen Textgattungen. Der fast 7000 Nummern umfassende Katalog [Pettinato 2.8.1] verschafft auch heute noch den besten Überblick, ergänzt durch die kommentierten Zusammenfassungen von B. Kienast und H. Waetzoldt [2.8.1] und A. Archi [Ebla 2.8.1]. Leider kam es wenige Jahre nach der Entdeckung zu einem Zerwürfnis mit dem Ausgräber Matthiae, das Pettinato von der weiteren Arbeit ausgeschlossen hätte, wenn er nicht über die detaillierten Auszeichnungen aus der Entdeckungsphase verfügt hätte. Nachfolger als Grabungsphilologe wurde A. Archi.

Seit 1978 ein offizielles Gegenprogramm zu G. Pettinatos Publikationsplänen vorgestellt wurde, wird die Veröffentlichung der Texte von beiden Seiten vorangetrieben – nicht zum Schaden der Wissenschaft, der auf diese Weise die Texte von Ebla in weitaus schnellerem Maße zugänglich gemacht werden, als es bei vielen anderen Grabungen der Fall ist. Die Wichtigkeit, die diese Texten erlangten, geht schon daraus hervor, dass eine 1984 vorgelegte Bibliographie aller Arbeiten über die Ebla-Texte 147 Titel aufführte, während eine weitere 1987 erschienene Bibliographie bereits 590 Titel zählt [unter 1.2.3 die Titel Baldacci/Pomponio sowie Baffi Guardata et al. 1989 und 1995].

Der Streit ging vor allem um die zeitliche Zuordnung der Texte. P. Matthiae berief sich auf den Fund einer beschriebenen Scherbe eines Steingefäßes mit dem Namen des ägyptischen Pharao Phiops I. (= Pepi I.) im Zerstörungsschutt des Palastes G und auf die Berichte in Inschriften der akkadischen Herrscher Sargon und Naramsin, dass sie Ebla eingenommen, bzw. zerstört hätten. Daraus schloss er auf eine Zerstörung des Palastes in akkadischer Zeit, vorzugsweise durch Naramsin, was eine Datierung der Texte in die Zeit um 2300 nach sich zog. G. Pettinato betonte dagegen die Ähnlichkeit, ja Gleichheit der Schriftgestalt mit der der Texte aus Fara bzw. der älteren Texte aus Tello mit einem Datum um 2500. Inzwischen verringern sich die Gegensätze, indem Matthiae eine Datierung der Zerstörung des Palastes in die frühen Jahre Sargons für möglich hält, was ein Datum der Texte in die Zeit vor 2330 nach sich zieht [P. Matthiae in: Waetzoldt/Hauptmann 2.8.1; Matthiae et al. 2.8.1]. Dass in den Texten zwar die babylonische Stadt Kiš erwähnt ist, nicht aber die Stadt Akkad, die in Babylonien mit Sargon die Nachfolge von Kiš als Machtzentrum angetreten hatte, nimmt D. O. Edzard zum Anlass, sich gleichfalls für eine Datierung in die vorakkadische Zeit auszusprechen [Edzard 2.5: 65; 2.8.1: 22].

<small>Streit um die Datierung der Texte</small>

Schwierigkeit schien allein noch die Pepi-Inschrift zu bereiten, da dieser Pharao herkömmlicherweise mit einer Regierungszeit von 2300 bis 2268 später angesetzt wird als Sargon von Akkad (nach der mittleren Chronologie) mit den Daten 2334–2279. Neuere Untersuchungen zur Dauer der 1. Zwischenzeit in Ägypten [Seidlmayer 2.3.5] machen allerdings wahrscheinlich, dass die Daten des Alten Reiches in Ägypten um 50 bis 80 Jahre heraufgesetzt werden müssen, so dass nun auch von ägyptischer Seite einem Ansatz der Zerstörung des Palastes

<small>Datierung von Pharao Phiops I.</small>

und damit einem terminus ante quem für das Alter der Tafeln vor 2330 nichts mehr im Wege steht. Abgesehen von der Datierung der Funde aus Ebla liegt die Bedeutung dieser Überlegungen darin, dass wir mit einem möglichen Synchronismus zwischen Pepi und Sargon die einzige zeitliche Verknüpfung zwischen Ägypten und Mesopotamien für das 3. Jt. hätten.

<small>Älteste Dokumente der Schreibung einer semitischen Sprache</small> Wichtiger als die exakte Datierung ist aber, dass nun Übereinkunft darüber besteht, dass die Texte aus Ebla aus der Zeit vor Sargon stammen und es damit als gesichert gelten kann, dass dieses Gemeinwesen mit einer entwickelten Organisationsform und Schriftgebrauch nahe an die Zeit zu liegen kommt, in der in Babylonien zum ersten Mal die Schrift zur vollständigen Wiedergabe von Sprache genutzt wurde. Ferner wird damit deutlich, dass zu einer Zeit, in der in Babylonien alle Texte in Sumerisch verfasst wurden und nur wenige Hinweise die Präsenz von Semiten festzustellen erlauben, in einem Nachbarbereich eine kulturelle Ausprägung allein auf der Grundlage einer semitischen Bevölkerung beruhte. In der weitgehend phonetischen Verwendung der babylonischen Keilschriftzeichen ist hier sogar ein Umgang mit der Schrift zu bemerken, der in Babylonien erst in den sumerischen Texten dieser Zeit beginnt und sich in der Zeit der akkadischen Dynastie durchsetzt.

Von einigen Schlussfolgerungen war schon im ersten Teil die Rede. Die eine ist, dass zu einer Zeit, die für uns für Syrien noch fast völlig im Dunkeln liegt, d.h. die Zeit zwischen dem Ende der uruk-zeitlichen Siedlungen und den gerade besprochenen Texten, eine eigene städtische Ausprägung entstanden sein muss, die dann zu einem bestimmten Zeitpunkt Organisationsformen aus Babylonien zur Lösung der eigenen Probleme als Ganzes übernahm [POSTGATE 2.8.1]. Gerade diese Übernahme zeigt allerdings auch sehr deutlich, dass hier keine Entwicklungslinie von den uruk-zeitlichen Siedlungen im syrischen Raum her besteht.

<small>Phonetische Verwendung der Keilschriftzeichen in Ebla als Vorbild für die entsprechende Umbildung in Babylonien?</small> Die zweite Überlegung steht im Zusammenhang mit der Frage, warum nach der langen Zeit der fast ausschließlichen Verwendung der Schrift in Babylonien zur Wiedergabe eines Verwaltungsjargons in kurzer Zeit die Schrift zur vollen Wiedergabe von Sprache eingerichtet wird. Die Vermutung war bereits ausgesprochen worden, dass dies mit der Notwendigkeit zusammenhängt, die Schrift zunehmend zur Wiedergabe einer anders strukturierten Sprache einzusetzen. Während für die weitgehend auf einsilbigen Wörtern beruhende sumerische Sprache die Verwendung der einzelnen Schriftzeichen als Wortzeichen angemessen ist, musste auf die phonetische Verwendung der Zeichen umgestellt werden, wenn die genaue Lautung semitischer Worte darzustellen war. Ferner konnte dem agglutinierenden Charakter der sumerischen Sprache das einfache Aneinanderfügen von Zeichen gerecht werden, während das flektierende Semitische mit der Angabe einer Bedeutungsänderung durch Veränderungen im Wortstamm sich nur mit einer Auflösung dieses Stammes in Silben und ihrer Schreibung mit Hilfe von phonetischen Silbenzeichen ausdrücken ließ.

Die damit verbundene vermehrte Verwendung der Zeichen mit ihrem von der Wortbedeutung abstrahierten Silbenwert hätte dann auf die Schreibung der sumerischen Sprache zurückgewirkt und damit die Wiedergabe all jener Partikel und Teile der Sprache ermöglicht, die innerhalb des Verwaltungsjargons nicht, zur genauen Wiedergabe eines literarischen oder historischen Textes aber sehr wohl nötig waren. Das bereits vorher von philologischer Seite geforderte und jetzt einvernehmliche höhere Datum macht es möglich, dabei nicht nur an eine weitgehend hypothetische Verwendung für die Wiedergabe akkadischer Texte in Babylonien nachzudenken, die nur noch nicht gefunden seien, sondern direkt die Schriftverwendung in Ebla und anderen syrischen Zentren der Zeit [LEBEAU 2.8] in diese Entwicklung einzubeziehen.

Am Beispiel der Ebla-Forschung lässt sich nicht nur zeigen, wie sich in kürzester Zeit durch Neufunde und Intensivierung der Forschung neue Erkenntnisse gewinnen lassen, sondern wie sich unsere Erkenntnisse dahin erweitern, dass die scheinbar nur von innen heraus gespeiste Entwicklung der babylonischen Kultur in hohem Maße der Impulse von außen bedurfte.

4.8 Wirtschafts- und Sozialgeschichte der Ur III-Zeit

Wir hatten bereits gesehen, dass im 21. Jahr des Königs Šulgi, des zweiten Herrschers der III. Jahr von Ur (2094–2047) etwas geschehen sein muss, das wir versuchsweise und sicher nur unzureichend als „Verwaltungsreform" bezeichnen. Stärkstes Argument dafür ist die Beobachtung, dass von diesem Jahr an ein Mehrfaches an Verwaltungsurkunden von dem vorhanden ist, was wir für die frühen Jahre dieser Periode kennen. Erst von diesem Jahr an gilt das, was als weitgehende staatliche Kontrolle über Grund und Boden sowie über die Arbeitskraft bezeichnet wird. Offenbar ist das bestehende Verwaltungssystem um verschiedene Bestimmungen erweitert worden, unter denen diejenige für uns am sichtbarsten ist, die die schriftliche Fixierung als Kontrollmittel einsetzte. Als Hintergrund war im ersten Teil die Verschärfung der Versorgungslage vermutet worden, als Resultat aus einer stark ansteigenden Bevölkerung und einer zunehmenden Verringerung der landwirtschaftlichen Nutzfläche durch Wassermangel und Versalzung. Als Auslöser für die verschärften Kontrollen sind auch die verstärkten Kriegsanstrengungen Šulgis angeführt worden [ENGLUND, Organisation 2.6.6: 57].

    „Verwaltungsreform" des Königs Šulgi

Was auch immer der Anlass war, das für unsere Erkenntnisse relevante Ergebnis ist, dass wir vom 21. Regierungsjahr Šulgis plötzlich eine Vielzahl von Urkunden kennen, d.h. für jedes Jahr mehr als für die gesamten vorhergehenden Jahre einschließlich der seines Vaters Urnamma, – ca. 30 000 sind veröffentlicht, und weitere 50 000–60 000 liegen noch unveröffentlicht in den Museumsmagazinen –, die fast jeden Bereich der staatlichen Verwaltung betreffen [ENGLUND, Organisation 2.6.6: 3 Anm. 23]. Nicht nur die große absolute Zahl, sondern auch die einigermaßen ausgewogene inhaltliche, zeitliche und räumliche Streuung der Texte sollten eigentlich Anlass zur Hoffnung geben, dass eine ebenso ausgewogene Rekonstruktion der Gesamtzusammenhänge möglich sei, die einer-

    Textbestand der Ur III-Zeit

seits viele Bereiche des Wirtschaftslebens erfassen als auch regionale Unterschiede innerhalb Babyloniens erkennen lassen würde.

Aus verschiedenen Gründen ist jedoch dieses Ziel selten angegangen worden, u. a. stand ihm paradoxerweise gerade die Masse der Informationen entgegen. Bei einer Fülle von Detailstudien ist es kaum zu Übersichten gekommen, nicht weil es nicht versucht worden wäre, sondern weil die Ergebnisse der Einzelstudien sich nicht ohne weiteres in Übereinstimmung bringen ließen. Daraus wurde stets der Schluss gezogen, dass noch weitere und eingehendere Detailstudien nötig seien, um den Gesamtkontext zu erkennen, statt die Idee zu verfolgen, dass systematische Gründe für die Diskrepanz verantwortlich sein könnten. Zu ersterer Einschätzung konnte bzw. musste man gelangen, weil alles dafür zu sprechen schien, dass der Ur III-Staat und seine Verwaltung so zentralistisch aufgebaut, d.h. überall nach den gleichen Kriterien organisiert waren, dass Abweichungen insignifikant seien. Eine weitgehend gleichartige Terminologie unterstützte diese Auffassung. Dabei wurde übersehen, dass die Hauptmasse der Texte aus der Grabung in Tello stammte; die Frage nach regionalen Abweichungen konnte sich also gar nicht stellen.

Selbst als Texte anderer Herkunft bearbeitet wurden, machte sich die Möglichkeit regionaler Eigenheiten zunächst nicht bemerkbar, da die Verwalter der Ur III-Zeit sich in den meisten Urkunden eines Verwaltungsjargons bedienten, der z. B. wenig mit finiten Verbalformen arbeitete [ENGLUND, Organisation 2.6.6: 2]. Dennoch verdichten sich die Hinweise darauf, dass bei aller zentralistischen Ausrichtung lokale Unterschiede sowohl in der Sprache als auch in der Organisationsstruktur bedeutsam sein könnten [SAUREN 2.6.6; SNELL 2.6.6].

Regionale Unterschiede?

Der Hauptschwierigkeit für alle Bemühungen, der fehlenden Gesamtübersicht des Textbestandes, versuchen inzwischen einige Projekte zu begegnen. Zu nennen ist hier das Vorhaben von G. Pettinato in Rom, ein Wörterbuch des Neusumerischen zu erarbeiten, wobei zunächst unter Teilnahme verschiedener Fachkollegen der Textbestand durch Herausgabe unpublizierter Texte der verschiedenen Museen ergänzt wird [PETTINATO 1.2.5]. Über den von M. SIGRIST und T. GOMI [2.6.6] publizierten Katalog aller bekannten Ur III-Tafeln hinaus ist M. Sigrist von der École Biblique in Jerusalem dabei, den Katalog durch den Versuch zu erweitern, die Herkunft und das Datum jedes Textes zu bestimmen, um die Grundlage zu schaffen, auf der sich die zum Teil in viele Museen und Sammlungen verstreuten Teile der ehemaligen Archive zusammenbringen lassen (Ergänzung des Kataloges bis 1997 bei [SALLABERGER 2.6.6: 351–363]. Erst wenn dies möglich ist, kann mit Erfolg an den Problemen des Gesamtaufbaus der Verwaltung der Ur III-Zeit und der lokalen Eigenheiten gearbeitet werden.

Wörterbücher/ Gesamtkatalog

Der größte und bedeutendste Neuzugang in der letzten Zeit ist das Auftauchen eines Archives von über 1400 Tafeln eines Familien-Landsitzes im Ort Garšana (noch nicht identifiziert) in der Nähe von Umma. Sie umspannen einen Zeitraum von lediglich 8 Jahren während der Ur III-Herrscher Šusin und Ibbi-Sin. Sie ermöglichen die Rekonstruktion eines dichten Netzes von Informationen aus allen Bereichen eines privaten landwirtschaftlichen Betriebes [OWEN/

Garšana

MAYR 2.6.6]. Von besonderem Interesse sind die zahlreichen Dokumente, die detaillierte Angaben zum Bau eines größeren Komplexes machen [HEIMPEL 2.6.6]. Bereits jetzt lässt sich absehen, dass wesentliche neue Erkenntnisse zur Ur III-zeitlichen Wirtschaft zu erwarten sind.

4.9 SYRIEN

Wie an verschiedenen Stellen deutlich geworden ist, und wie der aufsehenerregende Fund des Palastes von Qatna mit den Königsgrüften zeigt, ist die Archäologie Syriens zur Zeit am meisten in Bewegung. Das gilt für alle Perioden vom Neolithikum an. Doch obwohl die Funddichte immer größer wird, bleibt die Erarbeitung eines alle Orte und Funde umfassenden gemeinsamen chronologischen Rahmens noch für lange Zeit eine der größten Forschungsaufgaben [für eine ausgezeichnete Zusammenfassung des gegenwärtigen Standes s. AKKERMANS/SCHWARTZ 2.8]. So bleibt trotz der bereits erzielten Erfolge bei der Erforschung der Vorgänge im 4. Jt. (vgl. dazu die Ausführungen im ersten Teil 5.2.1) noch viel zu tun, um die lokalen Entwicklungen vom 'Obed-Horizont über die Zeit der Uruk-Expansion bis zur Zeit der Ebla-Texte in den Griff zu bekommen. Ein Grund ist, dass das Gebiet des heutigen Syrien selten während seiner Geschichte eine fest zusammengehörige Einheit war, etwa mit einer das ganze Land beherrschenden Regierung, sondern der Regelfall war, dass das Gebiet in größere oder kleinere Herrschaftsbereiche aufgeteilt war. In vielen Fällen geht es daher um so simple, aber nicht immer lösbare Fragen, wer mit wem wo gleichzeitig regierte.

Qatna

Uneinheitliche Quellenlage

Ein weiterer, mit dem vorher genannten verknüpfter Punkt ist, dass wir hier nicht auf die kontinuierliche, alle Orte und Landesteile in gleicher Weise erfassende schriftliche Überlieferung zurückgreifen können. Phasen mit reichlicher schriftlicher Hinterlassenschaft wechseln mit solchen, aus denen so gut wie nichts bekannt ist, und auch innerhalb einer insgesamt gut bezeugten Zeit gilt dies keineswegs für alle Orte. Das mag zu einem großen Teil auf eine trotz allem immer noch zu geringe Forschung zurückgehen. Eine der größten Fehlstellen in dieser Beziehung ist mit Sicherheit, dass das bei weitem wichtigste Zentrum der altorientalischen Zeit, Aleppo, das eigentlich in der Lage sein müsste, fast alle Fragen zu beantworten, unter vielen Metern späteren Kulturschutts und vor allem unter der heutigen Altstadt der Forschung unzugänglich ist. Die Unausgewogenheit mag aber auch daran liegen, dass nicht überall in gleicher Weise die Notwendigkeit, Dinge schriftlich niederzulegen, gesehen wurde.

4.10 HETHITISCHE GESCHICHTE

Gemessen an der relativ kurzen Zeitspanne von etwa 450 Jahren politischer Wirksamkeit liegt für den hethitischen Bereich eine Fülle von Informationen

Probleme der Chronologie
vor, wobei, verglichen mit der Informationsdichte für den sonstigen Alten Orient, der Prozentsatz der Texte hoch ist, denen Nachrichten entnommen werden können, die man für eine geschichtliche Darstellung verwenden kann. Dies gilt nicht so sehr für die äußeren Daten wie Regierungszeiten, denn hier sind die Nachrichten eher spärlicher als für andere Zeiten und Regionen. Öfter als uns lieb ist, müssen wir die Angabe „um" für die Datierung eines Herrschers verwenden, und nur durch Synchronismen mit anderen Herrschern vor allem Ägyptens gelingt es, hethitischen Königen einen festen Platz zuzuweisen [ASTOUR 2.9.1]. Wenn sich jedoch wie in der ägyptischen Chronologie solche vermeintlichen Festpunkte ändern, ist davon auch die hethitische Chronologie betroffen. Je nach Akzeptanz können daher die Daten um bis zu 30 Jahre differieren [MACQUEEN 2.9.1: 1092]. Da wir auch über keine „Chronik" wie beispielsweise die babylonische verfügen, die die Herrscher in ihrer eindeutigen Reihenfolge aufführt, sondern die Angaben über die Verwandtschaftsverhältnisse den eher narrativen Annalen entnommen werden müssen, und mehrere Herrschernamen öfters als einmal vorkommen, ist es mehr als einmal unklar, welcher Herrscher eines bestimmten Namens an einer bestimmten Stelle gemeint ist. So gehen in der Literatur nicht nur die Daten zuweilen auseinander, sondern auch die Zählung der Herrscher. Gesicherte zeitliche Zusammenhänge herzustellen, wird sicher noch lange ein Schwerpunkt in der Hethiter-Forschung bleiben.

Hethitische Geschichtsschreibung
Im Gegensatz zu den Schwierigkeiten bei den chronologischen Grundlagen erfahren wir mehr über Beweg- und Hintergründe politischer Entscheidungen. Weit mehr als sonst für den Alten Orient – außer im Falle des alten Israel [CLAUSS 2.2.2] – können wir von einer eigenen Geschichtsschreibung sprechen [HOFFNER, History 2.9.1; CANCIK 2.9.1], die sich nicht in der Aufzählung von Herrschernamen und Dynastien erschöpft. Dabei spielen sogenannte „Edikte" eine Rolle, wie die des Hattušili I. oder des Telepinu, die in der Form von politischen Testamenten die Quintessenz aus eigenen Erfahrungen an die Nachfolger weiterzugeben suchen [KÜMMEL 1.1.], auch wenn, wie z. B. bei einem Edikt des Hattušili III., allzu deutlich die Absicht durchscheint, seine Machtübernahme und die Verdrängung des eigentlich legitimen Herrscher Urḫi-Tešub zu rechtfertigen [VAN DEN HOUT 2.9.1].

Ende des Hethiterreiches
Eines der größten Forschungsprobleme stellt das Ende der hethitischen Herrschaft dar, da es einerseits zweifelsohne in den Kontext der Ereignisse um 1200 v. Chr. gehört, die im ganzen Bereich des östlichen Mittelmeeres nachhaltige Wirren verursachten und mit dem Namen der „Seevölker" verbunden sind, andererseits aber höchstens indirekt mit diesen Ereignissen in Verbindung steht. Eine allgemeine Nachrichtenlücke erlaubt uns kaum irgendwelche Zusammenhänge zu zeichnen. Neuere Forschungen lassen immer mehr erkennen, wie vielfältig die Gründe für den Zusammenbruch waren. Zu den bereits genannten Legitimitätsstreitigkeiten in der hethitischen Herrscherfamilie, wirtschaftlichen Schwierigkeiten, Angriffen von Norden („Kaschkäer"), Abfall der südlichen Reichsteile mag eine noch schwer fassbare Verschiebung in der Bevölkerung gestoßen sein, die sich in der Zunahme des Luwischen gegenüber dem He-

thitischen in den letzten Jahren vor dem Ende bemerkbar macht [SCHACHNER 2.9.1; zum Gesamtkomplex s. auch Bibliographie 2.8.3 und 2.9.1, besonders den Sammelband WARD/JOUKOWSKY 2.8.3].

Im Gegensatz zur bisherigen Auffassung ist der Zusammenbruch des hethitischen Reiches nicht gleichzusetzen mit einer völligen Aufgabe des Ortes Hattuša. Einerseits war vermutlich schon vorher der Regierungssitz verlegt worden; andererseits ist die Siedlung als solche nicht in einem Großbrand zugrunde gegangen und völlig aufgegeben worden. Aber Spuren nach-hethitischer Besiedlung lassen nur wenige hethitische Anklänge erkennen [GENZ 2.9.1], und unterstreichen zusammen mit dem völligen Aufhören schriftlicher Quellen die Endgültigkeit des Verschwindens der hethitischen Kultur [KLENGEL, Geschichte; KLINGER; WILHELM, Hattuša; SCHACHNER (alle 2.9.1)],

4.11 Die Hurriter

Bereits zeitgleich mit den babylonisch-assyrischen Texten waren im 19. Jh. Elemente oder längere Passagen – darunter ein Brief des Tušratta von Mittani aus der Amarna-Korrespondenz – in einer Sprache bekannt geworden, die wir heute als hurritisch bezeichnen. Eine genauere historische Einordnung wurde durch zahlreiche Texte möglich, die in der hethitischen Hauptstadt Hattuša gefunden wurden, insbesondere durch Staatsverträge zwischen hethitischen Königen und Herrschern, die sich Mittani nannten und über ein Gebiet herrschten, das von Hurritern bewohnt war. Während die hurritische Sprache keiner der anderen Sprachfamilien des Alten Orients zuzuordnen ist, lassen sich einige der in mittanischen Namen enthaltenen Götternamen indo-iranisch etymologisieren. Wie es zu diesem Zusammenwirken einer hurritischen Bevölkerung und einer indo-iranischen Oberschicht gekommen ist, bleibt nach wie vor eines der großen Rätsel der altorientalischen Geschichte [zum Folgenden WILHELM 2.8.2]. *Herkunft der Mittani?*

Verantwortlich für diese Unklarheit ist die unbefriedigende Quellenlage, die in völligem Widerspruch steht zu der politischen Bedeutung und der räumlichen Ausdehnung des hurritischen Bevölkerungsteils und des hurritisch-mittanischen Staates. Es waren daher auch seit langem vermehrte Anstrengungen unternommen worden, um dem wenigen und nicht immer kongruenten Material so viele Informationen wie möglich zu entlocken. Diese Bemühungen gelten vor allem den Sprachdenkmälern, deren Sammlung und inhaltlichen Bearbeitung [HAAS, Hurritologisches Archiv; Hurriter 2.8.2] sowie der Bereitstellung eines Wörterbuches und einer Grammatik [DIAKONOFF 1.2.6.9; H.-J. THIEL in: HAAS, Hurritologisches Archiv 2.8.2]. Insbesondere die literarischen und kultischen Kompositionen zeigen eine große Selbständigkeit und erweisen sich in zahlreichen Fällen als Grundlage für Texte, die zunächst nur aus der hethitischen Überlieferung bekannt waren [HAAS, Berggötter 2.8.2]. Dass den Anstrengungen zu Lexikon und Grammatik dennoch enge Grenzen gesetzt sind, hat damit zu tun, dass als normale Schriftsprache größtenteils das Akkadische in der eigenen Form des „Hurro-Akkadischen" [WILHELM 1.2.6.9] verwandt wurde und für die Sprachanalyse des Hurritischen hauptsächlich literarische Texte oder Eigennamen zur Verfügung standen. Das hat sich in neuester Zeit durch die Textfunde im Palast von Qatna geändert, unter denen sich viele in Keilschrift geschriebene hurritische Texte befanden.

Noch schwieriger wird es, wenn die politische Geschichte rekonstruiert werden soll, da die eigenen Texte dafür so gut wie keine Hilfestellung leisten und die meisten Angaben aus den sporadischen Erwähnungen in Texten der Nachbarn gewonnen werden müssen [KÜHNE 2.8]. Auch diese Situation hat sich allerdings durch die neueren Grabungen in Qatna geändert [AL-MAQDISSI ET AL. 2.8].

Neue Möglichkeiten der Erforschung der hurritischen Sprache durch Funde in Qatna

Über den Resten eines Palastes aus der Zeit um 1700, in dem die aus den Mari-Texten namentlich bekannten Herrscher von Qatna residierten, wurde um 1500 eine umfangreiche Palastanlage errichtet, die vor allem durch die darunter angelegten Königsgrüfte bekannt wurde. In den noch unversehrt gefundenen Anlagen fanden sich Waffen, Gewandapplikationen, Gefäße aller Art, darunter ägyptische Granitgefäße, Rollsiegel und handwerklich hervorragend gearbeiteter Schmuck aus Gold und Halbedelsteinen, die alle die aus den Texten gewonnenen Aussagen unterstreichen, dass Qatna versuchte, dem freilich viel mächtigeren Aleppo die Vorherrschaft streitig zu machen. Einer der internen Auseinandersetzungen, vielleicht auch einem hethitischen Angriff, fielen Stadt und Palast um 1340 v. Chr. zum Opfer.

Die gesellschaftlichen Strukturen im hurritischen Siedelgebiet sollten eigentlich gut erforschbar sein, da dafür auch die zahlreichen (akkadischen) Urkunden aller Art aus dem hurritischen Siedelgebiet herangezogen werden können. In der Tat sind hier die größten Erfolge zu verzeichnen anhand der großen Textgruppen aus Nuzi, aus Alalaḫ und Ugarit und vereinzelten Texten aus Tell Brak; die Auswertung der Texte aus Nuzi ist fast zu einer eigenen Forschungsrichtung geworden (s.u.). Doch zeigt sich, dass offenbar nicht von gemeinsamen Strukturen gesprochen werden kann, die für das ganze hurritische Siedelgebiet gegolten hätten, sondern sich die Verhältnisse im Westen (Alalaḫ/Ugarit) unterscheiden von denen in Nordostsyrien (Tell Brak) und wieder von denen im oberen Osttigrisgebiet (Nuzi).

Archäologische Funde als Indikatoren für die Ausdehnung des hurritischen Siedelgebietes?

Das scheint im Widerspruch dazu zu stehen, dass gemeinhin besondere Ausformungen zweier Fundgruppen als kennzeichnend für das hurritische Gebiet gelten: der sogenannte „common style" bei den Rollsiegeln und die sogenannte „Nuzi-Keramik". In der Tat stellt die Keramik mit ausdrucksstarken Motiven, die zum Teil aus der kretisch-minoischen Welt stammen, eine Verbindung zwischen West und Ost (Alalaḫ und Nuzi) her, doch handelt es sich um eine relativ seltene Luxusware, deren Verbreitung gewiss auf Gemeinsamkeiten schließen lässt, aber zur Begründung eines eigenen Kunstkreises ungeeignet ist [BARRELET 2.8.2; CRÜSEMANN ET AL. 2.8]. Siegel des „common style" auf der anderen Seite haben eine sehr viel weitere Verbreitung als zunächst angenommen, da die gleichzeitigen Siegel Palästinas und Zyperns zur Beurteilung des Verbreitungsgebietes einbezogen werden müssen [SALJE 2.8.2]. Einstweilen sieht es mehr so aus, als ob die gemeinsame politisch-ethnische Grundlage Einflüsse aus dem Ostmittelmeerbereich bis in das Osttigrisgebiet transportiert hätte, als dass man daraus ein eigenes Kulturgepräge rekonstruieren könnte.

Wenn auch so die Gesamtsituation der Hurriter und ihres Reiches kaum adäquat beschrieben werden kann, gehört doch das bereits erwähnte Nuzi aus diesem Bereich zu den am besten dokumentierten Komplexen im Alten Orient. Diese nur 200 × 200 m große Siedlung im Königreich von Arrapḫa (heute Kirkuk), ist nicht nur selbst vollständig ausgegraben worden, sondern in die Erforschung wurden auch dazugehörige Gehöfte in der davorliegenden Ebene einbezogen [STARR 2.7.2]. In der Stadt selbst wurden sowohl der Palast mit den offiziellen Einrichtungen aufgedeckt als auch Wohnviertel, so dass mit den außenliegenden Gehöften ein guter Querschnitt durch alle Arten von baulichen Anlagen vorliegt. Das Besondere ist, dass in allen diesen Bauten Tafeln gefunden wurden, deren Zahl insgesamt an die 7000 geht, wobei sowohl öffentliche als auch private Urkunden vorliegen, die eine Vielzahl von Themen behandeln. Da sich darunter Archive von Kaufmannsfamilien befinden, aus denen sich errechnen lässt, dass sie die Geschäfte von 5 oder 6 Generationen betreffen und wir aufgrund anderer Nachrichten vermuten, dass die Stadt von Assur-uballit (1365–1328 v. Chr.) zerstört worden ist, können wir die Blüte der Stadt in die Zeit zwischen 1500 und 1350 setzen. Die Texte erlauben nicht nur ein detailliertes Bild der wirtschaftlichen und sozialen Verhältnisse zu zeichnen, sondern auch die Geschichte einer bestimmten Familie oder die Landschaft der weiteren Umgebung [Literatur bei MAIDMAN 2.7.2; s. Bibliographie 2.7.2]. Der größere historische Kontext ist dagegen völlig unbekannt, da sich keine Namen anderweitig bekannter Herrscher finden lassen. Einzige Ausnahme ist ein in Nuzi gefundener Brief des Mittani-Herrschers Sauštatar, der allerdings selbst nur ungenau in die Zeit um 1430 v. Chr. datiert werden kann [STEIN 2.7.2].

Gute Quellenlage für die Stadt Nuzi

4.12 ELAM

Nachdem lange Zeit der Begriff Elam im wesentlichen nur aus babylonischen Quellen bekannt war sowie durch die ausgedehnten Grabungen in Susa, so dass der Eindruck entstehen konnte, Susa und Elam seien austauschbare Namen, hat sich in jüngerer Zeit durch Grabungen im iranischen Hochland das Bild völlig verändert. In erster Linie sind die Grabungen in Tell Malyan in der Nähe von Persepolis, also am östlichen Rande des Zagros, zu nennen, das sich als das alte Anšan herausstellte [SUMNER 2.4.5]. Aus länger bekannten Texten wie aber auch aus Tafeln aus Anšan selbst geht die Bedeutung dieser Stadt als zweites Zentrum von Elam neben Susa hervor, so dass deutlich wurde, dass der Kernbereich des politischen Gebildes Elam den Zagros überspannte mit dem westlichen Zentrum Susa und dem östlichen Zentrum Anšan [CARTER/STOLPER 2.10; VALLAT 2.10.1; POTTS, Elam 2.2.2].

Der von Elam kontrollierte Bereich konnte zeitweise jedoch erheblich größer sein, wie wir zum Beispiel aus der Zeit der III. Jahr von Ur wissen, als der Bereich Zabšali zwischen Isfahan und dem Elburs dazu gehörte wie auch Šimaški, das vermutlich das Gebiet um Kerman und östlich davon bezeichnete. Diese Gebiete decken sich im Übrigen fast genau mit dem Bereich, in dem Tafeln mit proto-elamischer Schrift entdeckt wurden: Tepe Sialk bei Kaschan, Tepe Yahya bei Kerman und Šahr i-Sohte bei Zabol. Zwar sprechen diese Tafeln noch nicht zu uns – vermutlich enthalten sie sowieso keine historisch oder geographisch relevanten Aussagen – doch können wir auch so die Ähnlichkeit der Verteilung der Tafeln mit der politischen Ausdehnung in späterer Zeit zu der Annahme verbinden, dass es bereits seit alter Zeit gewisse Affinitäten zwischen diesen Bereichen gab, die sich bisweilen in politischen Zusammenschlüssen konkretisierten. Leider besitzen wir für die späteren Perioden aus den östlichen Teilen keine eigenen schriftlichen Nachrichten, so dass man für diese Zusammenhänge auf die vereinzelten Informationen in den elamischen Texten aus dem westlichen Bereich oder aber auf die in den Texten aus Mesopotamien angewiesen ist.

Nachdem seit der Islamischen Revolution die Grabungstätigkeit zunächst völlig zum Erliegen gekommen war, werden zunehmend neue Aktivitäten gemeldet. Der Großteil wird von iranischen Archäologen durchgeführt. Soweit Ergebnisse bekannt werden, betreffen diese Grabungen alle Perioden, aber leider gehen die Informationen selten über kurze Pressemitteilungen hinaus; Ausnahme: die aufsehenerregenden Forschungen im Gebiet von Jiroft (s. Abschnitt I.5.5). Vor allem aber wird sich die weitere Forschung vornehmlich auf die Bearbeitung der noch in den Museen liegenden Texte aus älteren Grabungen konzentrieren.

4.13 Das neuassyrische Reich

Assyrien und besonders die Zeit des neuassyrischen Reiches waren stets und bleiben ein schier unerschöpfliches Gebiet für die Forschung. Die großen Eroberer waren immer ein faszinierendes Thema für diejenigen, für die Geschichte von großen Männern gemacht wurde; für die Archäologen und Kunsthistoriker bieten die unzähligen Reliefs der Paläste vielfältige Ansätze für Detailforschungen, und die schriftlichen Quellen vom Staatsvertrag bis zu den Omina für königlichen Gebrauch, vom Brief bis zum Kaufvertrag sowie die literarischen Schätze, die Assurbanipal in seiner berühmten Bibliothek in seinem Palast in Ninive anhäufte, stellen das Material für unbegrenzte philologische Forschungen dar. Entsprechend groß ist auch der Kreis derer, die sich mit den Hinterlassenschaften dieser Zeit befassen, ergänzt um diejenigen, die durch die Verquickung mit den Berichten des Alten Testamentes angezogen werden. Wie ein Blick auf Teil 2.7.3 der Bibliographie zeigt, ist kein denkbarer Bereich der Forschung ausgelassen. Ein wichtiges Einzelwerk der letzten Jahre stammt von R. Lamprichs [2.7.3], das den assyrischen Staat als ein expansives System im Sinne der neueren Forschung zu politischen Systemen analysiert. Neben den vielen Einzelarbeiten zu speziellen Problemen sind als Schwerpunkte eigentlich nur diejenigen Vorhaben zu nennen, die die Aufarbeitung und Zusammenfassung wichtiger Textgruppen zum Ziel haben.

Seit 1987 publiziert in Toronto das von A. K. Grayson geleitete Unternehmen der Bearbeitung aller Herrscherinschriften Mesopotamiens die Reihe „The Royal Inscriptions of Mesopotamia", von der inzwischen 5 Bände erschienen sind [für die neuassyrische Zeit: FRAYNE 2.6.7 und 2 Bände GRAYSON, Assyrian Rulers 3rd and 2nd mill.; 1st mill. 2.7.3]. Hervorzuheben ist ferner das von S. Parpola in Helsinki geleitete Unternehmen, das sich zur Aufgabe gestellt hat, die „State Archives of Assyria" zu bearbeiten, also alle schriftlichen Zeugnisse, die mit dem Staat bzw. dem Herrscherhaus in Verbindung stehen. Inzwischen liegen 12 Bände [Bibliographie 1.1] vor.

Wie in anderen Fällen bereitet das Verständnis des Endes eines so machtvollen Gebildes wie des neuassyrischen Reiches gewisse Probleme, insbesondere wenn wie in diesem Fall nicht nur die Nachrichten aus dem eigenen Bereich völlig versiegen, sondern auch die Nachbarn und politischen Nachfolger kein Interesse an der Überlieferung irgendwelcher Informationen haben. Assur, Ninive und die anderen assyrischen Städte wurden zwar so weit zerstört, dass sich über das Ende und die anschließende Zeit nur spärliche Nachrichten finden lassen, aber neuere Forschungen haben gezeigt, dass das Leben nicht völlig zum Erliegen gekommen war. Insbesondere kennen wir vereinzelte Urkunden aus verschiedenen Orten, die sich nur durch die Verwendung von entweder eigenen Datierungssystemen oder dann des babylonischen Systems von den früheren assyrischen Urkunden unterscheiden; offenbar bestand also ein gewisses Wirtschaftsleben weiter unter zuerst lokalen Machthabern dann im Reich Nebukadnezars [OATES 2.7.3; DALLEY 2.7.3; LAMPRICHS 2.7.3; CANCIK-KIRSCHBAUM 2.7]. Wie viel vom Erbe Assyrien überlebt hat, zeigt sich am besten daran, wie viel davon in der Struktur des achämenidischen Reiches zu finden ist, doch sind hier weitere Forschungen nötig.

4.14 Das achämenidische Reich

Eine 1996 erschienene Bibliographie zum Achämenidenreich [WEBER/WIESEHÖFER 1.2.3] führt über 14 000 Titel auf, wobei eine starke Zunahme in den letzten 40 Jahren zu beobachten ist. Daraus einen bestimmten Trend der Forschung herausfiltern zu wollen, scheint zunächst kaum möglich, lässt sich in einem Punkt aber doch benennen. Ungefähr 1100 Titel beschäftigen sich mit dem Verhältnis zwischen Griechen und Achämeniden, einem der ältesten Themen, das zudem häufig mit Emotionen beladen war und ist; hier sind die Veränderungen mit einem deutlichen Trend verbunden.

Das Bild des Achämenidenreiches ist nachhaltig durch den Bericht Herodots über die Schlachten bei den Thermopylen, bei Salamis und Plataä bestimmt, die mit dem Sieg der Griechen und dem Abzug der persischen Armee endeten.

Die in Einzelheiten übertreibende Darstellung entsprach dem berechtigten Stolz der Griechen, gegen alle Erwartungen sich gegen diesen mächtigen Gegner behauptet zu haben, und es ist in diesem Zusammenhang verständlich, dass die Stärke des Gegners weit überhöht dargestellt wurde, um den eigenen Sieg noch leuchtender erscheinen zu lassen [Young 2.10.2].

Wie in anderen Bereichen bereiteten die Jahre nach dem 2. Weltkrieg, als die Länder der 3. Welt ihr Recht auf Gleichbehandlung einforderten, auch in diesem Punkt eine Veränderung der Sichtweise vor. Nachdem vorher generell den Achämeniden feinere Empfindungen abgesprochen worden, und die Palastkunst von Persepolis weitgehend als unter griechischem Einfluss entstanden hingestellt worden war [anders allerdings schon Olmstead 2.10], mehrten sich die Veröffentlichungen, die die Kunst als autochthon [Nylander 2.10.2] darstellten, und gerade in dem hier angesprochenen Punkt versuchten, die Ereignisse nicht nur durch die griechische Brille zu sehen [Walser 2.10.2]. Auf den Punkt wird diese Sicht von T. C. Young gebracht [2.10.2], der einen betont persischen Standpunkt einnimmt.

Nicht unwesentlich wurde der weitere Gang der historischen Forschung dadurch beeinflusst, dass in zunehmendem Maße achämenidische Quellen zugänglich gemacht wurden und werden [Cameron; Hallock; Koch, Verwaltung; Sancisi-Weerdenburg et al. IX (alle 2.10.2)]. Damit sind die Grundlagen für eine Bestandsaufnahme aller Informationen mit starker Betonung der nicht-griechischen Quellen durch ein großangelegtes Forschungsprojekt geschaffen worden, das unter dem Titel „Achaemenid History" 9 Bände vorgelegt hat [Sancisi-Weerdenburg et al. 2.10.2]. Bemerkenswert ist insbesondere auch der Sammelband [Briant/Herrenschmidt 2.10.2], der neben Beiträgen zu dem Abgaben-/Steuersystem der Achämeniden auch solche enthält, die sich mit derartigen Maßnahmen im ägäischen Raum beschäftigen. Hier wird in plausibler Weise die Ägäis als Randbereich des riesigen und mächtigen Perserreiches dargestellt.

4.15 Frauen- und Genderforschung in der Altorientalistik und Vorderasiatischen Archäologie

(soweit nicht anders verzeichnet finden sich alle Literaturangaben im Abschnitt 2.3.13 der Bibliographie)

Frauenforschung beschäftigt sich mit der Rekonstruktion weiblicher Lebenszusammenhänge in unterschiedlichen Gesellschaften, mit dem Ziel einer möglichst umfassenden Integration weiblicher Perspektiven in die allgemeine Geschichtsschreibung. Untersucht werden die Stellung unterschiedlicher Frauengruppen in den verschiedenen Kulturen im historischen Verlauf, der Beitrag von Frauen zur sozialen, kulturellen und künstlerischen Entwicklung ihrer Gesellschaften, die Partizipation von Frauen an politischer Macht sowie ihre ökonomische Situation. Aber auch der Arbeitsalltag, der Umgang der Frauen untereinander und mit anderen Menschen, ihre Stellung in der Familie, die Erfahrung der Mutterschaft, ihr Selbstbezug und ihr Verhalten in religiösen Kontexten interessiert.

Geschlechterforschung hingegen basiert auf der Unterscheidung von biologischem Geschlecht (*sex*) und einem durch gesellschaftliche Normen, Erziehungspraktiken, Verhaltensvorschriften, Sprachanweisungen und Körperhaltungen erzeugten soziokulturellem Geschlecht (*gender*). Genderforschung untersucht, welche Denkmuster es in einer Kultur zu einem bestimmten Zeitpunkt oder auf lange Sicht über die Geschlechter gegeben hat oder gibt, und wie diese Denkmuster, auch vermittelt über bestimmte Handlungen, auf die Körper von Individuen, auf ihre Vorstellungen von sich selbst, auf ihr Verhalten und auf ihre Möglichkeiten zur gesellschaftlichen Teilhabe einwirken. Ziel der Geschlechterforschung ist es, für möglichst genau definierte räumliche, soziale, kulturelle oder historische Bereiche ein differenziertes Bild der Geschlechterverhältnisse zu erstellen. Dabei bildet die Untersuchung der unterschiedlichen Repräsentationsformen der Geschlechterverhältnisse (in der Kunst, in der Literatur, in den religiösen Systemen, in der Mode, im Körperschmuck, im Gestenrepertoire usw.) in ihrer kulturellen Vielfalt und im historischen Hergang einen Forschungsschwerpunkt.

Angeführt von skandinavischen, britischen und nordamerikanischen Wissenschaftlerinnen entwickelte sich in der Mitte der 80er Jahre die Frauen- und Genderforschung zu einem eigenen Forschungszweig in den unterschiedlichen Archäologien weltweit [NELSON/ROSEN-AYALON]. 1986 und 2001 fanden große internationale Kongresse zu Frauen- respektive Genderforschung innerhalb der Altorientalisitk und Vorderasiatischen Archäologie statt [DURAND; PARPOLA/WHITING]. Eine vor kurzem erschienene Bibliographie zum Thema weist mehr als 1300 Titel auf [ASHER-GREVE, Women]. Während Frauen betreffende Informationen bislang als Nebenprodukt philologischer und archäologischer Arbeiten [WESTENHOLZ; VAN DE MIEROOP] begegneten, stellen die neueren Beiträge, insbesondere von [ASHER-GREVE; BOLGER; POLLOCK; WINTER und VOGEL] einen direkten Bezug zur Frauen- und Genderforschung her. Auf der Grundlage von Siegelbildern und ersten Schriftzeugnissen werden die sich ändernden Geschlechterbeziehungen in der Urukzeit und im Übergang zum Frühdynastikum analysiert [ASHER-GREVE, Images; POLLOCK/BERNBECK]. Noch deutlicher wird die für altorientalische Gesellschaften kennzeichnende Überlagerung von Geschlecht und Status in den frühdynastischen Quellen sichtbar, insbesondere in den Befunden des Königsfriedhofes in Ur [POLLOCK, Death; Ur] und in den Gräberfeldern am mittleren Euphrat [BOLGER]. Neue Untersuchungen der Befunde des Königsfriedhofes in Ur zeigen, dass nicht nur anhand von Beigabenkombinationen, sondern auch an der Art der Raumnutzung der Grabschächte geschlechtsspezifische Aussagen getroffen werden können [VOGEL].

Im Rahmen der „household archaeology" erlangen geschlechtsspezifische Analysen von Raumnutzungen zunehmend Bedeutung. Dabei wird auf der

Basis archäologischer Daten die soziale Organisation von Haushalten erforscht [Sweely]. Da für die vorschriftlichen Epochen des Alten Orients der Nachweis einer strikten Trennung zwischen öffentlichen, männlich bestimmten, und privaten, weiblich bestimmten Bereichen von Haushalten bislang nicht gelang, wird auch die Annahme einer durchgehenden geschlechtsspezifischen Arbeitsorganisation bestritten [Bolger, Dynamics; Pollock/Castro Gessner]. Gleiches hat für die Palast- und Tempelhaushalte der schriftlichen Epochen zu gelten, da in jedem Haushalt gleichzeitig produziert und konsumiert wurde. Beispielsweise unterhielten im frühdynastischen Lagaš der Stadtfürst, die Stadtfürstin und die Kinder des Stadtfürstenpaares eigene Haushalte, die als selbstversorgende Wirtschaftseinheiten funktionierten [Heinz]. Wahrscheinlich müssen wir mit spätestens dem Beginn der Späturukzeit in allen Wirtschaftsbereichen mit geschlechtsspezifisch organisierten Arbeitsweisen rechnen. Genaueres kennen wir allerdings erst aus den gut untersuchten Arbeitsbedingungen der Textilarbeiterinnen in den Manufakturen der Ur III Zeit, denen zufolge die Weberinnen und Spinnerinnen kaum mehr als das zum Erhalt der Arbeitskraft benötigte erhielten, wobei Alter, Erfahrung und Herkunft Auswirkungen auf die Rationenzuteilung hatten; am schlechtesten gestellt waren die arbeitenden Kinder [Literatur in Sinopoli].

Aber nicht nur die Stadtfürstinnen der späten frühdynastischen Zeit besaßen eine hervorragende Position in kultureller, gesellschaftlicher und ökonomischer Hinsicht, auch Herrscherinnen und Königstöchter anderer Epochen konnten erheblichen Einfluss ausüben [Literatur in Melville, Royal Women]. Das gilt beispielsweise für die akkadische Königstochter Enḫeduana, die das höchste Priesterinnenamt ausübte und sich als erster „homme des lettres" der Weltgeschichte einen Namen machte [Winter, Disk 2.2.6]. Das gilt ebenso für die assyrischen Königinnen Šammu-ramat [Bernbeck], die legendäre Semiramis, und Naqi'a-Zakūtu, die beide strategisch geschickt vorgehend, die Herrschaft für ihre Söhne zu sichern wussten. Naqi'a-Zakūtu beförderte darüber hinaus durch einen Treueeid, den sie der königlichen Familie, der Aristokratie und der „Nation von Assyrien" abverlangte, die Regentschaft ihres Enkels Assurbanipal [Melville, Neo-Assyrian]. Desweiteren erlauben neuassyrische Quellen die Untersuchung der Handlungsmöglichkeiten unterschiedlicher Frauengruppen am assyrischen Hof, in den Tempeln und in der Gesellschaft [Teppo, Agency]. Gegenüber der Unsichtbarkeit assyrischer Frauen in den Bildquellen, erscheinen sie in den Textquellen je nach sozialer Stellung als handelnde Personen. Beispielsweise verfügten die Verwalterinnen der Haushalte der Königinmutter respektive Königin über erhebliche finanzielle Mittel. Sie kauften und verkauften Sklavinnen und Sklaven und ebenso Grundbesitz. Sie verliehen Silber, nahmen an Rechtsgeschäften teil und organisierten die Herstellung und den Verkauf von Textilien [Teppo, Role]. Auch alt- und neubabylonische Texte geben Auskunft über die Lebensumstände, den rechtlichen Status und die ökonomischen Verhältnisse von Frauen aus unterschiedlichen sozialen Schichten [Literatur in Steele], für die kaum archäologische Quellen vorliegen [Suter, Who?].

Zu den zentralen Forschungsfeldern der Frauen- und Genderforschung zählen Analysen der Darstellung von Geschlechtlichkeit in der Kunst unterschiedlicher Kulturen. Im Bereich der Vorderasiatischen Archäologie liegen neuere Untersuchungen zu den zahlreichen neolithischen und chalkolithischen Frauenfiguren vor, die deren traditionelle Interpretation als Göttinnen oder als Fruchtbarkeitssymbole bestreiten [DOBRES; HAMILTON, Ungendering]. Ein größerer Teil der Figuren lassen sich nicht eindeutig als männlich oder weiblich identifizieren [CROUCHER; DAEMS]. Die Figuren unterscheiden sich in ihrem Aussehen (Körperformen, Haarstile, Schmuck, Kleidung, Körperdekoration) teilweise beträchtlich. Einige Figuren mögen spezifische kulturelle oder gesellschaftliche Erfahrungen verkörpern. Die Beziehungen der geschlechtslosen, der weiblichen und wenigen männlichen Figuren zueinander sind noch nicht verstanden [HAMILTON, Figurines]. Andere Untersuchungen beschäftigen sich mit der Bedeutung des nackten weiblichen und männlichen Körpers in unterschiedlichen historischen Perioden [ASHER-GREVE/SWEENY; ASSANTE; BAHRANI], wobei besonders der teilweise unbekleidete männliche Herrscherkörper [WINTER, Sex 2.6.5] ebenso aber auch der bekleidete Herrscher in repräsentativen Situationen [WINTER, Art; BROSIUS] von Interesse ist. Darüber hinaus liegen ikonographische Untersuchungen zu unterschiedlichen Frauengruppen vor, beispielsweise zu den königlichen Frauen der III. Jahr von Ur [WEIERSHÄUSER 2.6.6], zu den hohen Priesterinnen von der Akkadzeit bis zur Isin-Larsa-Zeit [SUTER, Priestesses] oder zu dem Bildtypus der Frau mit langen, offenen Haaren [PINNOCK].

Ein kürzlich erschienenes, fast 1000 Seiten starkes Handbuch der Genderarchäologie [NELSON] lässt erahnen, welche Forschungsmöglichkeiten und neue Perspektiven sich für Frauen- und Genderforschung in den altorientalischen Fächern zukünftig bieten.

5. AUSBLICK

Das Ende der achämenidischen Herrschaft und der Sieg des Makedonen Alexander werden häufig mit dem Beginn der Ausbreitung des Hellenismus in den Vorderen und Mittleren Osten gleichgesetzt. Doch so sehr damit auf lange Sicht entscheidende Veränderungen eingeleitet wurden, so wenig hat selbst dieser tiefe Eingriff vermocht, die Grundstrukturen der politischen Kultur im Vorderen Orient sofort zu verändern. Im Gegenteil zeigt ja gerade die Empfänglichkeit Alexanders für den dortigen Lebens- und Regierungsstil, die ihm Auseinandersetzungen mit seiner Generalität eintrug, wie lebendig und anziehend die (politische) Kultur des alten Vorderen Orients war.

Weiterleben der politischen Kultur des alten Vorderen Orients

Archäologisch fassbare Neuerungen beschränken sich zunächst auf die Orte, an denen Griechen angesiedelt wurden. So finden wir nicht nur griechische Keramik sondern auch ein griechisches Theater in Babylon [WETZEL ET AL. 2.6.10]. Sieht man sich aber die Regionen des ehemals achämenidischen Reiches insgesamt an, so fällt im Gegenteil auf, wie lokal gebunden die weitere Entwicklung verläuft. Dass dabei die westlichen Regionen, die sowieso in einer anderen Tradition standen und schon lange vorher in den Mittelmeer-Kulturraum gehörten, sehr früh schon in den Sog des Hellenismus gerieten, ist nicht verwunderlich, muss aber mit der völlig anderen Entwicklung in Babylonien konfrontiert werden.

Bewusster Rückgriff auf babylonische Traditionen

Geradezu in bewusster Abwehr der vom Westen angebotenen Ideen kam es in Babylonien unter den dortigen Nachfolgern Alexanders, den Seleukiden, zu einer Betonung der babylonischen Traditionen. Literarisches Zeugnis dafür ist die „Babyloniaca" des babylonischen Priesters Berossos, der in einem groß angelegten Geschichtswerk die babylonische Tradition und ihre Grundlagen einerseits übersichtlich dem seleukidischen Herrscher Antiochos I. Soter (281–261) zur Kenntnis brachte, ihm aber andererseits auch die Möglichkeit bot, sich damit zu identifizieren und sich als legitimer Nachfolger der babylonischen Herrscher einzureihen [SCHNABEL 2.6.10; BURSTEIN 2.6.10]. Als archäologisch eindrucksvollstes Beispiel für die ansonsten schlecht bezeugte weitere Entwicklung kann die in früheren Kapiteln wiederholt angesprochene Stadt Uruk im Süden Babyloniens gelten. Dort wurde im Jahre 244 v. Chr. unter dem lokalen seleukidischen Herrn Anu-uballit Nikarchos (ein gut babylonischer Name mit griechischem Beinamen) ein riesiger Tempelkomplex für die alteingesessenen Götter aufgeführt (das so genannte „Bit Reš"), der in Grundriss, Ausgestaltung und Schmuck vollkommen den babylonischen Regeln entsprach. Der Nachfolger Anu-uballit Kephalon fügte 202 einen gleichartigen Komplex („Irigal") hinzu [HEINRICH, Tempel 2.2.7; FALKENSTEIN 2.6.10; KOSE 2.2.7]. Dazu scheint der eine Bereich,

Kopistenschule im Bit Reš in Uruk?

das Bit Reš, eine Institution beherbergt zu haben, in der älteres kultisches Schriftgut gesammelt und abgeschrieben wurde, zum großen Teil in dem als Kultsprache immer noch lebendigen Sumerisch. In der Tat wären uns sumerische Kultlieder und Rituale kaum bekannt, wenn nicht Ende des 19. Jhs. n. Chr.

Raubgräber auf diese Bibliothek gestoßen wären, aus der Texte in mehrere Museen verstreut wurden [Van Dijk; Van Dijk/Mayer 2.6.10].

Aus zahlreichen anderen Keilschrifttexten dieser Zeit wird deutlich, dass diese Betonung der babylonischen Traditionen nichts Aufgesetztes war, sondern dass auch in den übrigen Bereichen das Leben in der Stadt Uruk wie in früherer Zeit ablief, die gleichen Götter verehrt wurden, dieselben Feste gefeiert wurde, wobei sogar für das traditionelle babylonische Neujahrsfest ein weitläufiges Festhaus („Bit Akitu") außerhalb der Stadtmauer neu errichtet wurde [Falkenstein 2.6.10; Lenzen 2.6.10]. Neben der aramäischen Buchstabenschrift wurde in Babylonien weiterhin die Keilschrift verwendet, nur dass jetzt die Urkunden nach dem neuen achämenidischen System der Zählung nach Regierungsjahren der Herrscher datiert wurden. Gleichzeitig kommt es in dieser Zeit zum größten und letzten Höhepunkt babylonischer Wissenschaft [Oelsner 2.6.10].

Diese Zeit ausführlich zu behandeln, die weitere Entwicklung, besonders auch für die anderen Regionen, zu verfolgen, und vor allem die vielfältigen Einflüsse der altorientalischen Kulturen sowohl auf die westlichen als auch auf die zentralasiatischen Entwicklungen aufzuzeigen, ist jedoch nicht mehr Aufgabe dieser Darstellung [zur weiteren Entwicklung in Babylonien, s. Nissen/Heine 2.2.2].

III. Quellen und Literatur

1. QUELLEN UND HILFSMITTEL

1.1 Anthologien und Übersetzungen

B. Alster, Proverbs of Ancient Sumer. The World's Earliest Proverb Collection, 2 Bde. Bethesda 1997.
B. Alster, Wisdom of Ancient Sumer, Bethesda 2005.
G. A. Beckman, Hittite Diplomatic Texts, Atlanta 1996.
J. A. Black, The Literature of Ancient Sumer, Oxford 2004.
S. Dalley, Myths from Mesopotamia: Creation, the Flood, Gilgamesh and Others, Oxford 1989.
J.-M. Durand, Documents épistolaires du palais de Mari I-III, Paris 1997–2000.
A. Falkenstein, W. von Soden, Sumerische und akkadische Hymnen und Gebete, Zürich 1953.
B. R. Foster, From Distant Days. Myths, Tales, and Poetry of Ancient Mesopotamia, Bethesda 1995.
B. R. Foster, Before the Muses. An Anthology of Akkadian Literature I–II, Bethesda ²1996.
J.-J. Glassner, Mesopotamian Chronicles, Leiden 2005.
W. W. Hallo, K. L. Younger (Hrsg.), Context of the Scripture. 3 Bde, Leiden 1997–2002.
W. Heimpel, Letters to the King of Mari. A new Translation with Historical Introduction, Notes and Commentary, Winona Lake 2003.
Th. Jacobsen, The Harps that Once ...: Sumerian Poetry in Translation, New Haven 1987.
H. M. Kümmel, Hethitische historische Texte, in: M. Dietrich, H. M. Kümmel, O. Loretz, H. Otten, Historisch-chronologische Texte II. TUAT I.5 (1985).
S. M. Maul, Das Gilgamesch-Epos, München 2005.
W. L. Moran, The Amarna Letters, Baltimore 1992.
J. B. Pritchard, Ancient Near Eastern Texts relating to the Old Testament, Princeton 1950. Dieser Titel wird ergänzt durch: ders., Ancient Near East in Pictures relating to the Old Testament, Princeton 1954.
H. Steible, Die altsumerischen Bau- und Weihinschriften, Wiesbaden 1982.
H. Steible, Die neusumerischen Bau- und Weihinschriften I–II, Stuttgart 1991.

K. Volk, B. Kienast, Die sumerischen und akkadischen Briefe des III. Jts. aus der Zeit vor der III. Dynastie von Ur, Stuttgart 1995.
E. J. Wilson, The Cylinders of Gudea, Kevelaer/Neukirchen-Vluyn 1996.
D. Wolkstein, S. N. Kramer, Inanna. Queen of Heaven and Earth. Her Stories and Myths from Sumer, New York 1983.
Ferner die Serien:
Royal Inscription of Mesopotamia, Early Periods, Toronto.
Royal Inscriptions of Mesopotamia, Assyrian Periods, Toronto.
Royal Inscriptions of Mesopotamia, Babylonian Periods, Toronto.
State Archives of Assyria, Helsinki.
Texte aus der Umwelt des Alten Testaments. Alte Folge 1981–2001. Neue Folge 2004–

1.2 Hilfsmittel

1.2.1 Einführungen

L. R. Binford, Die Vorzeit war ganz anders. Methoden und Ergebnisse der Neuen Archäologie, München 1984.
H. J. Eggers: Einführung in die Vorgeschichte, Berlin ^{4}2004.
G. Leick (Hrsg.), The Babylonian World, Abington 2007.
W. H. Ph. Römer, Die Sumerologie. Versuch einer Einführung in den Forschungsstand nebst einer Bibliographie in Auswahl, Kevelaer/Neukirchen-Vluyn 1994.
D. C. Snell (Hrsg.), A Companion to the Ancient Near East, Malden MA 2005.
W. von Soden, Einführung in die Altorientalistik, Darmstadt 1985.
M. P. Streck (Hrsg.), Sprachen des Alten Orients, Darmstadt 2005.
E. Wirth, Theoretische Geographie, Grundzüge einer theoretischen Kulturgeographie, Stuttgart 1979.

1.2.2 Lexika, Nachschlagewerke und Handbücher

O. Aurenche (Hrsg.), Dictionnaire illustré multilingue de l'architecture du Proche Orient Ancien, Lyon 1977.
R. Borger, Handbuch der Keilschriftliteratur I–III, Berlin 1967–1975.
C. Burney, Historical Dictionary of the Hittites, Lanham 2004.
Encyclopaedia Iranica, London/Costa Mesa 1982– (noch unvollst.)
H. W. Haussig (Hrsg.), Götter und Mythen im Vorderen Orient, Stuttgart 1965.
B. Hrouda, Handbuch der Archäologie: Vorderasien I (Mesopotamien, Babylonien, Iran und Anatolien), München 1971.
H. Klengel, Syria 3000 to 300 B.C.: A Handbook of Political History, Berlin 1992.

G. Leick, Dictionary of Ancient Near Eastern Architecture, London/New York 1991.
G. Leick, Dictionary of Ancient Near Eastern Mythology, London/New York 1991.
G. Leick, Historical Dictionary of Mesopotamia, Lanham 2003.
E. M. Meyers (Hrsg.), The Oxford Encyclopedia of Archaeology in the Near East, New York/Oxford 1997.
H. Müller-Karpe, Handbuch der Vorgeschichte I–IV, München 1966–1980.
Reallexikon der Assyriologie. Erschienen Band 1 (1928) bis Band 12 5/6 (2010) (– Silitu(m)).
Répertoire Géographique, hrsg. von W. Röllig, Wiesbaden 1974–2008; mit den Einzelbänden:
– A. Bagg, Die Orts- und Gewässernamen der neuassyrischen Zeit, Teil 1: Die Levante. Wiesbaden 2008.– J. A. Belmonte Marin, Die Orts- und Gewässernamen der Texte aus Syrien im 2. Jt. v.Chr., Wiesbaden 2002.
– M. Bonechi, I nomi geografici dei testi di Ebla, Wiesbaden 1993.
– G. del Monte, J. Tischler, Die Orts- und Gewässernamen der hethitischen Texte, Wiesbaden 1978; G. del Monte, Suppl. 1992.
– I. M. Diakonoff, Geographical Names According to Urartian Texts, Wiesbaden 1981.
– D. O. Edzard, G. Farber, Die Orts- und Gewässernamen der Zeit der 3. Dynastie von Ur, Wiesbaden 1974.
– D. O. Edzard, G. Farber, E. Sollberger, Die Orts- und Gewässernamen der präsargonischen und sargonischen Zeit, Wiesbaden 1974.
– J. C. Fincke, Die Orts- und Gewässernamen der Nuzi-Texte, Wiesbaden 1993.
– B. Groneberg, Die Orts- und Gewässernamen der altbabylonischen Zeit, Wiesbaden 1980.
– K. Kessler, Die Orts- und Gewässernamen der neuassyrischen Zeit, Wiesbaden, in Vorbereitung.
– G. J. P. McEwan, Geographical Names According to Literary Texts, Wiesbaden, in Vorbereitung.
– Kh. Nashef, Die Orts- und Gewässernamen der altassyrischen Zeit, Wiesbaden 1991.
– Kh. Nashef, Die Orts- und Gewässernamen der mittelbabylonischen und mittelassyrischen Zeit, Wiesbaden 1982.
– W. Röllig, Die Orts- und Gewässernamen der Texte aus Syrien im 2. und 1. Jahrtausend v.Chr., Wiesbaden, in Vorbereitung.
– F. Vallat, Les noms géographiques des sources suso-élamites, Wiesbaden 1993.
– R. Zadok, Geographical Names According to New and Late Babylonian, Wiesbaden 1985.
J. M. Sasson (Hrsg.), Civilizations of the Ancient Near East I–IV, New York 1995 (=CivANE).

R. C. Thompson, A Dictionary of Assyrian Chemistry and Geology, London 1936.
R. C. Thompson, A Dictionary of Assyrian Botany, London 1949.
L. Vanden Berghe, Archéologie de l'Iran Ancien, Leiden 1959.
H. Weippert, Palästina in vorhellenistischer Zeit, München 1988.
G. R. H. Wright, Ancient Building in South Syria and Palestine, Leiden 1985.

1.2.3 Bibliographien

Abstracta Iranica, Supplement zu Iranica Antiqua, Leuven. Fortlaufend seit 1977.
E. Acquaro (Hrsg.), Bibliotheca Phoenicia. Ottomila titoli sulla civiltà fenica, Rom 1994.
S. Anastasio, The Archaeology of Upper Mesopotamia. An Analytical Bibliography for the Pre-Classical Periods, in: Subartu I (1995).
F. Baffi Guardata, M. Baldacci, F. Pomponio, Bibliografia Eblaita II, in: Studi Epigrafici e Linguistici 6 (1989), 145–158.
F. Baffi Guardata, M. Baldacci, F. Pomponio, Eblaite Bibliography III, in: Studi Epigrafici e Linguistici 10 (1993), 93–110.
M. Baldacci, F. Pomponio, Bibliografia Eblaita, in: L. Cagni (Hrsg.), Ebla 1975–1985. Dieci anni di studi linguistici e filologici. Neapel 1987, 429–456.
M. Bierkamp, W. Frey, H. Kürschner, Bibliography of the Geobotanical Literature on Southwest Asia, Wiesbaden 1989.
M. Dietrich, O. Loretz, Analytic Ugaritic Bibliography 1972–1988, Kevelaer/Neukirchen-Vluyn 1996.
R. S. Ellis, A Bibliography of Mesopotamian Archaeological Sites, Wiesbaden 1972.
J. Hämeen-Antilla, Bibliography of Neo-Assyrian (Post-War Period), SAAB 1/2 (1987), 73–92.
J. G. Heintz, Bibliographie de Mari. Archéologie et textes 1933–1988, Wiesbaden 1990.
J. H. Hospers, A Basic Bibliography for the Study of Semitic Languages I–II, Leiden 1973.
Keilschriftbibliographie jährlich in: Or NS, Rom seit 1966.
M. Luuko, S. Gaspa, A Bibliography of Neo-Assyrian Studies (1998–2006), SAAB 17 (2008), 189–257.
R. Mattila, K. Radner, A Bibliography of Neo-Assyrian Studies (1988–1997), SAAB 11 (1997), 115–137.
H. Sancisi-Weerdenburg, Bibliography, in: H. Sancisi-Weerdenburg et al. 2.10.2. Bd. VIII, 399–436.
F. Scholz, Nomadismus. Bibliographie, Berlin 1992.
L. Vanden Berghe, Bibliographie analytique de l'archéologie de l'Iran ancien, Leiden 1979. Supplementa 1981 und 1987.

U. WEBER, J. WIESEHÖFER, Das Reich der Achämeniden. Eine Bibliographie, Berlin 1996.

J. WIESEHÖFER, Bibliographische Essays, in: J. Wiesehöfer, Das antike Persien, Zürich (1993), 329–392.

1.2.4 Atlanten

Atlante storico del Vicino Oriente antico, hrsg. von M. LIVERANI, L. MILANO, Rom 1986– (noch unvollst.).

Atlas des sites du Proche Orient (14000–5700 B.P.), hrsg. von F. HOURS, O. AURENCHE, J. CAUVIN, M. C. CAUVIN, L. COPELAND, P. SANLAVILLE, Lyon 1994.

Atlas of Archaeological Sites in Iraq, Baghdad 1979.

H. KOPP, W. RÖLLIG (Hrsg.), Tübinger Atlas des Vorderen Orients, Wiesbaden 1977–93. (295 physikal. und histor. Karten).

H. KOPP, W. RÖLLIG (Hrsg.), Tübinger Atlas des Vorderen Orients. Register zu den Karten (3 Bde), Wiesbaden 1994.

A.-M. WITTKE, E. OLSHAUSEN, R. SZYDLAK. Historischer Atlas der antiken Welt. Der Neue Pauly Suppl. 3, Stuttgart 2007.

1.2.5 Glossare, Wörterbücher und Vorarbeiten

1.2.5.1 Sumerisch

A. DEIMEL, Sumerisches Lexikon Teil 3: Sumerisch-Akkadisches Glossar, Rom 1934; Neudruck Rom 1962.

F. ELLERMEIER, Sumerisches Glossar, Göttingen 1979.

F. ELLERMEIER, Sumerisch-deutsches Kurzglossar in Umschrift und Keilschrift, Hardegsen 1998–

B. HÜBNER, A. REIZAMMER, Inim Kiengi. 1 Deutsch-sumerisches Glossar; 2 Sumerisch-deutsches Glossar; 3 Sumerisch in Wort und Schrift, Marktredwitz 1984–1988.

B. LANDSBERGER ET AL., Materialien zum Sumerischen Lexikon I–, Rom seit 1937.

G. PETTINATO (Hrsg.), Materiali per il Vocabolario Neosumerico I–. Rom, seit 1974.

B. RAKAY, Register der deutschen Bedeutungen zum Sumerisch-Akkadischen Glossar von A. Deimel, Wiesbaden 1984.

S. TINNEY, The Pennsylvania Sumerian Dictionary (digital) http://psd.museum.upenn.edu/epsd/index.html

1.2.5.2 Akkadisch

J. BLACK, A Concise Dictionary of Akkadian, Wiesbaden 2002.

K. HECKER, Rückläufiges Wörterbuch des Akkadischen, Wiesbaden 1990.

T. R. Kämmerer, D. Schwiderski, Deutsch-Akkadisches Wörterbuch, Münster 1998.
A. L. Oppenheim, E. Reiner et al., The Chicago Assyrian Dictionary, Chicago/Glückstadt 1956–2011.
S. Parpola, Assyrian-English-Assyrian Dictionary, Helsinki 2008.
W. von Soden, Akkadisches Handwörterbuch, Wiesbaden 1959–1981.

1.2.5.3 Hethitisch und Altkleinasiatische Sprachen

J. Friedrich, A. Kammenhuber (Hrsg.), Hethitisches Wörterbuch, Heidelberg ²1975.
H. G. Güterbock, H. A. Hoffner, T. Ph. J. van den Hout (Hrsg.), The Chicago Hittite Dictionary, Chicago 1989– (noch unvollst.).
J. Tischler, Hethitisches etymologisches Glossar, Innsbruck 1983.
R. Werner, Kleine Einführung ins Hieroglyphen-Luwische, Fribourg 1991.

1.2.5.4 Ugaritisch

G. Del Olmo Lete, J. Sanmartin, Diccionario de la Lengua Ugaritica I–, Barcelona 1996– (noch unvollst.).
J. Tropper, Kleines Wörterbuch des Ugaritischen, Wiesbaden 2008.

1.2.5.5 Elamisch

W. Hinz, H. Koch, Elamisches Wörterbuch, 2 Bde, Berlin 1987.

1.2.5.6 Hurritisch

E. Laroche, Glossaire de la langue hourrite, Paris 1980.

1.2.5.7 Phönizisch/Punisch

C. R. Krahmalkov, Phoenician-Punic Dictionary, Leuven 2003.

1.2.6 Zeichenlisten, Grammatiken und Lehrbücher

1.2.6.1 Zeichenlisten

R. Borger, Assyrisch-babylonische Zeichenliste, Neukirchen-Vluyn ²1981.
R. Borger, Mesopotamisches Zeichenlexikon, Kevelaer/Neukirchen-Vluyn 2004.
Y. Gong, Studien zur Bildung und Entwicklung der Keilschriftzeichen, Hamburg 1993.
R. Labat, Manuel d'Épigraphie Akkadienne, bearbeitet von F. Malbran-Labat, Paris ⁵1976.
C. Mittermayer, Altbabylonische Zeichenliste der sumerisch-literarischen Texte, Fribourg/Göttingen 2006.
D. C. Snell, A Workbook of Cuneiform Signs, Malibu 1979.

1.2.6.2 Sumerisch

J. BLACK, Sumerian Grammar in Babylonian Theory, Rom 1984.
D. O. EDZARD, Sumerian Grammar, Leiden 2003.
A. FALKENSTEIN, Grammatik der Sprache Gudeas von Lagasch (I–II), Rom 1949,1950; Die Inschriften Gudeas von Lagasch (III), Rom 1966.
J. L. HAYES, A Manuel of Sumerian Grammar and Texts, Malibu 1990.
M.-L. THOMSEN, The Sumerian Language, Kopenhagen ²1987.

1.2.6.3 Akkadisch

R. BORGER, Babylonisch-Assyrische Lesestücke I–II, Rom ²1979.
G. BUCCELLATI, A Structural Grammar of Babylonian, Wiesbaden 1996.
R. CAPLICE, D. SNELL, Introduction to Akkadian, Rom ³1988.
R. HASSELBACH, Sargonic Akkadian – A Historical and Comparative Study of the Syllabic Texts, Wiesbaden 2005.
M. HILGERT, Akkadisch in der Ur III-Zeit, Münster 2002.
D. MARCUS, A Manual of Akkadian, Lanham 1978.
D. B. MILLER, R. M. SHIPP, An Akkadian Handbook. Paradigms, Helps, Logogramms, and Sign Lists, Winona Lake 1996.
E. REINER, A Linguistic Analysis of Akkadian, Den Haag 1966.
K. K. RIEMSCHNEIDER, Lehrbuch des Akkadischen, Leipzig ⁴1984.
W. von SODEN, W. R. MAYER, Grundriß der akkadischen Grammatik, Rom ³1995.
W. von SODEN, W. RÖLLIG, Das akkadische Syllabar, Rom ⁴1991.

1.2.6.4 Hethitisch und Altkleinasiatische Sprachen

O. CARRUBA, Das Palaische, Wiesbaden 1970.
O. CARRUBA, Per una grammatica ittita, Pavia 1992.
J. FRIEDRICH, E. REINER, A. KAMMENHUBER, G. NEUMANN, A. HEUBECK, Altkleinasiatische Sprachen, Leiden 1969.
W. H. HELD, W. R. SCHMALSTIEG, J. E. GERTZ, Beginning Hittite, Columbus 1988.
H. C. MELCHERT, The Luwians, Leiden 2003.
S. S. MISRA, The Hieroglyphic Hittite. A Historical and Comparative Grammar, Varanasi 1986.

1.2.6.5 Elamisch

F. GRILLOT-SUSINI, Éléments de grammaire Élamite, Paris 1987.
M. KHACIKJAN, The Elamite Language, Rom 1998.
E. REINER, The Elamite Language, in: J. FRIEDRICH, E. REINER, A. KAMMENHUBER, G. NEUMANN, A. HEUBECK, Altkleinasiatische Sprachen, Leiden 1969, 54–118.
M.-J. STÈVE, Syllabaire Élamite. Histoire et Paléographie, Neuchâtel-Paris 1992.

1.2.6.6 Phönizisch/Punisch

J. Friedrich, W. Röllig, Phönizisch-punische Grammatik, Rom ³1999.
C. R. Krahmalkov, A Phoenician-Punic Grammar, Leiden 2001.
S. Segert, A Grammar of Phoenician and Punic, München 1976.

1.2.6.7 Ugaritisch

C. H. Gordon, Ugaritic Textbook I–III, Rom 1998.
S. Segert, A Basic Grammar of the Ugaritic Language. With Selected Texts and Glossary, Berkeley 1984.
D. Sivan, A Grammar of the Ugaritic Language, Köln 1997.
J. Tropper, Ugaritisch. Kurzgefasste Grammatik mit Übungstexten und Glossar, Münster 2002.

1.2.6.8 Aramäisch

K. Beyer, The Aramaic Language, Göttingen 1986.
R. Degen, Altaramäische Grammatik der Inschriften des 10.–8– Jh. v.Chr., Wiesbaden 1969.
V. Hug, Altaramäische Grammatik der Texte des 7. und 6. Jh. v.Chr., Heidelberg 1993.
C. Kessler-Müller, Grammatik des Christlich-Palästinisch-Aramäischen, Hildesheim 1991.
T. Muraoka, B. Porten, A Grammar of Egyptian Aramaic, Leiden 1998.
F. Rosenthal (Hrsg.), An Aramaic Handbook, Wiesbaden 1967.
D. Schwiderski, Die alt- und reichsaramäischen Inschriften. 2 Bde, Berlin 2004/2008.
S. Segert, Altaramäische Grammatik. Mit Bibliographie, Chrestomathie und Glossar, Leipzig ⁴1990.

1.2.6.9 Hurritisch

I. M. Diakonoff, Hurrisch und Urartäisch, München 1971.
V. Haas (Hrsg.), Hurritologische Studien 1–, Kevelaer/Neukirchen-Vluyn, seit 1974.
J. Hazenbos, Hurritisch und Urartäisch, in: M. P. Streck (Hrsg.), Sprachen des Alten Orients, Darmstadt 2005.
G. A. Melikishvili, Die urartäische Sprache, München 1971.
H.-J. Thiel, Phonematik und grammatische Struktur des Hurrischen, in: V. Haas (Hrsg.), Das hurritologische Archiv des altorientalischen Seminars der Freien Universität Berlin, Berlin 1975, 98–239.
I. Wegner, Einführung in die hurritische Sprache, Wiesbaden 2000.
G. Wilhelm, Untersuchungen zum Hurro-Akkadischen von Nuzi, Kevelaer/Neukirchen-Vluyn 1970.

1.2.6.10 Andere Sprachen

F. WOUDHUIZEN, The Language of the Sea-Peoples, Amsterdam 1992.

1.2.7 Techniken und Methoden der Archäologie

M. BENZ, Chr. MAISE, Archäologie, Stuttgart 2006.
R. BERNBECK, Theorien in der Archäologie, Tübingen 1997.
A. DAVIDOVIC, Praktiken archäologischer Wissensvermittlung, Münster 2009.
M. K. H. EGGERT, Prähistorische Archäologie – Konzepte und Methoden, Tübingen ²2000.
M. HEINZ, Vorderasiatische Altertumskunde, Tübingen 2009.
B. HROUDA (Hrsg.), Methoden der Archäologie. Eine Einführung in ihre naturwissenschaftlichen Techniken, München 1978.
C. RENFREW, P G. BAHN: Basiswissen Archäologie. Theorien – Methoden – Praxis, Mainz 2009.

2. LITERATUR

2.1 Physische Umwelt

2.1.1 Geographische Gesamtdarstellungen

R. McC. Adams, Steps towards Regional Understanding of the Mesopotamian Plain, in: Hausleiter et al. 2.2.1

E. Ehlers, Iran. Grundzüge einer geographischen Landeskunde, Darmstadt 1980.

W.-D. Hütteroth, Türkei, Darmstadt 1982.

W. Nützel, Einführung in die Geo-Archäologie des Vorderen Orients, Wiesbaden 2004.

A. Schachner, Rezension zu Nützel, Einführung in die Geo-Archäologie: OLZ 100/2 (2005), 262–271.

E. Wirth, Agrargeographie des Irak, Hamburg 1962.

E. Wirth, Syrien, eine geographische Landeskunde, Darmstadt 1971.

2.1.2 Tiere und Pflanzen und ihre Domestikation

M. Civil (Hrsg.), Domestic Animals of Mesopotamia I, BSA 7 (1993).

B. J. Collins (Hrsg.), A History of the Animal World in the Ancient Near East, Leiden 2002.

K. V. Flannery, The Ecology of Food Production in Mesopotamia, Science 147 (1965), 1247–1256.

A. S. Gilbert, The Flora and Fauna of the Ancient Near East, CivANE I, 153–174.

J. Harlan, Wild Grass Havesting and Implications for Domestication, in: J. C. Anderson (Hrsg.), Préhistoire de l'agriculture, Paris 1992, 21–27.

G. Harris, C. Hillman (Hrsg.), Foraging and Farming; The Evolution of Plant Exploitation, London 1989.

H. Helbæk, Ecological Effects of Irrigation in Ancient Mesopotamia, Iraq 22 (1960), 186–196.

B. Hesse, Animal Husbandry and Human Diet in the Ancient Near East, CivANE I 203–222.

J. McCorriston, The Fiber Revolution. Textile Extensification, Alienation, and Social Stratification in Ancient Mesopotamia, CA 38 (1997), 517–549.

R. H. Meadow, H.-P. Uerpmann (Hrsg.), Equids in the Ancient World I–II, Wiesbaden 1986 und 1991.

J. N. Postgate, M. A. Powell (Hrsg.), Domestic Animals of Mesopotamia II, BSA 8 (1995).

C. C. Townsend, E. Guest, Flora of Iraq, vol. I–X (unvollst.) Baghdad 1966–

P. Ucko, G. W. Dimbleby (Hrsg.), Domestication and Exploitation of Plants and Animals, London 1969.

E. Vila, L'exploitation des animaux en Mésopotamie aux IVe et IIIe millennaires avant J.-C., Paris 1998.

F. E. Zeuner, A History of Domesticated Animals, London 1963.

D. Zohary, M. Hopf, Domestication of Plants in the Old World, Oxford 1988.

2.1.3 Klima und Wasserverhältnisse

B. Brentjes, Klimaschwankungen und Siedlungsgeschichte Vorder- und Zentralasiens, AfO 40/41 (1993/94), 74–87.

D. Brown, The Level of the Euphrates, in: C. Wunsch (Hrsg.), Mining the Archives. FS für Chr. Walker, Dresden 2002, 37–56.

P. Buringh, Living Conditions in the Lower Mesopotamian Plain in Ancient Times, Sumer 13 (1957), 30–46.

K. W. Butzer, Early Hydraulic Civilization in Egypt: A Study in Cultural Ecology, Chicago 1976.

K. W. Butzer, Environmental Change in the Near East and Human Impact on the Land, CivANE I 123–151.

W. Heimpel, The Natural History of the Tigris According to the Sumerian Literary Composition Lugal, JNES 46 (1987), 309–317.

W. Heimpel, Ein zweiter Schritt zur Rehabilitierung des Rolle des Tigris in Sumer, ZA 80 (1990), 204–213.

H. Kühne (Hrsg.), Die rezente Umwelt von Tall Schech Hamad und Daten zur Umweltrekonstruktion der assyrischen Stadt Dur-Katlimmu, Berlin 1991.

C. E. Larsen, The Mesopotamian Delta Region: A Reconsideration of Lees and Falcon, JAOS 95 (1975), 43–57.

G. M. Lees, N. L. Falcon, The Geographical History of the Mesopotamian Plains, Geographical Journal 118 (1952), 24–39.

W. Nützel, Das Mesopotamien der Frühkulturen in Abhängigkeit der nacheiszeitlichen Klimaschwankungen und Meeresspiegeländerungen, MDOG 107 (1975), 27–38.

W. Nützel, Eine antike Flußverbindung zwischen dem oberen Khabur-Gebiet und dem Tigris, MDOG 124 (1992), 87–95.

P. Sanlaville, Considérations sur l'évolution de la basse Mésopotamie au cours des derniers millénaires, Paléorient 15 (1989), 5–27.

H. Waetzoldt, Zu den Strandverschiebungen am Persischen Golf und den Bezeichnungen der Hors, in: J. Schäfer, W. Simon (Hrsg.), Strandverschiebungen in ihrer Bedeutung für Geowissenschaften und Archäologie, Heidelberg 1981, 159–184.

E. Wirth, Die natürlichen Resourcen Vorderasiens als Handlungsrahmen der holozänen Kulturen und Hochkulturen, BaM 29 (1998), 9–28.

2.2 Übergreifende historische Darstellungen

2.2.1 Geschichte des Faches

W. ANDRAE, Lebenserinnerungen eines Ausgräbers, Berlin 1988.
H. G. GÜTERBOCK, Resurrecting the Hittites, CivANE IV, 2765–2777.
A. HAUSLEITER, S. KERNER und B. MÜLLER-NEUHOF (Hrsg.), Material Culture and Mental Spheres. Rezeption archäologischer Denkrichtungen in der Vorderasiatischen Altertumskunde, Münster 2002.
F. HOLE, Assessing the Past through Anthropological Archaeology, CivANE IV, 2715–2727.
Th. JACOBSEN, Searching for Sumer and Akkad, CivANE IV, 2743–2752.
S. Å. PALLIS, The Antiquity of Iraq, Kopenhagen 1956.
A. PARROT, Tello: Vingt Campagnes des Fouilles, Paris 1948.
A. PARROT, Archéologie Mésopotamienne, 2 Bde, Paris 1946/ 1953.
E. PORADA, Understanding Ancient Near Eastern Art: A Personal Account, CivANE IV, 2695–2714.
J. RENGER, Die Geschichte der Altorientalistik und der vorderasiatischen Archäologie in Berlin von 1875 bis 1945, in: W. ARENHÖVEL, C. SCHREIBER (Hrsg.), Berlin und die Antike. Aufsätze, Berlin 1979, 151–192.
J. RENGER, Altorientalistik und jüdische Gelehrte in Deutschland – Deutsche und österreichische Altorientalisten im Exil, in: W. BARNER, C. KÖNIG (Hrsg.), Jüdische Intellektuelle und die Philologien in Deutschland 1871–1933, Göttingen 2001. 247–261.
M. VAN ESS, E. WEBER-NÖLDEKE, Dr. Arnold Nöldeke. Briefe aus Uruk-Warka 1931–1939, Wiesbaden 2008.

2.2.2 Allgemeine historische Darstellungen

T. G. BIBBY, Looking for Dilmun, New York 1969.
H. BREASTED, The Conquest of Civilization, New York 1926.
C. BURNEY, D. LANG, Die Bergvölker Vorderasiens, München 1973.
V. G. CHILDE, New Light on the Most Ancient East, London 1952.
M. CLAUSS, Geschichte des alten Israel, München 2009.
I. M. DIAKONOFF, The Structure of Near Eastern Society Before the Middle of the 2nd Millennium BC, Oikumene 3 (1982), 7–100.
D. O. EDZARD, Die frühdynastische Zeit, in: Fischer Weltgeschichte Bd 2: Die altorientalischen Reiche 1, hrsg. von E. CASSIN, J. BOTTÉRO, J. VERCOUTTER, Frankfurt 1965, 57–90.
A. FALKENSTEIN, Die Ur- und Frühgeschichte des alten Vorderasien, in: Fischer Weltgeschichte Bd 2: Die altorientalischen Reiche 1, hrsg. von E. CASSIN, J. BOTTÉRO, J. VERCOUTTER, Frankfurt 1965, 13–56.
J. J. FINKELSTEIN, Mesopotamian Historiography, Proceedings of the American Philosophical Society 107 (1963), 461–473.

B. R. Foster, K. Polinger-Foster, Civilizations of Ancient Iraq, Princeton 2009.
M. Frangipane, La Nascita dello Stato nel Vicino Oriente, Rom-Bari 1996.
G. Grasshoff, R. C. Schwinges (Hrsg.), Innovationskultur, Zürich 2008.
A. K. Grayson, Histories and Historians of the Ancient Near East: Assyria and Babylonia, OrNS 49 (1980), 140–194.
B. Hrouda (Hrsg.), Der Alte Orient. Geschichte und Kultur des alten Vorderasien, München 1991.
A. Kuhrt, The Ancient Near East, c. 3000–330 BC, London 1995.
P. B. Machinist, Über die Selbstbewußtheit in Mesopotamien, in: S. N. Eisenstadt (Hrsg.), Kulturen der Achsenzeit. Teil 1: Griechenland, Israel, Mesopotamien, Frankfurt 1987, 258–291.
L. Manzanilla (Hrsg.), Studies in the Neolithic and Urban Revolutions, Oxford 1987.
J.-C. Margueron, Les Mesopotamiens. 1: Les temps et l'éspace. 2: Le cadre de vie et la pensée, Paris 1991.
P. R. S. Moorey (Hrsg.), Origins of Civilization, Oxford 1979.
A. Moortgat, Die Entstehung der sumerischen Hochkultur, Leipzig 1945.
H. J. Nissen, Grundzüge einer Geschichte der Frühzeit des Vorderen Orients, Darmstadt ^{3}1995; erweiterte englische Übersetzung: The Early History of the Ancient Near East, 9000–2000 B.C., Chicago 1988; nochmals erweitert als: Protostoria del Vicino Oriente, Rom-Bari 1990.
H. J. Nissen, P. Heine, Von Mesopotamien zum Irak. Kleine Geschichte eines alten Landes, Berlin 2003. Durchgesehen und erweitert als: From Mesopotamia to Iraq, Chicago 2009.
J. Oates, Babylon, Bergisch Gladbach 1983.
A. L. Oppenheim, Ancient Mesopotamia: Portrait of a Dead Civilization. Revised and completed by E. Reiner, Chicago 1977.
S. Pollock, Ancient Mesopotamia: The Eden that Never Was, Cambridge 1999.
S. Pollock, R. Bernbeck (Hrsg.), Archaeologies of the Middle East. Critical Perspectives, Oxford 2005.
J. N. Postgate, Early Mesopotamia. Society and Economy at the Dawn of History, London/New York 1992.
D. T. Potts, The Arabian Gulf in Antiquity I–II, Oxford 1990.
D. T. Potts, Mesopotamian Civilization: The Material Founations, Ithaca (NY) 1997.
D. T. Potts, The Archaeology of Elam: Formation and Transformation of an Ancient Iranian State, Cambridge 1999.
C. L. Redman, The Rise of Civilization, San Francisco 1978.
M. D. Roaf, Weltatlas der Kulturen: Mesopotamien, München 1991.
A. Scharf, A. Moortgat, Ägypten und Vorderasien im Altertum, München ^{2}1962.
M. Van de Mieroop, A History of the Ancient Near East, ca. 3000–323 BC., Oxford ^{2}2004.

K. R. Veenhof, Geschichte des Alten Orients bis zur Zeit Alexanders des Großen, Göttingen 2001.
I. Wallerstein, The Modern World System, Bd. 1, New York 1974.
C. Wilcke, Zum Geschichtsbewußtsein im Alten Mesopotamien, in: H. Müller-Karpe (Hrsg.), Archäologie und Geschichtsbewußtsein, München (1982), 31–52.
K. A. Wittfogel, Die Orientalische Despotie: eine vergleichende Untersuchung totaler Macht, Köln 1962.

2.2.3 Wirtschafts- und Sozialgeschichte

H. D. Baker, M. Jursa (Hrsg.), Approaching the Babylonian Economy, Münster 2004.
G. van Driel, Elusive Silver. In Search of a Role for a Market in an Agrarian Environment, Leiden 2002.
I. J. Gelb, The Ancient Mesopotamian Ration System, JNES 24 (1965), 230–243.
I. J. Gelb, Approaches to the Study of Ancient Economy, JAOS 87 (1967), 1–8.
V. Haas (Hrsg.), Außenseiter und Randgruppen. Beiträge zu einer Sozialgeschichte des Alten Orients, Konstanz 1992.
M. Hudson, C. Wunsch (Hrsg.), Creating Economic Order: Record-Keeping, Standardization, and the Development of Accounting in the Ancient Near East, Bethesda 2004.
G. Le Rider, La naissance de la monnaie. Pratique monétaires de l'Orient ancien, Paris 2001.
M. A. Powell (Hrsg.), Labor in the Ancient Near East, New Haven 1987.
J. Renger, Probleme und Perspektiven einer Wirtschaftsgeschichte Mesopotamiens, Saeculum 40 (1989), 166–178.
J. Renger, On Economic Structures in Ancient Mesopotamia, OrNS 63 (1994), 157–208.
G. J. Selz, Power, Economy, and Social Organization in Babylonia, in: G. Leick (Hrsg.), The Babylonian World, Abington 2007, 276–287.
M. Silver, Economic Structures of the Ancient Near East, London-Sydney 1985.
M. Silver, Economic Structures of Antiquity, Westport/London 1995.
P. Steinkeller, Grundeigentum in Babylonien von Uruk IV bis zur frühdynastischen Periode II, Jahrbuch für Wirtschaftsgeschichte (1987), 11–27.
C. Wilcke, Markt und Arbeit im Alten Orient am Ende des 3. Jahrtausends v.Chr., in: W. Reinhard, J. Stagl (Hrsg.), Menschen und Märkte, Wien 2007.
M. A. Zeder, Feeding Cities, Specialized Animal Economy in the Ancient Near East, Washington 1991.

2.2.4 Rechtsgeschichte

D. J. BEDERMAN, International Law in Antiquity, Cambridge 2001.
D. O. EDZARD, Sumerische Rechtsurkunden des III. Jahrtausends aus der Zeit vor der III. Dynastie von Ur, München 1968.
A. FALKENSTEIN, Die neusumerischen Gerichtsurkunden, München 1957.
R. HAASE, Die keilschriftlichen Rechtssammlungen in deutscher Fassung, Wiesbaden 1979.
R. HAASE, Texte zum hethitischen Recht. Eine Auswahl, Wiesbaden 1984.
B. KIENAST, Mündlichkeit und Schriftlichkeit im keilschriftlichen Rechtswesen, Zeitschr. f. Altorientalische und Biblische Rechtsgeschichte 2 (1996), 114–130.
N. P. LEMCHE, Justice in Western Asia in Antiquity, Chicago-Kent Law Review 70: 4 (1995), 1695–1716.
H. NEUMANN, ‚Gerechtigkeit liebe ich ...'. Zum Strafrecht in den ältesten Gesetzen Mesopotamiens, Das Altertum 35 (1989), 13–22.
H. NEUMANN, Recht im antiken Mesopotamien, in: U. MANTHE (Hrsg.), Die Rechtskulturen der Antike. Vom Alten Orient bis zum Römischen Reich, München 2003, 55–122.
H. J. NISSEN, Konflikt und Konfliktlösung im frühschriftlichen Babylonien, in: B. BÖCK ET AL. (Hrsg.), Minuscula Mesopotamica (FS Renger), Münster 1999.
M. T. ROTH, Law Collections from Mesopotamia and Asia Minor, Atlanta 1995.
C. SAPORETTI, G. BUCCELLATI, The Middle Assyrian Laws, Malibu 1984.
G. J. SELZ, „Wirtschaftskrise – Legitimationskrise – Staatskrise". Zur Genese mesopotamischer Rechtsvorstellungen zwischen Planwirtschaft und Eigentumsverfaasung, AfO 46/47 (1999–2000), 1–44.
G. J. SELZ, „Streit herrscht, Gewalt droht". Zu Konfliktregelung und Recht in der frühdynastischen und altakkadischen Zeit, WZKM 92 (2002), 155–203.
K. R. VEENHOF, "In Accordance with the Words of the Stele": Evidence for Old Assyrian Legislation, Chicago-Kent Law Review 70: 4 (1995), 1717–1744.
R. WESTBROOK, A History of Ancient Near Eastern Law. 2 Bde, Leiden 2003.
C. WILCKE, Early Ancient Near Eastern Law: A History of its Beginnings: The Early Dynastic and Sargonic Periods, Winona Lake 2007.

2.2.5 Literaturgeschichte

A. ARCHI, Hittite and Hurrian Literatures: An Overview, CivANE IV, 2367–2377.
A. FALKENSTEIN, Zur Chronologie der sumerischen Literatur: Die nachaltbabylonische Stufe, CRRAI 2 (1951), 12–28.
D. E. FLEMING, S. J. MILSTEIN, The Buried Foundation of the Gilgamesh Epic. The Akkadian Huwawa Narrative, Leiden 2010.

B. Groneberg, Towards a Definition of Literariness as Applied to Akkadian Literature, in: M. E. Vogelzang, H. I. J. Vanstiphout (Hrsg.), Mesopotamian Poetic Language: Sumerian and Akkadian, Groningen 1996, 59–84.

V. Haas, Die hethitische Literatur, Texte, Stilistik, Motive, Berlin 2006.

P. Michalowski, Sumerian Literature: An Overview, CivANE IV, 2279–2291.

W. Röllig (Hrsg.), Altorientalische Literaturen, Neues Handbuch der Literaturwissenschaft Bd. 1, Wiesbaden 1978.

K. Volk, Inanna und Sukaletuda: Zur historisch-politischen Deutung eines sumerischen Literaturwerkes, Wiesbaden 1996.

C. Wilcke (Hrsg.), Das geistige Erfassen der Welt im Alten Orient. Sprache, Religion, Kultur und Gesellschaft, Wiesbaden 2007.

C. Wilcke, Politik im Spiegel der Literatur, Literatur als Mittel der Politik im älteren Babylonien, in: K. Raaflaub, (Hrsg.), Anfänge politischen Denkens, München 1993, 29–75.

2.2.6 Kunstgeschichte

Z. Bahrani, The Graven Image: Representation in Babylonia and Assyria, Philadelphia 2003.

A. Berlejung, Die Theologie der Bilder. Herstellung und Einweihung von Kultbildern in Mesopotamien und die alttestamentliche Bilderpolemik, Fribourg 1998.

J. Börker-Klähn, Altvorderasiatische Bildstelen und vergleichbare Felsreliefs, Mainz 1982.

J. Börker-Klähn, Die reichsakkadische Kunst und Ägypten, WZKM 74 (1982), 57–94.

D. Collon, First impressions: Cylinder Seals in the Ancient Near East, Chicago 1987.

S. Dalley, Ancient Assyrian Textiles and the Origins of Carpet Design, Iran 29 (1991), 117–135.

H. Frankfort, Cylinder Seals, London 1939.

H. Frankfort, The Art and Architecture of the Ancient Orient, Harmondsworth-Baltimore ⁴1970.

M. Haussperger, Die Einführungsszene. Entwicklung eines mesopotamischen Motivs von der altakkadischen bis zur altbabylonischen Zeit, München 1991.

O. Keel, Das Recht der Bilder gesehen zu werden. Drei Fallstudien zur Methode der Interpretation altorientalischer Bilder, Fribourg 1992.

M. Mellink, J. Filip, Frühe Stufen der Kunst. Propyläen Kunstgeschichte Bd. 13, Berlin 1974.

A. Moortgat, Vorderasiatische Rollsiegel, Berlin 1940.

A. Moortgat, Die Kunst des Alten Mesopotamien, Köln 1967.

H. J. Nissen, ‚Sumerian‘ vs. ‚Akkadian‘ Art. Art and Politics in Babylonia of the Mid-Third Millennium B.C., in: M. Kelly-Buccellati (Hrsg.), Insight through Images. Studies in Honor of E. Porada, Malibu 1986, 189–196.

A. Nunn, Die Wandmalerei und der glasierte Wandschmuck im Alten Orient, Leiden 1988.
W. Orthmann (Hrsg.), Der Alte Orient. Propyläen-Kunstgeschichte Bd. 14, Berlin 1975.
A. Spyket, Reliefs, Statuary, and Monumental Paintings in Ancient Mesopotamia, CivANE IV, 2583–2600.
E. Strommenger, M. Hirmer, Fünf Jahrtausende Mesopotamien, München 1962.
I. J. Winter, Aesthetics in Ancient Mesopotamian Art, CivANE IV, 2569–2582.
I. J. Winter, After the Battle is Over: The Stele of the Vultures and the Beginning of the Historical Narrative in the Art of the Ancient Near East, in: H. L. Kessler, M. Shreve (Hrsg.), Pictorial Narrative in Antiquity and the Middle Ages, Washington 1985, 11–32.
I. J. Winter, Women in Public: The Disk of Enheduanna, the Beginning of the Office of EN-Priestess and the Weight of Visual Evidence, in: J. M. Durand (Hrsg.), La femme dans le Proche-Orient antique, Paris (1987), 189–201.

2.2.7 Baugeschichte

L. Battini-Villard, P. Lombard (Hrsg.). Maisons urbaines au Proche-Orient ancien, Oxford 2009.
J. Bretschneider, J. Driessen, K. Van Lerberghe, Power and Architecture. Monumental Public Architecture in the Bronze Age Near East and Aegean, Leuven 2007.
P. P. Delougaz, S. Lloyd, Presargonic Temples in the Diyala Region, Chicago 1942.
P. P. Delougaz, The Temple Oval at Khafajah, Chicago 1940.
P. P. Delougaz, H. D. Hill, S. Lloyd, Private Houses and Graves in the Diyala Region, Chicago 1967.
W. Ekschmitt, Die sieben Weltwunder: ihre Erbauung, Zerstörung und Wiederentdeckung, Mainz 1984.
E. Heinrich, Bauwerke in der altsumerischen Bildkunst, Wiesbaden 1957.
E. Heinrich, Die Tempel und Heiligtümer im Alten Mesopotamien, Berlin 1982.
E. Heinrich, Die Paläste im alten Mesopotamien, Berlin 1984.
A. Kose, Uruk Architektur IV. Von der Seleukiden- bis zur Sasanidenzeit, Mainz 1998.
F. Krischen, Weltwunder der Baukunst in Babylonien und Ionien, Tübingen 1956.
S. A. A. Kubba, Architecture and Linear Measurement during the Ubaid-Period in Mesopotamia, Oxford 1998.
H. J. Lenzen, Die Entwicklung der Zikurrat: von ihren Anfängen bis zur Zeit der III. Dynastie von Ur, Leipzig 1941.
H. J. Nissen, Machtarchitektur im frühen Babylonien, BaM 37 (2006), 61–68.

H. Schmid, Zur inneren Organisation früher mesopotamischer Palastbauten, in: B. Hrouda, S. Kroll, P. Z. Spanos (Hrsg.), Von Uruk nach Tuttul, München 1992, 185–192.
H. Schmid, Der Tempelturm Etemenanki in Babylon, Mainz 1995.
H. Schmid, architecturae fundamentum. Entwicklung der frühen altmesopotamischen Architektur I, Berlin/Basel 2009.
M. T. Starzmann, Archäologie des Raumes. Soziale Praxis und kulturelle Bedeutung am Beispiel der Wohnarchitektur von Fara, Wien 2007.
M. van Ess, Die Architektur des Eanna-Heiligtums in Uruk in Ur III und altbabylonischer Zeit. Baukonzeption eines Heiligtums, Mainz 1998.

2.2.8 Religionsgeschichte

J. Bottéro, Religion in Ancient Mesopotamia, Chicago 2001.
B. Groneberg, Die Götter des Zweistromlandes: Kulte, Mythen, Epen, Düsseldorf 2004.
B. Groneberg, H. Spieckermann (Hrsg.), Die Welt der Götterbilder, Berlin 2007.
V. Haas, Geschichte der hethitischen Religion, Köln-Leiden 1994.
V. Haas, Magie und Mythen in Babylonien, Gifkendorf 1986.
W. W. Hallo, J. J. A. van Dijk, The Exaltation of Inanna, New Haven 1968.
T. Jacobsen, Treasures of Darkness. A History of Mesopotamian Religion, New Haven 1976.
S. M. Maul, Die Religion Babyloniens, in: J. Marzahn, G. Schauerte (Hrsg.), Babylon. Wahrheit, Berlin 2008, 167–206.
S. M. Maul, Den Gott Ernähren. Überlegungen zum regelmäßigen Opfer in altorientalischen Tempeln, in: E. Stavrianopoulou, A. Michaels, C. Ambos (Hrsg.), Transformations in Sacrificial Practices, Berlin 2008, 75–86.
J. Roberts, The Earliest Semitic Pantheon, Baltimore 1972.
G. J. Selz, Studies in Early Syncretism: The Development of the Pantheon in Lagash. Examples for Inner-Sumerian Syncretism, ASJ 12 (1990), 111–142.
G. J. Selz, Untersuchungen zur Götterwelt des altsumerischen Staates Lagasch, Philadelphia 1995.
P. Taracha, Religions of Second Millennium Anatolia, Wiesbaden 2009.
J. J. A. van Dijk, Le motif cosmique dans la pensée sumérienne. Acta Orientalia 28 (1964/65), 1–59.
J. J. A. Van Dijk, Les contacts ethniques dans la Mésopotamie et les syncrétismes de la religion Sumérienne, in: S. S. Hartman (Hrsg.), Syncretism, Stockholm (1969), 171–206.
J. J. A. van Dijk, Sumerische Religion, in: J. P. Asmussen, J. Læssœ (Hrsg.), Handbuch der Religionsgeschichte Bd. 1, Göttingen (1971), 431–496.
G. Widengren, Die Religionen Irans, Stuttgart 1965.

2.3 Übergreifende Themen

2.3.1 Siedlungs- und Stadtbildung

R. McC. Adams, The Evolution of Urban Society, Chicago 1966.
V. G. Childe, The Urban Revolution, in: The Town Planning Review 21 (1950), 3–17.
W. Christaller, Die zentralen Orte Süddeutschlands, Jena 1934.
P. Hagget, Einführung in die kultur- und sozialgeographische Regionalanalyse, Berlin 1973.
R. C. Hunt, The Role of Bureaucracy in the Provisioning of Cities: A Framework for Analysis of the Ancient Near East, in: McG. Gibson, R. D. Biggs (Hrsg.), The Organization of Power. Aspects of Bureaucracy in the Ancient Near East, Chicago ^{2}1991, 161–192.
G. A. Johnson, Information Sources and the Development of Decision Making Organization, in: C. L. Redman, M. J. Berman, E. V. Curtin, W. T. Langhorne, Jr., N. M. Versaggi, and J. C. Wanser (Hrsg.), Social Archaeology: Beyond Subsistence and Dating, New York 1978, 87–112.
G. A. Johnson, Organizational Structure and Scalar Stress, in: C. Renfrew (Hrsg.), Theory and Explanation in Archaeology, New York 1982, 389–421.
F. Kolb, Die Stadt im Altertum, München 1984.
M. E. L. Mallowan, The Development of Cities from al-Ubaid to the End of Uruk 5, in: Cambridge Ancient History I, Cambridge 1970, 327–463.
H. J. Nissen, Macht und Stadt in der babylonischen Kultur, in: M. Jansen, J. Hoock, J. Jarnut (Hrsg.), Städtische Formen und Macht, Aachen 1994, 13–27.
H. J. Nissen, Political Organization and Settled Zone, in: T. C. Young jr., P. E. L. Smith, P. Mortensen (Hrsg.), The Hilly Flanks and Beyond. Essays on the Prehistory of Southwest Asia, presented to Robert J. Braidwood, Chicago 1983, 335–46.
M. Novák, Herrschaftsform und Stadtbaukunst – Programmatik im mesopotamischen Residenzstadtbau von Agade bis Surra man ra'a, Saarbrücken 1999.
E. Schaur, Ungeplante Siedlungen. Charakteristische Merkmale – Wegesysteme, Flächeneinteilung, Stuttgart 1992.
G. Schwarz, Allgemeine Siedlungsgeographie, Berlin ^{3}1966.
E. Stone (Hrsg.), Settlement and Society. Essays dedicated to R. McC. Adams, Los Angeles/Chicago 2007.
P. Ucko, R. Tringham, G. W. Dimbleby (Hrsg.), Man, Settlement, and Urbanism, London 1972.
H. Weiss, Excavations at Tell Leilan and the Origins of North Mesopotamian Cities in the Third Millennium B.C., Paléorient 9 (1983), 39–51.

2.3.2 Staats- und Reichsbildungen

G. A. JOHNSON, Local Exchange and Early State Development in Southwestern Iran, Ann Arbor 1973.

B. KIENAST, Der Weg zur Einheit Babyloniens unter staatsrechtlichen Aspekten, OrNS 42 (1973), 489–501.

M. T. LARSEN (Hrsg.), Power and Propaganda. A Symposium on Ancient Empires, Kopenhagen 1979.

H. T. WRIGHT, Recent Research on the Origin of the State, Annual Review of Anthropology 6 (1977), 379–97.

N. YOFFEE, G. L. COWGILL (Hrsg.), The Collapse of Ancient States and Civilizations, Tuscon 1988.

2.3.3 Handel und Rohstoffe

R. McC. ADAMS, Anthropological Perspectives on Ancient Trade, CA 15 (1974), 239–258.

T. ALDEN, Trade and Politics in Proto-Elamite Iran, CA 23 (1982), 613–628.

F. BEGEMANN, S. SCHMITT-STRECKER, Über das frühe Kupfer Mesopotamiens, Iranica Antiqua 44 (2009), 1–45.

T. BERTHOUD, S. CLEUZIOU, H. P. HURTEL, M. MENU, C. VOLFOVSKY, Cuivres et alliâges en Iran, Afghanistan, Oman au cours des IVe and IIIe millénaires, Paléorient 8 (1982), 39–54.

S. C. BROWN, Lapis Lazuli and its Sources in Ancient Western Asia, BCSMS 22 (1991), 5–14.

E. M. BRUMFIEL, T. K. EARLE (Hrsg.), Specialization, Exchange, and Complex Societies, Cambridge MA. 1987.

M.-C. CAUVIN (Hrsg.), L'obsidienne au Proche et Moyen Orient, Oxford 1998.

M.-C. DE GRAEVE, The Ships of the Ancient Near East (c.2000–500 B.C.), Leuven 1981.

M. ELAT, Phoenician Overland Trade within the Mesopotamian Empires, Scripta Hierosolymitana 33 (1991), 21–35.

B. FAIST, Der Fernhandel des assyrischen Reiches zwischen dem 14. und 11. Jh. v. Chr., Münster 2001.

U. FRANKE-VOGT, Der Golfhandel im späten 3. und frühen 2. Jt. v.Chr., in: BARTL, R. BERNBECK, M. HEINZ (Hrsg.), Zwischen Euphrat und Indus. Aktuelle Forschungsprobleme in der Vorderasiatischen Archäologie, Hildesheim 1995, 114–133.

B. GRATUZE, Non-Destructive Analysis of Obsidian Artifacts Using Nuclear Techniques. Investigation of Provenance of Near Eastern Artifacts, Archaeometry 35 (1993), 11–21.

A. HAUPTMANN, Kupfer und Bronzen der südostarabischen Halbinsel, Der Anschnitt 39 (1987), 209–218.

H. Hauptmann, A., J. Lutz, E. Pernicka, Ü. Yalçın, Zur Technologie der frühesten Kupferverhüttung im östlichen Mittelmeerraum, in: M. Frangipane, H. Hauptmann M. Liverani, P. Matthiae, M. Mellink (Hrsg.): Between the Rivers and Over the Mountains. Festschrift Alba Palmieri, Rom 1993, 541–572.

G. Hermann, Lapis Lazuli: The Early Phases of its Trade, Iraq 30 (1968), 11–57.

P. L. Kohl, The Balance of Trade in Southwestern Asia in the Mid-Third Millennium BC., CA 19 (1978), 463–492.

M. T. Larsen, The Old Assyrian City-State and its Colonies, Kopenhagen 1976.

J. Lutz, B. Helwing, E. Pernicka, H. Hauptmann, Die Zusammensetzung einiger Metallfunde aus Uruk-Warka, BaM 27 (1996), 117–139.

Y. Majidzadeh, An Early Prehistoric Coppersmith Workshop at Tepe Ghabristan. AMI 6 (1976), 82–92.

Y. Majidzadeh, Lapis Lazuli and the Great Khorasan Road, Paléorient 8 (1981), 59–70.

D. J. W. Meijer, Long-Distance Trade. Some Remarks on the Ancient Syrian Economy, in: W. Van Soldt (Hrsg.), Veenhof Anniversary Volume, Leiden 2001.

P. R. S. Moorey, Ancient Mesopotamian Materials and Industries. The Archaeological Evidence, Oxford 1994.

J. D. Muhly, Copper and Tin: the Distribution of Metal Resources and the Nature of the Metals Trade in the Bronze Age, New Haven ^{2}1976.

J. Oates (Hrsg.), Ancient Trade: New Perspectives, WA 24 (1993), 315–483.

J. Oates, T. E. Davidson, D. Kamilli, H. McKerrell, Seafaring Merchants of Ur?, Antiquity 51 (1977), 221–234.

E. Pernicka, H. Hauptmann, (Hrsg.): Die Metallindustrie Mesopotamiens von den Anfängen bis zum 2. Jahrtausend v. Chr., Rahden 2004.

K. Polanyi, C. M. Arensberg, H. W. Pearson (Hrsg.), Trade and Market in the Early Empires, Chicago 1957.

D. T. Potts, Mesopotamia and the East. An Archaeological and Historical Study of Foreign Relations ca. 3400–2000 B.C., Oxford 1994.

S. R. Rao, Lothal. A Harappan Port Town. 2 Bde., New Delhi 1979–1985.

A. Schüller, Die Rohstoffe der Steingefäße der Sumerer aus der archaischen Siedlung bei Uruk-Warka, UVB XIX (1963), 56–58.

G. Weisgerber, Die Suche nach dem altsumerischen Kupferland Makkan, Das Altertum 37 (1991), 76–90.

N. Yoffee, Explaining Trade in the Ancient Near East, Malibu 1981.

2.3.4 Demographie

J. A. Brinkman, Settlement Surveys and Documentary Evidence: Regional Variation and Secular Trend in Mesopotamian Demography, JNES 43 (1984), 169–180.

C. Cessford, Etimating the Population of Çatal Hüyük, in: Ian Hodder (Hrsg.), Inhabiting Çatal Hüyük. Reports from the 1995–1999 Seasons, Oxford 2005, 323–326.

F. Hassan, Demographic Archaeology, New York 1981.

A. D. Kilmer, The Mesopotamian Concept of Overpopulation and its Solution as Reflected in the Mythology, OrNS 41 (1972), 160–177.

C. Kramer, Estimating Prehistoric Populations: an Ethnoarchaeological Approach, in: M.-Th. Barrelet (Hrsg.), L'Archéologie de l'Iraq du début de l'époque Néolithique à 333 avant notre ère, Paris 1980, 315–334.

R. Naroll, Floor Area and Settlement Population, American Antiquity 27 (1962), 587–589.

J. N. Postgate, How many Sumerians per Hectar? – Probing the Anatomy of an Early City, Cambridge Archaeological Journal 4,1 (1994), 47–65.

2.3.5 Chronologie

P. Åström (Hrsg.), High, Middle or Low? Acts of an International Colloquium on Absolute Chronology Held at the University of Gothenburg, 20–22 August 1987, I–II, Göteborg 1987.

O. Aurenche, J. Evin, F. Hours (Hrsg.), Chronologies du Proche Orient/ Chronologies in the Near East. Relative Chronologies and Absolute Chronology 16000–4000 B.P., I–II, Oxford 1987.

R. M. Boehmer Eanna: Datierung und Funde, BaM 24 (1991), 110–126.

R. M. Boehmer, G. Dreyer, B. Kromer, Einige frühzeitliche 14C Datierungen aus Abydos und Uruk, Mitteilungen des Deutschen Archäologischen Instituts Kairo 49 (1993), 63–68.

S. Bowman, Radiocarbon Dating, London 1990.

J. A. Brinkman, Mesopotamian Chronology of the Historical Period, in: A. L. Oppenheim, Ancient Mesopotamia: Portrait of a Dead Civilization. Revised and completed by E. Reiner, Chicago 1977, 335–352.

F. Cryer, Chronology: Issues and Problems, CivANE II, 651–664.

W. Eder, J. Renger (Hrsg.), Herrscherchronologien der antiken Welt, Stuttgart 2004.

R. W. Ehrich (Hrsg.), Chronologies in Old World Archaeology I–II, Chicago ³1992.

H. Gasche, J. A. Armstrong, S. W. Cole, V. G. Guradyan, Dating the Fall of Babylon. A Reappraisal of Second. Mill. Chronology, Gent/Chicago 1988.

W. W. Hallo, The Concept of Eras from Nabonassar to Seleucus, JANES 16–17 (1984–1985), 143–151.

D. P. Hansen, The Relative Chronology of Mesopotamia. Part II. The Pottery Sequence at Nippur from the Middle Uruk to the End of the Old Babylonian Period (3400–1600 B.C.), in: R. W. Ehrich (Hrsg.), Chronologies in Old World Archaeology, Chicago ²1965, 201–213.

P. HUBER, Astronomical Dating of Ur III and Akkad, AfO 46/47 (1999–2000), 50–79.

A. H. JOFFE, Egypt and Syro-Mesopotamia in the 4th Millennium: Implications of the New Chronology, CA 41 (2000), 113–123.

R. KRAUSS, Das Ende der Amarna-Zeit: Beiträge zur Geschichte und Chronologie des Neuen Reiches, Hildesheim 1978.

C. KÜHNE, Die Chronologie der internationalen Korrespondenz von El-Amarna, Kevelaer/Neukirchen-Vluyn 1973.

O. MONTELIUS, Die Methode, Stockholm 1903.

R. PRUZSINSKY, Mesopotamian Chronology of the 2nd millennium BC. An Introduction to the Textual Evidence and Related Chronological Issues, Wien 2009.

J. RENGER, Quellengrundlagen für die Rekonstruktion altorientalischer chronologischer Systeme, in: W. EDER, J. RENGER (Hrsg.), Herrscherchronologien der antiken Welt. Der Neue Pauly Suppl. 1, Stuttgart 2004, 1–10.

S. SEIDLMAYER, Zwei Anmerkungen zur Dynastie der Herakleopoliten, Göttinger Miszellen 157 (1997), 81–90.

U. SIEVERTSEN, Synchronismen zwischen Mesopotamien, der Levante und Ägypten in der 2. Hälfte des 4. Jts. v. Chr., in: R. DITTMANN ET AL. (Hrsg.), Altertumswissenschaften im Dialog, Münster 2003.

W. VAN SOLDT, Syrian Chronology in the Old and Early Middle Babylonian Periods, Akkadica 119–120 (2000), 103–116.

J. M. STEELE (Hrsg.), Calendars and Years: Astronomy and Time in the Ancient Near East, Oxford 2007.

K. VEENHOF, The Old Assyrian List of Year Eponyms from Karum Kanish and its Chronological Implications, Ankara 2003.

D. A. WARBURTON, E. HORNUNG, R. KRAUSS (Hrsg.), Ancient Egyptian Chronology, Leiden 2006.

H. T. WRIGHT, E. S. A. RUPLEY, Calibrated Radiocarbon Age Determinations of Uruk-related Assemblages, in: M. S. ROTHMAN 2.4.4, 85–122.

2.3.6 Archäologische Oberflächenerkundung

R. McC. ADAMS, Agriculture and Urban Life in Early Southwestern Iran, Science 135 (1962), 109–122.

R. McC. ADAMS, Land Behind Baghdad: A History of Settlement on the Diyala Plains, Chicago 1965.

R. McC. ADAMS, The Heartland of Cities, Chicago 1981.

R. McC. ADAMS, H. J. NISSEN, The Uruk Countryside: The Natural Setting of Urban Societies, Chicago 1972.

W. ANDRAE, Die Umgebung von Fara und Abu Hatab, MDOG 16 (1903), 24–30.

H. BECKER, (Hrsg.), Archäologische Prospektion, Luftbildarchäologie und Geophysik, Arbeitshefte des Bayerischen Landesamtes für Denkmalpflege Bd. 59, München 1996.

R. BERNBECK, Steppe als Kulturlandschaft, Berlin 1994.

J. W. E. FASSBINDER, H. BECKER, M. VAN ESS, Prospections magnétiques à Uruk (Warka). La cité du roi Gilgamesh (Irak), Dossiers Archeologie, 308 (2005), 20–25.

U. FINKBEINER, Uruk: Kampagne 35–37, 1982–84, Die archäologische Oberflächenuntersuchung (Survey), Mainz 1991.

E. HEINRICH, A. FALKENSTEIN, Umgebung von Uruk, UVB IX (1938). 31–38.

A. KIRKLY, M. J. KIRKLY, Geomorphic Processes and the Surface Survey of Archaeological Sites in Semi-Arid Areas, in: D. A. DAVIDSON, M. L. SHACKLEY (Hrsg.), Geoarchaeology. Earth Science and the Past, London 1976, 229–253.

K. KOHLMEYER, Wovon man nicht sprechen kann – Grenzen der Interpretation von bei Oberflächenforschungen gewonnenen archäologischen Informationen, MDOG 113 (1981), 53–79.

R. F. MILLON, The Teotihuacan Mapping Project, American Antiquity 29 (1964), 345–352.

H. J. NISSEN, Problems of the Uruk-Period in Susiana, viewed from Uruk, Paléorient 11 (1985), 39–40.

H. J. NISSEN, Archaeological Surveys and Mesopotamian History, in: E. STONE (Hrsg.), Settlement and Society. Essays dedicated to R. McC. Adams, Los Angeles/Chicago 2007, 19–28.

C. L. REDMAN, P. J. WATSON, Systematic Intensive Surface Collection, American Antiquity 35 (1970), 279–291.

G. R. WILLEY, Prehistoric Settlement Patterns in the Virú Valley, Peru, Bulletin 155, Bureau of American Ethnology, Smithsonian Institition, Washington DC. 1953.

2.3.7 Bewässerung und Versalzung

A. H. AL-HADITHI, Optimal Utilization of the Water Resources of the Euphrates River in Iraq, Ann Arbor 1979.

A. M. BAGG, Assyrische Wasserbauten. Landwirtschaftliche Wasserbauten im Kernland Assyriens zwischen der 2. Hälfte des 2. und der 1. Hälfte des 1. Jt. v. Chr., Mainz 2000.

A. M. BAGG, Wasserhebevorrichtungen im Alten Mesopotamien, Wasser und Boden 53/5 (2001), 40–47.

T. JACOBSEN, R. McC. ADAMS, Salt and Silt in Ancient Mesopotamian Agriculture, Science 128 (1958), 1251–1258.

T. JACOBSEN, Salinity and Irrigation Agriculture in Antiquity, Malibu 1982.

W. NÜTZEL, Die Bodenversalzung als mögliche Ursache für die Schwerpunktverlagerung von Südmesopotamien über Babylonien nach Assyrien, MDOG 124 (1992), 79–86.

J. N. Postgate, M. A. Powell (Hrsg.), Irrigation and Cultivation in Mesopotamia, Teil I: BSA 4 (1988); Teil II: BSA 5 (1990).

M. A. Powell, Salt, Seed, and Yields in Sumerian Agriculture. A Critique of the Theory of Progressive Salinization, ZA 75 (1985), 7–38.

2.3.8 Nicht-Sesshafte

O. Bar-Yosef, A. Khazanov (Hrsg.), Pastoralism in the Levant – Archaeological Materials in Anthropological Perspective, Madison (WI) 1992.

R. Bernbeck, Migratory Patterns in Early Nomadism: A Reconsideration of Tepe Tula'i, Paléorient 18 (1992), 77–88.

O. Bar-Yosef, C. Chang, H. A. Kosten, Beyond Bones: Toward an Archaeology of Pastoralism, Advances in Archaeological Theory 9 (1986), 97–148.

R. Cribb, Nomads in Archaeology, Cambridge 1991.

F. Hole, Tepe Tula'i: An Early Campsite in Khuzistan, Iran, Paléorient 2 (1974), 219–242.

F. Hole, The Prehistory of Herding, in: M.-Th. Barrelet (Hrsg.), L'Archéologie de l'Iraq du début de l'époque Néolithique à 333 avant notre ère, Paris 1980, 119–127.

J.-R. Kupper, Les Nomades en Mésopotamie au temps des rois de Mari, Paris 1957.

F. Malbran-Labat, Eléments pour une récherche sur le nomadisme en Mésopotamie au premier millénaire av. J. C. I: L'image du nomade, Journal Asiatique 268 (1980), 11–33.

C. Nicolle (Hrsg.), Nomades et sédentaires dans le Proche-Orient ancien, Paris 2004.

H. J. Nissen, The Mobility Between Settled and Non-Settled in Early Babylonia: Theory and Evidence, in: M.-Th. Barrelet (Hrsg.), L'Archéologie de l'Iraq du début de l'époque Néolithique à 333 avant notre ère, Paris 1980, 285–290.

M. B. Rowton, Autonomy and Nomadism in Western Asia, OrNS 42 (1973), 247–258.

M. B. Rowton, Urban Autonomy in a Nomadic Environment, JNES 32 (1973), 201–215.

M. B. Rowton, Enclosed Nomadism, JESHO 17 (1974), 1–30.

M. B. Rowton, Dimorphic Structure and the Problem of the Apiru-Ibrim, JNES 35 (1976), 13–20.

M. B. Rowton, The Role of Ethnic Invasion and the Chiefdom Regime in Dimorphic Interaction: the Post-Kassite Period (ca. 1150–750), in: F. Rochberg-Halton (Hrsg.), Language, Literature and History: Philological and Historical Studies Presented to Erica Reiner, New Haven (1987), 367–378.

F. Scholz, Nomadismus. Theorie und Wandel einer sozio-ökologischen Kulturweise, Stuttgart 1995.

M. STRECK, Zwischen Weide, Dorf und Stadt: Sozio-ökonomische Strukturen des amurritischen Nomadismus am Mittleren Euphrat, BaM 33 (2002), 155–209.

J. SZUCHMAN (Hrsg.), Nomads, Tribes, and the State in the Ancient Near East, Chicago 2009.

2.3.9 Wissenschaft und Technik

D. BROWN, Mesopotamian Planetary Astronomy-Astrology, Groningen 2000.

R. J. FORBES, Studies in Ancient Technology I–IX, Leiden 1955–1966.

J. FRIBERG, Numbers and Measures in the Earliest Written Records, Scientific American 250 (1984), 110–18.

J. HØYRUP, Algebra and Naive Geometry, AoF 17 (1990), 27–69 und 262–354.

J. HØYRUP, Lengths, Widths, Surfaces. A Portrait of Old Babylonian Algebra and its Kin, New York 2002.

H. HUNGER, Geometry in Babylonian Mathematics, in: Scienze moderne & antiche sapienze. Le radici del sapere scientifico nel Vicino Oriente Antico, Mailand 2003, 9–27.

T. J. H. KRISPIJN, The Early Mesopotamian Lexical Lists and the Dawn of Linguistics, JEOL 32 (1991–1992), 12–22.

O. NEUGEBAUER, The Exact Sciences in Antiquity, Princeton 1952.

H. NEUMANN, Handwerk in Mesopotamien, Berlin ^{2}1993.

H. J. NISSEN, Die gelagerte Achse, in: A. DOSTERT, F. LANG (Hrsg.), Mittel und Wege (FS Heilmeyer), Möhnesee 2006, 3–10.

M. A. POWELL, Maße und Gewichte, RlA Bd. 7 (1982–1990), 457–517.

A. RIETH, 5000 Jahre Töpferscheibe, Konstanz 1960.

E. ROBSON, Mathematics in Ancient Iraq. A Social History, Princeton 2008.

W. von SODEN, Leistung und Grenze sumerischer und babylonischer Wissenschaft, Darmstadt 1965.

H. WAETZOLDT, Die Entwicklung der Naturwissenschaften und des naturwissenschaftlichen Unterrichts in Mesopotamien, in: J. G. PRINZ VON HOHENZOLLERN, M. LIEDKE (Hrsg.), Naturwissenschaftlicher Unterricht und Wissenskumulation, Bad Heilbrunn 1988, 31–49.

R. WARTKE (Hrsg.), Handwerk und Technologie im Alten Orient, Mainz 1994.

2.3.10 Ethnoarchäologie

R. A. GOULD, P. J. WATSON, A Dialogue on the Meaning and Use of Analogy in Ethnoarchaeological Reasoning, Journal of Anthropological Archaeology 1 (1982), 355–381.

C. KRAMER (Hrsg.), Ethnoarchaeology: Implications of Ethnography for Archaeology, New York 1979.

C. KRAMER, Village Archaeology. Rural Iran in Archaeological Perspective, New York 1982.

W. Thesiger, The Marsh Arabs, New York 1964.
S. Westphal-Hellbusch, H. Westphal, Die Ma'dan. Kultur und Geschichte der Marschenbewohner im Südiraq, Berlin 1962.

2.3.11 Schreiber und Schule

D. Charpin, Lire et écrire à Babylone, Paris 2008.
P. Gesche, Schulunterricht in Babylonien im ersten Jahrtausend v.Chr., Münster 2000.
K. R. Nemet-Nejat, Systems for Learning Mathematics in Mesopotamian Scribal Schools, JNES 54 (1995), 241–260.
H. J. Nissen, Schule vor der Schrift, in: G. J. Selz (Hrsg.), The Empirical Dimension of Ancient Near Eastern Studies/ Die empirische Dimension altorientalischer Forschungen, Wien 2011, 589–602.
L. E. Pearce, The Scribes and Scholars of Ancient Mesopotamia, CivANE IV, 2265–2278.
H. L. J. Vanstiphout, How Did They Learn Sumerian?, JCS 31 (1979), 118–126.
N. Veldhuis, Elementary Education at Nippur. The List of Trees and Wooden Objects, Groningen 1997.
H. Waetzoldt, Keilschrift und Schulen in Mesopotamien und Ebla, in: L. Kriss-Rettenbeck, M. Liedke (Hrsg.), Erziehungs- und Unterrichtsmethoden im historischen Wandel, Bad Heilbrunn 1986, 36–50.
H. Waetzoldt, Der Schreiber als Lehrer in Mesopotamien, in: J. G. Prinz von Hohenzollern, M. Liedke (Hrsg.), Schreiber, Magister, Lehrer: zur Geschichte und Funktion eines Berufsstandes, Bad Heilbrunn 1989, 33–50.
C. Wilcke, Wer las und schrieb in Babylonien und Assyrien? Überlegungen zur Literalität im alten Zweistromland, München 2000.

2.3.12 Musik

E. Badali, Strumenti musicali, musici e musica nella celebrazione delle feste ittite, Heidelberg 1991.
A. D. Kilmer, Continuity and Change in the Ancient Mesopotamian Terminology for Music and Musical Instruments, in: E. Hickmann, I. Laufs, R. Eichmann (Hrsg.), Studien zur Musikarchäologie II, Rahden 2000, 113–119.
A. D. Kilmer, R. L. Crocker, R. R. Brown, Sounds from Silence. Recent Discoveries in Ancient Near Eastern Music. 1 Schallplatte und Begleitheft, Berkeley 1976.
R. Pruzsinsky, D. Shehata (Hrsg.), Musiker und Tradierung. Studien zur Rolle von Musikern bei der Verschriftlichung und Tradierung von literarischen Werken, Wien 2010.

M. Schuol, Hethitische Kultmusik: eine Untersuchung der Instrumental- und Vokalmusik anhand hethitischer Ritualtexts und archäologischer Zeugnisse, Rahden 2004.

D. Shehata, Musiker und ihr vokales Repertoire. Untersuchungen zu Inhalt und Organisation von Musikerberufen und Liedgattungen in altbabylonischer Zeit, Göttingen 2009.

K. Volk, Musikalische Praxis und Theorie im Alten Orient, in: T. Ertelt, H. von Loesch, F. Zaminer (Hrsg.), Geschichte der Musiktheorie II, Darmstadt 2006, 3–46.

2.3.13 Gender-Studies

J. M. Asher-Greve, Women and Gender in Ancient Near Eastern Cultures. Bibliography 1885–2001 AD, NIN 3 (2002), 33–114.

J. M. Asher-Greve, Images of Men, Gender Regimes and Social Stratification in the Late Uruk Period, in: D. Bolger (Hrsg.), Gender through Time in the Ancient Near East, Lanham 2008, 119–171.

J. M. Asher-Greve, and D. Sweeney, Nakedness, Nudity, and Gender in Egyptian and Mesopotamian Art, in: S. Schroer (Hrsg.), Image and Gender: Contributions to the Hermeneutics of Reading Ancient Art, Fribourg/ Göttingen 2006, 125–176.

J. Assante, Undressing the Nude: Problems in Analyzing Nudity in Ancient Art, with an Old Babylonian Case Study, in: S. Schroer (Hrsg.), Images and Gender. Contributions to the Hermeneutics of Reading Ancient Art, Fribourg/ Göttingen 2006, 177–207.

Z. Bahrani, Women of Babylon: Gender and Representation in Mesopotamia, London, New York 2001.

R. Bernbeck, Sex/Gender/Power and Šammuramat: A View from the Syrian Steppe, in: D. Bonatz, R. M. Czichon and F. J. Kreppner (Hrsg.), Fundstellen: Gesammelte Schriften zur Archäologie und Geschichte Altvorderasiens ad honorem Hartmut Kühne, Wiesbaden 2008, 351–369.

D. Bolger, Complex Identities: Gender, Age, and Status in the Early Bronze Age of the Middle Euphrat Valley, in: D. Bolger (Hrsg.), Gender Through Time in the Ancient Near East, Lanham 2008, 217–246.

D. Bolger, The Dynamics of Gender in Early Agricultural Societies of the Near East, Signs 35/2 (2010), 503–531.

M. Brosius, The Royal Audience Scene Reconsidered, in: J. Curtis, St.J. Simpson (Hrsg.), The World of Achaemenid Persia: History, Art and Society in Iran and Ancient Near East, London 2010, 141–152.

K. Croucher, Ambiguous Gender? A Discussion of Case Studies from the Pre-Pottery Neolithic and Halaf Periods, in: D. Bolger (Hrsg.), Gender through Time in the Ancient Near East, Lanham 2008, 21–52.

A. Daems, Evaluating Patterns of Gender through Mesopotamian and Iranian Human Figurines: A Reassessment of the Neolithic and Chalcolithic Period

Industries, in: D. BOLGER (Hrsg.), Gender Through Time in the Ancient Near East, Lanham 2008, 77–117.

M.-A. DOBRES, Re-considering Venus figurines: A feminist inspired re-analysis, in: S. A. GOLDSMITH, S. GARVIE, D. SELIN, and J. SMITH (Hrsg.), Ancient Images, Ancient Thought: the Archaeology of Ideology. Proceedings of the 1990 Chacmool Conference, Calgary 1992, 245–62.

J.-M. DURAND (Hrsg.), La femme dans le Proche-Orient antique: Compte rendue de la XXXIIIe Rencontre Assyriologique Internationale (Paris, 7–10 Juillet 1986), Paris 1987.

N. HAMILTON, Ungendering Archaeology: Concepts of Sex and Gender in Figurine Studies in Prehistory, in: M. DONALD and L. HURCOMBE (Hrsg.), Representations of Gender from Prehistory to the Present, Houndmills 2000, 17–30.

N. HAMILTON, The Figurines, in: I. Hodder (Hrsg.), Changing Materialities at Catalhöyük: Reports from the 1995–99 Seasons, Cambridge 2005, 187–214.

M. HEINZ, Frauen des Königshauses als Verwalterinnen der Tempelwirtschaft; in: Freiburger Universitätsblätter 156 (2002), 31 – 33.

S. C. MELVILLE, Neo-Asyrian Royal Women and Male Identity: Status as a Social Tool, JAOS 124/1 (2004), 37–57.

S. C. MELVILLE, Royal Women and the Exercise of Power in the Ancient Near East, in: D. SNELL (Hrsg.), A Companion to the Ancient Near East, Oxford 2005, 219–228.

M. S. NELSON (Hrsg.), Handbook of Gender Archaeology, Berkeley (CA), 2006.

M. S. NELSON and M. ROSEN-AYALON (Hrsg.), In Pursuit of Gender: Worldwide Archaeological Approaches, Walnut Creek 2002.

S. PARPOLA and R. WHITING (Hrsg.), Sex and Gender in the Ancient Near East. Proceedings of the 47th Recontre Assyriologique Internationale, Helsinki, July 2–6, 2001, Helsinki 2002.

F. PINNOCK, Of Servants and Priestesses. An Analysis of Some Female Characters in Mesopotamian and Syrian Art, in: H. KÜHNE, R.M. CZICHON, J.F. KREPPNER (Hrsg.), Proceedings of the 4th International Congress of the Archaeology of the Ancient Near East, Wiesbaden 2008, 507–519.

S. POLLOCK, Death of a Household, in: N. LANERI (Hrsg.): Performing Death: Social Analyses of Funerary Traditions in the Ancient Near East and the Mediterranean, Chicago 2007, 215–228.

S. POLLOCK, The Royal Cemetery of Ur: Ritual, Tradition, and the Creation of Subjects, in: M. HEINZ und M.H. FELDMAN (Hrsg.), Representations of Political Power: Case Histories from Times of Change and Dissolving Order in the Ancient Near East, Winona Lake, Indiana 2007, 89–110.

S. POLLOCK and R. BERNBECK, And They Said, Let Us Make Gods in Our Image: Gendered Ideologies in Ancient Mesopotamia, in: A.E. RAUTMANN (Hrsg.), Reading the Body: Representations and Remains in the Archaeological Record, Philadelphia 2000, 150–164.

S. POLLOCK and G. CASTRO GESSNER, Engendering Communities: The Contexts of Production and Consumption in Early Mesopotamian Villages, in: S. TERENDY, N. LYONS, and M. JANSE-SMEKAL (Hrsg.), Que(e)rying Archaeology: Proceedings of the Annual Chacmool Conference of the Archaeological Association of the University of Calgary, Calgary 2009, 240–249.

C. M. SINOPOLI, Gender and Archaeology in South and Southwest Asia, in: S. M. NELSON (Hrsg.), Handbook of Gender in Archaeology, Lanham 2006, 667–690.

L. D. STEELE, Women and Gender in Babylonia, in: G. LEICK (Hrsg.), The Babylonian World, New York/London 2007, 299–316.

C. E. SUTER, Between Human and Divine: High Priestesses in Images from the Akkad to the Isin-Larsa Period, in: M. FELDMAN und J. CHENG (Hrsg.), Ancient Near Eastern Art in Context: Studies in Honor of Irene J. Winter, Boston 2007, 315–359.

C. E. SUTER, Who are the Women in Mesopotamian Art from ca. 2334–1763 BCE, KASKAL 5 (2008), 1–56.

T. L. SWEELY, Introduction, in: T. L. SWEELY (Hrsg.), Manifesting Power: Gender and the Interpretation of Power in Archaeology, London, New York 1999, 1–12.

S. TEPPO, Agency and the Neo-Assyrian Women of the Palace, Studia Orientalia 101 (2006), 381–420.

S. TEPPO, The role and the duties of the Neo-Assyrian *šakintu* in the light of archival evidence, SAAB XVI (2007), 257–272.

M. VAN DE MIEROOP, Cuneiform Texts and the Writing of History, London 1999.

H. VOGEL, Wie man Macht macht: Eine macht- und genderkritische Untersuchung der frühesten Repräsentationen von Staatlichkeit, Berlin 2008. URL: http://www.diss.fuberlin.de/diss/receive/FUDISS_thesis_000000008148.

F. WEIERSHÄUSER, Die bildliche Darstellung königlicher Frauen der III. Dynastie von Ur und ihre sozialpolitische Aussage, in: S. SCHROER (Hrsg.), Images and Gender. Contributions to the Hermeneutics of Reading Ancient Art, Fribourg/ Göttingen 2006, 263–279.

J. G. WESTENHOLZ, Towards a New Conceptualization of the Female Role in Mesopotamian Society, JAOS 110/3 (1990), 510–521.

I. J. WINTER, Art in Empire: The Royal Image and the Visual Dimensions of Assyrian Ideology, in: S. PARPOLA, R.M. WHITING (Hrsg.), Assyria 1995, Helsinki 1997, 359–381.

2.4 VORDERASIEN ALLGEMEIN

K. BARTL, R. BERNBECK, M. HEINZ (Hrsg.), Zwischen Euphrat und Indus. Aktuelle Forschungsprobleme in der Vorderasiatischen Archäologie, Hildesheim 1995.

W. Helck, Die Beziehungen Ägyptens und Vorderasiens zur Ägäis bis ins 7. Jahrhundert v.Chr.; von R. Drenckhahn durchgesehene und bearbeitete Neuauflage, Darmstadt 1995.

J. Mellaart, The Neolithic of the Near East, London 1975.

H. J. Nissen, Cultural and Political Networks in the Ancient Near East during the Fourth and Third Millennia BC., in: M. S. Rothmann 2.4.4, 149–179.

D. Olszewski, H. L. Dibble (Hrsg.), The Palaeolithic Prehistory of the Zagros-Taurus, Philadelphia 1993.

J. Perrot, La Préhistoire Palestinienne, in: H. Cazelles, A. Feuillet (Hrsg.), Supplément au Dictionnaire de la Bible 8, Paris 1968, 236–446.

M. Sahlins, Stone Age Economics, New York 1972.

R. Solecki, Prehistory in Shanidar Valley, North Iraq, Science 139 (1963), 179–193.

A. von Wickede, Prähistorische Stempelglyptik in Vorderasien, München 1990.

T. J. Wilkinson, Archaeological Landscapes of the Near East, Tucson 2003.

T. C. Young jr., P. E. L. Smith, P. Mortensen (Hrsg.), The Hilly Flanks and Beyond. Essays on the Prehistory of Southwest Asia, presented to Robert J. Braidwood, Chicago 1983.

H. Ziegert, A New Dawn for Humanity: Lower Palaeolithic Village Life in Libya and Ethiopia, Minerva 18.4 (2007), 8–9.

2.4.1 Das Neolithikum

P. A. Akkermans, J. A. K. Boerma, A. T. Clason, S. G. Hill, E. Lohof, C. Meiklejohn, M. L. Miere, G. M. F. Molgot, J. J. Roodenberg, W. Waterbolk von Rooyen, and W. van Zeist, Bouqras Revisited: A Preliminary Report on a Project in Eastern Syria, Proceedings of the Prehistoric Society 49 (1983), 335–372.

P. M. M. G. Akkermans (Hrsg.), Tell Sabi Abyad – The Late Neolithic Settlement. Report on the Excavations of the University of Amsterdam (1988) and the National Museum of Antiquities Leiden (1991–1993) in Syria, Leiden 1996.

P. M. M. G. Akkermans, M. Verhoeven, An Image of Complexity – The Burnt Village at Late Neolithic Sabi Abyad, Syria, AJA 99 (1995), 5–32.

K. Bartl, Vorratshaltung. Die spätepipaläolithische und frühneolithische Entwicklung im westlichen Vorderasien, Berlin 2004.

O. Bar-Yosef, A Cave in the Desert: Nahal Hemar, Jerusalem 1985.

O. Bar-Yosef, The Walls of Jericho: an Alternative Interpretation, CA 27 (1986), 157–162.

O. Bar-Yosef, The Levantine ‚PPNB' Interaction Sphere, in: I. Hershkowitz (Hrsg.), People and Culture in Change, Oxford (1980), 59–72.

M. Benz, Die Neolithisierung im Vorderen Orient. Theorien, archäologische Daten und ein ethnologisches Modell, Berlin 2000.

R. BERNBECK, Die Keramik von Qale Rostam, Bakhtiyari-Gebiet (Iran), Freiburg 1989.

H.-D. BIENERT, Skull Cult in the Prehistoric Near East, Journal of Prehistoric Religion 5 (1991), 9–23.

H.-D. BIENERT, H. G. K. GEBEL, R. NEEF (Hrsg.), Central Settlements in Neolithic Jordan, Berlin 2004.

R. J. BRAIDWOOD, The Iranian Prehistoric Project, Iranica Antiqua 1 (1961), 3–7.

L. S. BRAIDWOOD, R. J. BRAIDWOOD, B. HOWE, C. A. REED, P. J. WATSON, Prehistoric Archaeology along the Zagros Flanks, Chicago 1983.

J. BROWN, The Beginning of Pottery as an Economic Process, in: S. E. VAN DER LEEUW, R. TORRENCE (Hrsg.), Whats New? A Closer Look at the Process of Innovation, London 1989, 203–224.

B. F. BYRD, Public and Private, Domestic and Corporate: the Emergence of the Southwest Asian Village, American Antiquity 59 (1994), 639–666.

H. ÇAMBEL, R. J. BRAIDWOOD, The Joint Istanbul-Chicago Universities' Prehistoric Research Project in Southeastern Anatolia. Comprehensive View: The Work to Date, 1963–1972, Istanbul 1980.

J. CAUVIN, Les fouilles de Mureybet, AASOR 44 (1979), 19–48.

J. CAUVIN, The Birth of the Gods and the Origin of Agriculture, Cambridge 2000.

A. GARRARD, H. G. GEBEL (Hrsg.), The Prehistory of Jordan: the State of Research in 1986, Oxford 1988.

H. G. GEBEL, B. D. HERMANSEN, Ch. H. JENSEN (Hrsg.), Magic Practices and Ritual in the Near Eastern Neolithic, Berlin 2002.

H. G. GEBEL, S. K. KOZLOWSKI (Hrsg.), Neolithic Chipped Stone Industries of the Fertile Crescent. Studies in Early Near Eastern Production, Subsistence and Environment I: Berlin 1994; II: Berlin 1997.

H. G. GEBEL, H. J. NISSEN, Z. ZAID, Basta II: The Architecture and Stratigraphy, Berlin 2006.

H. HAUPTMANN, Ein Kultgebäude in Nevali Çori, in: M. FRANGIPANE, H. HAUPTMANN, M. LIVERANI, P. MATTHIAE, M. MELLINK (Hrsg.), Between the Rivers and Over the Mountains: Archaeologica Anatolica et Mesopotamica Alba Palmieri Dedicata, Rom 1993, 37–70.

B. D. HERMANSEN ET AL., Shkarat Msaied. The 2005 Season of Excavations, Neo-Lithics 1/06 (2006), 3–7.

I. HODDER, Çatal Hüyük. The Leopard's Tale, London 2006.

Z. KAFAFI, The Neolithic of Jordan, Berlin 1982.

K. KENYON, Digging up Jericho, London 1957.

D. KIRKBRIDE, Beidha. Early neolithic village life south of the Dead Sea, Antiquity 42 (1968), 263–274.

D. KIRKBRIDE, Umm Dabaghiyah, Iraq 37 (1975), 4–10.

I. KUIJT, B. FINLAYSON, Evidence for food storage and Pre-Domestication Gra-

naries 11.000 years ago in the Jordan Valley, Proceedings of the National Academy of Scienes in the USA 176 (2009).
C. LICHTER, (Hrsg.), How did Farming Reach Europe?, BYZAS 2 (2005).
P. MORTENSEN, Excavations at Tepe Guran. Early Village Farming Occupation, Acta Archaeologica 34 (1964), 110–121.
J. NEUBERGER, Plastische Gefäßmaterialien. Basta IV,2 The Plastic Materials Industries, in Vorbereitung.
H. J. NISSEN, A. ZAGARELL, The 1975 Expedition of the FU Berlin to the Zagros Mountains, Iran, Proceedings of the IVth Annual Sympos. on Archaeol. Research in Iran 1975, Teheran (1976), 159–189.
H. J. NISSEN, M. MUHEISEN, H. G. GEBEL, Report on the Excavations at Basta 1988, ADAJ 35 (1991), 13–40.
H. J. NISSEN, M. MUHEISEN, H. G. K. GEBEL (Hrsg.), Basta I: The Human Ecology, Berlin 2004.
W. NOLL, Neolithische und chalkolithische bemalte Keramik des Vorderen Orients, Acta Praehistorica et Archaeologica 7/8 (1977), 15–47.
G. O. ROLLEFSON, The Late Aceramic Neolithic of the Levant: A Synthesis, Paléorient 15 (1989), 168–173.
G. O. ROLLEFSON, The Origin of the Yarmoukian at 'Ain Ghazal, Paléorient 19 (1993), 91–100.
G. O. ROLLEFSON, I. KÖHLER-ROLLEFSON, PPNC Adaptations in the First Half of the 6th Millennium B.C., Paléorient 19 (1993), 33–42.
W. SCHIRMER, Some Aspects of Building at the ‚Aceramic-Neolithic' Settlement of Cayönü Tepesi, WA 21 (1990), 363–387.
K. SCHMIDT, Sie bauten die ersten Tempel, München 2006.
D. STORDEUR: Organisation de l'espace construit et organisation sociale dans le Néolithique de Jerf el Ahmar (Syrie, Xe-IXe millénaire avant J.-C.), in: F. BRAEMER: Habitat et société – actes des rencontres 22/23/24 octobre 1998 – (XIXe Rencontres Internationales d'Archéologie et d'Histoire d'Antibes), Antibes 1999.
H. P. UERPMANN, Probleme der Neolithisierung des Mittelmeerraumes, Wiesbaden 1971.
M. M. VOIGT, Hajji Firuz Tepe, Iran, Philadelphia 1983.

2.4.2 Die Samarra- und Halaf-Phasen

R. BERNBECK, Die Auflösung der häuslichen Wirtschaftsweise, Berlin 1994.
R. BERNBECK, Dörfliche Kulturen des keramischen Neolithikums in Nord- und Mittelmesopotamien: Vielfalt der Kooperationsformen, in: K. BARTL, R. BERNBECK, M. HEINZ (Hrsg.), Zwischen Euphrat und Indus. Aktuelle Forschungsprobleme in der Vorderasiatischen Archäologie, Hildesheim 1995, 28–43.

R. Bernbeck, Lasting Alliances and Emerging Competition: Economic Developments in Early Mesopotamia, Journal of Anthropological Archaeology 14 (1995), 1–25.

C. Breniquet, Nouvelle hypothèse sur la disparition de la culture de Halaf, in: J.-L. Huot (Hrsg.), Préhistoire de la Mésopotamie, Paris 1987, 231–241.

C. Breniquet, Tell es-Sawwan – Réalités et Problèmes, Iraq 53 (1991), 75–90.

L. Copeland, F. Hours, L'expansion halafienne, une interprétation de la répartition des sites, in: J.-L. Huot (Hrsg.), Préhistoire de la Mésopotamie, Paris 1987, 209–220.

E. Herzfeld, Die vorgeschichtlichen Töpfereien von Samarra, Berlin 1930.

I. H. Hijara, Excavations at Tell Arpachiyah, Iraq 42 (1980), 131–154.

F. Hole, Studies in the Archaeological History of the Deh Luran Plain, Ann Arbor 1977.

S. Lloyd, F. Safar, Tell Hassuna, JNES 4 (1945), 255–289.

M. E. L. Mallowan, J. C. Rose, Excavations at Tell Arpachiyah, Iraq 2 (1935), 1–178.

P. Mortensen, Tell Shimshara. The Hassuna Period, Kopenhagen 1970.

O. Nieuwenhuyse, Plain and Painted Pottery. The Rise of Neolithic Ceramic Styles on the Syrian and Northern Mesopotamian Plains, Leiden 2008.

J. Oates, Chogha Mami 1967–68, Iraq 31 (1969), 115–152.

H. Schmidt, Tell Halaf I: Die prähistorischen Funde, Berlin 1943.

O. Streu, Zur Technik der altorientalischen Keramik, ZDMG 98 (1944), 359–368.

P. P. Vértesalji, Babylonien zur Steinkupferzeit, Wiesbaden 1984.

2.4.3 Die Eridu- und Obed-Phasen

P. M. M. G. Akkermans, An Updated Chronology for the Northern Ubaid and Late Chalcolithic Periods in Syria: New evidence from Tell Hammam et-Turkman, Iraq 50 (1988), 109–46.

R. Bernbeck, Die 'Obed-Zeit: Religiöse Gerontokratien oder Häuptlingstümer?, in: K. Bartl, R. Bernbeck, M. Heinz (Hrsg.), Zwischen Euphrat und Indus. Aktuelle Forschungsprobleme in der Vorderasiatischen Archäologie, Hildesheim 1995, 44–56.

G. Burkholder, Ubaid Sites and Pottery in Saudi Arabia, Archaeology 25 (1972), 264–269.

U. Esin, Zur Datierung der vorgeschichtlichen Schichten von Degirmentepe bei Malatya in der östlichen Türkei, in: R. M. Boehmer, H. Hauptmann (Hrsg.), Beiträge zur Altertumskunde Kleinasiens (FS Bittel), Mainz (1983), 175–190.

J.-D. Forest, La grande architecture obeidienne, sa forme et sa fonction, in: J.-L. Huot (Hrsg.), Préhistoire de la Mésopotamie, Paris 1987, 385–423.

H. R. Hall, C. L. Woolley, Al-Ubaid, Oxford 1927.

E. F. Henrickson, I. Thuesen (Hrsg.), Upon this Foundation: The Ubaid Reconsidered, Kopenhagen 1989.

J.-L. Huot, ʿUbaidian Villages of Lower Mesopotamia. Permanence and Evolution from ʿUbaid 0 to ʿUbaid 4 as seen from Tell el-ʿOueili, in: E. F. Henrickson, I. Thuesen (Hrsg.), Upon this Foundation: The ʿUbaid Reconsidered, Kopenhagen 1989, 19–42.

J.-L. Huot, Les travaux françaises à Tell el ʿOueili et Larsa. Un bilan provisoire, Akkadica 73 (1991), 1–32.

M. Lebeau, A First Report on Pre-Eridu Pottery from Tell el-Oueili, Sumer 44 (1985–1986), 88–108.

L. Vanden Berghe, La nécropole de Dum Gar Parchineh, Archéologia 79 (1975), 46–61.

2.4.4 Das Uruk-Phänomen

G. Algaze, The Uruk World System, Chicago 1993 (mit ausführlicher Bibliographie).

G. Algaze, Ancient Mesopotamia at the Dawn of Civilization, Chicago 2008.

P. Amiet, Approche physique de la comptabilité à l'époque d'Uruk: Les bulles-enveloppes de Suse, in: J.-L. Huot (Hrsg.), Préhistoire de la Mésopotamie, Paris 1987, 331–334.

R. Behm-Blancke, Hassek Höyük. Eine Uruk-Station im Grenzland zu Anatolien, Nürnberger Blätter zur Archäologie 8 (1992), 82–94.

R. Bernbeck, Die Uruk-Zeit: Perspektiven einer komplexen Gesellschaft, in: K. Bartl, R. Bernbeck, M. Heinz (Hrsg.), Zwischen Euphrat und Indus. Aktuelle Forschungsprobleme in der Vorderasiatischen Archäologie, Hildesheim 1995, 57–67.

R. M. Boehmer, Das Rollsiegel im prädynastischen Ägypten, Archäologischer Anzeiger 1974, 495–514.

J. Boese, Ausgrabungen in Tell Sheikh Hassan I: Vorläufige Berichte über die Grabungskampagnen 1984–1990 und 1992–1994, Saarbrücken 1995.

M. A. Brandes, Siegelabrollungen aus den archaischen Bauschichten in Uruk-Warka, Wiesbaden 1979.

P. Butterlin, Les temps protourbains de Mésopotamie. Contacts et acculturation à l'époque d'Uruk au Moyen-Orient, Paris 2003.

P. Collins, The Uruk Phenonenon. The role of social ideology on the expansion of the Uruk culture during the fourth millennium B. C., Oxford 2000.

P. Damerow, H.-P. Meinzer. Computertomographische Untersuchungen ungeöffneter archaischer Tonkugeln aus Uruk, BaM 26 (1995), 7–33.

J. De Morgan, Observations sur les couches profondes de l'acropole à Suse, MDP 13 (1922), 1–25.

G. Dreyer, Umm el-Qaab I. Das prädynastische Königsgrab U-j und seine frühen Schriftzeugnisse, Mainz 1998.

G. Emberling, Political Control in an Early State: The Eye Tempel and the Uruk Expansion in Northern Mesopotamia, in: L. al-Gailani Werr et al. (Hrsg.), Of Pots and Plans (FS David Oates), London 2002, 82–90.

U. Esin, Die kulturellen Beziehungen zwischen Ostanatolien und Mesopotamien sowie Syrien anhand einiger Grabungs und Oberflächenfunde aus dem oberen Euphrattal im 4. Jt.v.Chr., in: H. J. Nissen, J. Renger (Hrsg.), Mesopotamien und seine Nachbarn, Berlin ²1987, 13–22.

P. Ferioli, E. Fiandra, Clay Sealings from Arslan Tepe VI A. Administration and Bureaucracy, Origini 12 (1983), 455–509.

M. Frangipane, The Record Function of Clay Sealings in Early Administrative Systems as Seen from Arslantepe-Malatya, in: P. Ferioli, E. Fiandra, G. G. Fissore, M. Frangipane (Hrsg.), Archives Before Writing, Turin 1994, 125–136.

M. Frangipane, Centralization Processes in Greater Mesopotamia, in: M.S. Rothman 2.4.4, 307–347.

M. Frangipane, A. Palmieri, Aspects of Centralization in the Late Uruk Period in Mesopotamian Periphery, Origini 14 (1988–89), 539–560.

A. von Haller, Die Keramik der archaischen Schichten von Uruk, UVB 4 (1931), 38–41.

G. A. Johnson, The Changing Organization of Uruk Administration in the Susiana Plain, in: F. Hole (Hrsg.), The Archaeology of Western Iran, Washington 1987, 107–39.

G. A. Johnson, Late Uruk in Greater Mesopotamia: Expansion or Collapse?, Origini 14 (1988–1989), 595–611.

H. J. Lenzen, Die Tempel der Schicht IV in Uruk, ZA 49 (1949), 1–20.

W. K. Loftus, Travels and Researches in Chaldaea and Susiana, London 1857. Neudruck: London 1980.

H. J. Nissen, Uruk/Warka: Grabung in den Quadraten K/L XII, BaM 5 (1970), 101–191.

H. J. Nissen, Zur Frage der Arbeitsorganisation in Babylonien während der Späturuk-Zeit, Acta Antiqua Academiae Scientiarum Hungaricae 22 (1974), 5–14.

H. J. Nissen, Aspects of the Development of Early Cylinder Seals, in: McG. Gibson, R. D. Biggs (Hrsg.), Seals and Sealing in the Ancient Near East, Malibu 1977, 15–23.

H. J. Nissen, The Early Uruk Period – A Sketch, in: M. Frangipane, H. Hauptmann, M. Liverani, P. Matthiae, M. Mellink (Hrsg.), Between the Rivers and Over the Mountains: Archaeologica Anatolica et Mesopotamica Alba Palmieri Dedicata, Rom 1993, 123–131.

H. J. Nissen, Uruk: Key Site of the Period and Key Site of the Problem, in: J. N. Postgate (Hrsg.), Artefacts of Complexity: Tracking the Uruk in the Near East, London 2002, 1–16.

J. Oates et al., Mesopotamian Urbanism. A New View from the North, Antiquity 81 (2007), 585–600.

S. Pollock, Bureaucrats and Managers, Peasants and Pastoralists, Imperialists and Traders: Research on the Uruk and Jemdet Nasr Periods in Mesopotamia, Journal of World Prehistory 6 (1992), 297–336.

D. T. POTTS, Bevel Rim Bowls and Bakeries, JCS 61 (2009), 1–23.

M. S. ROTHMAN (Hrsg.), Uruk Mesopotamia & Its Neighbors: Cross-Cultural Interactions in the Era of State Formation, Santa Fé 2001.

U. SIEVERTSEN, Das Messer vom Gebel el-Arak, BaM 23 (1992), 1–75.

G. J. STEIN, R. BERNBECK ET AL., Uruk Colonies and Anatolian Communities: An Interim Report on the 1992–1993 Excavations at Hacinebi, Turkey. AJA 100/2 (1996), 205–260.

E. STROMMENGER, Habuba Kabira: eine Stadt vor 5000 Jahren, Mainz 1980.

D. SÜRENHAGEN, Untersuchungen zur Keramikproduction innerhalb der Spät-Urukzeitlichen Siedlung Habuba Kabira-Süd in Nord Syrien, Acta Praehistorica et Archaeologica 5–6 (1974–75), 43–164.

D. SÜRENHAGEN, Archaische Keramik aus Uruk-Warka. Die Keramik der Schichten XVI–VI aus den Sondagen „Tiefschnitt" und „Sägegraben" in Eanna I: BaM 17 (1986), 7–96; II: BaM 18 (1987), 1–92.

D. SÜRENHAGEN, Untersuchungen zur relativen Chronologie Babyloniens und angrenzender Gebiete von der ausgehenden Ubaid-Zeit bis zum Beginn der Frühdynastisch II-Zeit, Heidelberg 1999.

G. VAN DRIEL, Tablets from Jebel Aruda, in: G. VAN DRIEL, T. J. H. KRISPIJN, M. STOL, K. R. VEENHOF (Hrsg.), Zikir Shumim: Assyriological Studies presented to F. R. Kraus, Leiden 1981, 11–15.

G. VAN DRIEL, Seals and Sealings from Jebel Aruda 1974–1978, Akkadica 33 (1983), 34–62.

G. VAN DRIEL, C. VAN DRIEL-MURRAY, Jebel Aruda, The 1982 Season of Excavations, Akkadica 33 (1983), 1–26.

T. VON DER WAY, Tell el-Fara'in-Buto, Mitteilungen des Deutschen Archäologischen Instituts Abteilung Kairo 43 (1987), 241–57; 44 (1988), 283–297; 45 (1989), 75–89.

N. WREDE, Relief einer Göttin oder Herrscherstatue?, in: U. FINKBEINER, R. DITTMANN, H. HAUPTMANN (Hrsg.), Beiträge zur Kulturgeschichte Vorderasiens (FS Boehmer), Mainz 1995, 677–689.

2.4.5 Djemdet Nasr, Proto-Elam, Ninive 5

R. DITTMANN, Seals, Sealings, and Tablets: Thoughts on the Changing Pattern of Administrative Control from the Late Uruk to the Proto-Elamite Period at Susa, in: U. FINKBEINER, W. RÖLLIG (Hrsg.), Ǧamdat Nasr: Period or Regional Style?, Wiesbaden 1986, 332–66.

R. DITTMANN, Bemerkungen zum proto-elamischen Horizont, AMI 20 (1987), 31–63.

U. FINKBEINER, W. RÖLLIG (Hrsg.), Ǧamdat Nasr: Period or Regional Style?, Wiesbaden 1986.

K. FRIFELT, A Possible Link Between the Jemdet Nasr and the Umm an-Nar Graves of Oman, JOS 1 (1975), 57–80.

F. HOLE, Middle Khabur Settlement and Agriculture in the Ninevite 5 Period, BCSMS 21 (1991), 17–29.

C. C. LAMBERG-KARLOVSKY, M. TOSI, Shahr-i Sokhta and Tepe Yahya: Tracks on the Earliest History of the Iranian Plateau, East and West 13 (1973), 29–58.

R. J. MATTHEWS, Cities, Seals and Writing. Archaic Seal Impressions from Jemdet Nasr and Ur, Berlin 1993.

E. ROVA, Distribution and Chronology of the Niniveh 5-Pottery and of its Culture, Rom 1988.

G. M. SCHWARTZ, The Ninevite V Period and the Development of Complex Society in Northern Mesopotamia, Paléorient 13 (1987), 93–100.

W. M. SUMNER, Proto-Elamite Civilization in Fars, in: U. FINKBEINER, W. RÖLLIG (Hrsg.), Ğamdat Nasr: Period or Regional Style?, Wiesbaden 1986, 199–211.

2.5 Mesopotamien allgemein

P. CHARVÁT, Ancient Mesopotamia, Prag 1993.

D. O. EDZARD, Geschichte Mesopotamiens. Von den Sumerern bis zu Alexander dem Großen, München 2004.

J. J. FINKELSTEIN, Mesopotamia, JNES 21 (1962), 73–92.

A. R. GEORGE, House Most High. The Temples of Ancient Mesopotamia, Winona Lake 1993.

A. K. GRAYSON, Assyrian and Babylonian Chronicles, Locust Valley 1975.

A. L. PERKINS, The Comparative Archaeology of Early Mesopotamia, Chicago 1949.

N. YOFFEE, J. J. CLARK (Hrsg.), Early Stages in the Evolution of Mesopotamian Civilization, Tucson 1993.

2.6 Babylonien allgemein

P. AMIET, La glyptique mésopotamienne archaique, Paris ²1980.

J. A. BRINKMAN, The Babylonian Chronicle Revisited, in: T. ABUSCH, J. HUEHNERGARD, P. STEINKELLER (Hrsg.), Lingering Over Words (FS Moran), Atlanta 1990, 73–104.

H. E. W. CRAWFORD, Mesopotamia's Invisible Exports in the Third Millennium, WA 5 (1973), 232–41.

R. DITTMANN, Elam and Babylonia – Two Neighbors in the Third Millennium BC., in: J. BRETSCHNEIDER, J. DRIESSEN, K. VAN LERBERGHE (Hrsg,), Power and Architecture. Monumental Public Architecture in the Bronze Age Near East and Aegean, Leuven 2007, 45–72.

R. EICHMANN, Uruk: Die Stratigraphie. Grabungen 1912–1977 in den Bereichen „Eanna" und „Anu-Ziqqurrat", Mainz 1989.

R. Eichmann, Uruk. Architektur I. Von den Anfängen bis zur Frühdynastischen Zeit, Rahden 2007.
I. J. Gelb, Household and Family in Ancient Mesopotamia, in: E. Lipinski (Hrsg.), State and Temple Economy in the Ancient Near East, Leuven 1967, 1–98.
I. J. Gelb, Terms for Slaves in Ancient Mesopotamia, in: J. N. Postgate (Hrsg.), Societies and Languages of the Ancient Near East: Studies in Honor of I. M. Diakonoff, Warminster 1982, 81–98.
I. J. Gelb, P. Steinkeller, R. M. Whiting, The Ancient Kudurrus: Earliest Land Tenure Systems in the Near East, Chicago 1991.
S. K. Huh, Studien zur Region Lagasch. Von der Ubaid- bis zur altbabylonischen Zeit, Münster 2008.
T. Jacobsen, The Sumerian Kinglist, Chicago 1939.
M. Jursa, Die Babylonier. Geschichte, Gesellschaft, Kultur, München 2004.
R. Koldewey, Das wiedererstehende Babylon, Leipzig 1913. 5. überarbeitete und erweiterte Auflage, hrsg. von B. Hrouda, Berlin 1990.
S. N. Kramer, Die Geschichte beginnt in Sumer, München 1959.
B. Landsberger, Die Eigenbegrifflichkeit der babylonischen Welt, Islamica 2 (1926), 355–371. Übersetzt von T. Jacobsen, B. Foster, H. von Siebenthal als "The Conceptual Autonomy of the Babylonian World", Malibu 1976.
P. Michalowski, Early Mesopotamian Communicative Systems: Art, Literature and Writing, in: A. C. Gunter (Hrsg.), Investigating Artistic Environments in the Ancient Near East, Madison 1990, 53–69.
P. R. S . Moorey, Kish Excavations 1923–1933, Oxford 1978.
J. Neusner, A History of the Jews in Babylonia (5 Bde), Leiden 1965–1970.
H. J. Nissen, Geographie, in: S. J. Lieberman (Hrsg.), Sumerological Studies in Honor of T. Jacobsen, Chicago 1976, 9–40.
F. Safar, S. Lloyd, M. A. Mustafa, Eridu, Baghdad 1981.
H. W. F. Saggs, The Greatness that was Babylon, London 1962.
G. J. Selz, Sumerer und Akkader. Geschichte, Gesellschaft, Kultur, München 2005.
P. Steinkeller, Early Political Development in Mesopotamia and the Origins of the Sargonic Empire, in: M. Liverani (Hrsg.), Akkad, The First World Empire, Padua 1993, 107–129.
E. Unger, Babylon, die heilige Stadt, Berlin-Leipzig 1931.
C. Wilcke, Politische Opposition nach sumerischen Quellen, in: A. Finet (Hrsg.), La voix de l'opposition en Mésopotamie, Brüssel 1973, 37–65.
C. Wilcke, Genealogical and Geographical Thought in the Sumerian Kinglist, in: H. Behrens, D. M. Loding, M. T. Roth (Hrsg.), DUMU-E^2-DUB-BA-A, Studies in Honor of A. W. Sjöberg, Philadelphia 1989, 557–571.
I. J. Winter, ‚Idols of the King': Royal Images as Recipients of Ritual Action in Ancient Mesopotamia, Journal of Ritual Studies 6 (1992), 13–42.
C. L. Woolley, Ur Excavations II: The Royal Cemetery, 2 Bde, London 1934.

N. Yoffee, Political Economy in Early Mesopotamian States, Annual Review of Anthropology 24 (1995), 281–311.

2.6.1 Die Schrift

2.6.1.1 Die Entstehung der Schrift

P. Ferioli, E. Fiandra, G. G. Fissore, M. Frangipane (Hrsg.), Archives Before Writing, Turin 1994.

J.-J. Glassner, Écrire à Sumer. L'invention du cunéiforme. Paris 2000. Übersetzt als: The Invention of Cuneiform. Writing in Sumer, Baltimore 2003.

S. D. Houston (Hrsg.), The First Writing: Script Invention as History and Process, Cambridge 2004.

S. A. Jasim, J. Oates, Early Tokens and Tablets in Mesopotamia. An Archaic Recording System and the Origins of Writing, WA 17 (1986), 348–362.

G. Komoroczy, Zur Aetiologie der Schrifterfindung im Enmerkar-Epos, AoF 3 (1975), 19–24.

S. J. Lieberman, Of Clay Pebbles, Hollow Clay Balls and Writing: A Sumerian View, AJA 84 (1980), 340–358.

H. J. Nissen, The Context of the Emergence of Writing in Mesopotamia and Iran, in: J. Curtis (Hrsg.), Early Mesopotamia and Iran, London 1993, 54–71.

D. Schmandt-Besserat, Before Writing I–II, Austin 1992.

D. Schmandt-Besserat, When Writing met Art: From Symbol to Story, Austin 2007.

G. J. Selz, Schrifterfindung als Ausformung eines reflexigen Zeichensystems, WZKM 90 (2000), 169–200.

H. I. J. Vanstiphout, Enmerkar's Invention of Writing Revisited, in: H. Behrens, D. M. Loding, M. T. Roth (Hrsg.), DUMU-E^2-DUB-BA-A, Studies in Honor of A. W. Sjöberg, Philadelphia 1989, 515–524.

2.6.1.2 Die Proto-Keilschrift

E. Arcari, La lista di professioni "Early Dynastic Lú A", Neapel 1982.

E. Burrows, Ur: The Archaic Texts, London 1935.

A. Deimel, Schultexte aus Fara, Leipzig 1923. Nachdruck Osnabrück 1969.

A. Deimel, Wirtschaftstexte aus Fara, Leipzig 1924. Nachdruck Osnabrück 1968.

R. K. Englund, Archaic Administrative Documents from the Early Uruk Campaigns, Berlin 1994.

R. K. Englund, Texts from the Late Uruk Period, Göttingen/Fribourg 1998.

R. K. Englund, J.-P. Grégoire, The Proto-Cuneiform Texts from Jemdet Nasr, I: Copies, Transliterations and Sign Glossary, Berlin 1991.

R. K. Englund, H. J. Nissen, Die Lexikalischen Listen der Archaischen Texte aus Uruk, Berlin 1993.

A. Falkenstein, Archaische Texte aus Uruk, Leipzig 1936.

A. Falkenstein, Zu den Inschriftenfunden der Grabung in Uruk-Warka 1960–1961, BaM 2 (1963), 1–82.

M. W. Green, Animal Husbandry at Uruk in the Archaic Period, JNES 39 (1980), 1–35.

M. W. Green, H. J. Nissen, (unter Mitarbeit von P. Damerow, R. K. Englund), Zeichenliste der Archaischen Texte aus Uruk, Berlin 1987.

T. J. H. Krispijn, The Early Mesopotamian Lexical Lists and the Dawn of Linguistics, JEOL 32(1993), 12–22.

S. Langdon, Pictographic Inscriptions from Jemdet Nasr, Oxford 1928.

H. J. Nissen, Bemerkungen zur Listenliteratur Vorderasiens im 3. Jahrtausend, in: L. Cagni (Hrsg.), La lingua di Ebla, Neapel 1981, 99–108.

H. J. Nissen, Ortsnamen in den archaischen Texten aus Uruk, OrNS 54 (1985), 226–233.

H. J. Nissen, P. Damerow, R. K. Englund, Frühe Schrift und Techniken der Wirtschaftsverwaltung im alten Vorderen Orient, Berlin/Bad Salzdetfurth ²1991; englische Übersetzung: Archaic Bookkeeping, Chicago 1993.

A. A. Vaiman, Protosumerische Maß- und Zählsysteme, BaM 20 (1989), 114–120.

2.6.1.3 Die proto-elamische Schrift

P. Damerow, R. K. Englund, The Proto-Elamite Texts from Tepe Yahya, Cambridge MA 1989.

R. K. Englund, The Proto-Elamite Script, in: P. T. Daniels, W. Bright (Hrsg.), The World's Writing Systems, New York-Oxford 1996, 160–164.

F. Vallat, The Most Ancient Scripts of Iran: The Current Situation, WA 17 (1986), 336–347.

2.6.1.4 Die Keilschrift

R. J. Biggs, On Regional Cuneiform Handwritings in Third Millennium Mesopotamia, OrNS 42 (1973), 39–46.

D. O. Edzard, Keilschrift, RlA Band 5 (1976–80), 544–568.

M. J. Geller, The Last Wedge, ZA 87 (1997), 43–95.

Y. Gong, Die Namen der Keilschriftzeichen, Münster 2000.

M. W. Green, The Construction and Implementation of the Cuneiform Writing System, Visible Language 15 (1981), 345–372.

M. Krebernik, H. J. Nissen, Die sumerisch-akkadische Keilschrift, in: H. Günther, O. Ludwig (Hrsg.), Schrift und Schriftlichkeit, Berlin/New York, Bd. 1 1994, 274–288.

S. A. Picchioni, Die Keilschriftrichtung und ihre archäologischen Implikationen, Sumer 4 (1984), 48–54.

2.6.1.5 Andere Schriften Altvorderasiens

F. M. Cross, J. Huehnergard, The Alphabet on a Late Babylonian Cuneiform School Tablet, OrNS 72 (2003), 223–228.

P. T. Daniels, The Decipherment of Ancient Near Eastern Scripts, CivANE I, 81–93.

P. T. Daniels, W. Bright (Hrsg.), The World's Writing Systems, New York-Oxford 1996.

M. Dietrich, O. Loretz, Die Keilalphabete. Die phönizisch-kanaanäischen und altarabischen Alphabete in Ugarit, Münster 1988.

G. R. Driver, Semitic Writing from Pictograph to Alphabet, London ³1973.

I. J. Gelb, A Study of Writing, London 1952.

H. Haarmann, Universalgeschichte der Schrift, Frankfurt 1990.

J. Naveh, Early History of the Alphabet, Jerusalem ²1987.

B. B. Powell, Writing: Theory and History of the Technology of Civilization, Chichester 2009.

W. Röllig, Die nordwestsemitischen Schriftkulturen, in: H. Günther, O. Ludwig (Hrsg.), Schrift und Schriftlichkeit, Berlin-New York (1994), Bd 1: 503–510.

D. B. Stronach, On the Genesis of the Old Persian Cuneiform Script, in: F. Vallat (Hrsg.), Contribution à l'histoire de l'Iran. Mélanges offerts à J. Perrot, Paris 1990, 195–203.

J. Tropper, Griechisches und semitisches Alphabet: Buchstabennamen und Sibilantenentsprechungen, ZDMG 150 (2000), 317–321.

2.6.2 Das Konzept der Tempelwirtschaft

A. Deimel, Sumerische Tempelwirtschaft zur Zeit Urukaginas und seiner Vorgänger, Rom 1932.

A. Falkenstein, Le Cité-Temple Sumérienne, Cahiers d'histoire mondiale I (1954), 784–814 (übersetzt als "The Sumerian Temple City", Malibu 1974).

B. R. Foster, A New Look at the Sumerian Temple State, JESHO 24 (1981), 225–241.

I. J. Gelb, On the Alleged Temple and State Economies in Ancient Mesopotamia, Studi in Onore di E.Volterra, Rom 1969, 137–154.

J.-J. Glassner, Le Roi Prêtre en Mésopotamie, au milieu du 3e millennaire – mythe ou réalité?, Studia Orientalia 70 (1993), 9–19.

B. Hruška, Die innere Struktur der Reformtexte Urukaginas von Lagaš. Archiv Orientální 41 (1973), 4–13; 104–132.

F. R. Kraus, Le rôle des temples depuis la troisième dynastie d'Ur jusqu'à la première dynastie de Babylon, Cahiers d'Histoire Mondiale 1 (1954), 522–536. (übersetzt als "The Role of Tempels from the Third Dynasty of Ur to the First Dynasty of Babylon", Malibu 1990).

H. J. Nissen, Die «Tempelstadt»: Regierungsform der frühdynastischen Zeit in Babylonien?, in: H. Klengel (Hrsg.), Gesellschaft und Kultur im alten Vorderasien, Berlin 1982, 195–200.

A. Schneider, Die Anfänge der Kulturwirtschaft: die sumerische Tempelstadt, Essen 1920.

2.6.3 Sumerer und Semiten

R. J. BIGGS, Semitic Names in the Fara Period, OrNS 36 (1967), 55–66.

J. S . COOPER, Sumerian and Akkadian in Sumer and Akkad, OrNS 42 (1973), 239–246.

D. O. EDZARD, Sumerer und Semiten in der frühen Geschichte Mesopotamiens, Genava NS 8 (1960), 241–258.

A. FALKENSTEIN, Kontakte zwischen Sumerern und Akkadern auf sprachlichem Gebiet, Genava NS 8 (1960), 301–314.

H. FRANKFORT, Archaeology and the Sumerian Problem, Chicago 1932.

T. GÖTZELT, Zur sumerischen und akkadischen Verwandtschaftsterminologie, in: U. FINKBEINER, R. DITTMANN, H. HAUPTMANN (Hrsg.), Beiträge zur Kulturgeschichte Vorderasiens (FS Boehmer), Mainz 1995, 177–182.

T. JACOBSEN, The Assumed Conflict between Sumerians and Semites in Early Mesopotamian History, JAOS 59 (1993), 485–495.

J. HØYRUP, Sumerian: the Descendant of a Proto-Historic Creole?, Roskilde 1992.

K. A. KAMP, N. YOFFEE, Ethnicity in Ancient Western Asia during the Early Second Millennium B.C.: Archaeological Assessment and Ethnoarchaeological Perspectives, BASOR 237 (1980), 85–104.

F. R. KRAUS, Sumerer und Akkader, ein Problem der altmesopotamischen Geschichte, Amsterdam 1970.

W. G. LAMBERT, The Relationship of Sumerian and Akkadian Myths as Seen in Accounts of Creation, in: D. CHARPIN, F. JOANNÈS (Hrsg.), La circulation des biens, des personnes et des idées dans le Proche Orient ancien, Paris (1992), 129–135.

B. LANDSBERGER, Three Essays on the Sumerians, Malibu 1974.

A. SALONEN, Zum Aufbau der Substrate im Sumerischen, Studia Orientalia 37,3, Helsinki 1968.

C. WILCKE, ED Lú A und die Sprache(n) der archaischen Texte, in: W. H. VAN SOLDT (Hrsg.), Ethnicity in Ancient Mesopotamia, Leiden (2005), 430–445.

2.6.4 Die Frühdynastische Zeit

J. BAUER, Der vorsargonische Abschnitt der mesopotamischen Geschichte, Göttingen/Fribourg 1998.

E. BRAUN-HOLZINGER, Frühdynastische Beterstatuetten, Berlin 1977.

J. S. COOPER, Gilgamesh and Agga, JCS 33 (1981), 224–241.

J. S. COOPER, Reconstructing History from Ancient Inscriptions: The Lagash-Umma Border Conflict, Malibu 1983.

I. M. DIAKONOFF, Structure of Society and State in Early Dynastic Sumer, Malibu 1974.

J. M. EVANS, The Square Temple at Tell Asmar and the Construction of Early Dynastic Mesopotamia, ca. 2900 – 2350 BCE, AJA 111/4 (2007), 599–632.

H. Frankfort, Sculpture of the Third Millennium B.C. from Tell Asmar and Khafajah, Chicago 1939.
H. Frankfort, More Sculpture from the Diyala Region, Chicago 1943.
A. Goetze, Early Kings of Kish, JCS 15 (1961), 105–111.
W. W. Hallo, Early Mesopotamian Royal Titles, New Haven 1957.
W. W. Hallo, A Sumerian Amphiktyony, JCS 14 (1960), 88–114.
W. W. Hallo, Antediluvian Cities, JCS 23 (1971), 57–67.
D. P. Hansen, Al-Hiba. AfO 38/39 (1990), 195.
T. Jacobsen, Primitive Democracy in Ancient Mesopotamia, JNES 2 (1943), 159–172.
T. Jacobsen, Early Political Development in Mesopotamia, ZA 52 (1957), 91–140.
N. Karg, Untersuchungen zur älteren frühdynastischen Glyptik Babyloniens, Mainz 1984.
S. N. Kramer, Enmerkar and the Lord of Aratta, Philadelphia 1952.
M. Krebernik, Die Texte aus Fara und Abu Salabikh, Fribourg 1998.
N. Marchetti, La statuaria regale nella Mesopotamia protodinastica, Rom 2006.
H. P. Martin, Fara: A Reconstruction of the Ancient Mesopotamian City of Shuruppak, Birmingham 1988.
H. J. Nissen, Zur Datierung des Königsfriedhofes von Ur, Bonn 1966.
H. Pittman, The Glazed Steatite Glyptic Style, Berlin 1994.
S. Pollock, Of Priestesses, Princes and Poor Relations: The Dead in the Royal Cemetery of Ur, Cambridge Archaeological Journal 1 (1991), 171–189.
G. J. Selz, Altsumerische Verwaltungstexte aus Lagaš, 3 Bde: 1: Wiesbaden 1989; 2: Stuttgart 1993; 3: Stuttgart 1997.
P. Steinkeller, New Light on Marhashi and its Contacts with Makkan and Babylonia. Journal of Magan Studies 1 (2006), 1–17.

2.6.5 Die Zeit der Dynastie von Akkad

P. Amiet, L'art d'Agadé au Musée du Louvre, Paris 1976.
D. Bänder, Die Siegesstele des Naramsin und ihre Stellung in Kunst- und Kulturgeschichte, Idstein 1995.
R. Bernbeck, Siegel, Mythen, Riten: Etana und die Ideologie der Akkad-Zeit, BaM 27 (1996), 159–213.
R. M. Boehmer, Die Glyptik der Akkad-Zeit, Berlin 1966.
J. S. Cooper, Mesopotamian Historical Consciousness and the Production of Monumental Art in the Third Millennium B.C., in: A. C. Gunter (Hrsg.), Investigating Artistic Environments in the Ancient Near East, Madison 1990, 39–51.
J. S. Cooper, The Curse of Agade, Baltimore/London 1983.
D. O. Edzard, Die Inschriften der altakkadischen Rollsiegel, AfO 22 (1968–69), 13–56.

S. Franke, Königsinschriften und Königsideologie. Die Könige von Akkade zwischen Tradition und Neuerung, Warschau 1995.
I. J. Gelb, B. Kienast, Die altakkadischen Königsinschriften, Stuttgart 1990.
J.-J. Glassner, La Chute d'Akkadé, Berlin 1986.
M. Liverani (Hrsg.), Akkad, The First World Empire, Padua 1993.
P. Michalowski, Memory and Deed: The Historiography of the Political Expansion of the Akkad State, in: M. Liverani 2.6.5, 69–90.
H. J. Nissen, Settlement Patterns and Material Culture of the Akkadian Period: Continuity and Discontinuity, in: M. Liverani 2.6.5, 91–106.
Å. Westenholz, The Old Akkadian Period: History and Culture, Fribourg 1999.
J. G. Westenholz, Legends of the Kings of Akkade, Winona Lake 1997.
I. J. Winter, Sex, Rhetoric, and the Public Monument: The Alluring Body of Naram-Sin of Agade, in: N. B. Kampen (Hrsg.), Sexuality in Ancient Art, Cambridge 1996, 11–26.

2.6.6 Die Zeit der III. Dynastie von Ur

R. McC. Adams, An Interdisciplinary Overview of a Mesopotamian City and its Hinterlands, CDLJ 2008,1.
A. Becker, Neusumerische Renaissance?, BaM 16 (1985), 229–316.
G. Buccellati, The Amorites of the Ur III Period, Neapel 1966.
J. V. Canby, The „Ur-Nammu Stela", Philadelphia 2001.
D. O. Edzard, Gudea and his Dynasty, Toronto 1997.
R. K. Englund, Hard Work – where will it get you? Labor Management in Ur III Mesopotamia, JNES 50 (1991), 255–280.
R. K. Englund, Organisation und Verwaltung der Ur III-Fischerei, Berlin 1990.
T. Gomi, On the Critical Economic Situation at Ur Early in the Reign of Ibbisin, JCS 36 (1984), 211–242.
W. Heimpel, Workers and Construction Work at Garshana, Bethesda 2009.
J. Klein, The Royal Hymns of Shulgi, King of Ur: Man's Quest for Immortal Fame, Philadelphia 1981.
F. R. Kraus, Provinzen des Neusumerischen Reiches von Ur III, ZA 51 (1955), 45–75.
P. Michalowski, The Royal Correspondance of Ur, Ann Arbor 1978.
P. Michalowski, The Lamentation over the Destruction of Sumer and Ur, Winona Lake 1989.
D. I. Owen, R. H. Mayr, The Garshana Archives, Bethesda 2008.
G. Pettinato, Untersuchungen zur neusumerischen Landwirtschaft I–II, Neapel 1967.
B. Pongratz-Leisten, Gudea and His Model of an Urban Utopia, Baghdader Mitteilungen 37 (2006), 45–59.

J. Renger, Legal Aspects of Sealing in Ancient Mesopotamia, in: McG. Gibson, R. D. Biggs (Hrsg.), Seals and Sealing in the Ancient Near East, Malibu 1977, 75–88.

W. H. Ph. Römer, Zur Siegesinschrift des Königs Utuhegal von Unug, OrNS 54 (1985), 274–288.

W. Sallaberger, Ur III-Zeit, Fribourg 1999.

H. Sauren, Untersuchungen zur Schrift- und Lautlehre der neusumerischen Urkunden aus Nippur, ZA 59 (1969), 11–64.

M. Sigrist, T. Gomi, Comprehensive Catalogue of Published Ur III Tablets, Bethesda 1991.

D. C. Snell, Ledgers and Prices: Early Mesopotamian Merchant Accounts, New Haven 1982.

H. Steible, Versuch einer Chronologie der Statuen des Gudea von Lagaš, MDOG 126 (1994), 81–104.

P. Steinkeller, The Administrative and Economic Organization of the Ur III-State: the Core and the Periphery, in: McG. Gibson, R. D. Biggs (Hrsg.), The Organization of Power. Aspects of Bureaucracy in the Ancient Near East, Chicago ²1991, 19–41.

P. Steinkeller, An Ur III Manuscript of the Sumerian King List, in: W. Sallaberger, K. Volk, A. Zgoll (Hrsg.), Literatur, Politik und Recht in Mesopotamien. FS für Claus Wilcke, Wiesbaden 2003, 267–292.

H. Waetzoldt, Untersuchungen zur neusumerischen Textilindustrie, Rom 1971.

F. Weitershäuser, Die königlichen Frauen der Könige der III. Dynastie von Ur, Göttingen 2008.

C. Wilcke, Zur Geschichte der Amurriter in der Ur-III-Zeit, Welt des Orients 5 (1969), 1–31.

C. Wilcke, Drei Phasen des Niedergangs des Reiches von Ur III, ZA 60 (1970), 54–69.

C. Wilcke, König Shulgis Himmelfahrt, Münchner Beiträge zur Völkerkunde I (1988), 245–255.

I. J. Winter, The King and the Cup: Iconography of the Royal Presentation Scene on Ur III Seals, in: M. Kelly-Buccellati (Hrsg.), Insight through Images. Studies in Honor of E. Porada, Malibu 1986, 253–268.

I. J. Winter, The Body of the Able Ruler: Toward an Understanding of the Statues of Gudea, in: H. Behrens, D. M. Loding, M. T. Roth (Hrsg.), DUMU-E²-DUB-BA-A, Studies in Honor of A. W. Sjöberg, Philadelphia 1989, 573–583.

I. J. Winter, Legitimation of Authority Through Image and Legend: Seals Belonging to Officials in the Administrative Bureaucracy of the Ur III-State, in: McG. Gibson, R. D. Biggs (Hrsg.), The Organization of Power. Aspects of Bureaucracy in the Ancient Near East, Chicago ²1991, 69–106.

2.6.7 Die altbabylonische Zeit

K. Butz, Ur in altbabylonischer Zeit als Wirtschaftsfaktor, in: E. Lipinski (Hrsg.), State and Temple Economy in the Ancient Near East, Leuven 1967, 257–409.

D. Charpin, D. O. Edzard, M. Stol, Mesopotamien: die Altbabylonische Zeit, Göttingen/Fribourg 2004.

D. O. Edzard, Die zweite Zwischenzeit, Wiebaden 1957.

D. Frayne, The Old Babylonian Period (2003–1595), Toronto 1990.

R. Harris, Ancient Sippar: a Demographic Study of an Old Babylonian City (1894–1595), Istanbul 1975.

H. Klengel, König Hammurapi und der Alltag Babyloniens, Darmstadt 1992.

J.-C. Margueron, Mari: A Portrait in Art of a Mesopotamian City-State, CivANE II, 885–899.

J. Renger, Zur Lokalisierung von Karkar, AfO 23 (1970), 73–78.

J. Renger, The City of Babylon during the Old Babylonian Period, Sumer 35 (1979), 204–209.

J. Renger, Formen des Zuganges zu den lebensnotwendigen Gütern: Die Austauschverhältnisse in der altbabylonischen Zeit, AoF 20 (1993), 87–114.

E. C. Stone, Nippur Neighborhoods, Chicago 1987.

S. D. Walters, Waters for Larsa. An Old Babylonian Archive Dealing with Irrigation, New Haven 1970.

N. Yoffee, The Economic Role of the Crown in the Old Babylonian Period, Malibu 1977.

2.6.8 Die Zeit der Kassitenherrschaft

K. Balkan, Kassitenstudien I. Die Sprache der Kassiten, New Haven 1954.

T. Baqir, Excavations at Aqar Quf 1942–1943, London 1944.

J. A. Brinkman, A Political History of Post-Kassite Babylonia 1158–722 BC., Rom 1968.

J. A. Brinkman, Materials and Studies for Kassite History I, Chicago 1976.

J. A. Brinkman, Administration and Society in Kassite Babylonia, JAOS 124 (2004), 283–304.

G. Buccellati, The Kingdom and Period of Khana, BASOR 270 (1988), 43–61.

D. O. Edzard, Die Beziehungen Babyloniens und Ägyptens in der mittelbabylonischen Zeit und das Gold, JESHO 3 (1960), 38–55.

M. Heinz, Migration und Assimilation im 2. Jt. v.Chr.: Die Kassiten, in: K. Bartl, R. Bernbeck, M. Heinz (Hrsg.), Zwischen Euphrat und Indus. Aktuelle Forschungsprobleme in der Vorderasiatischen Archäologie, Hildesheim 1995, 165–174.

D. T. Potts, Elamites and Kassites in the Persian Gulf, JNES 65 (2006), 111–119.

L. Sassmannshausen, Beiträge zur Verwaltung und Gesellschaft Babyloniens in der Kassitenzeit, Mainz 2001.

U. Seidl, Die babylonischen Kudurru-Reliefs, BaM 4 (1968), 7–220.

K. E. Slanski, The Babylonian Entitlement narus (kudurrus). A Study in their Form and Function, Boston 2003.

W. Sommerfeld, The Kassites of Ancient Mesopotamia: Origins, Politics, and Culture, CivANE II, 917–930.

W. Sommerfeld, Der babylonische „Feudalismus", in: M. Dietrich, O. Loretz (Hrsg.), Vom Alten Orient zum Alten Testament. Kevelaer/Neukirchen-Vluyn 1995, 467–490.

J. J. A. Van Dijk, Die dynastischen Heiraten zwischen Kassiten und Elamern: eine verhängnisvolle Politik, OrNS 55 (1986), 159–170.

2.6.9 Die Chaldäer in Babylon

P. A. Beaulieu, The Reign of Nabonidus, King of Babylon, 556–539 B.C., New Haven/London 1989.

P. A. Beaulieu, The Pantheon of Uruk during the Neo-Babylonian Period, Leiden 2003.

J. A. Brinkman, Babylonia under the Assyrian Empire, in: M. T. Larsen (Hrsg.), Power and Propaganda. A Symposium on Ancient Empires, Kopenhagen 1979, 223–250.

J. A. Brinkman, Prelude to Empire: Babylonian Society and Politics 747–626 BC., Philadelphia 1984.

M. A. Dandamaev, Egyptians in Babylonia in the 6th and 5th Centuries B.C., in: D. Charpin, F. Joannès (Hrsg.), La circulation des biens, des personnes et des idées dans le Proche Orient ancien, Paris 1992, 312–325.

G. Frame, Babylonia 689–627 B.C. A Political History, Istanbul 1992.

G. Frame, Mesopotamia in the Neo-Babylonian Period. An Introduction, BCSMS 28 (1994), 7–11.

A. R. George, The Topography of Babylon Reconsidered, Sumer 44 (1985–1986), 7–24.

K. Kleber, Tempel und Palast. Die Beziehungen zwischen dem König und dem Eanna-Tempel im spätbabylonischen Uruk, Münster 2008.

R. Rollinger, Herodots babylonischer Logos. Eine kritische Untersuchung der Glaubwürdigkeitsdiskussion an Hand ausgewählter Beispiele, Innsbruck 1993.

A. Sachs, H. Hunger, Astronomical Diaries and Related Texts from Babylonia I–VI, Wien 1988–1996.

R. H. Sack, Neriglissar – King of Babylon, Kevelaer/Neukirchen-Vluyn 1994.

R. H. Sack, Images of Nebuchadnezzar. The Emergence of a Legend, London 2004.

H. Schaudig, Die Inschriften Nabonids und Kyros' des Großen samt den in ihrem Umfeld entstandenen Tendenzinschriften, Münster 2001.

G. Van Driel, The Rise of the House of Egibi, JEOL 29 (1985–86), 50–67.
C. Wunsch, Das Egibi-Archiv, 2 Bde, Groningen 2000.
S. Zawadzki, The Fall of Assyria and Median-Babylonian Relations, Posen-Delft 1988.

2.6.10 Achämeniden und Seleukiden in Babylonien

T. Boiy, Late Achaemenid and Hellenistic Babylon, Leuven 2004.
S. M. Burstein, The Babyloniaca of Berossos, Malibu 1978.
A. Falkenstein, Topographie von Uruk Teil I. Uruk zur Seleukiden-Zeit, Leipzig 1941.
A. Kuhrt, Berossos' Babyloniaka and Seleucid Rule in Babylonia, in: A. Kuhrt, S. Sherwin-White (Hrsg.), Hellenism in the East, London 1987, 32–56.
A. Kuhrt, S. Sherwin-White, Xerxes' Destruction of Babylonian Temples, in: H. Sancisi-Weerdenburg, A. Kuhrt, J. W. Drijvers (Hrsg.), Achaemenid History II: The Greek Sources, Leiden 1987, 69–78.
H. J. Lenzen, Bit Akitu, UVB 12/13 (1955), 35–42.
H. J. Nissen, Südbabylonien in parthischer und sasanidischer Zeit, BaM 5 (1970), 79–86.
J. Oelsner, Materialien zur babylonischen Gesellschaft und Kultur in hellenistischer Zeit, Budapest 1986.
P. Schnabel, Berossos und die babylonisch-hellenistische Literatur, Leipzig 1923. Neudruck 1968.
G. Schweiger, Kritische Neuedition der achaemenidischen Keilinschriften, 2 Bde, Taimering 1998.
M. W. Stolper, Entrepreneurs and Empire: the Murashû Archive, the Murashû Firm and Persian Rule in Babylonia, Leiden 1985.
J. J. A. Van Dijk, Die Texte aus dem Resh-Heiligtum, UVB 18 (1962), 43–61.
J. J. A. Van Dijk, W. R. Mayer, Texte aus dem Resh-Heiligtum in Uruk-Warka, Berlin 1980.
W. J. Vogelsang, The Rise and Organization of the Achaemenid Empire. The Eastern Iranian Evidence, Leiden 1992.
F. Wetzel, E. Schmidt, A. Mallwitz, Das Babylon der Spätzeit, Berlin 1957.
J. Wiesehöfer, Kontinuität oder Zäsur? Babylon unter den Achämeniden, in: J. Renger (Hrsg.), Babylon: Focus mesopotamischer Geschichte, Wiege früher Gelehrsamkeit, Mythos in der Moderne, Saarbrücken 1999.

2.7 Assyrien allgemein

W. Andrae, Das Wiedererstandene Assur, Leipzig 1938. Neuherausgegeben von B. Hrouda, München 1977.

J. Bär, Die älteren Ischtar-Tempel in Assur, Stratigraphie, Architektur und Funde eines altorientalischen Heiligtums von der 2. Hälfte des 3. Jts bis zur Mitte des 2. Jts. v.Chr., Saarbrücken 2003.

E. Cancik-Kirschbaum, Die Assyrer. Geschichte, Gesellschaft, Kultur, München 2003.

R. V. Gut, Das Prähistorische Ninive. Zur relativen Chronologie der frühen Perioden Nordmesopotamiens, Mainz 1996.

K. Kessler, Untersuchungen zur historischen Topographie Nordmesopotamiens nach keilschriftlichen Quellen des 1. Jahrtausends v.Chr., Wiesbaden 1980.

F. R. Kraus, Könige, die in Zelten wohnten, Amsterdam 1965.

H. W. F. Saggs, The Might that was Assyria, London 1984.

A. J. Tobler, Excavations at Tepe Gawra, Bd. 2, Philadelphia 1950.

2.7.1 Die altassyrischen Handelskolonien

J. G. Dercksen, The Old Assyrian Copper Trade in Anatolia, Leiden 1995.

J. G. Dercksen (Hrsg.), Old Assyrian Institutions, Leiden 2004.

Kh. Nashef, Rekonstruktion der Reiserouten zur Zeit der altassyrischen Handelsniederlassungen, Wiesbaden 1987.

K. R. Veenhof, Kanesh, an Assyrian Colony in Anatolia, CivANE II, 859–871.

P. Villard, Shamshi-Adad and Sons: The Rise and Fall of an Upper Mesopotamian Empire, CivANE II, 873–883.

2.7.2 Nuzi

M. P. Maidman, Nuzi: Portrait of an Ancient Mesopotamian Provincial Town, CivANE II, 931–947.

D. I. Owen, D. I et al. (Hrsg.), Serie: Studies on the Civilization and Culture of Nuzi and the Hurrians 1–, Winona Lake 1981–.

R. F. S. Starr, Nuzi, Cambridge 1939.

D. L. Stein, A Reappraisal of the Saushtatar Letter from Nuzi, ZA 79 (1989), 36ff.

C. Zaccagnini, The Rural Landscape of the Land of Arraphe, Rom 1979.

2.7.3 Assyrien im 2. und 1. Jahrtausend

P. Albenda, The Palace of Sargon, King of Assyria (Monumental Wall Reliefs at Dur Sharrukin), Paris 1986.

R. D. Barnett, A Catalogue of the Nimrud Ivories, London 1957.

R. D. Barnett, Assyrian Palace Reliefs in the British Museum, London 1974.

R. Borger, Die Inschriften Asarhaddons, Königs von Assyrien, Graz 1956.

R. Borger, W. Schramm, Einleitung in die assyrischen Königsinschriften, 2 Bde, Leiden 1961–1972.

R. B. Brown, Greeks in Assyria: Some Overlooked Evidence, Classical World 77 (1984), 300–303.
G. W. V. Chamaza, Sargon II's Ascent to the Throne: The Political Situation, SAAB 6 (1992), 21–33.
S. W. Cole, Nippur in Late Assyrian Times, c. 755–612 BC., Helsinki 1996.
J. E. Curtis, N. Tallis. (Hrsg.), The Balawat Gates of Ashurnasirpal II., London 2008.
S. Dalley, Niniveh after 612 BC., AoF 20 (1993), 134–147.
S. Dalley, Esther's Revenge at Susa. From Sennacherib to Ahasuerus, Oxford 2007.
M. Damerji, Gräber assyrischer Königinen aus Nimrud, Jahrbuch d. Röm.-Germanischen Zentralmuseums 45 (1998).
M. Dietrich, The Babylonian Correspondence of Sargon and Sennacherib, Helsinki 2003.
R. Dittmann, Die inneren und äußeren Grenzen der mittelassyrischen Residenzstadt Kar-Tukulti-Ninurta/Nord-Iraq, in: M. Jansen, P. Johanek (Hrsg.), Grenzen und Stadt, Aachen 1997, 101–115.
M. Elat, The Economic Relations of the Neo-Assyrian Empire with Egypt, JAOS 88 (1977), 20–34.
F. M. Fales, Grain Reserves, Daily Rations and the Size of the Assyrian Army, SAAB IV,1 (1990), 23–38.
E. Forrer, Die Provinzeinteilung Assyriens, Berlin 1920.
E. Frahm, Einleitung in die Sanherib-Inschriften, Wien 1997.
A. Fuchs, Die Inschriften Sargons II. aus Khorsabad, Göttingen 1994.
A. Fuchs, War das Neuassyrische Reich ein Militärstaat?, in: B. Meissner, O. Schmitt, M. Sommer (Hrsg.), Krieg - Gesellschaft – Institutionen. Beiträge zu einer vergleichenden Kriegsgeschichte, Berlin 2005, 35–60.
A. K. Grayson, Assyrian Rulers of the Third and Second Millennia B.C. (to 1115 B.C.), Toronto-Buffalo/London 1987.
A. K. Grayson, Assyria: Tiglath-Pileser III to Sargon II (744–705 B.C.); Sennacherib and Esarhaddon (704–669 B.C.); 668–635 B.C.: The Reign of Ashurbanipal, Cambridge Ancient History III/2, Cambridge (^{3}1991), 71–161.
A. K. Grayson, Assyrian Rulers of the Early First Millennium B.C. (1114–859), Toronto-Buffalo-London 1991.
S. W. Holloway, Ashur is King! Ashur is King! Religion in the Exercise of Power in the Neo-Assyrian Empire, Leiden 2002.
B. Hrouda, Die Kulturgeschichte des assyrischen Flachbildes, Bonn 1965.
S. Jakob, Mittelassyrische Verwaltung und Sozialstruktur, Leiden 2003.
T. Jacobsen, S. Lloyd, Sennacherib's Aquaeduct at Jerwan, Chicago 1935.
H. Kühne, The Urbanization of the Assyrian Provinces, in: S. Mazzoni (Hrsg.), Nuove fondazioni nel Vicino Oriente antico: Realtà e Ideologia, Pisa 1995, 55–84.

R. Lamprichs, Die Westexpansion des neuassyrischen Reiches, Kevelaer-Neukirchen-Vluyn 1995.

E. Leichty, Esarhaddon, King of Assyria. CivANE II, 949–958.

M. Luukko, G. Van Buylaere, The Political Correspondence of Esarhaddon, Helsinki 2002.

P. Machinist, Assyrians on Assyria in the first Millennium BC, in: K. Raaflaub, (Hrsg.), Anfänge politischen Denkens, München 1993, 135–144.

W. Mayer, Sargons Feldzug gegen Urartu 714 v. Chr., MDOG 115 (1983), 65–132.

W. Mayer, Die Frühgeschichte der assyrisch-urartäischen Beziehungen vom 14. bis zur 2. Hälfte des 9. Jh. v.Chr., in: G. Mauer, U. Magen (Hrsg.), Ad bene et fideliter seminandum (FS Deller), Kevelaer/Neukirchen-Vlyun 1988, 199–246.

W. Mayer, R. Mayer-Opificius, Die Schlacht bei Qadeš. Der Versuch einer neuen Rekonstruktion, Ugarit-Forschungen 26 (1994), 321–368.

P. Miglus, Die letzten Tage von Assur und die Zeit danach, Central Questions on the Archaeology of the Ancient Near East and Egypt, ISIMU (Madrid) 3 (2000), 85–100.

J. Oates, The Fall of Assyria (635–609), Cambridge Ancient History III/2, Cambridge 1991.

B. Oded, The Phoenician Cities and the Assyrian Empire in the Time of Tiglat-Pileser III, Zeitschrift des Deutschen Palästina-Vereins 90 (1974), 38–49.

B. Oded, Mass Deportations and Deportees in the Neo-Assyrian Empire, Wiesbaden 1979.

H.-U. Onasch, Die assyrischen Eroberungen Ägyptens, Wiesbaden 1994.

G. Pettinato, Semiramis. Herrin über Assur und Babylon, Zürich/München 1988.

B. N. Porter, Images, Power and Politics. Figurative Aspects of Esarhaddon's Babylonian Policy, Philadelphia 1993.

B. N. Porter, Trees, Kings, and Politics. Studies in Assyrian Iconography, Fribourg 2003.

J. N. Postgate, The Land of Assur and the Yoke of Assur: Studies on Assyria 1971–2005, Oxford 2007.

J. Reade, Narrative Composition in Assyrian Sculpture, BaM 10 (1979), 52–110.

J. M. Russell, Sennacherib's Palace without Rival, Chicago 1991.

J. M. Russell, The Writing on the Wall. The Architectural Context of the Late Assyrian Palace Reliefs, Winona Lake 1996.

A. Schachner, Bilder eines Weltreiches. Kunst- und kulturgeschichtliche Untersuchungen zu den Verzierungen eines Tores aus Balawat (Imgur-Enlil) aus der Zeit von Samanassar III, König von Assyrien, Brüssel 2007.

H. Tadmor, The Inscriptions of Tiglath-Pileser III, King of Assyria, Jerusalem 1994.

F. Thomas, Sargon II, der Sohn Tiglat Pilesars III., in: M. Dietrich, O. Lo-

RETZ (Hrsg.), Mesopotamia – Ugaritica – Biblica (FS Bergerhof), Kevelaer/ Neukirchen-Vluyn 1993.
C. E. WATANABE, Animal Symbolism in Mesopotamia: a contextual approach, Wien 2002.
I. J. WINTER, Royal Rhetoric and the Development of Historical Narrative in Neo-Assyrian Reliefs, Studies in Visual Communication 7 (1981), 2–38.

2.8 Syrien allgemein

P. M. M. G. AKKERMANS, G. M. SCHWARTZ, The Archaeology of Syria. From Complex Hunter-Gatherers to Early Urban Societies (ca. 16.000 to 300 BC), Cambridge 2004.
M. AL-MAQDISSI, D. MORANDI BONACOSSI, P. PFÄLZNER (Hrsg.), Schätze des Alten Syrien: Die Entde-ckung des Königreichs Qatna, Stuttgart, 2009.
N. CRÜSEMANN, B. FELLER, M. HEINZ, Prestigegüter und Politik. Aspekte internationaler Beziehungen im 2. Jt. v.Chr., in: K. BARTL, R. BERNBECK, M. HEINZ (Hrsg.), Zwischen Euphrat und Indus. Aktuelle Forschungsprobleme in der Vorderasiatischen Archäologie, Hildesheim 1995, 175–192.
A. CURTIS, Ugarit (Ras Shamra), Cambridge 1985.
J. GONELLA, W. KHAYATA, K.KOHLMEYER, Die Zitadelle von Aleppo und der Tempel des Wettergottes, Münster 2005.
W. W. HALLO, The Syrian Contribution to Cuneiform Literature, Bibliotheca Mesopotamica 25 (1992), 69–88.
J. D. HAWKINS, Karkamish and Karatepe: Neohittite City-States in North Syria, CivANE II, 1295–1307.
H. KLENGEL, Qatna 1999. Ein historischer Überblick, MDOG 132 (2000), 239–252.
C. KÜHNE, Politische Szenerie und internationale Beziehungen Vorderasiens um die Mitte des 2. Jahrtausends vor Chr., in: H. J. NISSEN, J. RENGER (Hrsg.), Mesopotamien und seine Nachbarn, Berlin ^{2}1987, 203–264.
M. LEBEAU, M. A. SULEIMAN (Hrsg.), Beydar Studies I, Subartu XXI (2007).
J. W. MEYER, Town Planning in 3rd Millennium Tell Chuera, in: J. BRETSCHNEIDER, J. DRIESSEN, K. VAN LERBERGHE (Hrsg,), Power and Architecture. Monumental Public Architecture in the Bronze Age Near East and Aegean, Leuven 2007, 129–142.
L. MILANO, W. SALLABERGER, P. TALON & K. VAN LERBERGHE (Hrsg.), Third Millennium Cuneiform Texts from Tell Beydar. Seasons 1996–2002, Turnhout 2004, 31–35.
D. MORANDI BONACOSSI, The Chronology of the Royal Palace of Qatna Revisited, Ägypten und die Levante 7 (2007), 221–239.
W. PITARD, Ancient Damascus. A Historical Study of the Syrian City State from Earliest Times until its Fall to the Assyrians in 732 BCE., Winona Lake 1987.

C. D. REICHEL, Hamoukar. Oriental Institute Annual Report 2008–2009, 77–87.

G. SCHWARTZ, H. CURVERS, S. DUNHAM, B. STUART, AND J. WEBER, A Third-Millennium B.C. Elite Mortuary Complex at Umm el-Marra, Syria: 2002 and 2004 Excavations, AJA 110 (2006), 603–41.

W. H. VAN SOLDT, Ugarit: A Second-Millennium Kingdom on the Mediterranean Coast, CivANE II, 1255–1266.

H. WEISS (Hrsg.), The Origins of Cities in Dry-Farming Syria and Mesopotamia in the Third Millennium B.C., Guilford 1986.

2.8.1 Ebla

A. ARCHI, Le synchronisme entre les rois de Mari et les rois d'Ebla au IIIe millennaire, MARI 4 (1985), 47–51.

A. ARCHI, Fifteen Years of Studies on Ebla: A Summary, OLZ 88 (1993), 461–471.

L. CAGNI (Hrsg.), La lingua di Ebla, Neapel 1981.

L. CAGNI (Hrsg.), Il bilinguismo a Ebla, Neapel 1984.

D. O. EDZARD, Ebla ou la grande surprise de l'histoire du Proche-Orient ancien, Akkadica 88 (1994), 18–29.

J.-P. GRÉGOIRE, J. RENGER, Die Interdependenz der gesellschaftlichen und wirtschaftlichen Strukturen von Ebla: Erwägungen zum System der Oikos-Wirtschaft in Ebla, in: H. WAETZOLDT, H. HAUPTMANN (Hrsg.), Wirtschaft und Gesellschaft von Ebla, Heidelberg 1989, 218–222.

B. KIENAST, H. WAETZOLDT, Zwölf Jahre Ebla: Versuch einer Bestandsaufnahme, in: C. H. GORDON, G. A. RENDSBURG, N. H. WINTER (Hrsg.), Eblaitica: Essays on the Ebla Archives and Eblaitic Language 2, Winona Lage 1090, 31–77.

P. MATTHIAE, Ebla: un impero retrovato, Turin ²1988.

P. MATTHIAE, F. PINNOCK, G. SCANDONE MATTHIAE (Hrsg.), Ebla: Alle origini della civiltà urbana, Mailand 1995.

G. PETTINATO, Catalogo dei testi cuneiformi di Tell Mardikh-Ebla, Neapel 1979.

J. N. POSTGATE, A View from down the Euphrates, in: H. WAETZOLDT, H. HAUPTMANN (Hrsg.), Wirtschaft und Gesellschaft von Ebla, Heidelberg 1989, 111–117.

J. RENGER, Überlegungen zur räumlichen Ausdehnung des Staates von Ebla an Hand der agrarischen und viehwirtschaftlichen Gegebenheiten, in: L. CAGNI, (Hrsg.), Ebla 1975–1985. Dieci anni di studi linguistici e filologici, Neapel 1987, 293–311.

W. VON SODEN, Das Nordsemitische in Babylonien und Syrien, in: L. CAGNI (Hrsg.), La lingua di Ebla, Neapel 1981, 355–361.

H. WAETZOLDT, H. HAUPTMANN (Hrsg.), Wirtschaft und Gesellschaft von Ebla, Heidelberg 1989.

2.8.2 Die Hurriter

M.-Th. BARRELET (Hrsg.), Problèmes concernants les Hurrites, Paris 1977; Teil 2: Paris 1984.
G. BUCCELLATI, M. KELLY-BUCCELLATI (Hrsg.), Urkesh and the Hurrians, Malibu 1998.
V. HAAS (Hrsg.), Das hurritologische Archiv des altorientalischen Seminars der Freien Universität Berlin, Berlin 1975.
V. HAAS, Hethitische Berggötter und hurritische Steindämonen, Mainz 1982.
V. HAAS (Hrsg.), Hurriter und Hurritisch, Konstanz 1988.
B. SALJE, Der "Common Style" der Mitanni-Glyptik und die Glyptik der Levante und Zyperns in der Späten Bronzezeit, Mainz 1990.
D.-L. STEIN, Khabur Ware and Nuzi Ware, Assur 4.1 (1984), 1–65.
G. WILHELM, Grundzüge der Geschichte und Kultur der Hurriter, Darmstadt 1982.

2.8.3 Die Seevölker

M. BIETAK, The Sea Peoples and the End of the Egyptian Administration in Canaan, in: A. BIRAN (Hrsg.), Biblical Archaeology Today, Jerusalem (1990), 292–306.
M. DIETRICH, O LORETZ, Der Untergang von Ugarit am 21.1.1992?, Ugarit Forschungen 34 (2002).
T. DOTHAN, M. DOTHAN, Die Philister, München 1995.
G. A. LEHMANN, Die mykenisch-frühgriechische Welt und der östliche Mittelmeerraum in der Zeit der "Seevölker"-Invasionen um 1200 v. Chr., Opladen 1985.
G. A. LEHMANN, Umbrüche und Zäsuren im östlichen Mittelmeerraum und Vorderasien zur Zeit der „Seevölker" – Invasionen um und nach 1200 v. Chr., Historische Zeitschrift 262 (1996), 1–38.
E. NOORT, Die Seevölker in Palästina, Kampen 1994.
W. WARD, M. JOUKOWSKY (Hrsg.), The Crisis Years: the 12th Century B.C. from Beyond the Danube to the Tigris, Dubuque 1992.
M. YON, The End of the Kingdom of Ugarit, in: W. WARD, M. JOUKOWSKY (Hrsg.), The Crisis Years: the 12th Century B.C. from Beyond the Danube to the Tigris, Dubuque 1992, 53–55.

2.8.4 Die Aramäer

M. DIETRICH, Die Aramäer Südbabyloniens in der Sargonidenzeit, Kevelaer/Neukirchen-Vluyn 1970.
P. E. DION, Aramaean Tribes and Nations of First-Millennium Western Asia, CivANE II, 1281–1294.
S. A. KAUFMANN, The Akkadian Influence on Aramaic, Chicago 1974.

E. LIPINSKI, The Aramaeans. Their Ancient History, Culture, Religion, Leuven 2000.

H. SADER, The Aramaean Kingdoms of Syria. Origin and Formation Processes, in: G. BUNNENS (Hrsg.), Essays on Syria in the Iron Age, Leuven 2000, 61–76.

G. M. SCHWARTZ, The Origin of the Aramaeans in Syria and Northern Mesopotamia: Research Problems and Potential Strategies, in: O. M. C. HAEX, H. H. CURVERS, P. M. M. G. AKKERMANS (Hrsg.), To the Euphrates and Beyond. Archaeological Studies in Honour of M. N. Van Loon, Rotterdam (1989), 275–291.

2.9 KLEINASIEN ALLGEMEIN

J. GARSTANG, Prehistoric Mersin, Oxford 1953.

J. D. HAWKINS, Writing in Anatolia: Imported and Indigenous Systems, WA 17 (1986), 363–376.

R. NAUMANN, Architektur Kleinasiens von ihren Anfängen bis zum Ende der hethitischen Zeit, Tübingen ²1971.

E. SCHWERTHEIM, Kleinasien in der Antike: von den Hethitern bis Konstantin, München 2005.

J. YAKAR, The Later Prehistory of Anatolia: the Late Chalcolithic and Early Bronze Age, Oxford 1985.

2.9.1 Die Hethiter

M. C. ASTOUR, Hittite History and absolute Chronology of the Bronze Age, Partille 1989.

R. E. BEAL, Hittite Military Organization, CivANE I, 545–554.

K. BITTEL, Die Hethiter – Die Kunst Anatoliens vom Ende des 3. bis zum Anfang des 1. Jahrtausends vor Christus, München 1976.

T. R. BRYCE, Life and Society in thre Hittite World, Oxford 2002.

H. CANCIK, Grundzüge der hethitischen und alttestamentlichen Geschichtsschreibung, Wiesbaden 1976.

B. J. COLLINS, The Hittites and Their World, Atlanta 2007.

E. EDEL, Die ägyptisch-hethitische Korrespondenz aus Boghazköy in babylonischer und hethitischer Sprache, Opladen 1994.

R. FISCHER, Die Ahhijawa-Frage, Wiesbaden 2009.

M. FORLANINI, Kleinasien. Das hethitische Reich im 14.–13. Jh. v. Chr., Wiesbaden 1992.

H. GENZ, Büyükkaya I. Die Keramik der Eisenzeit. Boghazköy-Hattusa 21, Berlin 2004.

H. G. GÜTERBOCK, Troy in Hittite Texts? Wilusa, Ahhiyawa und Hittite History, in: M. MELLINK (Hrsg.), Troy and the Trojan War, Bryn Mawr (1986), 33–44.

V. HAAS, Hethitische Orakel, Vorzeichen und Abwehrstrategien, Berlin 2008.

S. Heinhold-Kramer, Ist die Identität von Ilios mit Wilusa endgültig bewiesen?, Studi micenei ed egeo-anatolici 46 (2004).

H. A. Hoffner, History and Historians of the Ancient Near East: The Hittites, OrNS 49 (1980), 283–332.

H. A. Hoffner, The Last Days of Khattusha, in: W. Ward, M. Joukowsky (Hrsg.), The Crisis Years: the 12th Century B.C. from Beyond the Danube to the Tigris, Dubuque 1992, 46–52.

H. Klengel, Geschichte des hethitischen Reiches, Leiden 1999.

H. Klengel, Hattuschili und Ramses. Hethiter und Ägypter – ihr langer Weg zum Frieden, Mainz 2002.

J. Klinger, Die Hethiter, München 2007.

J. Latacz, Troia und Homer. Der Weg zur Lösung eines alten Rätsels, München 2003.

M. Liverani, The Collapse of the Near Eastern Regional System at the End of the Bronze Age: the Case of Syria, in: M. Rowlands, M. T. Larsen, K. Kristiansen (Hrsg.), Centre and Periphery in the Ancient World, Cambridge MA 1987, 66–73.

J. G. Macqueen, The History of Anatolia and of the Hittite Empire, CivANE II, 1085–1105.

M. Marazzi, Das ‚geheimnisvolle' Land Aḫḫijawa, in: H. Otten, H. Ertem, E. Akurgal, S. Süel (Hrsg.), Hittite and Other Anatolian and Near Eastern Studies in Honor of Sedat Alp, Ankara (1992), 365–377.

M. Mayrhofer, Die Arier im Vorderen Orient – ein Mythos?, Wien 1974.

A. Schachner, Hattuscha- auf den Spuren des sagenhaften Großreichs der Hethiter, München 2010.

E. von Schuler, Die Kaschkäer. Ein Beitrag zur Ethnographie des alten Kleinasien, Berlin 1965.

D. Schwemer, Das hethitische Reichspantheon. Überlegungen zu Struktur und Genese, in: R. G. Kratz, H. Spieckermann (Hrsg.), Götterbilder, Gottesbilder, Weltbilder. Polytheismus und Monotheismus in der Welt der Antike. Band I: Ägypten, Mesopotamien, Persien, Kleinasien, Syrien, Palästina, Tübingen 2006, 241–265.

A. Taggar-Cohen, Hittite Priesthood, Heidelberg 2006.

J. Tischler, Die kappadokischen Texte als älteste Quelle indogermanischen Sprachguts, in: O. Carruba, M. Giorgieri, C. Mora (Hrsg.), Atti del II Congresso Intern. di Hittitologia, Pavia 1995, 359–368.

T. P. J. Van den Hout, Khattushili III, King of the Hittites, CivANE II, 1107–1120.

T. Von der Way, Schlacht bei Kadesch. www.wibitex.de 2008.

G. Wilhelm (Hrsg.), Hattusha-Bogazköy. Das Hethiterreich im Spannungsfeld des Alten Orients, Wiesbaden 2008.

G. Wilhelm, Probleme der hethitischen Chronologie, OLZ 86 (1991), 469–476.

2.9.2 Urartu

G. Azarpay, Urartian Art and Artifacts. A Chronological Study, Berkeley 1968.
A. Çilingiroğlu, M. Salvini, Ayanis I. Ten Years' Excavations at Rusahinili Eiduru-kai 1989–1998, in: Documenta Asiana VI, Roma 2001.
V. Haas (Hrsg.), Das Reich Urartu. Ein altorientalischer Staat im 1. Jahrtausend v. Chr., Konstanz 1986.
M. Salvini, Geschichte und Kultur der Urartäer, Darmstadt 1995.
R. Wartke, Urartu. Das Reich am Ararat, Mainz 1993.
P. E. Zimansky, Ecology and Empire. The Structure of the Urartian State, Chicago 1985.
P. E. Zimansky, The Kingdom of Urartu in Eastern Anatolia, CivANE II, 1135–1146.

2.10 Iran allgemein

P. Amiet, Elam, Auvers-sur-Oise 1966.
P. Amiet, La periode IV de Tepe Sialk reconsiderée, in: J.-L. Huot, M. Yon, Y. Calvet (Hrsg.), De l'Indus aux Balkans: Recueil a la mémoire de Jean Deshayes, Paris (1985), 293–312.
P. Amiet, M. Tosi, Phase 10 at Shahr-i Sokhta Excavations in Square XDV and the Late Fourth Millennium Assemblage at Sistan, East and West 28 (1978), 9–21.
D. Canal, La terrace de l'Acropole de Suse, Cahiers de la Délégation Archéologique Française en Iran 9 (1978), 11–55.
E. Carter, M. W. Stolper, Elam: Surveys of Political History and Archaeology, Berkeley 1984.
R. Dittmann, Eine Randebene des Zagros in der Frühzeit, Berlin 1984.
R. Dittmann, Betrachtungen zur Frühzeit des Südwest-Iran, Berlin 1986.
F. Hole (Hrsg.), The Archaeology of Western Iran, Washington 1987.
F. Hole, K. V. Flannery, J. A. Neely, Prehistory and Human Ecology of the Deh Luran Plain, Ann Arbor 1969.
J.-L. Huot, Die großen Kulturen der Welt: Persien I, München 1978.
A. I. Ivantchik, Les Cimmériens au Proche-Orient, Fribourg 1993.
A. K. G. Kristensen, Who were the Cimmerians, and where did they come from? Kopenhagen 1988.
C. C. Lamberg-Karlovsky, T. W. Beale, Excavations at Tepe Yahya, Iran 1967–75. The Early Periods, Cambridge 1986.
L. Le Breton, The Early Periods at Susa: Mesopotamian Relations, Iraq 19 (1957), 79–124.
A. Le Brun, Récherches stratigraphiques à l'Acropole de Suse, Cahiers de la Délégation Archéologique Française en Iran 1 (1971), 163–216.
V. Lukonin, Die großen Kulturen der Welt: Persien II, München 1978.

Y. Majidzdeh, Jiroft. The earliest oriental civilization, Teheran 2003.
D. McAlpin, Elamite and Dravidian: Further Evidence of Relationsship, CA 16 (1975), 105–115 (mit Kommentaren).
D. McCown, The Comparative Stratigraphy of Iran, Chicago 1941.
O. Meder, Klimaökologie und Siedlungsgang auf dem Hochland von Iran in vor- und frühgeschichtlicher Zeit, Marburg 1979.
O. W. Muscarella, Jiroft and "Jiroft-Aratta": A Review Article of Yousef Madjidzadeh, Jiroft: The Earliest Oriental Civilization, Bulletin of the Asia Institute 15 (2005), 173–198.
A. T. Olmstead, History of the Persian Empire, Chicago 1948; ^{6}1970.
H. Parzinger, Die Skythen, München 2007.
E. Porada, Alt Iran. Die Kunst in vorislamischer Zeit, Baden-Baden 1962.
F. Vallat, Susa and Susiana in Second-Millennium Iran, CivANE II, 1023–1033.
H. Weiss, T. C. Young jr., The Merchants of Susa: Godin V and Plateau-Lowland Relations in the Late Fourth Millennium B.C., Iran 13 (1975), 1–18.
J. Wiesehöfer, Das antike Persien, Zürich 1993.
H. T. Wright, N. Miller, R. W. Redding, Time and Process in an Uruk Rural Center, in: M.Th. Barrelet (Hrsg.), L'Archéologie de l'Iraq du début de l'époque Néolithique à 333 avant notre ère, Paris 1980, 265–282.

2.10.1 Elam im 2. und 1. Jahrtausend

P. Amiet, L'âge des échanges inter-Iraniens, 3500–1700 avant J.C., Paris 1986.
P. Michalowski, Observations on „Elam" and „Elamites" in Ur III Times, in: P. Michalowski (Hrsg.), On Ur III Times, JCS Suppl. 1, 2007.
J. De Morgan, La stèle triomphale de Naram-Sin, MDP 1 (1900), 144–158.
F. Vallat, Suse et l'Élam, Paris 1980.
M. W. Waters, A Survey of Neo-Elamite History, Helsinki 2000.

2.10.2 Meder und Perser

R. Borger, Chronologie des Darius-Denkmals am Behistun-Felsen, Göttingen 1982.
P. Briant, Darius, les Perses et l'empire, Paris 1992.
P. Briant, Histoire de l'empire Perse. De Cyrus à Alexandre, Paris 1996.
P. Briant, C. Herrenschmidt (Hrsg.), Le tribut dans l'empire Perse, Paris 1989.
S. C. Brown, Media and Secondary State Formation in the Neo-Assyrian Zagros: An Anthropological Approach to an Assyriological Problem, JCS 38 (1986), 107–119.
G. G. Cameron, Persepolis Treasury Tablets, Chicago 1948.
M. A. Dandamaev, A Political History of the Achaemenid Empire, Leiden 1989.

J. C. Greenfield, B. Porten, The Bisitun Inscription of Darius the Great: Aramaic Version, London 1982.

F. Grillot-Susini, C. Herrenschmidt, F. Malbran-Labat, La version élamite de la trilingue de Behistun. Une nouvelle lecture, Journal Asiatique 281 (1993), 19–60.

R. Hachmann, Die Völkerschaften auf den Bildwerken von Persepolis, in: U. Finkbeiner, R. Dittmann, H. Hauptmann (Hrsg.), Beiträge zur Kulturgeschichte Vorderasiens (FS Boehmer), Mainz 1995, 195–223.

R. T. Hallock, Persepolis Fortification Tablets, Chicago 1969.

P. Högemann, Das alte Vorderasien und die Achämeniden. Ein Beitrag zur Herodot-Analyse, Wiesbaden 1993.

K. G. Hoglund, Achaemenid Imperial Administration in Syria-Palestine and the Missions of Ezra and Nehemiah, Atlanta 1992.

H. Koch, Verwaltung und Wirtschaft im Persischen Kernland zur Zeit der Achämeniden, Wiesbaden 1990.

H. Koch, Es kündet Dareios der König … Vom Leben im persischen Großreich, Mainz 1992.

R. G. Kratz (Hrsg.), Religion und Religionskontakte im Zeitalter der Achämeniden, Gütersloh 2002.

F. Krefter, Persepolis Rekonstruktionen, Berlin 1971.

A. Kuhrt, The Persian Empire, London 2007.

G. B. Lanfranchi, M. Roaf, R. Rollinger (Hrsg.), Continuity of Empire (?): Assyria, Media, Persia, Padova 2003.

C. Nylander, Ionians in Pasargadae. Studies in Old Persian Architecture, Uppsala 1970.

M. C. Root, Art and Archaeology of the Achaemenid Empire, CivANE IV, 2615–2637.

H. Sancisi-Weerdenburg, A. Kuhrt, J. W. Drijvers (Hrsg.), Achaemenid History I: Sources, Structures and Synthesis, 1987; II: The Greek Sources, 1987; III: Method and Theory, 1988; IV: Centre and Periphery, 1990; V: The Roots of European Tradition, 1990; VI: Asia Minor and Egypt: Old Cultures in a New Empire, 1991; VII: Through Travellers Eyes, 1991; VIII: Continuity and Change, 1994; IX: Persepolis Seal Studies, 1996.

H. Sancisi-Weerdenburg, Darius I and the Persian Empire, CivANE II, 1035–1050.

R. Schmitt, The Bisitun Inscriptions of Darius the Great. Old Persian Text, London 1991.

D. B. Stronach, Pasargadae, Oxford 1978.

L. Trümpelmann, Ein Weltwunder der Antike: Persepolis, Mainz 1988.

E. N. von Voigtlander, The Bisitun Inscription of Darius the Great. Babylonian Version, London 1978.

G. Walser, Hellas und Iran, Darmstadt 1984.

T. C. Young jr., 480/479 B.C. – A Persian Perspective, Iranica Antiqua 15 (1980), 213–239.

XENOPHON, Anabasis. Übersetzt von W. MÜRI, Der Zug der Zehntausend, Zürich 2003.

Anhang

ABKÜRZUNGSVERZEICHNIS

Hier werden nur die in der anschließenden Bibliographie verwendeten Abkürzungen aufgelistet. In der Fachliteratur selber findet sich eine bei weitem größere Zahl, die einerseits zu Beginn der beiden ak-kadischen Wörterbücher aufgelöst sind [OPPENHEIM ET AL.; VON SODEN A.2.e.2], andererseits, auch die archäologische Literatur umfassend, zu Beginn der Keilschriftbibliographie der Zeitschrift Orientalia [A.2.c].

AASOR	Annual, American Schools of Oriental Research
ADAJ	Annual, Directorate of Antiquities of Jordan
AfO	Archiv für Orientforschung
AJA	American Journal of Archaeology
AMI	Archäologische Mitteilungen aus Iran
AoF	Altorientalische Forschungen
ASJ	Acta Sumerica Japan (Hiroshima)
BaM	Baghdader Mitteilungen
BCSMS	Bull. of the Canadian Society for Mesopotamian Studies
BASOR	Bulletin, American Schools of Oriental Research
BSA	Bulletin of Sumerian Agriculture
CA	Current Anthropology
CivANE	J. M. Sasson (Hrsg.), Civilizations of the Ancient Near East, New York (1995)
CDLJ	Cuneiform Digital Library, Journal (Los Angeles)
CRRAI	Conte Rendue de la Rencontre Assyriologique Internationale (Leiden 1990)
JANES	Journal of Ancient Near Eastern Studies
JAOS	Journal of the American Oriental Society
JCS	Journal of Cuneiform Studies
JEOL	Jaarbericht "Ex Oriente Lux"
JESHO	Journal of the Economic and Social History of the Orient
JNES	Journal of Near Eastern Studies
JOS	Journal of Oman Studies
MARI	Mari: annales de recherches interdisciplinaires (Paris)

MDOG Mitteilungen der Deutschen Orient-Gesellschaft
MDP   Mémoires de la Délégation en Perse
OLZ   Orientalistische Literaturzeitung
OrNS Orientalia Nova Series
RlA   Reallexikon der Assyriologie
SAAB State Archives of Assyria, Bulletin
TUAT Texte aus der Umgebung des Alten Testamentes
UVB   Uruk-Warka. Vorläufige Berichte.
WA   World Archaeology
WdO   Welt des Orients
WZKM Wiener Zeitschrift für die Kunde des Morgenlandes
ZA   Zeitschrift für Assyriologie und Vorderasiatische Archäologie
ZDMG Zeitschrift der Deutschen Morgenländischen Gesellschaft
ZDPV Zeitschrift des Deutschen Palästina-Vereins

TRANSSKRIPTION DER EIGENNAMEN

Zur Übertragung von Worten und Namen aus anderen Schriftsystemen in unseres gilt es bestimmte Konventionen zu beachten. Wissenschaftliche Regeln konsequent durchzuhalten, würde jedoch bedeuten, dass viele Namen, die als allgemein bekannt gelten können, nicht mehr wieder zu erkennen wären und das Aufsuchen dem Leser unnötige Mühe bereiten würde. Statt Nebukadnezar Nabu-kudurri-usur zu schreiben, statt Sargon šarru-kenu und statt Jericho Yeriha ist zwar wissenschaftlich, verbessert aber kaum das Verständnis.

Die meisten Namen tauchen jedoch weder in der biblischen noch in der griechischen Überlieferung auf, haben also keine uns geläufige Kurzformen erhalten und werden daher in ihrer ursprünglichen Form wiedergegeben. Auch dabei haben sich bestimmte Konventionen ergeben, die zum Teil in den modernen Wissenschaftssprachen verschieden lauten. Soweit Eindeutschungen existieren, werden sie verwendet.

Moderner Ortsnamen insbesondere die Namen der Grabungsorte zumeist aus dem arabischen und persischen Sprachraum werden in der Regel so geschrieben, wie sie in der Literatur auftauchen, nicht in der zwar korrekten aber für den Leser unbequemen wissenschaftlichen Umschrift. Türkische Namen behalten ihre ortsübliche Schreibweise.

Dennoch ist nicht ohne Zusatzzeichen zu unseren Buchstaben auszukommen, insbesondere wenn Worte und Namen aus den altorientalischen Sprachen zitiert werden. So bedeuten:

š = sch
ḫ = ch wie in ach
ğ = dsch
ʿ = vor Vokal einen stark hörbaren Stimmeinsatz

CHRONOLOGISCHE TABELLEN

SKIZZE DER FRÜHEN ENTWICKLUNG IM ALTEN VORDEREN ORIENT

Einzugsgebiet von Euphrat und Tigris		v.Chr.	Babylonien	
	Perioden		Perioden	
Jäger, Fischer, Sammler				
Domestizierung von Tieren und Pflanzen; 1. Dauersiedlungen in ökolog. kleinteiligen Gebieten	Akeramisches Neolithikum	7000		
Siedlungen in Regenfeldbaugebieten der Gebirge; weitreichender Handel; spezialisierte Siedlungen	Keramisches Neolithikum	6000	Jäger, Fischer Sammler	
	Hassuna	5500		
	Samarra	5000	Eridu	Erste isolierte Siedlungen
Bildung lokaler Zentren?	Halaf		Ḥaǧǧi Mohammed	
Bildung zweischichtiger Siedlungszentren	Nördl. Obed	4500	Standard Obed	Zunahme der Siedlungen
		4000	Spät Obed	
	Spätes Chalkolithikum	3500	Frühuruk	Beginn der massiven Besiedlung von den Nachbargebieten her
Kurzzeitige Expansion von Südmesopotamien und Susiana aus	(Uruk)		Späturuk	Entstehung von Großstädten/Stadtstaaten mit Schrift, Kunst und Großarchitektur
		3000	Ǧemdet Nasr	
				Herrscher
	Ninive 5		Frühdynastisch I	*Gilgameš*
Bildung regionaler Zentren			Frühdynastisch II	Bildung sekundärer Städte
		2500	Frühdynastisch III	Beginn der Entstehung von Zentralstaaten
			Dynastie von Akkad	Erste Zentralstaaten *Urnanše*
	Altassyrisch		III. Dynastie von Ur	*Sargon*
		2000	Altbabylonisch	*Urnammu*
				Hammurapi

Jahr	KIŠ / AKKAD / UR III	LAGAŠ	UR	ELAM	ÄGYPTEN
	KIŠ Mesalim von Kiš	**LAGAŠ** Urnanše Akurgal	**UR** Königsgräber von Ur		**ÄGYPTEN** Altes Reich 4. Dynastie (2639–2504)
2500		Eanatum Enanatum I Entemena	1. Dyn. von Ur Mesanepada Aanepada		5. Dynastie (2504–2347)
2400		Enanatum II Enentarzi Lugalanda Urukagina			
	AKKAD Sargon (2340–2285)	Lugalzagesi von Umma		**ELAM** Sanam-šimu Hišprašini	6. Dynastie (2347–2216)
2300	Rimuš (2284–2276) Maništusu (2275–2261) Naram-Sîn (2260–2224) Šarkališarri (2223–2199)			Ešpum Epirmupi Ilišmani Puzur-Inšušinak	
2200	Igigi/Nanûm/ Imi/Eluldan (2198–2196) Dudu (2195–2175) Šudurul (2174–2160)	Urbaba Gudea (2130–2110) Urningirsu	Utuhegal von Uruk		1. Zwischenzeit (2216–2120)
	UR III Urnamma (2112–2095)				Mittleres Reich (2120–1794)

Chronologische Tabellen

2100	Šulgi (2094–2047) Amarsuen (2046–2038) Šusin (2037–2029) Ibbisin (2028–2004)				
2000		ISIN Išbi-Erra (2017–1985) Šuilišu (1984–1975) Iddin-Dagan (1974–1954) Išme-Dagan (1953–1935) Lipit-Ištar (1934–1924) Ur-Ninurta (1923–1896)	LARSA Naplanum (2025–2005) Emisum (2004–1977) Samium (1976–1942) Zabaya (1941–1933) Gungunum (1932–1906)	Girnamme Ebarti Tazitta	ASSUR Uspia (ca. 2010) Kikia (ca. 2000)
			Abisare (1905–1895) Sumuel (1894–1866)	Kindattu (1940) Idaddu I Tanruhatir Ebarti II Idaddu II Ebarat Šilḫaḫa (nach 1917)	Akia (ca. 1990) Puzur-Aššur I (ab 2025) Šalimaḫḫe Ilušuma Erišum I (ca. 1974–1935) Ikunum (1934–1921) Sargon I (1920–1881) Puzur-Aššur II (1880–1873) Narām-Sîn (1872–?)	Amenemhet I (1976–1947) Sesostris I (1956–1911)
1900	BABYLON I Sumuabum (1894–1881) Sumulael (1880–1845) Sabium (1844–1831)	Bur-Sin (1895–1874) Lipit-Enlil (1873–1869) Erra-imitti (1868–1861) Enlil-bani (1860–1937) Zambiya (1836–1834) Iterpiša (1833–1831)	Nur-Adad (1865–1850) Sinidinnam (1849–1843) Sineribam (1842–1841) Siniqišam (1840–1836) Silli-Adad (1835)	Adda-šuši Kuk-Našur I (um 1830)		Amenemhet II (1914–1879) Sesostris II (1882–1872) Sesostris III (1872–1853) Amenemhet III (1853–1806)

Year	Babylon	Isin/Larsa	Hethiter/Mittani	Elam	Assyria	Ägypten
	Apil-Sin (1830–1813)	Urdukuga (1830–1828) Sinmagir (1827–1817) Damiq-ilišu (1816–1794)			Erišum II (?–1808) Šamši-Adad I (1808–1776)	Amenemhet IV (1806–1798)
1800	Sinmuballit (1812–1793) Hammurapi (1792–1750) Samsuiluna (1749–1712)	Warad-Sin (1834–1823) Rim-Sin (1822– –1763)		Širuk-tuh Šimut-wartaš Siwe-palar-huhpak	Išme-Dagan (1775–1742)	2. Zwischenzeit (1794–1648)
1700	Abiešuḫ (1711–1684) Ammiditana (1683–1647) Ammi-saduqa (1646–1626)			Kuduzuluš (um 1680)	Adasi (um 1700)	Hyksos (1648–1539)
1600	Samsuditana (1626–1595) KASSITEN (Gandaš) Agum II Kakrime (um 1570)		HETHITER Hattušili I (1629–1604) Muršili I (1604–1595) Hantili I (1594–1585) Zidanta I (1584–1575) Ammuna			Neues Reich (1550–1070) 18.Dynastie Ahmose (1550–1525) Amenophis I (1525–1504)
1500	Burnaburiaš I (um 1510) Kaštiliaš III (um 1490) Ulamburiaš (um 1475) Agum III (um 1465)		Huzziya I Telepinu (1525–1500) Aluwamna Hantili II Zidanta II (um 1450) Huzziya II Muwatalli I	Kuk-Našur II (um 1583)	Puzur-Aššur (1490–1477)	Thutmosis I (1504–1492) Thutmosis II (1492–1479) Hatschepsut (1489–1469) Thutmosis III (1479–1425)
			MITTANI Kirta Šuttarna I Baratarna Parsatatar	Kuk-Našur IV	Enlil-nasir II (1430–1425)	

Chronologische Tabellen

	Babylonien	Ḫatti	Mitanni	Elam	Assyrien	Ägypten
						Amenophis II (1428–1397)
1400	Karaindaš (um 1415)	Tutḫaliya I (1420–1400)	Sauštatar	Ḫurbatila	Aššur-nerari II (1424–1418) Aššur-bel-nišešu (1417–1409)	Thutmosis IV (1397–1388) Amenophis III (1388–1351)
		Arnuwanda I (1400–1375) Tutḫaliya II (1355–1355)	Artatama	Igiḫalki (ca. 1400–1380) Paḫir-Iššan (ca. 1380–1350)	Aššur-rim-nišešu (1408–1401) Aššur-nadin-aḫḫe II (1400–1391)	
	Kadašman-Ḫarbe I Kurigalzu I Kadašman-Enlil I (1374–1360) Burnaburiaš II (1359–1333) Karaḫardaš ? Nazibugaš ? Kurigalzu II (1332–1308)	Šuppiluliuma I (1375–1320)	Tušratta (ca. 1365–1323) Artatama	Ḫumban-Numena I (ca. 1350–1340) Untaš-Napiriša (ca. 1340–1300)	Eriba-Adad (1390–1364) Aššur-uballiṭ (1363– –1328) Enlil-nerari Ramses I	Echnaton (1351–1334) Tutanchamun (1333–1323) Haremhab (1323–1319) (1306–1304) Sethos I (1304–1290) Ramses II (1290–1224)
		Arnuwanda II (ca. 1320–1318)	Mattiwaza			
1300	Nazi-maruttaš (1308–1282) Kadašman-turgu (1282–1264) Kadašman-Enlil II (1264–1255) Kudur-Enlil I (1255–1246) Šagarakti-Šuriaš (1246–1233) Kašiliaš IV (1232–1225) Enlil-nadin-šumi/ (1224/23) Kadašman-Ḫarbe II Adad-šuma-iddina (1222–1217)	Muršili II (1317–1290) Muwatalli II (ca. 1290–1272) Muršili III (ca. 1272–1265) Ḫattušili II (ca. 1265–1240) Tutḫaliya IV (1240–1215)	Šattuara I Wašašatta Šattuara II (um 1260)	Unpaḫaš-Napiriša (nach 1300)	(1327–1318) Arik-denilu (1317–1306) Adad-nerari I (1305– 1274) Salmanassar I (1273–1244) Tukulti-Ninurta I (1243–1207)	Merenptah (1224–1214) Sethos II (1214–1208)
		Arnuwanda III (um 1220)		Kidin-Ḫutran I Kidin-Ḫutran II Kidin-Ḫutran III (ca. 1225–1215)		

	Babylonia	Hatti	Elam	Assyria	Egypt
1200	Adad-šuma-usur (1216–1187)	Šuppiluliuma II (um 1200)		Aššur-nadin-apli (1206–1203) Aššur-nerari III (1203–1197) Enlil-kuduri-usur (1197–1192) Ninurta-apil-Ekur (1192–1180) Aššur-dan (1179–1133)	Ramses-Siptah (1208–1202) Thuoris (1202–1194) Setnachte (1190–1188) Ramses III (1188–1155) Ramses IV (1155–1148)
	Meli-šipak (1186–1172) Marduk-apla-iddina I (1171–1159) Zababa-šuma-iddina (1158) Enlil-nadin-ahhe (1157–1155)		Halluduš-Inšušinak Šutruk-Nahhunte I (1185–1155)		
	Maduk-kabit-ahhešu (1158–1140) Itti-marduk-balatu (1140–1133) Ninurta-nadin-šumi (1132–1127) Nebukadnezar I (1126–1105) Enlil-nadin-apli (1104–1101)		Kutir-Nahhunte (1155–1150) Šilhak-Inšušinak (1150–1120)	Aššur-reš-iši I (1133–1116)	Ramses V (1148–1147) Ramses VI (1147–1138) Ramses VII/VIII (1138–1129) Ramses IX (1129–1111) Ramses X (1111–1107) Ramses XI (1107–1074)
1100	Marduk-nadin-ahhe (1100–1083) Marduk-šapi-zeri (1082–1070) Adad-apla-iddina (1069–1048) Marduk-ahhe-eriba (1047) Marduk-zera (1046–1035) Nabu-šumu-libur (1034–1027)		Hutcluduš-Inšušinak (1120–1100)	Tiglatpileser I (1115–1077) Aššur-bel-kala (1074–1056) Eriba-Adad II Šamši-Adad IV (1054–1051) Assurnasirpal I (1049–1031) Salmanassar II (1030–1019)	

Chronologische Tabellen 287

Simbar-šipak
(1026–1009)
Ea-mukīn-zēri (1009)
Kaššu-nadin-aḫḫē
(1008–1006)

1000 Eulmaš-šakin-šumi
(1005–989)
Ninurta-kudurrī-uṣur I
(988–986)
Širikti-šukamuna
(985)
Marbīti-apla-uṣur
(985–979)
Nabû-mukin-apli
(979–943)
Ninurta-kudurrī-uṣur II
(943)
Marbīti-aḫḫē-iddina
(943–900)
Šamaš-mudammiq
(um 900)
900 Nabû-šuma-ukīn I
(ca. 899–888)
Nabû-apla-iddina
(ca. 887–855)
Marduk-zākir-šumi I
(um 854–819)
Marduk-balāssu-iqbi
(um 819–813)
Bābā-aḫḫē-iddina
(813)

800

URARTU
Sarduare I
(ca. 840–830)

Išpuini
(ca. 830–810)
Minua
(ca. 810–780)

Aššur-nērārī IV
(1018–1013)
Aššur-rabi II
(1012–

–972)
Aššur-reš-išī II
(972–967)
Tiglatpileser II
(966–935)
Aššur-dān II
(935–912)
Adad-nērārī II
(911–891)
Tukultī-Ninurta II
(890–884)
Assurnasirpal II
(883–859)
Salmanassar III
(858–824)
Šamšī-Adad V
(823–811)
Šammuramat
(810–806)
Adad-nērārī III
(805–783)

288 Anhang

Eriba-Marduk (um 770)	Argišti (ca. 780–760)		Salmanassar IV (782–773)	
Nabû-šuma-iškun (um 760–748)			Aššur-dan III (772–755)	
			Aššur-nerari V (754–745)	
Nabonassar (747–734)	Sardure II (ca. 760–730)		Tiglatpileser III (744–)	
Nabû-nadin-zeri (733–732)				
Nabû-šuma-ukkin II (732)				
Nabû-ukin-zeri (731–729)	Rusa I (ca. 730–713)			
Tiglatpileser III (728–727)			–727	
Salmanassar V (726–722)			Salmanassar V (726–722)	
Marduk-apla-iddina II (721–710)	Argišti II (ca. 713–?)	Humban-Nikaš (743–711)	Sargon II (721–705)	
Sargon II (709–705)				
Sanherib (704–703)		Šutruk-Nahhunte II (717–699)	Sanherib (704–)	
Marduk-zakir-šumi II (703)				
Marduk-apla-iddina II (703)				
700 Bel-ibni (702–700)				
Aššur-nadin-šumi (699–694)		Hallušu-Inšušinak (699–693)		
Nergal-ušezib (693)		Kudur-Nahhunte (693–692)		
Mušezib-Marduk (692–689)		Humban-Nimena II (692–688)		
Sanherib (688–681)		Humban-Haltaš (688–675)		
Asarhaddon (680–669)	Rusa II (673)	Urtaki (675–664)	–681 Asarhaddon (680–669)	Taharka (690–664)

Chronologische Tabellen 289

					Tanutamun (664–656) Psammetich I (664– 610)

			Rusa III (652) Sardure III (643) Sardure IV ?	Tempt-Humban-Inšušinak (664– 653)	Assurbanipal (668– –631) Aššur-etil-ilani (631–627) Sin-šumu-lišir (627) Sin-šar-iškun (627–612) Aššur-uballiṭ II (611–609)

		MEDER Phraortes Kyaxares I (625– –585) Astyages (585– –550)	PERSER Kyros I (um 640– –600) Kambyses I (ca. 600– –559) Kyros II (559–530) Kambyses II (529–522) Bardiya (522) Nebukadnezar III (522) Nebukadnezar IV (521) Darius I (521–486) Xerxes I (485–465) Bel-šimanni (482) Šamaš-Eriba (482) Artaxerxes I (464–424) Xerxes II (424) Darius II (423–405) (Perser) Artaxerxes II (404–359) Artaxerxes III 358–338 Arses (337–336) Darius III (335–331)		

Šamaš-šum-ukin (667–648)
Kandalanu (647–627)

CHALDÄER
Nabupolassar
(626– –605)

600

Nebukadnezar II (604–562)
Awil-Marduk (561–560)
Neriglissar (559–556)
Labaši-Marduk (556)
Nabonid (555–539)

500

400

MAKEDONEN
Alexander der Große (336–323)
Philipp III Arrhidäus (323–316)
Alexander IV (316–307)

PARTHER
Arsakes I (ca. 247–217)

Arsakes II (ca. 217–191)

300 SELEUKIDEN
Seleukos I Nikator (312–281)
Antiochos I Soter (281–261)
Antiochos II Theos (261–246)
Seleukos II Kallinikos (246–225)
Seleukos III Soter (225–223)
Antiochos III (223–187)

KARTEN

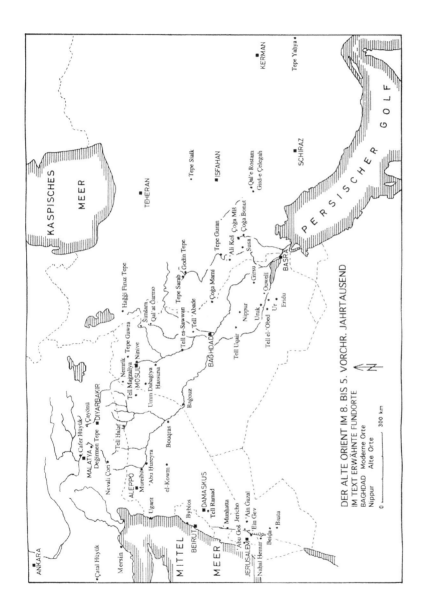

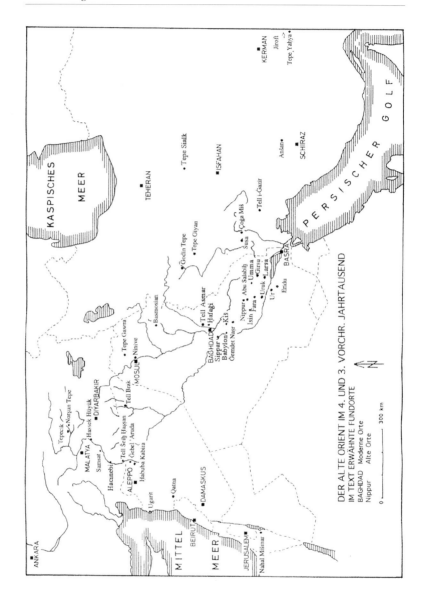

Karten 293

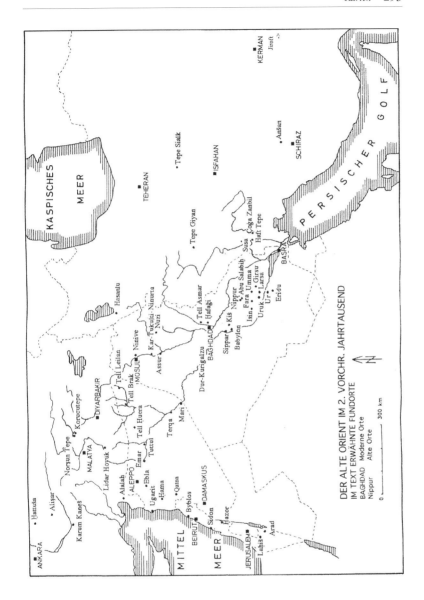

294 Anhang

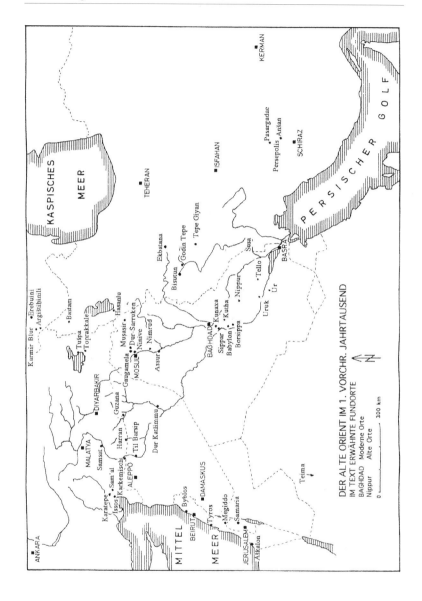

Register

1. SACHREGISTER

Ahnenkult   29, 32
a-keramisch   21, 25, 27, 29f., 159, 170–174
Aḫlamu   113
Alphabet   13
Altassyrische Handelskolonien   101, 107f.
Amarna-Briefe   14, 105, 111, 203
Amoriter   89
– Amurriter   14
Amurru   89, 92f., 95, 98, 100
Anabasis des Xenophon   148
Apadana   146
Aquädukt   127
Aramäer   113, 119–122, 124, 134f., 195
Aramäische Wanderung   114

Babyloniaca des Berossos   212
Babylonische Gefangenschaft   137, 144
Baumringmethode   19
Beamtennamenliste   56, 59, 69
Bevölkerungsdichte   3, 49f., 54, 59, 64, 77, 180, 184
Bewässerung   7, 10, 88, 94
– Bewässerungstechnik   9
– frühe Kanal-   41
– Kanal-   8, 65, 77, 81, 114, 127
– Verwaltung   152, 192
Bibliothek
– des Assurbanipal   129, 206
– im Bit Reš   212f.
Bilderschrift   188
Bit Akitu   213
Bit Amukani   120, 134
Bit Dakkuri   120, 134
Bit Yakin   120, 134, 136
bitu   120
Blumentöpfe   61
Buchstabenschrift   112, 120, 213

C14-Methode   16, 19f., 182

Chaldäer   120, 124f., 127f., 134–136, 140, 143
Chronologie lang-mittel-kurz   18
Chronologie, absolute   16
Chronologie, relative   19

Deflation   4, 161
Deportationen   114, 119, 123, 126, 136–138
Domestikation   21, 23f., 169f., XV, XVII
Doppelmonarchie   125f., 134–136
Dravida-Sprachen   14
Drehbank   45
Drehbare Arbeitsplatte   38
Dunkles Zeitalter   103

Eigenbegrifflichkeit   XIX
Elle   40
Empfindlichkeit archäologischen Materials   2, 30
enuma eliš   121
Eponymen   17
Erdwiderstandsmessung   164
Euphratgrenze   110, 122

Fluch über Akkad   3, 81, 154
Flussumleitung als Strategem   94

Geierstele   68, 73
Gilgamesch-Epos   56
Glanztonmalerei   35
Glockentöpfe   45f., 61, 178, 185
Götterlisten   70
Götterreisen   70
Guti   80–83, 86f., 154, 195

Hängende Gärten der Semiramis   138
Hammurapi-Stele   93, 107
Hethiter   95, 100, 102–104, 106–113, 117, 119

hiatus Palestinienne   172
Hörnerkrone   81
Hungersnöte   90, 94, 133

Indo-arische Namen   111
Indo-iranische Namen   203
Informationsspeicherung   3, 12, 48–50, 53f., 181f., 184f., 187, 189
Informationsverarbeitung   12, 180f., 184f.
Innere Kolonisierung   94, 134

Kanalsysteme   8, 46, 65, 88
– Entstehung von   64, 152
Kanonisierung
– von Wissen   181
Kanonisierung der babylonischen Literatur   105
– von Mythen   83
Kaschkäer   109f., 202
Kassiten   3, 103–107
Kimmerier   126, 128f., 132, 142f.
Klimaveränderung   7, 30, 42, 46f., 172
Königsfriedhof von Ur   70–72, 194, 209
Königslisten   17, 95, 98, 103, XIV
Kolonisierung   178
Konflikte
– ethnische   15, 193
– interne   57, 81
– Management   28, 77, 152, 192
– mit Ägypten   108f.
– Potential   10, 47, 66
– territoriale   67f., 73, 76, 82
Kudurru   104
Kultvase von Uruk   56, 58, 69
Kunstraub   107

Lehnworte akkadisch in Sumerisch   67, 195
Lehnworte aramäisch in Babylonisch/Assyrisch   14
Lexikalische Listen   54–56, 70, 92, 181

Mängelverwaltung   89
Mannäer   123f., 126, 128, 142f.
Maße   40, 89, 181, 185
Massenwaren   45, 61
Meder   143
Metall   55, 70, 86, 101, 114
– Metallurgie   33f., 38, 54, 77
Mittani   108–111, 113, 166, 203
Mittelsaalhaus   37, 40, 75
Mord   106, 108, 111, 115, 127f., 138, 144, 148

Naramsin-Stele   80, 84f., 91, 107
Neujahrsfesthaus   138, 213
Nicht-Sesshafte Gruppen   40, 90, 120
Ninive-5-Keramik   62, 75
Nuzi-Keramik   112, 204

Oberflächenerkundung   4, 45, 63, 157, 160–164, 171
Obsidian   28, 31

Paläographie   61, 183
Palastarchive
– von Ebla   76, XIV
– von Mari   99f.
– von Ugarit   112
Perserkriege   145
Piktographie   188
Proto-Elam   14, 44, 61f., 75, 78, 96, 167, 206
Protoeuphratisch   13
Prototigridisch   13

Rationsgefäße   45
Recht   56, 77, 93
– Rechtsprechung   66
– Rechtssammlung des Hammurapi   93
Reformen
– des Darius   146
– des Šulgi   89, 91, 199
– des Uru'inimgina   190
Reichsaramäisch   121, 146f.
Reichswährung   146
Rohstoffe   77
– Beschaffung   1, 31, 51f., 71, 80, 86, 126, 142
– Herkunft   28, 55, 71, 86
– Mangel   1, 114
Rollsiegel
– akkadisch   83, 85
– als Basis für Periodisierung   43
– altbabylonisch   96
– archaisch   57–59
– archaisch, außerhalb Babyloniens   50–53
– Aufkommen   47–49
– Bedeutung   1, 184
– frühdynastisch   66, 71f., 75
– Herstellung   45
– hurritisch   112
– kassitisch   104
– proto-elamisch   61
– Ur III   91f.

Säulenhalle   146
Schlacht von Qadeš   109

Schreiberwesen 90f., 181
Schreibtechnik 60, 188
Schriftentstehung
– aramäisch 12
– Babylonien 49, 56, 181
– in Ugarit 112
– Proto-Elam 61
Schultexte 56, 66, 70, 181
Seevölker 110, 113, 117, 202
Sekundäre Städte 64, 68
Selbstvergöttlichung 81, 88, 92
Sesshaftigkeit 9, 21, 23–25, 40, 170, XV, XVII
Siedlungssysteme 10, 25, 40f., 163
Siegel 33, 48–50, 57, 61, 66, 70–72, 91, 116, 185, 187, 209
Skythen 129, 132, 142f.
Staatskapitalismus 190
Städtesiegel 70
Stempelsiegel 32, 35, 40, 48, 51, 120
Stratigraphie 19
Substratsprachen 13
Sumerische Königsliste 17, 68, 74f., 79f., 82, 87, 92, 153f., XIV
Survey siehe Oberflächenerkundung
Synchronismen
– zwischen Ägypten und Babylonien 105, 198
– zwischen Ägypten und Hethitern 202
Synchronismen als Basis für eine Chronologie 18, 20, 68

Tempel auf Terrasse 38f., 46, 58, 65

Tempelstadt 69, 86, 152, 191
Tempelwirtschaft 56, 182
Theokratie 69, 151
Theorie der zentralen Orte 163
Tiefgrabung
– in Eridu 46
– in Nippur 177
– in Uruk 42, 47, 176
Töpferscheibe 38, 44–46, 61, 177
Tonkugeln 49f., 52
Tonstifte 176
Turm von Jericho 27, 169
Turm zu Babel 87, 138
Typologie 19

Ugaritische Silbenschrift 112

Venus-Beobachtungen 18
Versalzung 88–90, 161, 199
Vorratshaltung 24, XV

Wandorthostaten 119
Wandschmuck 2, 27, 32f., 123, 146, 176
Weltwunder 138

Zählmarken 32f., 35, 39f., 48f., 185, 187
Zahlentafeln 49, 52, 185, 187
Zahlnotierungssysteme 185f.
Zentrale Funktionen 39, 163f.
Zentralort 49f.
Zentralstaat 79f., 82, 87f., 90, 94, 97
Ziqqurrat 39, 60, 65, 87, 116, 138, 176

2. REGISTER DER GEOGRAPHISCHEN NAMEN

Abu Dhabi 62
Abu Goš 172
Abu Hureyra 24, 171f.
Abu Salabiḫ 66, 194
Abydos 182
Acemhöyük 101
Achaia 109
Achet-Aton/Tell el-Amarna 104f.
Ägypten 8f., 14, 20, 43, 52f., 76f., 84, 103, 105, 108f., 111–113, 117, 125, 127–130, 137f., 144f., 147, 159, 182, 197f., 202, XVI

Afghanistan 11, 71
ʿAin Ghazal 28f., 171f.
Akkad 11, 74, 79–83, 85f., 94, 197
Akšak 74, 76
Aksaray 101
Alaca Höyük 77, 101
Alalaḫ 111, 204
Aleppo/Ḥalab 76, 95, 99f., 108, 196, 201, 204
al-Hiba 65
Ali Koš 28, 31, 170, 172, 174
Amanus-Gebirge 86

Anatolien 8, 14, 25f., 28f., 31, 33, 42, 76, 80, 98f., 101–103, 107, 112, 131, 139, 161, 172, 174, 179
Anšan/Tell Malyan 11, 61f., 78, 92, 96f., 116, 146, 205
Aqar Quf *siehe* Dur-Kurigalzu
Arabische Tafel 9
Aratta 181
Araxes 124, 131f.
Argištihinili 131
Arinberd 131
Armavir 131
Armenien 124, 131
Arrapḫa/Kerkuk 111, 205
Arslan Tepe 50f., 179, 186
Aschdod 126
Aschkalon 137
Assur 11, 76, 95, 97–99, 101, 103f., 106f., 111, 113, 115f., 122f., 130, 137, 207
Assyrien
– Definition von 11
Athen 147
Awan 97
Azerbeijan 131

Babylon 11, 17, 19, 93–95, 100, 102–108, 115–117, 120–123, 125–130, 133–139, 143–145, 147, 212
Babylonien
– Definition von 11
Badahschan 71
Bagdad 8, 10f., 89, 148
Baghouz 33, 35
Bahrein *siehe* Dilmun
Baja 26, 28
Baktrien 148
Balawat *siehe* Imgur-Enlil
Baraḫšum/Marḫaši 75, 96
Basta 25–29, 171–173
Bastam 132
Behbehan 40f.
Beidha 26f., 29, 171–173
Bikni/Demavend 142
Bisutun 144
Borsippa 135, 138
Bosporus 145, 147f.
Bouqras 30, 35, 171f.
Büyükkale 109
Byblos 31

Çatal Höyük 31
Çayönü 25–27, 29, 162, 170–172

Čogha Bonut 172
Čogha Mami 33f.
Čogha Miš 31, 59
Čogha Sefid 31
Čogha Zanbil *siehe* Dur-Untaš

Damaskus 123
Degirmen Tepe 37, 40
Deh Luran 170
Demavend 125, 142
Dilmun 80
Diyala-Fluss 8f., 99, 103
Diyala-Gebiet 44, 63, 72, 84
Diyarbekir 170
Dur-Kurigalzu/Aqar Quf 104, 116
Dur-Šarruken/Ḫorsabad 126
Dur-Untaš/Čogha Zanbil 104, 116

Eanna 45, 53–55, 60, 65, 104, 176f., 191, 194
Ebla 14, 67, 75f., 78, 80, 99f., 166, 196–199, XIV, XV
Edom 139
Ein Gev 23
Ekallatum 99
Ekbatana 139, 144, 147
Elam 11f., 41, 44, 74f., 78, 89, 93, 95–97, 99, 101–103, 106, 115–117, 120f., 125–130, 132–136, 142f., 146, 167, 205f.
Elburs 6, 206
Elephantine 144, 147
el-Kowm 170, 172
Emar 100
Ephesus 147
Erebuni 131
Eridu 37f., 46, 60, 94, 104
Ešnunna/Tell Asmar 94, 97, 99
Euphrat 4, 6–11, 30, 33, 35, 46, 50f., 53, 73, 93f., 99, 103f., 108, 110f., 120, 122, 124, 130–132, 134f., 137, 139, 145, 159, 171, 178f., 186, 209

Fara 66, 91, 162, 182f., 192, 197
Fars 11

Ġaghġagh 10
Gandhara 145
Ġarmo 28
Ġarrah 10
Garšana 200, XIV
Gasur 110
Gaugamela 148
Ġebel Abd el-Aziz 10

2. Register der geographischen Namen 299

Ğebel Aruda 50f., 178
Ğebel Sinğar 10
Ğemdet Nasr 20, 43f., 64, 182f., 192
Ğezireh 11
Gird-e Çelegah 172
Girsu/Tello 59, 65, 67–69, 73, 151f., 176, 182f., 190–192, 197, 200
Godin Tepe 52, 142, 146
Göbekli 25f., 29, 171
Golf/Golfgebiet 7–9, 37, 62, 73, 80f., 86, 115, 117, 145
Golfstaaten 6
Granikos 148
Gujarat 71
Guran 28
Guzana 119

Habuba Kabira-Süd 50–52, 178, 186
Ḫabur 10, 99, 110, 122, 130, 137, 179
Ḫabur-Dreieck 10, 50, 76, 78, 99, 110
Hacinebi Tepe 179
Hafağı 44, 63, 65, 72, 103
Haft Tepe 116
Halab 100
Ḫaldu 120
Halys/Kizil Irmak 125, 139
Hama 139
Ḫana 94f., 101, 103
Ḫanigalbat 111, 113
Ḫağği Firuz Tepe 31, 142
Harran 130, 137–139, 144
Hasanlu 146
Hassek Höyük 51
Hassuna 31, 33f., 38
Hattuša/Boghazköy 95, 101, 108–110, 203
Hayonim 24
Hidalu 133
Horoztepe 77, 101
Horsabad siehe Dur-Šarruken
Ḫuzestan 31, 33, 39–41, 96, 174

Imgur-Enlil/Balawat 123
Indien 14, 147
Indus-Gebiet 4, 71, 75, 145
Irak 6, 8, 11, 14, 31, 33, 113, 156, 158f., 161, 163, 172f.
Iran 6, 28, 41, 44, 75, 128, 142, 158, 161, 163, 170, 181, 196
Isfahan 206
Isin 90, 92–94, 121, 135
Issos 148

Jemen 6
Jerf el-Ahmar 25
Jericho 23, 25, 27, 29–31, 169, 171f.
Jerusalem 128, 137f., 200
Jiroft 75, 96, 206, XIV
Jordanien 26, 31, 159, 172

Kalaḫ/Nimrud 123
Kaneš/Kültepe siehe Karum Kaneš
Kappadokien 98
Karatepe 119
Karkemisch 111, 119, 126, 132, 137
Karmir Blur 132
Kar-Tukulti-Ninurta/Tulul ʿAqir 104, 115
Karum Kaneš/Kültepe 98, 101, 108
Karun 10f.
Kaschan 61, 206
Kaspisches Meer 6, 11, 142
Kaukasus 126, 142f.
Kayseri 98, 101
Kerḫa 10f.
Kerbela 94
Kerkuk siehe Arrapḫa
Kerman 61, 75, 206
Kermanshah 170
Kilikien 108, 110, 123, 138, 148
Kirkuk 205
Kiš 59, 65, 67f., 74, 76, 79, 93f., 138, 197
Kültepe siehe Karum Kaneš
Kullaba 53
Kunaxa 148
Kušara 108
Kutha 135

Lagaš 20, 43, 59, 68, 88f., 92, 153, 210
Larsa 92–95, 97, 135, 158
Libanon 86
Lothal 71
Lydien 128, 138f., 143

Madai 142
Madaktu 133
Magan 80
Makedonien 145
Malatya 51, 186
Malyan siehe Anšan
Mandali 34
Marḫaši 75, 96
Marathon 145
Mari 67, 73, 97, 99–101, 103, 110, 158
Medien 142
Meerland 95, 133
Meluḫḫa 71

Mersin 37
Mesopotamien
– Definition von 8, 11
Mittelasien 145
Mittelmeer 73, 122, 130, 145
Munhatta 171
Mureibit 25, 172
Musasir 127

Nabada 75f.
Nahal Hemar 28f.
Nahal Oren 171f.
Nairi 131
Nemrik 9 172f.
Nevali Çori 25f., 29, 171f.
Nil 8, 145
Nimrud 119, 123, *siehe* Kalah/Nimrud
Ninive 31, 50f., 62, 123, 126f., 129f., 137, 143, 148, 206f.
Nippur 59, 81, 89f., 94, 135, 137, 154, 177, 182
Nuš i-Ğan 146
Nuzi 110f., 204f.

ʿObed 20f., 37–45, 47, 53, 59f., 78, 177, 185f., 194, *siehe auch* Tell el-ʿObed
Olympia 132
Oman 71, 80
Ouweli 33

Palästina 23, 29, 31, 103, 105, 125–130, 138, 172f., 204
Parsuaš 123f., 126, 142
Parsumaš 129, 142
Pasargadae 144, 146, 158
Pelusium 144
Persepolis 61, 96, 145–147, 158, 205, 208
Phrygien 128
Platäa 147, 207
Purušhanda 101
Puzriš-Dagan 89

Qadeš 109
Qalʿat Ğarmo 31, 170, 172
Qalʿe Rostam 31, 172
Qatna 95, 100, 111, 201, 204, XIV

Rotes Meer 28, 145
Rusahinili 132
Rusai URU.TUR 132

Šahr i-Sohte 61, 206
Salamis 147, 207

Samʾal 119, 124
Samaria 125
Samarra 8, 33f.
Sardes 139, 145, 147f.
Schatt el Arab 10
Seistan 61
Sewan-See 131
Shaar ha-Golan 31
Shkarat Msaied 25f.
Sidon 128
Šimaški 97, 206
Šimšara 33
Sippar 74, 107, 139
Šubat-Enlil/Tell Leilan 50, 75f., 99
Susa 11, 39, 59, 67, 78, 85, 96–98, 106f., 116f., 129, 133, 145–147, 158, 176, 186, 205, XVI
Susiana 9–11, 40, 46, 50f., 59, 61f., 75, 78, 96f., 163, XVI
Syrien 4, 6, 8, 10f., 14, 25, 28, 31, 33, 42, 50, 62, 75f., 78, 80, 99, 102f., 105, 108f., 111f., 124f., 128–130, 137f., 158f., 161, 163, 166, 172, 179, 198, 201

Tabal 125f., 128
Taurus 9f., 23, 51, 108, 125
Teheran 125, 142
Teima 139
Tell Abade 39f., 186
Tell Asmar 44, 63, 65, 72, *siehe auch* Ešnunna
Tell Beydar 75, 166
Tell Brak 50f., 62, 75, 179, 204
Tell el-ʿObed 37, 65
Tell el-Amarna *siehe* Achet-Aton
Tell el-Farah 171f.
Tell es-Sawwan 34
Tell Fehariya 110
Tell Halaf 119
Tell Hamoukar 50–52
Tell Hassuna 31
Tell i-Ghazir 186
Tell Leilan *siehe* Šubat-Enlil
Tell Maghzaliya 172f.
Tell Malyan *siehe* Anšan
Tell Mardih 196
Tell Mozan *siehe* Urkeš
Tell Qraya 179
Tell Ramad 29
Tell Scheich Hassan 47, 50f., 179
Tell Sotto 172
Tell Huera 75
Tell Ūqair 39

Tello *siehe* Girsu
Tepe Gawra   37, 39, 50
Tepe Guran   170, 172
Tepe Sarab   142, 170
Tepe Sialk   61, 206
Tepe Yahya   61, 206
Tepecik   52
Terqa   94, 101
Tešebai URU   132
Tigris   4, 6–11, 33f., 46, 89, 97–99, 104, 111, 113–115, 120, 127, 130, 139, 159, 205
Toprakkale   132
Türkei   6, 111, 113, 159, 163, 170
Tulul ʿAqir *siehe* Kar-Tukulti-Ninurta
Tur Abdin   111
Tušpa   124, 132
Tyros   128

Ugarit   112f., 166, 204
Umm an-Nar   62
Umm Dabaghiya   173
Umma   64, 67f., 73, 79, 200
Unteres Meer   116
Ur   17, 37, 59, 62, 65, 67, 71, 73f., 85, 87f., 90, 92–94, 97, 104, 135, 138f., 182f., 209
Urartu   113, 124, 126f., 131f., 143, 146

Urfa   171
Urkeš   75f., 110
Urmia-See   132, 142
Uruatri/u   131
Uruk   39, 42f., 45–47, 49f., 53, 58–64, 67–71, 73, 75, 94, 104, 135, 138, 156, 162, 176–178, 180f., 183f., 188–192, 195, 212f.
Uruwatru   113, 124

Van   124
Van-See   113, 132
Vereinigte Arabische Emirate   62

Wadi Fallah   171f.
Wadi Shueib   171f.
Waššukanni   110

Yamḫad   100, 108
Yarim Tepe   173

Zabšali   206
Zagros   6, 8–10, 23, 26, 31, 33, 35, 40, 51f., 71, 80, 97, 117, 123, 126f., 129f., 132f., 136, 143, 170, 172f., 205
Zencirli   119, 124
Zypern   110, 145, 204

3. REGISTER DER PERSONEN- UND GÖTTERNAMEN

Adad-guppi   138
Adad-nerari I.   113
Adad-nerari II.   122
Adad-nerari III.   124
Adad-šuma-usur   106
Alaksandu   109
Alexander der Große   148, 212
Alexander von Ilios   109
Amenophis III.   105, 111
Amenophis IV.   113f.
Ammisaduqa   18
Ammurapi   113
Amud-pi-El   100
An   94
Antiochos I. Soter   212
Anu   94
Anu-uballit Kephalon   212

Anu-uballit Nikarchos   212
Arame   124
Argišti I.   131
Arnuwanda I.   108f.
Arnuwanda III.   110
Arsakes   147
Artaxerxes I.   147
Artaxerxes II.   147f.
Asarhaddon   128, 132, 143
Assur (Gott)   114, 121, 126
Assurbanipal   128–130, 133, 136f., 142f., 206, 210
Assur-bel-kala   124
Assurdan I.   106, 115
Assur-dan II.   122
Assur-dan III.   124
Assur-etil-ilani   129

Assur-nadin-šumi 127
Assurnasirpal II. 119, 121–123
Assur-nerari V. 124
Assur-rabi II. 122
Assur-reš-iši 115
Assur-uballit I. 106, 109, 111, 113f., 205
Assur-uballit II. 130
Astyages 139, 143
Attar-kittah 116
Awil-Marduk 138

Baba 190
Belsazar 139
Berossos 212
Bessos 148
Burnaburiaš II. 105f., 113

Dagan 96, 100
Darius I. 121, 144–147
Darius II. 147
Darius III. 148
Dudu 82

Eannatum 68, 73f.
Echnaton 104f., 113, 115
Egibi 144
Enheduana 82, 85, 210
Enki 94
Enlil 81f., 90, 94, 114, 121, 154
Enlil-nadin-ahhe 117, 121
Enmerkar 75, 181
Enšakušana 73
Eriba-Adad I. 109, 113
Eriba-Marduk 134
Erišum 98

Gaumata 144
Gilgamesch 57, 63
Gudea 83, 85f., 91, 152
Gulkisar 103
Gungunum 93

Halllušu-Inšušinak 127
Hammurapi 19, 93–96, 100–103, 107
Hattušili I. 95, 108, 202
Hattušili III. 109f., 202
Herodot 8, 138f., 143, 207
Humban-Haltaš 127
Humban-Haltaš III. 133
Humban-Nikaš 132f.
Humban-numena 116, 133
Hurbatila 116
Huteluduš-Inšušinak 117

Ibbi-Sin 89f., 92, 97, 200
Igi-halki 116
Ilušuma 98
Inanna 70, 104, 191
Indra 111
Irikagina 190
Ir-Nanna 89
Išbi-ʿErra 90, 92
Išhi-Addu 100
Išme-Dagan von Assur 94, 99
Išme-Dagan von Isin 98
Išpuini 124, 131
Ištar 81
Ištar/Šauška von Ninive 111

Jasmah-Adad 99

Kadašman-Enlil I. 105, 116
Kambyses II. 143f.
Kandalanu 136
Karahardaš 106
Karaindaš 104
Kaštiliaš IV. 106, 115
Kiten-Hutran 116f.
Kroisos 139, 143
Kudur-Mabuk 93
Kurigalzu I. 104, 115f.
Kurigalzu II. 106, 116
Kutir-Nahhunte 106, 117
Kyaxares 130, 137, 143
Kyros I. 129, 143
Kyros II. 139, 143f.
Kyros von Sardes 148

Labaši-Marduk 138
Lugalbanda 75
Lugalkinišedudu 73
Lugalzagesi 73, 79
Lulubi 80, 84

Maništusu 80, 97
Marduk 93f., 106f., 117, 121, 135, 138f., 144, 147
Marduk-apal-iddina I. 106, 115, 117, 127
Marduk-apal-iddina II. 125f., 132f., 136
Marduk-balassu-iqbi 123
Marduk-kabit-ahhešu 117, 121
Marduk-nadin-ahhe 116
Marduk-šapi-zeri 116
Marduk-zakir-šumi 121, 123
Melišipak 106, 117
Mesalim 74
Mesanepada 74
Minua 131

3. Register der Personen- und Götternamen

Mitra 111
Murašu 144
Muršili I. 95, 102f., 108
Muršili II. 109
Mušezib-Marduk 127
Muwatalli 109
Muwatalli II. 109

Nabonassar 125, 134
Nabonid 138–140, 144
Nabu 135
Nabu-balatsu-iqbi 138
Nabu-Bel-šumate 133
Nabupolassar 130, 136f., 143
Nabu-šuma-iškun 134
Nabu-ukin-zeri 134
Nanna 85, 92
Naplanum 92
Naqi'a-Zakūtu 210
Naramsin 80–82, 85, 96f., 99, 110, 154, 197
Nebukadnezar 207
Nebukadnezar I. 115, 117, 121
Nebukadnezar II. 87, 137f.
Necho II. 130
Neriglissar 138
Ningirsu 190
Ninurta-apil-ekur 106

Pahir-iššan 116
Pepi I. 197f.
Phiops I. 197
Psammetich I. 129
Puduhepa 109
Pulu 125, 134
Puzur-Inšušinak 97

Ramses II. 109f.
Rim-Sin 93f., 97
Rim-Sin II. 95
Rimuš 80
Rusa I. 126, 132, 143
Rusa II. 132

Salmanassar I. 113f., 118, 123
Salmanassar III. 121, 123f., 131, 142
Salmanassar IV. 124
Salmanassar V. 125, 136
Šamaš-šum-ukkin 128f., 133
Šammu-ramat 124, 210
Šamši-Adad I. 98f., 113
Šamši-Adad V. 121, 123f., 134
Samsu-iluna 95

Sanherib 126f., 132f., 136
Sardanapal 129
Sarduri I. 124, 131
Sarduri II. 124, 131
Sargon II. 125f., 128, 132f., 136, 143
Sargon von Akkad 68, 73f., 79f., 82, 85, 99, 101, 197f.
Šarkališarri 82
Šattiwaza 108, 111
Saustatar 205
Semiramis 124, 210
Šilhaha 97
Šilhak-Inšušinak 117
Sin 139
Sinmagir 92
Sin-šar-iškun 129f., 136
Sin-šumu-lisir 129, 136
Smerdis 144
Šudurul 82
Sukkalmach 97
Šulgi 68, 87–89, 92, 97, 154, 199
Šulšagana 190
Sumuabum 93
Šuppiluliuma I. 108, 111, 113
Šuppiluliuma II. 110
Šusin 89, 98, 200
Šutruk-Nahhunte I. 85, 106f., 115, 117, 121, 133
Šuttarna 111

Tabarna (Hattušili) 95
Taharka 128
Telepinu 202
Tempti-Humban-Inšušinak 129, 133
Tepti-Ahar 116
Teumman 129, 133
Thutmosis III. 111
Tidnum 89
Tiglatpilesar I. 115f., 122
Tiglatpilesar III. 124f., 132, 134, 136, 142
Tukulti-Ninurta I. 104, 106, 115f., 118
Tukulti-Ninurta II. 122
Tunatamun 128
Tušratta 108f., 111, 113, 203
Tuthalya IV. 110
Tutenchamun 105

Ululaiu 125
Untaš-Napiriša 104, 106, 115f.
Urhi-Tešub 109f., 202
Urnamma 65, 85, 87, 91, 97, 199
Urnanše 20
Urtak 133

Urukagina 190
Uru'inimgina 190
Utuḫegal 86f.

Varuna 111

Warad-Sin 93, 97

Xenophon 148
Xerxes I. 147

Zababa-šuma-iddina 106, 115, 117
Zimrilim 94, 98–100

4. REGISTER DER IM TEXT ERWÄHNTEN AUTOREN

ADAMS 8, 45, 49, 59, 64, 88, 162f., 179
AKKERMANS 30, 33, 35, 37, 171, 201, XIII
ALBENDA 126
ALDEN 61, 71
ALGAZE 43, 50, 52, 178, 186
AL-HADITHI 8
AL-MAQDISSI 100, 111, 204, XIV
AMIET 49, 61, 70, 84
AMIET/TOSI 61
ANDRAE 98, 115, 162
ARCARI 56
ARCHI 197
ASHER-GREVE 209, 211
ASSANTE 211
ASTOUR 202
AURENCHE 19

BÄNDER 84
BÄR 98
BAFFI GUARDATA 197
BAGG 127
BAHRANI 211
BALDACCI 197
BALKAN 15, 103
BAQIR 104
BARNETT 123, 129
BARRELET 204
BARTL 24, XV
BAR-YOSEF 26–28, 196
BEAL 109
BEALE 61
BEAULIEU 138
BECKER, A. 86
BECKER, C. 25, 173
BECKER, H. 165
BECKMAN 112
BEGEMANN 38
BEHM-BLANCKE 51

BENZ 169
BERNBECK 31, 33, 83, 156, 172, 180, 195f., 209f.
BEYER 14
BIENERT 29
BIGGS 14, 66, 194
BITTEL 52
BOEHMER 20, 53, 83, 178
BÖRKER-KLÄHN 84, 91
BOERMA 30
BOESE 18, 47, 50f., 179
BOLGER 209f.
BORGER 144f.
BOWMAN 19
BRAIDWOOD 25, 29, 170
BRANDES 48f., 57
BRAUN-HOLZINGER 71, 86
BREASTED 170
BRENIQUET 33f.
BRENTJES 7
BRIANT 144–146, 208
BRIGHT 167
BRINKMAN 16, 121, 125, 134
BROSIUS 211
BROWN, J. 29
BROWN, S. 71, 143
BUCCELLATI 87, 94, 103, 110, 196
BURINGH 8
BURKHOLDER 37
BURROWS 62, 182
BURSTEIN 212
BUTZER 7f.
BYRD 24

ÇAMBEL 25, 29, 170
CAMERON 208
CANAL 39
CANBY 91

CANCIK 202
CANCIK-KIRSCHBAUM 124, 207
CARTER 62, 75, 107, 116, 133, 205
CASTRO GESSNER 210
CAUVIN 25, 31
CESSFORD 32
CHAMAZA 125
CHILDE 42, 169
CHRISTALLER 49
CLAUSS 202
COLBOW 86
COLE 129, 137
COLLON 48, 91, 96, 120
COOPER 68, 81, 153f.
COPELAND 33
CRAWFORD 1
CRIBB 196
CROUCHER 211
CRÜSEMANN 204
CRYER 17
CURTIS, A. 112
CURTIS, J. E. 123

DAEMS 211
DALLEY 2, 130, 207
DALONGEVILLE 7
DAMERJI 123
DAMEROW 44, 61, 185f.
DANDAMAEV 143
DANIELS 167
DE MORGAN 107, 176
DEIMEL 56, 66, 70, 182, 190
DELOUGAZ 65, 84
DERCKSEN 98
DIAKONOFF 152, 191, 203
DIBBLE 23
DIETRICH 112f., 120
DIMBLEBY 7
DION 119
DITTMANN 40, 50, 61, 75, 115
DOBRES 211
DREYER 20, 182
DURAND 209

EDER 16
EDZARD 14, 17, 66, 74, 76, 82, 84–86, 92, 94, 98, 105, 150, 191, 196f.
EGGERS 16, 19, 169
EHLERS 6
EHRICH 20
EICHMANN 54, 60
EKSCHMIDT 138
EMBERLING 50, 179

ENGLUND 43f., 56, 61, 88f., 91, 167, 181, 183, 185f., 199f.
ESIN 37, 52
EVANS 70

FALCON 10
FALKENSTEIN 13, 55, 61, 67, 69, 85f., 105, 150, 162, 183, 189, 191, 194f., 212f.
FASSBINDER 165
FERIOLI 48, 50f., 186
FIANDRA 48, 50f., 186
FINKBEINER 43, 63, 162
FINKELSTEIN 11
FINLAYSON 24, XV
FLANNERY 7
FOREST 39
FORLANINI 107
FOSTER 192
FRAME 137
FRANGIPANE 50f., 179, 186, XVIII
FRANKE 81
FRANKE-VOGT 71, 80
FRANKFORT 43f., 70, 105, 194
FRAYNE 92, 207
FRIFELT 62

GARRARD 171
GEBEL 26–29, 171, 174
GELB 80, 104, 152f., 191
GENZ 203
GEORGE 138
GLASSNER 69, 83, 189, 192
GOETZE 74
GÖTZELT 193
GOMI 90, 200
GONELLA 100
GRASSHOFF XIV
GRATUZE 28
GRAYSON 122, 207
GREEN 187
GREENFIELD 144
GRÉGOIRE 43, 76
GRILLOT-SUSINI 144
GÜTERBOCK 109
GUT 33, 46, 50

HAAS 131, 166, 203
HAASE 93
HACHMANN 146
HALL 37
HALLO 17, 69, 82
HALLOCK 208
HAMILTON 211

Hansen 65, 177
Harlan 24
Harris 7
Hauptmann, A. 38, 71
Hauptmann, H. 25f., 29, 171f.
Haussperger 83, 91
Hawkins 102, 119
Hazenbos 124, 131
Heimpel 8, 201
Heine 213
Heinhold-Kramer 109
Heinrich 60, 84, 87, 104, 123, 162, 176, 212
Heinz 104, 210
Helbaek 7, 23
Helck 53
Hermansen 25f., 28f.
Herrenschmidt 208
Herzfeld 34
Hijara 34
Hill 84
Hillman 7
Hinz 133
Hirmer 93, 138
Hodder 31
Högemann 143
Hoffner 110, 202
Hole 33, 62, 163, 170, 174, 196, XV
Hopf 7
Hours 33
Hoyrup 194
Hrouda 16, 19, 165
Hruška 190
Huber 18
Hudson 185
Hütteroth 6
Huh 89
Hunger 134
Huot 35

Ivantchik 142

Jacobsen 57, 67, 69, 73, 88, 127, 153, 191, 193
Jasim 39, 186
Jensen 29
Joffe 179
Johansen 86
Johnson 29, 39–41, 46f., 49f., 52, 164, 178
Joukowsky 203
Jursa 121

Kafafi 28
Kammenhuber 14
Karg 72
Kaufmann 120
Kelly-Buccellati 110
Kenyon 23, 25, 27, 170
Kienast 80–82, 93, 197
Kirkbride 27, 29, 173
Kirkly, A. 162
Kirkly, M. J. 162
Klein 91
Klengel 93, 99f., 112, 203
Klinger 203
Koch 146, 208
Köhler-Rollefson 25, 30, 151
Kohl 75
Kohlmeyer 164
Koldewey 138
Komorozcy 181
Kopp 9, XVIII
Kose 212
Kozlowski 26f., 172–174
Kramer, C. 59
Kramer, S. N. 181
Kraus 69, 82, 87, 98, 191, 193
Krauss 18, 105
Krebernik 66, 188
Krefter 146
Krispijn 56
Kristensen 142
Kubba 40, 185
Kühne, C. 18, 105, 112, 204
Kühne, H. 9
Kuhrt 147
Kuijt 24, XV
Kupper 196

Lamberg-Karlovsky 61
Lamprichs 113f., 122, 130, 206f.
Landsberger 13, 67, 168, 194, XIX
Lanfranchi 142
Langdon 182
Larsen 10
Latacz 109
Le Breton 50
Le Brun 50
Lebeau 33, 35, 75, 199
Lees 10
Lehmann 113
Leichty 128
Lenzen 60, 65, 87, 176, 183, 213
Lichter 175
Lipinski 119

LIVERANI   79, 85
LLOYD   34, 65, 84, 127
LOFTUS   176
LORETZ   112f.

MACQUEEN   202
MAIDMAN   205
MAJIDZADEH   38, 71, XIV
MALBRAN-LABAT   196
MALLOWAN   34, 37
MANZANILLA   169
MARAZZI   109
MARGUERON   100
MARTIN   192
MATTHEWS   70
MATTHIAE   76, 99, 197
MAUL   56, 63
MAYER, W.   109, 126, 131
MAYER, W. R.   14, 22, 120, 150, 213
MAYER-OPIFICIUS   109
MAYR   201, XIV
MAYRHOFER   111
MCALPIN   14
MCCOWN   170
MEINZER   185
MELLAART   23, 27f., 171
MELVILLE   210
MERPERT   34
MEYER   75
MICHALOWSKI   85, 91
MILANO   75
MILLON   162
MONTELIUS   19
MOOREY   43, 74, 192
MOORTGAT   42–44, 66, 73, 84, 105, 179, 191, 194
MORAN   105
MORANDI   100
MORTENSEN   33, 170
MÜLLER-KARPE   31, XVIII

NAROLL   28
NASHEF   98
NAUMANN   119
NELSON   209, 211
NEUBERGER   28
NEUMANN   93
NEUSNER   144
NISSEN   20, 24, 27–29, 31, 37–39, 41–45, 48–52, 54, 56f., 59–61, 63f., 66, 68–70, 73f., 83f., 87f., 145, 153, 156, 163f., 172, 176–183, 186–189, 192, 194f., 213, XVIII

NOLL   35
NÜTZEL   6f., 46, 99
NUNN   2
NYLANDER   208

OATES   34, 37, 39, 46, 51, 62, 129, 134, 186, 207
ODED   119
OELSNER   213
OLMSTEAD   208
OLSZEWSKI   23
OPPENHEIM   99f., 150
ORTHMANN   56–58, 68, 70, 73, 80, 86, 96, 104, 123, 129, XVIII
OWEN   200, XIV

PALLIS   145, 157
PALMIERI   179
PARPOLA   209
PARROT   157, 176
PARZINGER   129, 142
PEARCE   91
PERKINS   53, 170
PERNICKA   38
PERROT   172
PETTINATO   88, 124, 168, 197, 200
PINNOCK   211
PITARD   123
POLANYI   152
POLLOCK   70, 180, 209f.
POMPONIO   197
PONGRATZ-LEISTEN   86
PORTEN   144
POSTGATE   59, 198
POTTS   6, 11, 44f., 62, 75, 80, 98, 106f., 116, 133, 185, 205, XIII
POWELL   88

RAO   71
REDMAN   23, 25, 28, 162, 172f.
REICHEL   50–52
REINER   15
RENGER   16–18, 76, 92, 94f., 103, 106, 153
RIETH   38
ROAF   9, XVIII
RÖLLIG   9, 13, 43, 112, 150, XVIII
RÖMER   86, 150
ROLLEFSON   25, 28–31, 151
ROLLINGER   138
ROSE   34
ROSEN-AYALO   209
ROTHMAN   42, 50, 159, 179

Rova 62, 75
Rowton 195
Rupley 20
Russell 127

Sachs 134
Safar 33f., 38, 46, 60
Saggs 113, 122, 134
Sahlins 23
Salje 204
Sallaberger 87, 89, 200
Salonen 13
Salvini 131
Sancisi-Weerdenburg 144, 208
Sanlaville 7, 46
Sauren 200
Schachner 6, 108–110, 123, 203
Scharf 191
Schaudig 138
Schirmer 26, 170
Schmandt-Besserat 32, 49, 189
Schmid, H. 37, 39, 60, 87, 116, 138
Schmidt, H. 34
Schmidt, K. 25f., 29, 171
Schmitt, R. 144
Schmitt-Strecker 38
Schnabel 212
Schneider 190
Scholz 195
Schüller 71
Schultz 25
Schwartz 62, 119, 201, XIII
Schwarz 49, 163
Schwinges XIV
Seidl 104
Seidlmayer 197
Selz 192
Sherwin-White 147
Sievertsen 18, 53
Sigrist 200
Silver 153
Sinopoli 210
Slanski 104
Snell 200
Solecki 23
Sommerfeld 106
Spyket 91, 96
Starr 205
Steele 210
Steible 67f., 85f., 190
Stein 112
Stein, D. L. 111, 205
Stein, G. J. 179

Steinkeller 50, 68f., 74f., 79f., 82, 88f., 191, 194, XIV
Stolper 62, 75, 107, 116, 133, 144, 205
Stordeur 25
Streu 35
Strommenger 50–52, 73, 93, 138, 178
Stronach 144
Sürenhagen 42f., 50, 178, 183
Suleiman 75
Sumner 61, 75, 205
Suter 210f.
Sweely 210
Sweeny 211
Szuchman 195

Tallis 123
Teppo 210
Thiel 203
Thomas 125
Thomsen 150
Tinney 150, 168
Tischler 107
Tobler 37, 46
Tosi 61
Trümpelmann 146

Ucko 7
Uerpmann 24, 169
Unger 138

Vaiman 185
Vallat 44, 61f., 98, 205
van de Mieroop 209
Van den Hout 109f., 202
Van Dijk 69, 82, 106, 213
Van Driel 50–52, 144, 178
Van Driel-Murray 51
van Ess 60
Van Soldt 112
Vanden Berghe 40
Vanstiphout 181
Veenhof 98
Verhoeven 33
Vértesalji 33, 37
Villard 99
Vogel 209
Voigt 31
Von der Way 53, 109
von Haller 42, 176
von Schuler 108f.
von Soden 14, 22, 56, 76, 86, 120, 150
von Voigtlander 144
von Wickede 32

WAETZOLDT   2, 10, 90f., 182, 197
WALLERSTEIN   178
WALSER   208
WALTERS   93f.
WARBURTON   18
WARD   203
WARTKE   131
WATANABE   129
WATSON   162, 172
WEBER   207
WEIERSHÄUSER   211
WEISGERBER   71
WEISS   50, 52, 99
WESTENHOLZ, A.   79f., 82, 84
WESTENHOLZ, J. G.   209
WESTPHAL-HELLBUSCH   156
WETZEL   212
WHITING   209
WIESEHÖFER   142, 145, 207
WILCKE   55, 66, 69, 81, 87, 90–92, 153, 189, 196
WILHELM   13f., 18, 110f., 166, 194, 203f.
WILKINSON   6

WILLEY   163
WILSON   86
WINTER   68, 82–84, 86, 92, 209–211
WIRTH   6, 8f.
WITTFOGEL   65
WOOLLEY   37, 70f.
WREDE   57
WRIGHT   20, 61, 178–180
WUNSCH   144, 185

XENOPHON   148

YAKAR   99
YON   113
YOUNG   23, 52, 145, 208

ZAGARELL   31, 172
ZAID   27
ZAWADZKI   130
ZIEGERT   XV
ZIMANSKI   131
ZOHARY   7

OLDENBOURG GRUNDRISS DER GESCHICHTE

Herausgegeben von Lothar Gall, Karl-Joachim Hölkeskamp und Hermann Jakobs

Band 1a: *Wolfgang Schuller*
Griechische Geschichte
6., akt. Aufl. 2008. 275 S.,
4 Karten
ISBN 978-3-486-58715-9

Band 1b: *Hans-Joachim Gehrke*
Geschichte des Hellenismus
4. durchges. Aufl. 2008. 328 S.
ISBN 978-3-486-58785-2

Band 2: *Jochen Bleicken*
Geschichte der Römischen Republik
6. Aufl. 2004. 342 S.
ISBN 978-3-486-49666-6

Band 3: *Werner Dahlheim*
Geschichte der Römischen Kaiserzeit
3., überarb. und erw. Aufl. 2003. 452 S.,
3 Karten
ISBN 978-3-486-49673-4

Band 4: *Jochen Martin*
Spätantike und Völkerwanderung
4. Aufl. 2001. 336 S.
ISBN 978-3-486-49684-0

Band 5: *Reinhard Schneider*
Das Frankenreich
4., überarb. und erw. Aufl. 2001. 224 S.,
2 Karten
ISBN 978-3-486-49694-9

Band 6: *Johannes Fried*
Die Formierung Europas 840–1046
3., überarb. Aufl. 2008. 359 S.
ISBN 978-3-486-49703-8

Band 7: *Hermann Jakobs*
Kirchenreform und Hochmittelalter
1046–1215
4. Aufl. 1999. 380 S.
ISBN 978-3-486-49714-4

Band 8: *Ulf Dirlmeier/Gerhard Fouquet/Bernd Fuhrmann*
Europa im Spätmittelalter 1215–1378
2. Aufl. 2009. 390 S.
ISBN 978-3-486-58796-8

Band 9: *Erich Meuthen*
Das 15. Jahrhundert
4. Aufl., überarb. v. Claudia Märtl 2006. 343 S.
ISBN 978-3-486-49734-2

Band 11: *Heinz Duchhardt*
Barock und Aufklärung
4., überarb. u. erw. Aufl. des Bandes „Das Zeitalter des Absolutismus" 2007. 302 S.
ISBN 978-3-486-49744-1

Band 12: *Elisabeth Fehrenbach*
Vom Ancien Régime zum Wiener Kongreß
5. Aufl. 2008. 323 S., 1 Karte
ISBN 978-3-486-58587-2

Band 13: *Dieter Langewiesche*
Europa zwischen Restauration und Revolution
1815–1849
5. Aufl. 2007. 260 S., 3 Karten
ISBN 978-3-486-49765-6

Band 14: *Lothar Gall*
Europa auf dem Weg in die Moderne
1850–1890
5. Aufl. 2009. 332 S., 4 Karten
ISBN 978-3-486-58718-0

Band 15: *Gregor Schöllgen/Friedrich Kießling*
Das Zeitalter des Imperialismus
5., überarb. u. erw. Aufl. 2009. 326 S.
ISBN 978-3-486-58868-2

Band 16: *Eberhard Kolb*
Die Weimarer Republik
7., durchges. u. erw. Aufl. 2009. 343 S.,
1 Karte
ISBN 978-3-486-58870-5

Band 17: *Klaus Hildebrand*
Das Dritte Reich
7., durchges. Aufl. 2009. 474 S., 1 Karte
ISBN 978-3-486-59200-9

Band 18: *Jost Dülffer*
Europa im Ost-West-Konflikt 1945–1991
2004. 304 S., 2 Karten
ISBN 978-3-486-49105-0

Band 19: *Rudolf Morsey*
Die Bundesrepublik Deutschland
Entstehung und Entwicklung bis 1969
5., durchges. Aufl. 2007. 343 S.
ISBN 978-3-486-58319-9

Band 19a: *Andreas Rödder*
Die Bundesrepublik Deutschland 1969–1990
2003. 330 S., 2 Karten
ISBN 978-3-486-56697-0

Band 20: *Hermann Weber*
Die DDR 1945–1990
5., aktual. Aufl. 2011. Ca. 372 S.
ISBN 978-3-486-70440-2

Band 21: *Horst Möller*
Europa zwischen den Weltkriegen
1998. 278 S.
ISBN 978-3-486-52321-8

Band 22: *Peter Schreiner*
Byzanz
4., aktual. Aufl. 2011. 340 S., 2 Karten
ISBN 978-3-486-70271-2

Band 23: *Hanns J. Prem*
Geschichte Altamerikas
2., völlig überarb. Aufl. 2008. 386 S., 5 Karten
ISBN 978-3-486-53032-2

Band 24: *Tilman Nagel*
Die islamische Welt bis 1500
1998. 312 S.
ISBN 978-3-486-53011-7

Band 25: *Hans J. Nissen*
Geschichte Alt-Vorderasiens
2., überarb. u. erw. Aufl. 2012. 309 S., 4 Karten
ISBN 978-3-486-59223-8

Band 26: *Helwig Schmidt-Glintzer*
Geschichte Chinas bis zur mongolischen Eroberung 250 v. Chr.–1279 n. Chr.
1999. 235 S., 7 Karten
ISBN 978-3-486-56402-0

Band 27: *Leonhard Harding*
Geschichte Afrikas im 19. und 20. Jahrhundert
2., durchges. Aufl. 2006. 272 S., 4 Karten
ISBN 978-3-486-57746-4

Band 28: *Willi Paul Adams*
Die USA vor 1900
2. Aufl. 2009. 294 S.
ISBN 978-3-486-58940-5

Band 29: *Willi Paul Adams*
Die USA im 20. Jahrhundert
2. Aufl., aktual. u. erg. v. Manfred Berg 2008. 302 S.
ISBN 978-3-486-56466-0

Band 30: *Klaus Kreiser*
Der Osmanische Staat 1300–1922
2., aktual. Aufl. 2008. 262 S., 4 Karten
ISBN 978-3-486-58588-9

Band 31: *Manfred Hildermeier*
Die Sowjetunion 1917–1991
2. Aufl. 2007. 238 S., 2 Karten
ISBN 978-3-486-58327-4

Band 32: *Peter Wende*
Großbritannien 1500–2000
2001. 234 S., 1 Karte
ISBN 978-3-486-56180-7

Band 33: *Christoph Schmidt*
Russische Geschichte 1547–1917
2. Aufl. 2009. 261 S., 1 Karte
ISBN 978-3-486-58721-0

Band 34: *Hermann Kulke*
Indische Geschichte bis 1750
2005. 275 S., 12 Karten
ISBN 978-3-486-55741-1

Band 35: *Sabine Dabringhaus*
Geschichte Chinas 1279–1949
2. Aufl. 2009. 282 S., 1 Karte
ISBN 978-3-486-59078-4

Band 36: *Gerhard Krebs*
Das moderne Japan 1868–1952
2009. 249 S.
ISBN 978-3-486-55894-4

Band 37: *Manfred Clauss*
Geschichte des alten Israel
2009. 259 S., 6 Karten
ISBN 978-3-486-55927-9

Band 38: *Joachim von Puttkamer*
Ostmitteleuropa im 19. und 20. Jahrhundert
2010. 353 S., 4 Karten
ISBN 978-3-486-58169-0

Band 39: *Alfred Kohler*
Von der Reformation zum Westfälischen Frieden
2011. 253 S.
ISBN 978-3-486-59803-2

Printed in Poland
by Amazon Fulfillment
Poland Sp. z o.o., Wrocław